아함경5

아함경의 비유

학담평석 아함경5

법보장 2 진실의 비유와 비유의 진실

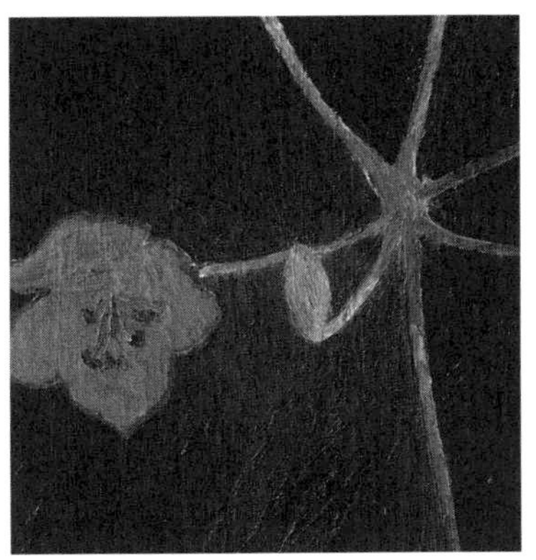

한길사

Āgama-Sūtra

by. Hakdam

Published by Hangilsa Publising. Co., Ltd., Korea, 2014

학담 아함경의 구성

귀명장 歸命章

불보장 佛寶章

법보장 法寶章

승보장 僧寶章

아함경 독해의 길잡이

법보장 法寶章 2

진실의 비유와 비유의 진실

제3부 교설의 형식(계속)

일러두기

1. 번역 대본 및 참고한 주요 불전과 문헌은 다음과 같다.
- 북전 산스크리트어의 한역(漢譯) 네 아함을 번역 대본으로 삼고, 필요한 경우 그에 해당하는 남전 팔리어 니카야를 번역해 함께 수록했다. 그 가운데 상윳타니카야(Saṃyutta-nikāya, 상응부경전)와 마즈히마니카야(Majjhima-nikāya, 중부경전)는 보디(Bodhi) 비구의 영역본을 기본으로 해서 일어역『남전장경』(南傳藏經)을 참조했다. 또한 동국역경원 한글 번역본을 초역에 참고했다.
- 비나야(vinaya, 律)로는 동아시아 불교 율종(律宗)의 토대가 된『사분율』(四分律)의 주요 내용을 뽑아 실었다.
- 천태지의선사(天台智顗禪師)의 교관(敎觀)을 경전 해석의 기본 틀로 삼아 천태선사의 저술『마하지관』(摩訶止觀)·『법계차제초문』(法界次第初門) 가운데 많은 법문을 번역해 실었다.
- 그밖에 참고한 다양한 불전 및 문헌들은 제12책(아함경 독해의 길잡이) 끝에 자세히 실었다.

2. 네 아함의 한문 경전은 직역을 원칙으로 했으며 자연스러운 우리말을 풍부히 살렸다. 특히, 게송은 뜻을 살리면서 운율의 맛이 느껴지게 했다.
3. 기존 한역 네 아함과 남전 다섯 니카야의 불전 체계를 귀명장·불보장·법보장·승보장 삼보(三寶)의 새로운 틀로 재구성했다. 전12책 20권의 편제다.
4. 해제, 이끄는 글, 해설에서 모든 경을 대승 교설과 회통하여 깊고 명쾌하게 평석했다. 부·장·절 그리고 각 경에 제목을 붙여 내용의 이해를 도왔다.
5. 지명·인명·용어 등은 산스크리트어 표기를 원칙으로 하되 이미 익숙해

진 발음은 아래처럼 예외를 두었다.

- 붓다는 산스크리트어 Buddha의 어원을 나타내기 위해 '붇다'로 표기한다. 싣단타(siddhānta)와 데바닫타(Devadatta)의 경우도 마찬가지이다.
- 산스크리트어 표기는 묵음화된 현대 발음을 쓰지 않고 고대 한자어로 음사한 음을 따라 쓴다. 예를 들어 Veda는 웨다로 쓰지 않고 베다로 쓴다. 산스크리트어 비파스야나(vipaśyanā)는 위파사나로 하는 이들이 있지만, 우리말에 익숙해진 비파사나로 쓴다.
- 〈ś〉의 발음은 〈śari〉처럼 뒤에 모음이 오면 '사리(스)', 〈Śrāvastī〉처럼 뒤에 자음이 오면 '슈라바스티(슈)', 〈Aśvajit〉처럼 단어 중간에 모음 없이 오면 '아쓰바짓(쓰)'으로 표기한다.
- 팔리어 인·지명만 남아 있을 경우 '巴'로 팔리어임을 표시했다.
- 산스크리트어의 원래 발음을 찾지 못한 한자 음사어는 우리말 한자음과 현대 중국어 발음을 참고해서 원어에 가깝게 표기하고 한자어를 병기한다.
- 산스크리트어 빅슈(bhikṣu)·빅슈니(bhikṣuṇī)는 팔리어 비구(bhikkhu)·비구니(bhikkhunī)로 쓴다. 산스크리트어 슈라마네라(śrāmaṇera)·슈라마네리카(śrāmaṇerikā)도 사미·사미니로 쓴다. 산스크리트어로 슈라마나(śramaṇa), 팔리어로 사마나(samaṇa)는 사문(沙門)으로 쓴다.
- 용수(龍樹)-나가르주나(Nāgārjuna), 마명(馬鳴)-아쓰바고샤(Aśvaghoṣa), 세친(世親)-바수반두(Vasubandhu) 등 일부 인명은 익숙한 한자음 표기를 혼용한다.

6. 경전명·저술명은 가급적 한자어로 표기한다. 『중론』·『성유식론』·『기신론』·『대지도론』·『열반경』·『화엄경』 등.
7. 불(佛)·법(法)·승(僧)은 어원에 따라 붇다·다르마·상가로 쓴다.
8. " " - 직접인용 및 대화　　' ' - " " 속의 인용과 대화 및 어구 강조

   〈 〉 - ' ' 속의 인용과 대화　　「 」- 경전(품)·논문·단편

   『 』 - 경전·불전·책(빈번히 언급되는 남·북전 아함경은 생략)

   [ ] - 병기 한자어 및 원어 독음이 다를 때

법보장 法寶章 2

진실의 비유와 비유의 진실

제3부 교설의 형식(계속)

제3장

갖가지 비유와 언어적 표현

"여러 비구들이여, 비유하면 개를 줄에 묶어 기둥에
매어둔 것과 같다. 개를 묶어 맨 줄이 끊어지지 않기 때문에
그 개는 기둥을 따라 돌면서 서기도 하고 눕기도 하며
그 기둥에서 떠나지 못한다.
이와 같이 어리석은 중생들은 물질에 탐욕을 여의지 못하고,
애착[愛]을 여의지 못하고, 생각[念]을 여의지 못하고,
목마름[渴]을 여의지 못하고, 물질에서 윤회하고
물질을 따라 돌면서 서기도 하고 눕기도 하며
물질을 떠나지 못한다."

• 이끄는 글 •

비유, 실상에 이끄는 방편의 문

1. 깨우침의 길로서 비유

십이부경(十二部經)의 교설형식의 하나인 아바다나(avadāna)는 비유로 번역된다. 비유(譬喩)는 교설을 설명하는 데 가장 널리 쓰이는 언어적 표현양식이다.

그러나 아직 무명 가운데 헤매는 중생으로 하여금 보다 쉽게 연기법의 진리를 이해하여 보디에 나아가도록 하는 언어적 방편이라 정의한다면, 비유는 보다 포괄적인 의미를 지니게 된다.

비유에 해당하는 범어는 우파마(upamā) · 드리스탄타(dṛṣtānta) · 우다하라나(udaharaṇa) · 아바다나(avadāna)의 네 가지가 있다.

우파마는 견주어 보임[比較]의 뜻이니, 다른 고사나 이야기를 들어 그에 견주어 법의 뜻을 알도록 하는 것이다. 『법화경』 가운데 불난 집의 비유[火宅喩], 약풀의 비유[藥草喩]와 같은 것이다.

드리스탄타와 우다하라나는 모두 인명(因明)의 용어로서, 어떤 교설에 관한 입장[宗]을 세운 뒤, 그에 대해 그 주장의 정당성을 증명할 수 있는 실례를 들어 말하는 것이다.

아바다나는 십이부경 가운데 하나의 형식이지만, 넓은 뜻에서 비유로 보이는 온갖 교설의 형식을 망라한다. 본생담(本生譚, jātaka)도 그런 뜻에서 아바다나에 속한다.

세존의 설법은 미망의 중생을 깨우쳐 법의 눈을 뜨게 하는 데 그 뜻이 있으니, 많은 경전이 거의 대부분 비유를 적절히 써서 교법의 요점을 밝혀 보인다.

붇다는 대개 쉽게 알아듣도록 눈앞에 보이는 사실을 들어 연기법을 해명하거나, 비교할 수 있는 이야기를 만들거나 옛일을 들어 깨우치신다.

천태선사(天台禪師)의 『법계차제초문』(法界次第初門)은 '열여덟 가지 공'[十八空]을 말하고 다음 열 가지 비유[十喩]를 보이며 그 뜻을 다음과 같이 정의한다.

열여덟 가지 공(空) 다음에 열 가지 비유를 밝히는 것은, 이 핵심이 되는 열 가지 비유가 이미 공을 쉽게 이해할 수 있도록 해주기 때문이다.

만약 열여덟 가지 공함 살핌을 닦는 이가 열 가지 비유를 잘 쓰지 못하면, 그 미혹된 집착으로 있음[有]에 막힌 뜻을 깨우쳐 법이 참으로 공함을 체달하여 바른 이해를 일으키는데 말미암아 들어갈 것이 없게 된다.

그러므로 열여덟 가지 공 다음에 열 가지 비유를 밝히어 공을 쉽게 깨달을 수 있게 하였다. 이것은 치우친 수행자들[二乘]이 법을 무너뜨리고 공을 닦는 것과는 다르다.

이 열 가지는 모두 사물[事]을 빌려서[借] 이치에 맞게 미혹된 뜻을 깨우쳐주므로 '비유'[喩]라고 이름하였다. 이제 세간의 허깨비나 꿈처럼 그 공함을 쉽게 이해할 수 있는 것으로써, 미혹된 마음으로 길이 집착하여 알기 어려운 공[難解之空]을 비유하여 쉽게 알도록 하는 것이다.

그러므로 이 열 가지 사물로 비유한 것이다.

존재가 공하다고 가르치지만 지금 눈앞에 사물의 존재가 또렷이 있으므로 그 있되 공함을 알기 어렵다. 그러므로 사물 가운데 그 헛됨과 공함을 쉽게 알 수 있는 것으로 비유하여 존재의 공함을 알게 하는 것이다. 붇다는 때로 온갖 존재가 연기이므로 항상함이 없음을 보이기 위해 불빛을 비유로 들어 찰나에 일어나고 사라짐을 보이기도 하고, 허깨비의 변화와 허공 등의 비유로 온갖 존재가 공하여 실로 있지 않음을 보이기도 한다.

천태선사는 『법계차제초문』에서 비유의 뜻에 대해서, 보이고자 하는 법의 뜻[法義]을 가장 잘 나타낼 수 있는 사물과 현상을 들어 미혹의 중생을 깨우쳐주는 것으로 정의하고 있다.

곧 비유는 교설을 세우는 방식으로서 '실단'(悉壇)의 구체적 표현이다. 천태선사의 『법화현의』(法華玄義)에서 세운 실단에는 네 가지가 있으니[四種悉檀], 세계실단 · 위인실단 · 대치실단 · 제일의실단이다.

실단은 범어로 '싣단타'(siddhānta)라고 하는데, '목표를 향해 나아간다'는 뜻의 동사 사드(sādh)가 명사화된 것으로 목표의 성취 · 완성의 뜻을 담고 있다.

남악혜사선사(南嶽慧思禪師)는 실단을 한문과 범어가 결합된 단어로 보아, 실(悉)을 두루함[徧]으로 풀이하고, 단(壇)을 다나(dāna) 곧 보시로 본다. 혜사선사의 풀이로 보면 네 가지 실단이란 붇다께서 네 가지 방식의 설법을 통해 온갖 중생에게 널리 보시하는 것이 된다.

실단을 완성의 뜻으로 보면 네 가지 교화방식을 통해 삶의 완성에 나아간다는 뜻이 된다. 네 가지 실단 가운데 세계실단(世界悉壇)은 세간의 일반적인 풍조와 중생의 즐거이 듣고자 함[所欲樂聞]을 따라 그 중생을 위해 차제로 분별해서 법을 설해 중생을 기쁘게 하는 것을 말한다.

위인실단(爲人悉壇)은 '사람을 위하는 실단'으로 중생 근기의 크고 작음과 선근의 깊고 얕음을 살펴 그에 맞추어 설법하여 바른 믿음을 내게 하는 것을 말한다.

대치실단(對治悉壇)은 '상대해 다스리는 실단'으로 중생의 병통 살펴 그 병 다스릴 수 있는 방편을 쓰고, 병 낫게 할 수 있는 법약(法藥)을 널리 중생에 베푸는 것을 말한다.

제일의실단(第一義悉壇)은 '으뜸가는 뜻의 실단'으로 진리의 뜻 실상의 뜻을 열어서 보디의 도를 깨닫게 하는 것을 말한다.

비유는 바로 세계실단 · 위인실단 · 대치실단의 교설 방식을 통해 '으뜸가는 뜻'의 제일의실단에 나아감으로 볼 수 있다.

이처럼 비유는 연기의 진리와 붇다의 가르침을 중생에게 쉽게 이해시키려는 여래의 방편이다. 이는 비유 자체의 문학적 성취에 목적이 있는 것이 아니라 중생을 실상의 문에 들어가게 하는 데 그 뜻이 있다.

비유의 방편을 통해 들어가는 실상의 세계는 『법화경』에서 '하나인 붇다의 수레'[一佛乘]라 하고 '붇다의 도'[佛道]라 한다.

여래가 설한 갖가지 비유와 언어적 표현 등 방편의 문은 끝내 하나인 붇다의 수레를 타기 위함이고 붇다의 도를 보이기 위함이니, 『법화경』(「방편품」方便品)은 다음과 같이 노래한다.

> 지난 세상 한량없는 붇다들께서
> 중생이 짓는 갖가지 여러 행과

깊은 마음으로 생각하는 것 알고
여러 중생이 과거에 익혀온 업과
하고자 하는 성질 정진의 힘과
여러 근기 날카롭고 무딤 아시고
갖가지 인연과 비유 말솜씨로
중생의 근기에 알맞음 따라
방편으로 중생 위해 설하셨네.

知衆生諸行 深心之所念
過去所習業 欲性精進力
及諸根利鈍 以種種因緣
譬喩亦言辭 隨應方便說

지금의 여래 또한 이와 같아서
중생을 안온하게 하려 하므로
방편으로 갖가지 법문 세워서
붇다의 도 중생에게 보여주도다.
나는 이제 위없는 지혜의 힘으로
중생의 성질 하고자 함 알아서
방편으로 여러 가지 법을 말하여
중생이 다 큰 기쁨 얻게 하도다.

今我亦如是 安隱衆生故
以種種法門 宣示於佛道
我以智慧力 知衆生性欲
方便說諸法 皆令得歡喜

2. 비유의 여러 가지 방식

1) 『대반열반경』에서 여덟 가지 비유와 사자의 비유

중생의 근기와 취향, 앓고 있는 병통이 다르므로 교설의 방편 또한 셀 수 없고 비유 또한 갖가지 방법이 설정된다.

때로 어떤 사물을 보기로 들어, 나타내고자 하는 법의 뜻을 미루어 알도록 하기도 하고, 어떤 법의 부분을 비추어 전체를 보도록 하기도 한다. 때로 사물의 한 측면을 비유로 들어 법의 뜻을 밝히기도 하고[分喩], 보이고자 하는 법의 뜻을 온전히 반영하는 사물의 예로 법의 뜻을 전체적으로 밝히기도 한다[全喩].

천태교판으로 보면 북전 『대반열반경』(大般涅槃經)은 붇다께서 니르바나 직전 일생의 가르침 가운데 빠뜨렸던 내용을 모두 모아들여 중생을 니르바나의 법에 거두어들이는 법문이다.

그러므로 『대반열반경』은 다른 십이부경이나 여러 대승경전에서 보이지 않았던 불성(佛性, buddhatā)이라는 용어를 써서 여러 가르침 가운데 치우친 법이나 빠뜨린 법을 모두 거두고 있다.

특히 '사자처럼 외치는 보디사트바에 관한 장'[師子吼菩薩品]은 불성과 연기의 뜻을 갖가지 비유로 보이며 여래의 교설 가운데 쓰고 있는 비유의 종류를 여덟 가지로 보이고 있다.

첫째, 존재가 이루어지는 인과적 과정을 따라서 비유함[順喩]이다. 둘째, 거슬러서 비유함[逆喩]이다. 셋째, 현재에 있는 것으로 비유함[現喩]이다. 넷째, 실제 있는 것이 아닌 것으로 비유함[非喩]이다.

다섯째, 앞으로 일어날 일을 먼저 비유함[先喩]이다. 여섯째, 뒤에 이루어질 일을 들어 비유함[後喩]이다.

일곱째, 앞과 뒤의 일을 겸해 비유함[先後喩]이다. 여덟째, 한 법으로 여러 내용을 두루 비유함[遍喩]이다.

'사자처럼 외치는 보디사트바에 관한 장'의 첫머리에서 붇다는 먼저 '사자처럼 외치는 보디사트바'의 자재함과 위엄있고 용맹스러움을 짐승의 왕 사자에 비유해 찬탄하고, '사자처럼 외치는 보디사트바'의 물음을 따라 불성의 뜻과 비유의 방편을 보이고 있다.

경의 첫머리는 다음과 같다.

먼저 '사자처럼 외치는 보디사트바에 관한 장'에서 붇다께서 여러 대중에게 삼보의 뜻과 사제법과 연기의 뜻을 자유로이 묻게 하자, '사자처럼 외치는 보디사트바'가 대중의 대표격으로 물음을 자청한다.

그러자 세존께서 사자를 비유로 들어 '사자처럼 외치는 보디사트바'를 다음과 같이 찬탄한다.

"여러 잘 행하는 이들이여, 너희들은 지금 이 보디사트바에게 깊이 공경함을 내고 존중하고 찬탄해야 한다.

그리하여 갖가지 향과 꽃, 음악과 보배목걸이, 깃발과 일산[傘蓋], 옷가지와 먹을거리, 자리끼와 의약품들을 방과 집으로 공양하여 잘 마중하고 배웅해야 한다.

왜 그런가. 이 사람은 이미 과거 모든 붇다들께 깊이 착한 뿌리를 심고 복덕을 성취하였기 때문이다. 그러므로 지금 내 앞에서 사자처럼 외치려 한다.

잘 행하는 이들이여, 만약 사자왕이 스스로 몸의 힘을 알아 이빨과 발톱을 칼날처럼 돋우고 네 발로 땅에 웅크려 바위굴속에 편안히 머물며 꼬리를 흔들고 소리를 내면 지금같이 사자의 외침을 할 수 있음을 알아야 한다. 만약 이와 같이 모든 모습을 갖출 수 있으면 이는 곧 사자의 외침을 할 수 있음을 알아야 한다.

참된 사자왕이 새벽에 굴을 나와 기지개를 켜고 입을 벌리며 사방을 둘러보고 소리 질러 큰 외침 떨치는 것은 열한 가지 일을 위함이다. 어떤 것이 열한 가지인가.

첫째, 실로 사자가 아니면서 거짓 사자 노릇하는 무리를 무너뜨리려 하기 때문이다.

둘째, 스스로의 몸의 힘을 시험하려 하기 때문이다.

셋째, 머무는 곳을 깨끗이 하려 하기 때문이다.

넷째, 여러 새끼들에게 있는 곳을 알게 하려는 것이다.

다섯째, 여러 사자 무리들이 두려운 마음이 없게 하려는 것이다.

여섯째, 잠자는 사자들을 깨우려 하기 때문이다.

일곱째, 온갖 놓아 지내는 짐승들이 함부로 놓아 지내지 않도록 하기 때문이다.

여덟째, 여러 짐승들이 와서 의지하도록 하기 때문이다.

아홉째, 큰 코끼리를 길들이려 하기 때문이다.

열째, 여러 새끼들을 가르쳐 일러주려 하기 때문이다.

열한째, 스스로의 따르는 무리들을 장엄하려 하기 때문이다.

온갖 짐승들은 사자의 외침을 들으면 물속에 사는 무리들은 깊은 물속으로 숨어 사라지고, 뭍에 다니는 무리들은 굴속에 숨어 움크린다. 날아다니는 것들은 떨어지고 여러 큰 코끼리들은 놀라 달아나며 똥을 지린다.

여러 잘 행하는 이들이여, 저 들여우라면 비록 사자를 백 년이나 따라다녀도 끝내 사자의 외침을 할 수 없다. 만약 사자 새끼라면 삼 년만 되어도 사자왕처럼 울부짖어 외칠 수 있다.

잘 행하는 이들이여, 여래 바르게 깨치신 이는 지혜의 이빨과 발톱, 네 가지 뜻대로 되는 선정의 발[四如意足], 여섯 가지 파라미타(pāramitā)가 가득 찬 몸에 열 가지 힘[十力]의 용맹함을 지니고, 큰 자비로 꼬리를 삼아 네 가지 선정의 청정한 굴속에 편안히 머물며, 여러 중생을 위해 사자처럼 외쳐 마라(māra)의 군대[魔軍]를 꺾어 누른다.

대중에게 열 가지 힘을 보이고 붇다의 가는 곳을 열어 여러 삿된 견해에 빠진 이들에게 돌아갈 곳이 되어주신다.

나고 죽음 속에 두려워하는 중생을 편안히 어루만져 무명에 잠에서 깨워주시고, 악한 법 행하는 이에게 뉘우치는 마음을 지어주고, 삿된 견해에 빠진 온갖 중생에게 바른 길을 열어보이신다.

이와 같이 하시는 것은 '바깥길 여섯 스승'[六師外道]은 사자의 외침이 아님을 알도록 하기 때문이고, 푸라나 카샤파(Pūraṇa-kāśyapa) 등의 교만한 마음을 깨뜨리기 때문이며, 이승의 치우친 수행자들로 하여금 뉘우치는 마음을 내도록 하기 때문이다.

또한 '다섯 가지 바른 마음에 머무는 보디사트바'[五住菩薩]가 큰 힘의 마음을 내도록 가르치기 위함이고, 바른 견해 지닌 사부대중이 삿된 견해 가진 사부대중에 대해 두려움을 내지 않도록 하기 때문이다.

거룩한 행[聖行]·깨끗한 행[梵行]·하늘행[天行]의 굴속에서 기지개를 켜며 나오는 것은 저 여러 중생들이 교만을 깨뜨리도록 하려 하기 때문에 나와서 하품하는 것이며, 여러 중생들이 착한 법을 내도록 하려 하므로 사방을 돌아보는 것이다.

중생이 '네 가지 걸림 없음'을 얻도록 하려 하므로 네 발로 땅에 웅크리는 것이고, 중생이 실라파라미타(śīla-pāramitā, 持戒)를 갖추어 편안히 머물도록 하려 하므로 사자의 외침을 하는 것이다.

사자의 외침이란 '온갖 중생이 다 붇다의 성품이 있으며 여래는 늘 머물러 변해 바뀜이 없다'고 확실히 말하는 것[決定說]이다.

잘 행하는 이들이여, 성문(聲聞) · 연각(緣覺) 치우친 수행자들은 비록 다시 여래 세존을 한량없는 백천 아승지겁을 따를지라도 또한 사자의 외침을 할 수 없다.

'열 가지 바른 마음에 머무는 보디사트바'[十住菩薩]가 이 세 가지 행할 곳을 닦아 행할 수 있으면 이 사람이 곧 사자의 외침을 하는 이임을 반드시 알아야 한다.

여러 잘 행하는 이들이여, 이 '사자처럼 외치는 보디사트바 마하사트바'가 지금 이와 같이 큰 사자의 외침을 하려는 것이다.

그러므로 너희들은 반드시 깊은 마음으로 공양하고 공경하며 존중하고 찬탄하여야 한다."

여래의 사자의 비유는 사자의 용맹스러움과 두려움 없음, 큰 외침을 들어서 붇다의 두려움 없고 걸림 없는 행을 비유하고, 사자처럼 외치는 보디사트바의 두려움 없는 말솜씨와 지혜를 비유한 것이다.

'사자처럼 외치는 보디사트바에 관한 장'에서 사자처럼 외치는 보디사트바가 불성의 뜻[佛性義]을 물으니, 붇다는 불성은 '으뜸가는 뜻의 공'[第一義空]임을 말씀하고 불성의 뜻이 『대반열반경』에만 나오는 것을 다음과 같이 비유한다.

"잘 행하는 이여, 설산(雪山)에 풀이 있는데 인욕(忍辱)이라 이름한다. 소[牛]가 만약 먹으면 곧 제호(醍醐)를 낸다. 다시 다른 풀이 있으니 소가 만약 먹더라도 제호가 없다. 비록 다른 풀에 제호가 없지만 설산 가운데 인욕의 풀이 없다고 말할 수 없다.

불성의 뜻[佛性義] 또한 그렇다.

설산은 여래를 말한다. 인욕의 풀이란 불성의 뜻을 밝힌 『대반열반경』이다. 다른 풀이란 십이부경이다.

중생이 만약 『대반열반경』을 들어 받아지니고 물어서 그 뜻을 열면 곧 불성을 본다. 십이부경 가운데 비록 불성 있음을 듣지 못하지만 불성 없다고 말할 수는 없다."

이 비유를 살펴보자. 저 설산에 인욕초와 갖가지 풀이 있듯, 여래는 크나큰 설산 같고 바다 같아서, 여래의 지혜의 바다 가운데서 한량없는 교설과 비유와 언어적 표현이 나왔다. 그러나 오직 『대반열반경』에서만 '불성의 뜻'을 밝혔다.

다른 십이부경에서 비록 불성의 뜻을 말하지 않았지만 말하지 않았다고 불성이 없는 것이 아니고, 다른 경의 가르침 또한 맨 끝의 지향점은 곧 불성에 있다.

이제 비유의 여덟 가지 방법을 알아보기 위해 『대반열반경』의 가르침을 살펴보자. '사자처럼 외치는 보디사트바에 관한 장'에서는 앞의 다섯 쌓임[五蘊]이 사라지고 뒤의 다섯 쌓임이 생기는 것에 대해 '앞이 끊어지고 뒤가 다시 생기는 것도 아니고 앞이 그대로 뒤로 이어짐도 아님'을 다음과 같이 비유한다.

"잘 행하는 이여, 밀납도장을 진흙에 찍으면 도장과 진흙이 합해서 도장이 없어져야 무늬가 이루어진다. 그러니 이 밀납도장이 변해서 그대로 진흙에 있는 것이 아니다.

무늬는 진흙에서 나온 것이 아니고 다른 곳에서 온 것도 아니니, 도장의 인연으로 이 무늬를 낸 것이다.

그처럼 현재의 쌓임이 사라지고 중음(中陰)의 쌓임이 생기나, 이 현재의 쌓임이 끝내 변해서 중음의 다섯 쌓임이 되는 것이 아니다.

중음의 다섯 쌓임 또한 스스로 난 것이 아니고 다른 데서 온 것도 아니라 현재의 쌓임을 인해서 중음의 다섯 쌓임을 낸 것이다.

마치 도장이 진흙에 도장 찍으면 도장이 무너지고 무늬가 이루어지는 것 같아서 이름은 비록 차별이 없으나 시절은 각기 다르다."

도장으로 진흙에 도장의 무늬를 찍을 때 진흙의 무늬는 앞의 도장으로 인해 생겼으나 찍은 도장이 없어져야 무늬로 이루어진다. 무늬는 앞의 도장이 있어야 하나 또한 앞의 도장이 없어져야 무늬가 되니, 앞의 도장과 찍힌 뒤의 도장의 무늬는 이름은 같으나 시절인연이 다르다.

이와 같이 『대반열반경』은 도장과 진흙의 비유로써 앞과 뒤의 다섯 쌓임의 연기적인 서로 이어감을 밝히니, 연기적인 존재의 서로 이어감[相續]을 보임에서 도장과 진흙의 비유는 전체를 비유함[全喩]이 된다.

2) 비유하는 사물과 비유의 뜻과 비유되는 법

『대반열반경』에서는 사물을 통해 비유하는 뜻도, 비유로써 나타내고자 하는 법에 따라서 그 뜻이 달라짐을 다음과 같이 보인다.

"잘 행하는 이여, 비유하는 뜻은 비유되어지는 법과의 관계 속에서 이해되어야 하므로 비유의 뜻 자체를 그대로 취해서는 안 된다.

등의 불은 보통 경에서 불씨와 기름과 심지의 인연에 의해서 불이 일어남을 통해 인연으로 법이 생겨나는 것을 비유한다.

그러나 등을 중생의 존재에 비유하고 기름을 번뇌에 비유하면, 등의 불꽃은 번뇌의 기름 더해줌이 끊어지면 따라 끊어지는 것이다.

이는 중생의 애욕과 번뇌가 끊어지면 불성 보게 됨을 비유한 것이다."

곧 앞의 불꽃이 존재의 연기적인 성취를 전체적으로 비유한 것이라면, 뒤의 비유는 번뇌의 기름이 다해 불꽃이 꺼지면 중생의 다섯 쌓임이 모든 존재의 묶임과 번뇌의 물듦에서 벗어남을 비유한 것이니, 불꽃의 뜻이 다른 것이다.

'사자처럼 외치는 보디사트바에 관한 장'에서 붇다는 사자처럼 외치는 보디사트바의 번뇌와 다섯 쌓임, 중생의 관계에 대한 물음에 답변하시면서, 다음과 같이 갖가지 비유의 다른 뜻을 보여주고 있다.

"세존이시여, 허공 가운데 가시가 없는데 어떻게 뽑는다 하시며, 다섯 쌓임에 묶는 자가 없다면 어떻게 얽어 묶습니까."

"잘 행하는 이여, 번뇌의 사슬이 다섯 쌓임을 얽어 묶는 것이니, 다섯 쌓임을 떠나면 바로 번뇌가 없고 번뇌를 떠나면 바로 다섯 쌓임이 없다.

잘 행하는 이여, 마치 기둥이 집을 버티는 것과 같아서 집을 떠나 기둥이 없고 기둥을 떠나 집이 없는 것과 같다. 중생의 다섯 쌓임 또한 다시 이와 같아서 번뇌가 있으므로 얽어 묶음이라 하고 번뇌가 없으므로 해탈이라 한다.

잘 행하는 이여, 주먹이 손바닥 모음임과 같아서 '얽어 묶음'과 '풀림', '얽어 묶음도 아니고 풀림도 아님', 이 세 가지는 합하고 흩어지고 생기고 없어짐에 다시 다른 법이 없다.

중생의 다섯 쌓임 또한 다시 이와 같아 번뇌가 있으므로 얽어 묶음이라 하고 번뇌가 없으므로 해탈이라 한다.

잘 행하는 이여, '물든 앎과 알려지는 것[名色]이 중생을 얽어 묶는다'고 말하는 것처럼 앎과 알려지는 것이 만약 사라지면 곧 중생이 없다.

앎과 알려지는 것을 떠나 따로 중생이 없고 중생을 떠나 따로 앎과 알려지는 것이 없으니, 또한 앎과 알려지는 것이 중생을 얽어맨다 하기도 하고 중생이 앎과 알려지는 것을 얽어맨다고도 한다."

'사자처럼 외치는 이'가 말했다.

"세존이시여, 눈이 스스로를 보지 못하고 손가락이 스스로와 닿지 못하며 칼이 스스로를 자르지 못하고 느낌이 스스로를 받지 못하는데, 어떻게 여래께서는 '앎과 알려지는 것'이 '앎과 알려지는 것'을 얽어 묶는다 말씀하십니까. 왜냐하면 '앎과 알려지는 것'이 곧 중생이고, 중생이라고 말하면 곧 '앎과 알려지는 것'이기 때문입니다.

만약 '앎과 알려지는 것'[名色]이 중생을 얽어 묶는다 하면 곧 이는 '앎과 알려지는 것'이 '앎과 알려지는 것'을 얽어 묶는 것입니다."

붇다께서 말씀하셨다.

"두 손이 합할 때 다시 다른 법이 와서 합함이 없는 것과 같이, '앎과 알려지는 것' 또한 다시 이와 같다.

이런 뜻 때문에 나는 '앎과 알려지는 것'이 중생을 얽어 묶는다고 말하니, 만약 앎과 알려지는 것을 떠나면 곧 해탈이다. 그러므로 나는 중생이 해탈한다고 말한다."

'사자처럼 외치는 이'가 말했다.

"세존이시여, 만약 앎과 알려지는 것이 있으면 이것이 곧 얽어 묶음이라면, 여러 아라한은 앎과 알려지는 것을 떠나지 못했으니 또한 얽어 묶음일 것입니다."

"잘 행하는 이여, 해탈에는 두 가지가 있으니, 첫째 씨앗을 끊음[子斷]이요, 둘째 열매를 끊음[果斷]이다.

씨앗을 끊음이란 번뇌 끊음을 말하니, 아라한 등은 이미 번뇌의 씨앗을 끊었으므로 여러 묶음은 무너졌다. 그러므로 씨앗의 묶음이 얽어 묶을 수 없지만 아직 열매를 끊지 못했으므로 번뇌 열매의 얽매임이라 말하니, 여러 아라한은 불성(佛性)을 보지 못했다.

불성을 보지 못했으므로 아누타라삼약삼보디(anuttara-samyak-saṃbodhi)를 얻지 못했다.

이런 뜻 때문에 열매의 묶음이라 말할 수 있고, '앎과 알려지는 것'의 얽어 묶음이라 말할 수 없다.

잘 행하는 이여, 비유하자면 등을 켜는 것과 같아서 기름이 다하지 않으면 밝음은 사라지지 않는다. 만약 기름이 다하면 밝음이 사라지는 것은 의심할 것이 없다.

잘 행하는 이여, 기름이라고 말한 것은 여러 번뇌를 비유한 것이고, 등은 중생을 비유한 것이다. 온갖 중생은 번뇌의 기름 때문에 니르바나에 들지 못하니, 만약 끊을 수 있으면 곧 니르바나에 들어간다."

어떤 일과 사물을 들어 법을 비유할 때 비유되는 법에 따라 비유의 뜻과 비유의 범위가 달라진다.

앞의 불꽃과 뒤의 불꽃이 서로 이어서 타오름으로 연기되는 존재의 서로 이어감[相續]을 비유하면, 이것은 연기되는 온갖 법의 서로 이어감에 두루한 비유가 된다.

그러나 불꽃이 심지와 기름에 의해서 타오르는 뜻을 취해 번뇌를 비유하면, 번뇌가 이어지고 사라짐에 한정된 비유가 된다.

이 비유의 뜻으로 보아 불꽃에 기름을 더하지 않으면 번뇌 씨앗의 묶음은 끊어진 것이다. 아직 불꽃이 다하지 않으면 번뇌 열매의 묶음이 다하지 못한 것이다.

주먹이 주먹이 아니므로 주먹을 쥐었다 펼 수 있는 것으로 온갖 법이 공하기 때문에 덧없는 변화가 있을 수 있음을 비유하면, 그것은 온갖 법에 두루한 비유가 된다.

주먹으로 얽매임을 비유하고 주먹 펴는 것으로 해탈을 비유하면, 이는 한 법 속에 번뇌가 있으면 얽매임이 되고 번뇌가 없으면 해탈이 된다는 뜻을 보인 것이다.

앞 경의 표현으로 보면 주먹과 손바닥은 같음도 아니고 다름도 아니다. 쥠이 있으면 손바닥이 주먹이 되고, 쥠을 펼치면 주먹이 손바닥이 된다.

아함경에서도 앎[識]이 나는 것을 두 손바닥이 마주쳐 소리 나는 것으로 비유하여, 아는 자와 알려지는 것이 서로 어울림을 두 손바닥이 합한 것과 같다고 말한다.

번뇌의 앎과 해탈의 앎은 지금 다른 법이 있는 것이 아니라 하나인 앎에서 번뇌가 없으면 해탈이 되는 것이다. 손바닥이 마주쳐 소리가 날 때 두 손이 실로 합한다고 보는 것은 번뇌가 되고, 실로 합하지 않는다고 보면 해탈이 되는 것이다.

3) 여덟 가지 비유를 자세히 살핌

앞에서 살핀 바처럼 비유의 말과 비유하는 사물, 비유의 뜻과 비유되는 법은 서로 의지해 있으므로 같은 사물이라도 비유하는 법에 따라 비유의 뜻이 달라진다.

'사자처럼 외치는 보디사트바'가 비유되는 법과 비유하는 사물에 따라 일어나고 차별되는 비유의 방식에 대해 중생을 대신해 물음을 일으키니, 붇다께서는 여덟 가지 비유의 법[八喩]을 보이신다.

'사자처럼 외치는 이'가 말했다.

"세존이시여, 등과 기름은 두 성질이 각기 다르나 중생과 번뇌는 곧 이와 같지 않아서 중생이 곧 번뇌이고 번뇌가 곧 중생입니다.

중생을 다섯 쌓임이라 하고 다섯 쌓임을 중생이라 하며, 다섯 쌓임을 번뇌라 하고 번뇌를 다섯 쌓임이라 합니다. 그런데 어찌 여래께서는 이를 등에 비유하십니까."

붇다께서 말씀하셨다.

"잘 행하는 이여, 비유에는 여덟 가지가 있다.

첫째 인과의 차제를 따라서 비유함[順喩]이고, 둘째 거슬러서 비유함이며, 셋째 현재 있는 것으로 비유함이고, 넷째 실로 있지 않은 것으로 비유함이며, 다섯째 앞으로 올 일을 먼저 비유함이고, 여섯째 뒤에 일어날 것으로 비유함이며, 일곱째 먼저와 뒤의 일을 함께해 비유함이고, 여덟째 두루 비유함이다."

① **따라서 비유함**[順喩]

"어떻게 인과의 차제를 따라서 비유하는가. 경 가운데서 다음처럼 기술함과 같다.

'하늘이 큰비를 내리면 도랑이 차고, 도랑이 차므로 작은 구덩이가 차고, 작은 구덩이가 차므로 큰 구덩이가 찬다. 큰 구덩이가 차므로 작은 샘이 차고, 작은 샘이 차므로 큰 샘이 차고, 큰 샘이 차므로 작은 못이 차고, 작은 못이 차므로 큰 못이 차고, 큰 못이 차므로 큰 바다가 찬다.

여래의 법의 비 또한 이와 같아서 법의 비가 내리면 중생의 계가 차고, 계가 차므로 뉘우치지 않는 마음이 차고, 뉘우치지 않는 마음이 차므로 기쁨이 차고, 기쁨이 차므로 멀리 떠남이 차고, 멀리 떠남이 차므로 안온함이 차고, 안온함이 차므로 사마디가 찬다.

사마디가 차므로 바른 지견이 차고, 바른 지견이 차므로 싫어해 떠남이 차고, 싫어해 떠남이 차므로 번뇌 꾸짖음이 차고, 번뇌 꾸짖음이 차므로 해탈이 차고, 해탈이 차므로 니르바나가 찬다.'

이와 같이 비유함을 '따라서 비유함'이라 한다."

② **거슬러서 비유함**[逆喩]

"어떻게 거슬러 비유하는가. 다음과 같다.

큰 바다에는 바탕이 있으니 큰 내를 말한다. 큰 내에는 바탕이 있으니 작은 내를 말한다. 작은 내에는 바탕이 있으니 큰 못을 말한다. 큰 못에는 바탕이 있으니 작은 못을 말한다.

작은 못에는 바탕이 있으니 큰 샘을 말한다. 큰 샘에는 바탕이 있으니 작은 샘을 말한다. 작은 샘에는 바탕이 있으니 큰 구덩을 말한다. 큰 구덩에는 바탕이 있으니 작은 구덩을 말한다. 작은 구덩에는 바탕이 있으니 도랑을 말한다. 도랑에는 바탕이 있으니 큰비를 말한다.

니르바나에는 바탕이 있으니 해탈을 말한다. 해탈에는 바탕이 있으니 꾸짖음을 말한다. 꾸짖음에는 바탕이 있으니 싫어해 떠남을 말한다. 싫어해 떠남에는 바탕이 있으니 바른 지견을 말한다.

바른 지견에는 바탕이 있으니 사마디를 말한다. 사마디에는 바탕이 있으니 안온함을 말한다. 안온함에는 바탕이 있으니 멀리 떠남을 말한다. 멀리 떠남에는 바탕이 있으니 기뻐하는 마음을 말한다.

기뻐하는 마음에는 바탕이 있으니 뉘우치지 않음을 말한다. 뉘우치지 않음에는 바탕이 있으니 계 지님을 말한다.

이와 같이 비유함을 '거슬러서 비유함'이라 한다."

③ **현재 있는 것으로 비유함**[現喩]

"어떻게 현재 있는 것으로 비유하는가. 경 가운데 다음처럼 말함과 같다.

중생의 마음씨[心性]는 원숭이와 같으니 원숭이의 성질은 하나를 버리고 하나를 취한다. 중생의 마음씨 또한 다시 이와 같아서 빛깔 · 소리 · 냄새 · 맛 · 닿음 · 법을 취해 집착하여 잠깐 머무는 때가 없다.

이와 같이 비유함을 '현재 있는 것으로 비유함'이라 한다."

④ 실로 있지 않은 것으로 비유함[非喩]

"어떻게 실로 있지 않은 것으로 비유하는가.

내가 옛날 프라세나짓 왕에게 다음처럼 말함과 같다.

'대왕이여, 가깝게 지내며 믿는 사람이 사방에서 와서 이렇게 말한다 합시다. 대왕이시여, 네 큰 산[四大山]이 사방에서 와서 사람들을 해치려 합니다. 왕이 만약 이런 말을 들으면 어떤 계책을 세우겠소.'

왕이 대답했다.

'세존이시여, 설사 이런 일이 있어도 도망쳐 피할 곳이 없습니다. 오직 마음을 오롯이 해 계 지니고 보시할 마음을 생각할 것입니다.'

내가 곧 찬탄해 말했다.

'잘 말했소. 대왕이여, 내가 말한 네 산이란 곧 중생의 나고 늙고 병들어 죽음이오. 나고 늙고 병들어 죽음이 늘 사람에 닥쳐오는데 어떻게 대왕이 계와 보시를 닦지 않겠소.'

왕이 말했다.

'세존이시여, 계 지니고 보시하면 어떤 과보를 얻습니까.'

내가 말했다.

'대왕이여, 사람과 하늘 가운데서 많이 즐거움을 받게 되오.'

왕이 말했다.

'세존이시여, 니그로다 나무도 계 지니고 보시하면 사람과 하늘 가운데서 안온함을 받습니까.'

내가 말했다.

'대왕이여, 니그로다 나무는 계 지니고 보시를 닦아 행할 수 없지만 만약 그렇게 할 수 있다면 다름이 없을 것이오.'

이렇게 비유함을 '실로 있지 않은 것으로 비유함'이라 한다."

⑤ **앞으로 올 일을 먼저 비유함**[先喩]

"어떻게 앞으로 올 일을 먼저 비유하는가. 내가 경 가운데서 다음처럼 말함과 같다.

비유하면 어떤 사람이 아름다운 꽃을 탐착하는 것과 같아서 꺾어 가질 때에 물에 떠내려 갈 것이다. 중생 또한 그러하여 다섯 가지 욕망을 탐착하여 받으면 나고 죽음의 물에 떠내려가 빠질 것이다. 이것을 '앞으로 올 일을 먼저 비유함'이라 한다."

⑥ **뒤에 이루어질 것으로 비유함**[後喩]

"어떻게 뒤에 이루어질 것으로 비유하는가. 다음 법구(法句)의 말과 같다."

작은 죄를 가벼이 여겨
재앙 없다고 하지 말라.
물방울이 비록 작지만
점점 큰 그릇 채우나니.

⑦ 먼저와 뒤의 일을 함께해 비유함[先後喩]

“어떻게 먼저와 뒤의 일을 함께해 비유하는가. 다음처럼 비유함이다. 마치 파초가 열매 맺으면 곧 죽게 되는 것과 같아 어리석은 이들이 이익됨[利養]을 얻음 또한 이와 같다. 또한 마치 노새가 새끼를 배면 목숨을 오래 보전하지 못함과 같다.”

⑧ 두루 비유함[遍喩]

“어떻게 두루 비유하는가. 경에서 다음처럼 말하는 것과 같다.

‘서른세하늘에 파리치타 나무가 있는데 그 뿌리는 땅에 깊이 들어가 깊이가 오십 요자나(yojana, 由旬: 1요자나는 약 1.3킬로미터)이고 높이는 백 요자나이며 가지와 잎은 사방으로 퍼져 오십 요자나가 된다.

잎이 오래되어 노랗게 되면 여러 하늘신들이 보고서는 마음에 기쁨을 내 이 잎도 오래지 않아 반드시 떨어질 것이라 한다.

그 잎이 이미 지면 다시 기쁨을 내어 이 가지가 오래지 않아 반드시 빛깔이 변할 것이라고 한다.

가지가 이미 빛이 변하면 다시 기쁨을 내어 이 빛이 오래지 않아 얼룩[疱]을 낼 것이라고 한다.

보고서는 다시 기뻐하여 이 얼룩이 오래지 않아 반드시 꽃부리를 낼 것이라고 한다. 보고서는 다시 기뻐하여 이 꽃부리가 오래지 않아 필 것이라고 한다. 필 때에는 향기가 오십 요자나에 두루 퍼지고 밝은 빛이 멀리 팔십 요자나를 비출 것이다.

그때 여러 하늘신들은 여름 석 달을 그 밑에서 즐거움을 받을 것이다.’

잘 행하는 이여, 나의 여러 제자들 또한 다시 이와 같다.

잎의 빛깔이 노랗게 되는 것은 나의 제자가 출가하려고 생각함을 비유한 것이고, 잎이 짐을 보는 것은 나의 제자가 수염과 머리카락 깎는 것을 비유한 것이며, 그 빛깔이 변한 것은 나의 제자가 '네 번 아룀[白四]의 카르마'를 행해 구족계 받는 것을 비유한 것이다.

처음 얼룩을 내는 것은 나의 제자가 아누타라삼약삼보디의 마음 내는 것을 비유한 것이고, 꽃부리는 열 가지 바른 마음에 머문 보디사트바가 불성 보는 것을 비유한 것이며, 꽃이 핀 것은 보디사트바가 아누타라삼약삼보디 얻음을 비유한 것이다.

향기는 시방 한량없는 중생이 금한 계 받아 지님을 비유한 것이고, 빛은 여래의 이름이 걸림없이 시방에 두루함을 비유한 것이다.

여름 석 달은 세 가지 사마디를 비유한 것이고, 서른세하늘이 즐거움 받는 것은 여러 붇다들이 크나큰 니르바나에 있으면서 항상함[常]과 즐거움[樂] 참된 나[我]와 깨끗함[淨] 얻는 것을 비유한 것이다.

이와 같이 비유함을 '두루 비유함'이라 한다."

4) 비유와 비유된 것의 관계를 통해 비유를 이해해야 함을 보임

앞 경의 말씀을 통해 여덟 가지 비유의 방법을 살펴보았지만, 낱낱 비유도 비유함과 비유된 것의 관계를 통해 이해해야 한다.

『열반경』은 가르친다.

"잘 행하는 이여, 이끌어 비유한 것을 반드시 다 취해서는 안 된다. 때로 조금 취하기도 하고 때로 다시 전부 취한다.

만약 여래의 얼굴이 보름달 같다고 하면 이것은 조금 취한 비유라 한다.

잘 행하는 이여, 비유하면 어떤 사람이 처음 소젖[牛乳]을 보지 못해서 다른 사람에게 소젖이 어떤 것 같냐고 물으면 그 사람이 물과 꿀, 조개 같다고 말함과 같다.

물은 젖는 모습이고 꿀은 단 모습이고 조개는 빛깔의 모습이다. 비록 세 가지 비유를 이끌지만 아직 소젖의 진실은 아니니다.

잘 행하는 이여, 내가 등의 비유를 말해서 중생을 비유한 것 또한 이와 같다.

잘 행하는 이여, 물을 떠나 내[河]가 없으니 중생 또한 그렇다. 다섯 쌓임을 떠나면 따로 중생이 없다.

잘 행하는 이여, 수레의 바탕과 바퀴 굴레와 바퀴살 덧바퀴와 수레지붕을 떠나서는 따로 수레가 없듯 중생 또한 그렇다.

잘 행하는 이여, 만약 저 등의 비유에 합치하려면 자세히 잘 듣고 잘 들으라. 내가 지금 말해주겠다.

심지는 스물다섯 존재[二十五有]를 비유하고 기름은 애착을 비유하며 밝음은 지혜를 비유한다. 어두움을 깨뜨림은 무명 깨뜨림을 비유하고 따뜻함[火暖]은 거룩한 도를 비유한다.

등의 기름이 다하면 밝은 불꽃이 사라지듯 중생의 애착이 다하면 곧 불성을 본다. 그러면 비록 앎과 알려지는 것[名色]이 있어도 얽어 묶을 수 없으니, 비록 스물다섯 존재에 있어도 모든 존재[諸有]에 물들여지지 않는다."

붇다가 비유의 여러 차별을 보이게 된 실마리는 다섯 쌓임의 번뇌와 중생을 기름과 등에 비유하는데 의문을 일으킨 데 있다.

곧 '사자처럼 외치는 보디사트바'는 다섯 쌓임과 중생은 같은 것인데 왜 서로 다른 기름과 등에 비유할까 의심을 일으킨다.

이런 물음에 대해 붇다는 사물을 통해 법을 비유하는 것은 늘 비유되는 법의 뜻과 상관 속에서만 사물의 뜻을 취해야 함으로 답변하시고, 경에 나오는 비유의 방향을 여덟 가지로 분별해 보이신다.

중생은 스스로 중생이지 않고 앎과 알려지는 것이 서로 의지해 있는 삶활동[業] 속에 번뇌가 있으므로 중생으로 규정된다.

곧 알려지는 모습에 실로 그러한 모습이 없는데 모습에 실로 알 것이 있다는 집착 때문에 알려지는 대상이 닫힌 모습이 되고 앎활동이 알려지는 것에 물듦을 중생이라 한다.

앎[名]과 알려지는 것[色]에 번뇌가 사라지면 크나큰 니르바나라 하고, 앎과 알려지는 것이 모두 공하고 그 공함도 공한 '으뜸가는 뜻의 공'[第一義空]이 불성이다.

그러므로 심지에 기름을 더하면 불꽃이 서로 이어 타듯 앎과 알려지는 것이 번뇌에 물들면 중생의 중생됨은 서로 이어진다. 심지에 기름 더함을 그치면 불꽃은 남은 심지가 탈 때까지만 유지된다.

아라한은 번뇌 씨앗을 끊었으므로 심지에 기름 더함이 다했으나, 아직 심지에 남은 불꽃까지는 다하지 못했으므로 번뇌의 열매는 다하지 못했다.

이는 앎과 알려지는 것의 공함을 깨달았으나 아직 공함에 머물러 있거나 끊어 없앤다는 마음의 집착이 남아 있으면 크나큰 니르바나 볼 수 없다는 뜻을 그와 같이 비유한 것이다.

비유는 이처럼 비유되는 것과 바로 서로 맞는 것이 아니라, 비유하는 사물을 통해 비유하려는 뜻과 비유되는 법과의 관계성 속에서만 비유의 맞는 뜻이 세워진다.

하나의 소젖[牛乳]을 물과 꿀과 조개로 비유하나 물은 소젖의 젖는 성질에 서로 맞고, 꿀은 소젖의 단 성질에 맞고, 조개는 소젖의 빛깔에 서로 맞는 것과 같다.

불은 하나의 불이지만 그 태우는 성질을 들어 보이면, 불은 중생의 몸과 마음을 태우고, 저 빛깔 소리의 경계를 태우는 번뇌의 불을 비유한다.

주변을 비추는 밝은 성질을 들어 보이면, 무명을 깨뜨리는 지혜의 밝음을 비유한다. 그러므로 비유의 말과 뜻, 비유되는 법의 참모습을 올바로 아는 이가 비유의 방편을 통해 지혜의 문을 열 수 있게 될 것이다.

3. 여러 경전의 교법과 비유

1) 아함의 비유

연기의 실상을 밝히는 모든 법의 뿌리[法根]는 붇다이시니, 붇다는 법의 의지이시고 법의 눈이시다.

법의 의지[法依]이신 붇다는 무명의 어두움에 가리고 미혹 속에 헤매는 중생에게 법의 눈[法眼]을 열어주기 위해 한량없는 비유(譬喩)와 셀 수 없는 언어적 표현[言辭]을 써서 중생의 미혹의 검은 구름을 거두어준다.

붇다의 십이부경은 거의 비유의 가르침이라 할 정도로 온통 비유의 말로 이어져 있다. 그리고 수트라(sūtra, 經) 가운데 많은 비유의 말씀은 그 출발이 아가마(Āgama, 阿含)의 가르침이다.

대승경전에서 주로 밝히고 있는 공(空)과 중도(中道)의 가르침은 아함에서의 연기(緣起)의 뜻을 새롭게 열어 보임이다.

연기된 어떤 존재의 있음이 실로 있음 아님을 공으로 밝히고, 있음이 있음 아니되 있음 아님도 아님을 거짓 있음[假有]과 중도로 해명하듯, 대승의 여러 비유들도 아가마의 비유를 확장하고 심화시킨 비유이다.

아가마는 온갖 법이 연기이므로 덧없고, 덧없으므로 나[我]에 나 없음[無我]을 밝힌다. 아가마의 경전은 주로 다섯 쌓임의 모든 법이 덧없고 공함을 밝히고 있는데, 이는 바로 대승 반야부 경전이 주로 보이고 있는 존재의 공함[我空]과 존재를 이루는 여러 법이 공함[法空]을 아가마가 이미 밝히고 있음이다.

존재와 법이 모두 공함[我法俱空]을 비유로 밝히는 아가마의 게송은 다음과 같다.

> 물질은 물거품의 무더기와 같고
> 느낌은 물 위의 거품 같으며
> 모습 취함 봄날의 아지랑이 같고
> 모든 지어감 큰 파초나무 같으며
> 모든 앎의 법은 허깨비와 같다고
> 지혜로 자세히 살피는 법을
> 해 종족 세존께선 말씀하셨네.
>
> 두루두루 자세히 사유하여서
> 바른 생각으로 잘 살펴본다면

알맹이 없고 굳세지 않아서
나도 없고 내 것 또한 없도다.

다섯 쌓임이 공함을 물거품 · 아지랑이 · 파초 · 허깨비로 비유한 법문은 『금강경』의 '네 구절 게'[四句偈]와 『대품반야』의 열 가지 비유[十喩]로 이어진다.

『금강경』은 아가마의 비유를 다시 꿈과 이슬, 번갯불의 비유를 중심으로 이렇게 말한다.

온갖 함이 있는 모든 법들은
꿈과 허깨비 거품 그림자 같고
이슬 같고 번갯불과 같으니
이와 같이 반드시 살펴야 한다.

一切有爲法　如夢幻泡影
如露亦如電　應作如是觀

위 쿠마라지바(Kumārajīva)의 번역에 비해 보디루치(Bodhiruci)가 옮긴 『금강경』은 별빛[星] · 그늘[翳] · 등(燈) · 허깨비[幻] · 이슬[露] · 번개[電] · 거품[泡] · 꿈[夢] · 구름[雲]의 아홉 가지 비유를 써서 공한 뜻[空義]을 밝힌다.

뗏목의 비유는 뗏목을 엮어 저 언덕에 가려고 하는 이는, 타고 가던 그 뗏목마저 버려야 언덕에 오를 수 있음으로 교법을 비유한다.

가르침을 크신 스승께 듣고서 받아 지녀 교법의 뗏목을 타고 해탈의 언덕에 오르려는 이도, 뗏목 타고 언덕에 오르려는 이처럼 끝내 교법의 뗏목마저 버려야 해탈 니르바나에 이를 수 있다.

많은 사람들이 이 뗏목의 비유를 『금강경』의 비유로 알고 있다. 그러나 『금강경』은 뗏목의 비유는 여래가 늘 말하는[如來常說] 비유임을 보이고 있고, 여래가 늘 말하는 뗏목의 비유는 중일아함에 온전히 나오고 있다.

먼저 『금강경』을 살펴보자. 이렇게 말한다.

"이 모든 중생이 만약 마음으로 모습을 취하면 곧 나[我]와 사람[人]·중생(衆生)·목숨[壽]을 집착함이 된다. 왜 그런가. 만약 법의 모습[法相]을 취해도 곧 나와 사람·중생·목숨을 집착함이 되고, 만약 법 아닌 모습[非法相]을 취해도 곧 나와 사람·중생·목숨을 집착함이 된다. 그러므로 법을 취해서도 안 되고 법 아님을 취해서도 안 된다.

이런 뜻 때문에 여래는 늘 이렇게 말했다.

너희들 비구들은 나의 설법을
뗏목의 비유와 같이 알아야 하니
법도 오히려 버려야 하는데
어찌 하물며 법 아님이겠는가.

汝等比丘 知我說法 如筏喩者
法常應捨 何況非法

『금강경』의 이 가르침의 바탕이 되는 중일아함 뗏목의 비유는 다음과 같다.

"그 무엇을 뗏목의 비유라 하는가?

너희들이 길을 가다가 도적에게 사로잡히더라도 마음의 뜻을 굳게 잡아 미워하는 생각을 내지 말고, 평정한 마음[護心]을 일으켜 모든 곳을 두루 채워서, 한량이 없어 이루 헤아릴 수 없게 하라.

마음을 땅처럼 지니어야 하니, 마치 이 땅이 깨끗한 것도 받아들이고 더러운 것도 받아들여 똥과 오줌처럼 더러운 것도 모두다 받아들이지만, 땅은 늘어나거나 줄어드는 마음을 내지 않고 '이것은 좋고 이것은 더럽다'고 말하지 않는 것처럼 하라.

너희들의 지금 행하는 바 또한 이와 같아야 하니, 설사 도적에게 사로잡히더라도 나쁜 생각을 내지 말고 늘어나고 줄어드는 마음을 일으키지 말라.

땅과 같이 또한 물 · 불 · 바람이 나쁜 것도 받아들이고 좋은 것도 받아들여 늘어나거나 줄어드는 마음이 없는 것처럼 하여, 사랑의 마음 · 슬피 여기는 마음 · 기뻐하는 마음 · 평정한 마음을 일으켜 온갖 중생을 대해야 한다.

무슨 까닭인가? 착함을 행하는 법도 오히려 버려야 하는데 하물며 나쁜 법을 즐겨 익힐 수 있겠는가?

이는 마치 어떤 사람이 무섭고 험난한 곳을 만나 그 위험한 곳을 건너 안온한 곳에 이르려고, 뜻을 따라 이리저리 내달리며 편안한 곳을 찾는 것과 같다.

그는 큰 강이 매우 깊고 넓은 것을 보았는데 저쪽 언덕으로 건너갈 수 있는 다리나 배가 없었다. 그리고 그가 서 있는 곳은 매우 두렵고 험난하였지만 저 언덕은 함이 없이 고요하였다.

그때 그 사람은 이렇게 방법을 생각해냈다.

'이 강물은 매우 깊고 넓다. 이제 나무와 풀잎을 주워 모아 뗏목을 엮어 건너가자. 뗏목을 의지하면 이쪽 언덕에서 저쪽 언덕으로 갈 수 있을 것이다.'

그는 곧 나무와 풀잎을 모아 뗏목을 엮어 이쪽 언덕에서 저쪽 언덕으로 건너갔다. 그는 저쪽 언덕에 이르러 다시 생각하였다.

'이 뗏목은 나에게 많은 이익을 주었다. 이 뗏목으로 말미암아 액난에서 벗어날 수 있었고 두려운 곳에서 함이 없이 편안한 곳으로 이를 수 있었다. 나는 이제 이 뗏목을 버리지 않고 가지고 다니면서 쓰리라.'

어떤가? 비구들이여, 그 사람은 이르른 곳에서 그 뗏목을 스스로 따라 쓸 수 있겠느냐?"

증일아함의 위 가르침은 여래의 평등한 사마디의 마음은 악함을 버리고 착함을 취하는 길이 아니라, 악함을 버리되 착함의 실체마저 버려 착함과 악함에 물듦 없이 늘 지음 없이 착함을 짓는 길임을 보이고 있다.

또 중생의 번뇌와 집착을 다스리기 위한 여래의 교법은 번뇌와 집착이 다하면 그 교법의 약과 교법의 뗏목마저 버려야 가르침을 통해 실상에 돌아갈 수 있음을 보이고 있다.

『열반경』에서는 소젖에서 나오는 다섯 가지 맛[五味]으로 『대반열반경』의 뭇 경 가운데 빼어난 경전적 위치를 밝히고 있다.

천태선사의 교판에서는 붇다의 온갖 가르침을 다섯 때[五時]로 분류하는 데 소의 다섯 가지 맛이 인용된다. 이 소젖의 다섯 가지 맛의 비유 또한 그 뿌리는 아가마의 가르침이다.

『대반열반경』에서는 소[牛]에서 젖[乳]이 나오고 그 젖이 정제된 정도에 따라 삭힌 젖[酪]을 얻고 날버터[生酥]를 얻고 삭힌 버터[熟酥]를 얻고 삭힌 버터에서 제호(醍醐)를 얻는다고 한다. 이는 붇다를 좇아 십이부경이 나오고, 십이부경을 좇아 수트라가 나오고, 수트라를 좇아 『방등경』(方等經)이 나오고, 『방등경』에서 『반야경』이 나오고, 『반야경』에서 『열반경』이 나옴을 비유하고 있다.

먼저 『열반경』(「성행품」)을 보면 여러 인연이 함께하여 소에서 젖이 나오고 젖에서 삭힌 젖과 버터 제호가 나오지만, 소가 젖의 다섯 가지 맛을 낸다는 분별이 없는 것과 같이, 여래 또한 다섯 가지 맛의 교법을 설하지만 설한다는 생각이 없이 설하고 말함 없이 말하는 것이다. 그 뜻을 「성행품」은 이렇게 보인다.

"잘 행하는 이여, 삭힌 젖을 인하고 물을 인하고 젓는 도구[攢]를 인하고 옹기 병을 인하고 노끈을 인하고 사람이 손잡음을 인하여 버터를 낸다. 그러나 삭힌 젖은 내가 버터를 낼 수 있다고 생각하지 않으며, 사람의 손도 내가 버터를 낼 수 있다고 생각하지 않는다.

버터 또한 내가 스스로 나왔다고 말하지 않는다. 뭇 조건이 화합하므로 버터를 내는 것이니, 여래 또한 그러하여 끝내 내가 법바퀴 굴린다고 생각해 말하지 않는다.

잘 행하는 이여, 만약 그런 생각 내지 않으면 이것이 곧 바른 법바퀴 굴림이라 말하는 것이니, 이렇게 법바퀴 굴리신 이가 곧 여래이다."

또 『열반경』(「성행품」)은 불성의 뜻[佛性義]을 밝힌 『대반열반경』이 소젖에서 나온 제호의 맛[醍醐味]임을 다음과 같이 비유한다.

"잘 행하는 이여, 비유하면 소에서 젖을 내고, 젖에서 삭힌 젖을 내고, 삭힌 젖에서 날버터를 내고, 날버터에서 삭힌 버터를 내고, 삭힌 버터에서 제호를 내면, 제호가 가장 높아 먹는 사람은 뭇 병이 다 나으며, 모든 약들이 그 가운데 다 들어 있는 것과 같다.

잘 행하는 이여, 붇다 또한 이와 같아 붇다로부터 십이부경을 내고, 십이부경에서 수트라를 내고, 수트라에서 『방등경』을 내고, 『방등경』에서 『반야경』을 내고, 『반야경』에서 『대반열반경』을 내니, 『대반열반경』은 제호와 같다.

제호라고 말한 것은 불성을 비유한 것이니, 불성이 곧 여래이다."

대승의 『열반경』에서 소에서 젖이 나오고 젖 가운데 여러 맛 중에 제호가 뛰어나며 제호가 여래의 불성이라 함은 다음 아가마의 비유에 그 뜻이 모두 담겨 있다.

젖의 다섯 가지 맛이 모두 소에서 나왔다고 말할 때는 온갖 교설의 바탕이 여래이며 여래가 법의 뿌리임을 말한 것이다.

소젖의 다섯 가지 맛 가운데 제호의 맛이 가장 빼어나다고 할 때는 경 가운데 법화와 열반이 빼어나다는 뜻이 되고, 뭇 삶들 가운데 여래 세존이 위없이 높다는 뜻이 된다.

그러나 여래가 제호의 맛처럼 가장 높다고 말할 때에도 다섯 가지 맛이 모두 하나의 소젖의 맛이라는 전제가 있으므로, 여래의 빼어남도 평등 속의 빼어남인 줄 알고 비유를 읽어야 한다. 아함은 말한다.

"마치 소로 인하여 젖이 있고, 젖으로 인하여 삭힌 젖이 있으며, 삭힌 젖으로 인하여 날버터가 있고, 날버터로 인하여 삭힌 버터가 있으며, 삭힌 버터로 인하여 소정(酥精)이 있어 소정을 으뜸으로 하며, 크다고 하고 위라고 하며, 가장 빼어나다고 하며, 높다고 하고 묘하다고 한다.

그와 같이 큼이 되고 위가 되며 가장 빼어남이 되고 높음이 되고 묘함이 된다.

또한 이와 같이 만약 발이 없거나, 두 발, 네 발, 많은 발 가진 중생, 빛깔 있고 빛깔이 없는 것과 생각이 있고 생각이 없는 것과, 나아가 생각이 있는 것도 아니요 생각이 없는 것도 아닌 모든 중생에서 여래가 그 가운데 아주 으뜸이 되고, 큼이 되고 위가 되며 가장 빼어남이 되고 높음이 되고 묘함이 된다."

2) 『유마경』과 『반야경』의 비유

『유마경』은 '유마힐경'(維摩詰經)의 줄인 말이고, 유마힐은 범어 비말라키르티(Vimalakīrti) 장자의 소리 옮김이다. 곧 『유마경』인 『비말라키르티수트라』는 『열반경』 가운데 젖의 다섯 가지 맛[五味]으로 나눈 교판사상으로 보면 삭지 않은 버터의 맛[生酥味]에 해당된다.

그러므로 이 경은 연기법을 치우치게 해석한 소승(小乘)을 꾸짖고 차츰 이끌어 평등한 한맛[平等一味] 한결같은 뜻[一如之意]을 통달케 한 가르침으로 분류된다. 그래서 『비말라키르티수트라』를 방등교(方等敎)의 가르침이라 한다.

역사적으로 보면 『비말라키르티수트라』는 장자 비말라키르티를 경전 설법의 주체로 내세움으로써 붇다 니르바나 이후 상가의 출가

중심주의를 비판한 경으로 평가된다. 그리고 연기적인 있음에 대한 집착을 깨기 위한 공의 뜻[空義]을 새롭게 집착하여 공에 빠지거나 유아론적 선정의 맛에 탐착하는 이들에게 있음이 있음 아닌 참된 공의 뜻[眞空義]을 열어주는 가르침으로 평가된다.

『비말라키르티수트라』의 「방편품」은 병을 앓는 중생을 위해 병을 함께 앓는 보디사트바의 자비를 강조하며 물질적인 몸의 공성(空性)을 통달하여 몸이 몸 아닌 법신(法身)에 나아가도록 가르친다.

그리하여 아가마수트라(Āgama-sūtra)에서 강조한 꿈 · 허깨비 · 불빛 · 거품 등의 비유를 다시 이끌어 몸의 공성을 다음과 같이 밝힌다.

"장자 비말라키르티가 방편으로 몸에 병 있음을 보이니, 그 병 때문에 국왕 · 대신 · 장자 · 거사 · 브라마나들과 여러 왕자와 아울러 다른 권속 셀 수 없는 천 사람이 다 가서 병문안하였다.

병문안 가는 이들에게 비말라키르티가 몸의 병을 인해 널리 이렇게 설법하였다.

'여러 어진 이들이여, 이와 같은 몸은 밝은 지혜의 사람이 믿지 않는 것이니, 이 몸은 거품더미와 같아 잡아 만질 수 없으며, 이 몸은 물거품과 같아 오래 서 있지 못하며, 이 몸은 불꽃 같아 목마른 애욕을 좇아 나고, 이 몸은 파초와 같아 가운데 굳셈이 없소.

이 몸은 허깨비 같아 뒤바뀐 곳을 좇으며, 이 몸은 꿈과 같아 허망하게 봄이고, 이 몸은 그림자와 같아 업연을 좇아 나타나며, 이 몸은 메아리 같아 여러 인연에 속하오.

이 몸은 뜬구름 같아 잠깐 사이에 변해 사라지고, 이 몸은 번개와 같아 생각생각 머물지 않으며, 이 몸은 주인 없음이 땅과 같고,

이 몸은 나 없음이 불과 같으며, 이 몸은 목숨 없음이 바람 같고, 이 몸은 몸의 틀[人, pudgala] 없음이 물과 같소.

이 몸은 실체가 아니라 네 큰 요소[四大]가 집이 되고, 이 몸은 공함이라 나와 내 것을 떠났으며, 이 몸은 앎이 없어서 풀과 나무, 기와, 자갈과 같으며, 이 몸은 지음 없어서 바람의 힘으로 구르는 것이오.

이 몸은 깨끗하지 않아 더럽고 나쁜 것들이 가득하고, 이 몸은 헛되고 거짓이라 비록 짐짓 목욕하고 옷 입히고 먹이지만 반드시 닳아 없어짐에 돌아가고, 이 몸은 재앙이라 백한 가지 병에 시달리고, 이 몸은 언덕의 우물이라 늙음에 내몰리고, 이 몸은 정함 없어서 반드시 죽게 되오.

이 몸은 독한 뱀과 같고 원수와 적과 같으며 빈 무더기와 같아, 다섯 쌓임[五蘊] · 열여덟 법의 영역[十八界] · 열두 들임[十二入]이 같이 이룬 것이오.

여러 어진 이들이여, 이는 싫어할 걱정거리라 반드시 붇다의 몸[佛身]을 좋아해야 하오. 왜 그런가요.

붇다의 몸[佛身]이란 곧 법의 몸[法身]이라 한량없는 공덕과 지혜를 좇아 생겨나고, 계 · 정 · 혜 · 해탈 · 해탈지견을 좇아 나며, 사랑[慈]과 슬피 여김[悲] · 기뻐함[喜] · 평정[捨]의 한량없는 마음을 좇아 나기 때문이오.

또한 보시와 지계, 욕됨 참음과 부드럽게 어울림, 부지런히 정진함, 선정, 해탈, 사마디와 많이 들은 지혜와 여러 파라미타를 좇아 나기 때문이오.

방편을 좇아 나고 여섯 신통을 좇아 나며 세 가지 밝음을 좇아 나고 서른일곱 실천법을 좇아 나며, 그침과 살핌[止觀]을 좇아 나고, 열 가지 힘 · 네 가지 두려움 없음 · 열여덟 함께하지 않는 법을 좇아 나기 때문이오.

온갖 착하지 않은 법 끊음을 좇아 나며, 온갖 착한 법 모음을 좇아 나고, 진실을 좇아 나며, 방일하지 않음을 좇아 나서 이와 같은 한량없이 청정한 법을 좇아 여래의 몸을 내기 때문이오.

여러 어진 이들이여, 붇다의 몸을 얻어 온갖 중생의 병을 끊고자 하면 반드시 아누타라삼약삼보디의 마음을 내야 하오."

『비말라키르티수트라』에 이어 『반야경』은 『열반경』의 소젖의 다섯 가지 맛으로 보면 삭힌 버터의 맛[熟酥味]이니, 경은 공한 지혜[空慧]의 법문으로 치우친 수행자들의 의심과 집착을 없애 대승의 법의 재물[大乘法財]을 부치어 그 마음을 차츰 크게 통하게 한다.

이를 역사적 시각으로 살펴보자. 원래 붇다의 가르침은 온갖 존재가 다섯 쌓임이 어울려 모여 이루어지므로 존재도 공하고[我空], 존재를 이루는 다섯 쌓임의 법도 공함[法空]을 보인다. 그러나 붇다께서 니르바나에 드신 뒤 많은 수행 유파들에 의해 존재는 공하나[我空] 존재를 이루는 법이 실재한다는 시각이 생기게 된다. 이에 그 법에 대한 집착을 다시 깨뜨려 연기의 진실을 밝히는 가르침이 『반야경』의 법문이다.

『반야경』 또한 앞에서 『금강경』의 예에서 살펴보았듯, 아가마에서 이미 설한 비유를 다시 들어 앎활동과 알려지는 것, 온갖 법의 공성을 밝힌다.

천태선사의 『법계차제초문』은 『대품반야경』에 의거해 공성을 밝히는 열 가지 비유를 다음과 같이 정리해 보인다.

① 허깨비와 같음

첫째 허깨비 같음[如幻]이니, 허깨비 같음이란 다음과 같다. 비유하면 환술사[幻師]가 허깨비[幻]로 코끼리나 말, 그밖에 갖가지 사물들을 만드는 것과 같다. 그것들은 비록 실체가 없으나 볼 수 있는 허깨비의 빛깔[幻色]이 있고, 들을 수 있는 허깨비의 소리[幻聲]가 있어서 사람들의 뜻과 서로 마주해도 그릇되거나 어지럽지 않다.

지혜 없는 이들은 알지 못하여 그것을 실체라고 한다. 모든 법 또한 이와 같아서 모두 무명이 허깨비로 지은 것이다. 그것은 비록 공하지만 보거나 들을 수 있으며 서로 그릇되어 어지럽지 않으니, 미혹된 마음은 알지 못하고 망령되게 집착하여 실체라고 한다.

'비었다는 살핌'[空觀]을 닦는 이가 모든 법이 허깨비의 모습과 같음을 안다면, 바로 마음에 얻을 바가 없어 활짝 바른 앎을 열어 온갖 법이 모두다 공적(空寂)함을 깨닫게 된다. 그러므로 '허깨비 같다'고 말한다.

② 아지랑이와 같음

둘째 아지랑이 같음[如炎]이니, 아지랑이 같음이란 다음과 같다. 아지랑이는 햇빛과 바람이 먼지를 날리므로 넓은 들판에 날뛰는 들말[野馬]과 같다고 한다. 지혜 없는 이는 처음 이를 보면 물이라고 한다.

남자의 모습, 여자의 모습이나 그 밖의 온갖 법의 모습 또한 이와 같아서 얽매는 번뇌의 빛[光]과 여러 지어감의 티끌먼지[塵], 삿된 기억과 생각의 바람[風]이 나고 죽음의 넓은 들 가운데서 돌아 구름인데, 지혜가 없는 사람은 한 모습[一相]이라 여겨 남자라 하고 여자라 하니 이것을 '아지랑이 같다'고 하는 것이다.

다시 멀리서 아지랑이를 보고 물이라고 생각했는데, 가까이서 보면 물의 모습이 없는 경우처럼, 지혜 없는 사람도 이와 같아서 만약 거룩한 법을 멀리하면 나 없음[無我]을 알지 못하고 모든 법이 공함을 알지 못한다.

그리하여 다섯 쌓임[五陰] · 열두 들임[十二入] · 열여덟 법의 영역[十八界]의 공한 법 가운데서 사람이라는 생각, 남자라는 생각, 여자라는 생각을 낸다.

그러나 거룩한 가르침[聖法]을 가까이하면 바로 모든 법의 실상[諸法實相]을 알게 되어, 이때 헛되고 거짓된 갖가지 망상이 다 없어지게 된다. 그렇기 때문에 '아지랑이 같다'고 말한다.

③ 물속의 달과 같음

셋째 물속의 달과 같음[如水中月]이니, 물속의 달과 같다는 것은 다음과 같다. 달은 실로 허공 가운데 있지만 그 그림자가 물 위에 나타나는 것처럼, 법의 성품 그 진실한 바탕[法性實際]의 달은 허공 가운데 있지만 범부의 마음의 물[凡夫心水] 가운데 나와 내 것의 모습으로 나타난다.

이런 까닭에 물속의 달과 같은 것이다. 저 어린아이가 물속의 달을 보고 기뻐해 잡으려 하면, 어른이 보고서 바로 웃는다. 그처럼 지혜 없는 이도 이와 같아서 몸의 견해로 내가 있다고 여긴다. 참된 지혜가 없기 때문에 갖가지 법을 보고서 기뻐하여 남자라는 모습, 여자라는 모습 등의 여러 모습을 취하려 하나, 도 얻은 여러 성인들은 그를 가엾이 여기고 웃는다.

④ 허공과 같음

넷째 허공 같음[如虛空]이니, 허공 같다는 것은 다음과 같다. 허공은 다만 이름만 있을 뿐 실다운 법이 없는 것이다. 허공은 볼 수 없는데 멀리서 보면 눈빛이 뒤바뀌어 하늘 빛깔이라고 보게 된다.

모든 법 또한 이와 같아서 공하여 있는 것이 없는데, 사람이 샘이 없는 실다운 지혜를 멀리하므로 진실[實]을 버리고, 너와 나, 남과 여, 집 등 갖가지 사물을 본다. 만약 공하다는 살핌[空觀]을 닦아서 실상의 진리[實相理]에 들어가면 온갖 것이 다 있는 바가 없으므로 '허공 같다'고 말한다.

⑤ 메아리와 같음

다섯째 메아리 같음[如響]이니, 메아리 같다는 것은 다음과 같다. 만약 깊은 산의 골짜기 가운데나 텅 빈 큰 집 안에서 말소리나 두드리는 소리를 내면 그 소리를 따라 다시 소리가 나온다. 지혜 없는 이는 그것을 어떤 사람이 있어 말소리를 냈다고 여긴다.

지혜로운 이는 이것이 소리일 뿐이지 사람이 낸 소리가 아님을 밝게 안다. 다만 소리가 닿기 때문에 메아리라고 말하는 것이지, 메아리는 헛되어 귀뿌리[耳根]를 속일 뿐이다.

온갖 음성과 말 또한 이와 같다. 사람이 말하려고 할 때 입 안에서 바람을 내는데, 이것을 '우다나'라고 한다. 바람이 다시 배꼽으로 들어가는데, 메아리가 나올 때 일곱 곳에 닿아 되돌아간다. 이것을 언어가 메아리 같다고 한 것이다.

지혜 없는 이는 말소리가 나오는 인연을 알지 못하고 실체라고 여겨, 마음으로 취해 근심과 기쁨을 낸다. 그러나 지혜로운 이는 말소리의 인연이 실체 없어서 메아리 같음을 알아, 들어도 마음에 집착을 일으키지 않는다.

모든 법도 이와 같으므로 메아리 같다고 한다.

⑥ 간다르바 성과 같음

여섯째 간다르바 성 같음[如犍闥婆城]이니, 간다르바 성 같다는 것은 다음과 같다. 해가 처음 뜰 때 성문 · 망루 · 궁전을 나타내면 지나가는 사람이 드나드는 모습까지 보인다. 해가 점점 더욱 높아지면 그 모습이 사라지니, 다만 눈으로만 볼 수 있을 뿐 실체는 없다. 지혜 없는 이는 그것을 알지 못하고 실체라고 한다.

지혜로운 이는 그것을 보면 실체가 없음을 안다. 모든 법 또한 이와 같은데 지혜 없는 이는 그것을 알지 못하여, 망령되게 거짓 이름[假名]이 있다고 하거나 나의 다섯 쌓임 · 열두 들임 · 열여덟 법의 영역이 실체[實]라고 헤아린다.

지혜로운 이는 모두 있는 바가 없음을 밝게 통달하므로 간다르바 성 같다고 말한다.

⑦ 꿈 같음

일곱째 꿈 같음[如夢]이니, 꿈 같다는 것은 다음과 같다. 꿈속에는 실제의 일이 없는데 그것을 실로 있다고 생각하다가 깨어나서는 스스로 웃는 것이다.

사람 또한 이와 같아서, 이 모든 번뇌라는 것은 우리가 잠 가운데 실로 없는 것을 집착하는 것이니, 도를 얻어 깨칠 때 비로소 실체 없음을 알아 또한 다시 스스로 웃게 된다.

이 때문에 꿈 같다고 하였다.

또한 꿈이란 잠의 힘 때문이라 실다운 법이 없는데 있는 것으로 본다. 사람들 또한 이와 같다. 무명의 어두운 잠의 힘[無明眠力] 때문에 갖가지 것이 본래 없는데 있는 것으로 보아, 나와 내 것, 남자와 여자 등의 모습을 보는 것이다.

⑧ 그림자 같음

여덟째 그림자 같음[如影]이니, 그림자 같다는 것은 다음과 같다. 그림자는 볼 수는 있지만 잡을 수는 없다. 모든 법 또한 이와 같아서 비록 눈의 아는 뿌리 등이 보고 듣고 느껴 알지만 실로는 얻을 수 없다. 또한 그림자는 빛을 비추면 나타나지만 비추지 않으면 없어진다.

그처럼 모든 번뇌가 바른 견해의 빛[正見光]을 가리면 나라는 모습[我相], 법의 모습[法相]의 그림자[影]가 있게 된다. 만약 번뇌가 다 사라지면 나라는 모습, 법의 모습도 없어진다.

또 그림자는 사람이 가면 같이 가고, 사람이 머물러 있으면 머무르는데, 착하고 악한 업의 그림자[善惡業影] 또한 이와 같다. 뒷세상으로 갈 때 또한 가고 지금 세상에 머무를 때도 또한 머물러서 과보가 끊이지 않기 때문이다.

⑨ 거울 속의 모습과 같음

아홉째 거울 속의 모습 같음[如鏡中像]이니, 거울 속의 모습 같음이란 다음과 같다. 거울 속에 비친 모습은 거울이 만든 것도 아니고[非鏡作], 얼굴이 만든 것도 아니며[非面作], 거울과 얼굴이 합해져서 만든 것도 아니고[非和合作], 더구나 아무 인연 없이[無因] 만들어진 것도 아니다.

그러나 비록 정해진 실체[定有]는 없지만 보고 분별할 수는 있다.

모든 법 또한 이와 같아서, 스스로 있는 것도 아니고, 남이 있게 한 것도 아니며, 스스로와 남이 서로 합해져서 있게 된 것도 아니고, 그렇다고 아무 인연 없이 이루어진 것도 아니다.

비록 얻을 수는 없지만, 다만 이름으로써 분별할 수 있을 뿐이다.

저 거울 속의 모습은 실로는 있는 바가 없지만, 어린아이를 속여서 기쁘고 슬픈 마음을 내게 한다. 지혜로운 이는 비록 그것을 보아도 진실이 아님을 알므로 기쁘고 슬픈 마음이 없다.

모든 법 또한 이와 같아서, 범부를 속이어 여러 번뇌를 내지만, 진실한 지혜[實智慧]가 있는 이는 비록 그것을 보고 듣더라도 이미 실체가 없음을 알아서 업 맺음[結業]을 내지 않는다.

그러므로 거울 속의 모습 같다고 말한다.

⑩ 변화와 같음

열째 변화와 같음[如化]이니, 변화와 같다는 것은 다음과 같다. 만약 여러 하늘의 신선이나 성인으로 신통을 얻은 자는 여러 사물을 변화시켜 변화의 사람[化人]으로 바꿀 수 있다. 그것은 나고 늙고 병들어 죽음도 없고, 괴로움과 즐거움도 없어서 사람이 사는 것과는 다르다. 이 때문에 공하여 실체가 없다.

온갖 법 또한 이와 같아서 모두다 나고 사라짐이 없어서 마치 변화로 생긴 것은 정해진 사물[定物]이 없어서, 다만 신통을 쓰는 자가 마음을 내 바로 짓는 것이라 모두 실체가 없는 것과 같다.

사람의 태어남 또한 이와 같아서 본래 원인되는 바가 없이[本無所因], 다만 앞세상의 마음[先世心]을 좇아 지금 세상의 몸[今世身]을 내어 모두 실체가 없다.

이 때문에 모든 법이 변화와 같다고 말한다.

3) 유식불교와 여래장 불교에서 비유

존재의 있음[有]이 실로 있음 아님을 보이기 위해 설정한 공(空)을 다시 실다운 공[實空]으로 집착할 때 그에 대한 유식불교(唯識佛敎)의 비판이 시작된다. 유식불교는 온갖 존재를 앎활동에 거두어들여[萬法唯識] 앎활동으로써 '존재가 공하므로 연기함'을 해명하며, 공하므로 연기하는 온갖 법의 모습[法相]을 분별한다.

알려지는바 세계는 앎활동인 세계이므로 공한 것[唯識無境]이고, 앎활동 또한 세계인 앎활동이라 공한 것[唯識無性]이다. 그러므로 유식불교에서 세계와 앎의 공성을 밝히는 데는 아가마와 반야의 비유를 이어받아 새로운 비유를 세워 뭇 삶들에게 앎과 세계의 있되 공한 모습을 쉽게 이해하도록 한다.

유식불교에서 세운 비유의 독창성은 주장의 정당성을 입증하는 비유로서 드리스탄타(dṛṣṭānta)이다. 유식에서 드리스탄타는 주장[宗]의 근거[因]를 뒷받침하는 구체적 사례이다.

'소리는 덧없다'고 말하는 것은 말하고자 하는 근본적인 뜻이니,

프라시디(prasiddhi)이다. 프라시디는 사물에 대해 나타내 보이고자 함, 곧 파크샤(pakṣa, 宗)와 덧없다고 설명되는 법[dharma]으로 이루어진다.

인(因, linga)은 주장하는 명제가 타당한 근거와 이유를 말하는 것이니, '만들어진 성질 때문이다'[所作性故]라고 말함과 같다.

근거의 구체적 사례가 드리스탄타의 비유이다. '비유하면 병 등과 같다'[譬如甁等]고 말함이다.

유식불교에 이어 발흥한 여래장(如來藏, tathāgata-garbha) 불교를 살펴보자. 여래장 불교는 유식불교의 앎[識]이 주관화되고 심리주의화됨을 부정하기 위해 세계인 앎과 앎인 세계의 실상이 공하되 공도 공함을 밝힌다. '앎의 공함도 공한 진실한 모습'이 경에서 말하는 여래 공덕의 곳간[如來藏] 진리법계의 곳간[法界藏]이다.

『승만경』(勝鬘經)은 이렇게 말한다.

> "여래장은 이것이 법계장(法界藏)이고 법신장(法身藏)이며, 세간 벗어난 높고 높은 진리의 곳간[出世間上上藏]이고, 자성이 청정한 진리의 곳간[自性淸淨藏]이다.
>
> 이 성품이 청정한 여래장이 티끌 번뇌와 높은 번뇌에 물들여지지 않는 부사의한 여래의 경계이다."

『승만경』의 해설서라 할 수 있는 '마쳐 다한 일승에서 밝힌 여래장의 보배성품에 관한 논'[究竟一乘寶性論]에서는 다음 아홉 가지 비유[九喩]로 여래장을 밝히고 있다.

첫째, 여래장은 붇다께서 변화해낸 셀 수 없는 연꽃이 홀연히 시들어 변하니, 한량없는 화신 붇다가 연꽃 안에 거룩한 상호로 두 발을 맺고 앉아 있음에 비유된다. 시드는 연꽃은 무명번뇌를 비유하고 장엄한 붇다의 몸은 여래장을 비유한다.

이는 곧 온갖 중생 번뇌의 몸 가운데 있는 공덕으로 장엄된 여래장이 무명 탐혹에 덮여 드러날 수 없다가 무명이 다할 때 드러나는 것을 말한다.

둘째, 깨끗한 꿀이 바위 나무 가운데 있는데 셀 수 없는 벌 떼들이 둘러싸서 지키므로 꿀을 따려면 먼저 저 벌 떼를 없애야 함에 비유된다. 벌 떼는 무명번뇌를 비유하고 꿀은 여래장을 비유한다.

이는 곧 온갖 중생이 본래 갖춘 여래장 공덕의 법맛이 무명에 얽히고 싸여 쓰지 못하므로 무명을 없앨 때 그 법의 맛 쓰게 됨을 말한다.

셋째, 쌀 · 보리 · 조 · 콩 등의 열매가 껍질에 싸여 있어서 만약 껍질을 없애지 못하면 먹을 수 없음에 비유된다. 쌀 · 보리 · 조 · 콩 등은 여래장 법신의 몸을 비유하고 껍질은 무명번뇌를 비유한다.

이는 곧 여래장 법신의 몸이 무명번뇌 가운데 깊이 들어 있어서 무명번뇌의 껍질을 벗겨야 법신의 몸이 드러남을 말한다.

넷째, 참된 금은 비록 똥거름 속에 떨어져 있어도 길이 그 바탕이 변하지 않으니, 만약 금 있는 곳을 알아 찾아가게 되면 금을 쓸 수 있음에 비유된다.

이는 곧 여래장 성품이 무명번뇌에 덮여 있어도 본디 깨끗함[本淨]을 잃지 않으니, 하루 아침에 찾아 그 더러운 때를 없애면 밝고 깨끗한 성품이 다시 나타나게 됨을 말한다.

다섯째, 가난한 집안의 땅에 진기한 보배를 숨겨두었는데 확실히 모르고 있다가 파낸 뒤에야 쓸 곳을 얻을 수 있음에 비유된다. 가난한 집은 중생을 비유하고 진기한 보배는 여래장 성품을 비유하고 땅은 무명번뇌를 말한다.

이는 곧 중생이 비록 여래장 성품을 갖추고 있지만 무명번뇌에 덮여 분명히 알지 못하다 무명번뇌의 덮음을 깨뜨리고서야 여래장의 보배 쓰게 됨을 말한다.

여섯째, 암라 나무 열매의 씨앗은 깊이 열매 가운데 숨어 있어 움직이지 않으므로 아직 싹이 자라나지 못하지만, 속에 깊이 머금고 있어 썩지 않는다. 만약 땅의 조건을 만나 그 가운데 씨앗을 심어 오래되면 싹이 자라 큰 암라 나무가 되니, 암라 열매의 씨앗은 여래장을 비유하고 열매는 무명번뇌를 비유한다.

이는 여래장이 오래도록 무명번뇌 가운데 간직되어 있어 움직이지 않으므로 처음부터 끝까지 그 열매가 썩지 않다가 뒤에 붇다의 법[佛法]의 빼어난 인연을 만나면 저절로 싹이 나서 위없는 보디 이루게 됨을 말한다.

일곱째, 참된 금의 모습이 더럽고 냄새나는 떨어진 옷에 싸여 있어 금을 땅에 던져버리면 넓은 들판에 흘러 굴러도 보는 사람이 알지 못하고 모두다 천하게 보는 것에 비유된다.

참된 금의 모습은 여래장의 청정한 법신을 비유하고, 더럽고 냄새나는 떨어진 옷은 무명번뇌를 비유하고, 넓은 들판은 나고 죽음의 큰 바다를 비유한다.

이는 곧 중생에게 비록 여래장 청정법신이 있어도 무명번뇌에 덮여 쌓이면 나고 죽음의 큰 바다 가운데 떨어지게 됨을 말한다.

여덟째, 가난한 여인이 몸에 귀한 왕의 자식을 잉태하고도 스스로 알지 못해 천한 자식이라 생각함에 비유된다. 가난한 여인은 무명번뇌를 비유하고, 잉태한 귀한 자식은 여래장 청정법신의 몸을 비유한다.

이는 곧 온갖 중생이 무명번뇌 때문에 스스로 몸에 여래장 청정법신의 몸이 있는 줄 알지 못함을 말한다.

아홉째, 황금상[金像]을 틀에 부어 만드는데 참된 금은 안에 있고 거푸집이 밖에 있으면 거푸집이 검은 진흙으로 덮여 있어서 그 모습이 그을리고 보기 싫어 사람들이 그 안에 참된 금이 있는 줄 알지 못함에 비유된다. 참된 금은 여래장 성품을 비유하고, 거푸집의 검은 진흙은 무명번뇌를 비유한다.

이는 곧 여래장 성품이 무명번뇌에 덮여 가려서 중생이 깊이 캄캄한 미혹 가운데 떠돌므로 천해, 스스로의 몸 가운데 여래장 성품을 알지 못하는 것을 말한다."

여래장 불교에서 아홉 가지 비유로 밝힌 여래장은 아가마에서 말하고 있는 '니르바나의 성', '해탈의 저 언덕'과 다르지 않다.

이 아홉 가지 비유는 바로 온갖 중생이 본래 니르바나되어 있지만 비롯 없는 옛날부터 번뇌에 덮이고 가리어 본래 청정하여 물듦 없는 여래의 법신이 나타나지 못하게 됨을 비유로 보인 것이다.

4) 『법화경』의 일곱 가지 비유

『법화경』은 경 제목부터 연꽃으로 묘법(妙法)을 비유하고 있으며 경 전체가 비유의 이야기가 주된 내용을 이룬다. 『법화경』에서 비유는 견주어볼 수 있는 이야기를 통해 중생을 깨우침에 이끌므로 우파마(upamā, 比較)에 해당한다.

『법화경』의 비유는 흔히 '일곱 가지 비유'[七喩]로 요약되니, 그 내용을 간략히 살펴보자.

① 불난 집의 비유

불난 집의 비유[火宅喩]는 「비유품」(譬喩品)에 나온다. 장자의 큰 집에서 그 자식들이 소꿉놀이를 하고 있는데, 집에 불이 났는데도 아이들은 그런 줄 모르고 놀고 있었다.

장자가 아이들이 좋아하는 양 수레 · 사슴 수레 · 소 수레 등 세 수레로 아이들을 문밖에 꾀어내자, 문밖에는 양 수레 · 사슴 수레 · 소 수레는 본래 없었고 흰 소가 끄는 큰 수레[白牛大車]가 있었으니 그 수레를 아이들에게 나눠주었다.

불난 집은 온갖 고통과 재앙이 넘치는 삼계(三界)를 비유하고, 아이는 중생을 비유하고, 장자는 붇다를 비유하며, 양 수레는 성문승(聲聞乘)을, 사슴 수레는 연각승(緣覺乘)을, 소 수레는 보살승(菩薩

乘)을 비유하고, 흰 소가 끄는 큰 수레는 하나인 붇다의 수레[一佛乘]를 비유한다. 세 수레는 방편이고 하나인 붇다의 수레는 온갖 중생들이 끝내 들어갈 실상의 세계이니, 「비유품」의 게송은 말한다.

그대 사리푸트라여, 나는 중생 위하여
이 비유로써 하나인 붇다의 수레 말하니
너희들이 만약 이 말 믿어 받을 수 있으면
온갖 중생 모두다 붇다의 도 이루리라.
이 한 수레 미묘하고 깨끗하기 으뜸이라
모든 세간 가운데 더 높은 것 있지 않네.
붇다께서 기뻐하고 옳다 하시는 것이니
온갖 중생 찬탄해 공양하고 절할지라.
한량없는 억천의 모든 힘과 해탈법과
선정 지혜 붇다의 다른 법들 행하면
이와 같은 하나뿐인 붇다의 수레 얻어
여러 자식 밤과 낮 오래고 먼 세월 속에
언제나 다 즐겁게 노닐도록 하여주고
여러 보디사트바와 성문승의 무리들도
이 보배의 수레 타면 곧장 도량에 이르니
이 때문에 온 시방에 자세히 구해본들
붇다 방편 내놓고는 다시 다른 수레 없네.

② 거지 자식의 비유

거지 자식의 비유[窮子喩]는 「신해품」(信解品)에 나온다. 장자에게 아들이 있었는데 어릴 때 집을 잃고 떠돌아다니며 거지 노릇 하면서 장자의 아들인 줄 몰랐다.

어느 날 아버지 장자의 집에 이르러 장자의 부유함과 화려한 모습을 보고 크게 놀라 도망치자, 장자가 아들을 불러 집안의 거름을 치게 하고 차츰 집안살림에 길들여지자 문지기를 시키고 그 다음 집안의 곳간을 맡기고 마지막 집안의 살림을 모두 그에게 전해주었다.

이 비유는 다섯 때[五時] 여래의 교화와 연결시켜 해석된다. 거지 아들이 장자를 보고 놀랄 때는 화엄을 설한 때이고, 거지 자식을 불러 거름을 치게 한 것은 아함을 설한 때이며, 문지기를 시킨 때는 방등교를 설한 때이고, 곳간 열쇠를 맡긴 것은 반야를 설한 때이다. 끝으로 집안살림을 모두 전해준 것은 법화·열반을 설한 때라고 풀이한다.

비록 때를 이렇게 분별해 나누었지만 거지 자식 불러 거름을 치게 하는 것이 실은 전 재산을 물려주기 위한 방편의 행이므로 아함을 설할 때 이미 법화·열반의 뜻이 있는 것이며, 법화·열반을 설할 때 아함의 방편이 함께 있는 것이니, 이것이 천태선사의 다섯 때 교판의 입장이다.

「신해품」의 게송은 이렇게 말한다.

> 아버지는 아들 마음 차츰 넓어 커짐 알고
> 재물을 부쳐주려 친족들과 국왕 대신
> 크샤트리아 거사들 모두 불러 모아놓고
> 대중에 말했도다 이 사람은 내 아들로
> 나 버리고 떠돌이로 오십 세를 지내다가

내가 자식 본 뒤로도 스무 해를 지내었소.
그 옛날 어떤 성에서 이 자식을 잃고서
두루 돌아다니며 이 아들을 찾았더니
드디어 여기 와서 나에게 이르렀소.
지금 내가 가진 것들 집이나 사람이나
모두 아들에게 주어 마음대로 쓰게 하리.
그 아들의 생각은 옛날에는 가난하고
그 뜻 아주 못났으나 이제 아버지에게서
진기한 보배와 집 온갖 재물 크게 얻고
아주 크게 기뻐하며 일찍이 없었던 일 얻었네.

모든 붇다께선 법에 자재함을 얻으시사
여러 중생 갖가지 하고자 함과 좋아함
중생들의 뜻과 힘들 모두 살펴 아시고
그 모든 중생들이 감당할 수 있음 따라
한량없는 비유로 설법하여 주시고
여러 중생 선근 따라 근기의 성숙함과
성숙하지 못함을 모두 살펴 아시고서
갖가지로 헤아리고 분별해 아시고는
일승의 도 가운데서 중생의 마땅함 따라
삼승의 방편을 분별하여 말씀하네.

③ 약풀의 비유

약풀의 비유[藥草喩]는 「약초유품」(藥草喩品)에 나온다. 여러 가지 약풀들이 그 종류가 다르고 이름과 빛깔이 다르지만 하늘에 가득 한 큰 구름이 비 내리면 모두 한 비의 적셔줌[一雨所澤]을 받게 된다. 그러나 그 약풀들의 뿌리 · 줄기 · 가지 · 잎들이 각기 다르므로 크고 작은 여러 나무들은 자기성품[自性]에 맞추어 자라서 차별이 생긴다.

이는 중생의 근기가 다름도 이와 같아 붇다께서 중생에 따라 각자의 지혜 · 성품에 맞게 교화해 그 병을 치유해 보디에 깨달아 들게 함을 말한다.

천태선사는 이 한 비유를 의거해 여래가 평등히 내리는 법비에 젖는 중생의 차별에 세 풀, 두 나무[三草二木]가 있다고 하고, 작은 풀은 사람과 하늘의 수레[人天乘], 가운데 풀은 성문 · 연각의 두 수레[二乘], 위의 풀[上草]은 장교보살(藏敎菩薩)에 짝을 지운다. 그리고 작은 나무[小樹]는 통교보살(通敎菩薩), 큰 나무[大樹]는 별교보살(別敎菩薩)에 짝을 지운다.

이처럼 비의 적셔줌을 받는 풀과 나무는 차별되나, 하늘의 크고 짙은 구름은 온누리에 가득 펴져 한때에 비 내려 온갖 풀을 평등하게 적셔준다. 그리고 여래의 한 모습 한맛의 설법 또한 온갖 근기 온갖 차별된 중생을 법의 비로 적시어 끝내 니르바나의 고요한 모습, 해탈의 바다에 이끌어들이는 것이다.

「약초유품」의 게송은 이렇게 말한다.

> 내가 법의 비를 내려 세간 가득 채우니
> 한맛인 여래의 법 힘을 따라 닦아가면
> 마치 저 숲 가운데 약풀들과 여러 나무

크고 작은 모습 따라 차츰 우거짐과 같네.
모든 붇다 거룩한 법 언제나 한맛으로
모든 세간 널리 한맛 갖춰지게 하나니
차츰 닦아 행해가면 모두 보디 얻게 되리.
(중략)
이같이 카샤파여, 붇다께서 설하신 법
마치 저 큰 구름이 한맛의 비를 내려
사람과 꽃 적셔주어 열매 맺게 함과 같네.
카샤파여, 여러 인연 갖가지 비유로써
붇다의 도 중생에게 열어 보여주지만
이는 나의 방편이며 모든 붇다 그 같음을
그대들은 반드시 알아야 하느니라.

④ 변화로 된 성의 비유

변화로 된 성의 비유[化城喩]는 「화성유품」(化城喩品)에 나온다. 어떤 여행자가 오백 요자나 떨어진 곳에 있는 보배처소에 가려고 길을 떠났다. 길 가운데서 그는 극도로 피로해 나아가지 못하고 그만 되돌아가려 하니, 빼어난 인도자가 삼백 요자나 되는 곳 길 중간에 변화로 된 성을 세워 그 여행자를 이끌어 끝내 보배처소에 이르게 하였다.

그러나 어리석은 이들은 중간 보배성을 진실한 성이라 잘못 알아 그곳에 머물러 진실한 보배처소에 이르지 못한다.

보배처소는 '하나인 붇다의 수레'이고 중간 보배성은 방편의 법문이다.

「화성유품」의 게송은 이렇게 말한다.

내가 보니 너희들의 피로가 아주 심해
가는 길 가운데서 뒤로 돌아 가려함에
방편의 힘으로써 변화의 성 지었나니
너희들이 부지런히 정진하여 나아가면
반드시 모두 같이 보배처소 이르리라.
(중략)
니르바나 이르러 모두 아라한 얻음 알고
그제서야 방편법 얻은 대중 모아놓고
그들 위해 보배처소 진실한 법 설하노라.
모든 붇다 중생 위해 방편의 힘을 열어
세 가지 수레의 법 분별하여 말씀하나
오직 하나 붇다의 법의 수레 있을 뿐
지친 이 쉴 곳 때문 이승을 설했노라.

⑤ 옷 속 구슬의 비유

옷 속 구슬의 비유[衣珠喩]는 「오백제자수기품」(五百弟子授記品)에 나온다. 어떤 사람이 가까운 벗의 집에 가서 술에 취해 누워 있었는데, 그 벗이 관가의 일로 멀리 길을 떠나면서 값할 수 없는 보배구슬을 취해 누워 있는 벗의 옷 속에 매어주고 갔지만, 취해 있는 자는 전혀 알지 못했다.

그 뒤 옷 속에 보배구슬이 있는 줄도 모르고 온갖 고초를 겪으며 옷과 밥을 구하며 살았다.

친한 벗이 이르자 그가 옛날 옷 속에 보배구슬 매어둔 일을 가르쳐 주며 그것으로 편안하고 모자람이 없이 살도록 당부하였다.

옷 속의 보배구슬은 중생이 본래 갖춘 불성이다. 지금 작은 법에 만족하여 불성의 옷[佛性衣]을 알지 못하는 성문들도 실은 이미 오랜 옛날 옛 붇다로부터 이미 대승의 연[大乘緣]을 맺었지만 무명으로 그것을 잊고 지금 얻은 작은 법에 만족하며 살아가고 있는 것이다. 그러므로 붇다께서는 차츰 다시 '하나인 붇다의 수레'를 열어주고 위없는 보디와 해탈의 언약을 주시는 것이다.

「오백제자수기품」의 게송은 말한다.

보배구슬 주던 벗이 뒤에 가난한 이 보고
뼈아프게 꾸짖으며 옷 속 구슬 보여주니
가난한 이 구슬 보고 그 마음 크게 기뻐
여러 재물 부유해져 오욕 절로 누리었네.
저희 또한 이와 같아 세존께서 기나긴 밤
저희들을 슬피 여겨 여러 교화 보이어
위없는 보디의 원 삼도록 하였으나
저희들이 지혜 없어 깨달아 알지 못하고
니르바나의 작은 부분 겨우 알아 얻고서는
스스로 만족하여 그 나머지 안 찾았네.
지금 붇다 저희들을 깨우쳐 말씀하사
그것은 곧 진실한 니르바나 아니고
붇다의 위없으신 지혜를 얻어야만
그것이 바로 참된 니르바나라 가르치네.

저희 지금 보디의 언약 주신 장엄한 일
붇다께 듣고 다시 높은 언약 받자오니
저희들의 몸과 마음 기쁨 두루 채워졌네.

⑥ **상투구슬의 비유**

상투구슬의 비유[髻珠喩]는 「안락행품」(安樂行品)에 나온다. 전륜왕은 상투 속에 보배구슬을 감추어두었다가 전투에 큰 공을 세운 공신을 보고서 그 상투구슬을 풀어준다.

여래께서 이 『법화경』의 비밀장을 오래도록 설하지 않으시다 이제야 여러 대중에게 설해주는 것도 저 힘센 왕이 오래 간직한 밝은 구슬을 이제야 풀어주는 것과 같다.

「안락행품」의 게송은 이렇게 말한다.

온갖 여러 사람들이 여러 고통받으면서
해탈 구해 여러 마라와 싸우는 것 보고서
이런 중생 위하여 갖가지 법 설하며
크나큰 방편으로 이 여러 경들 설해
중생이 그 힘을 이미 얻은 것을 알고서
맨뒤에야 그들 위해 이 『법화경』 설하는 것
전륜왕이 머리 풀어 밝은 구슬 줌과 같네.
이 경은 높고 높아 뭇 경 속에 으뜸이라
나는 늘 보살피어 헛되이 보여주지 않다
지금 바로 때가 되어 너희에게 설하노라.

⑦ 의사 아들의 비유

의사 아들의 비유[醫子喩]는 「여래수량품」(如來壽量品)에 나온다. 어떤 의사에게 많은 아들들이 있었는데 그 아버지가 먼 길을 떠난 뒤에 독약을 잘못 먹고 모두 땅에 쓰러져 고통을 받고 있었다. 아버지가 돌아와 독약 먹고 이미 본마음을 잃은 아들과 아직 잃지 않은 아들을 위해 약을 지어주었으나, 아직 본마음을 잃지 않은 아들들은 약을 먹고 병이 나았으나, 본마음을 잃은 아들들은 약을 먹지 않아 미친 마음을 고치지 못했다.

그래서 의사는 약을 남겨두고 먼 곳으로 떠나 아버지가 죽었다고 소식을 보냈다. 본마음 잃은 아들들이 그 소식을 듣고 놀라 약을 먹고 본마음이 돌아오니, 아버지가 다시 돌아와 아들들을 보게 되었다.

붇다 또한 이와 같아 붇다를 이루신 지 한량없는 겁이고 실로 니르바나에 들지 않지만, 중생의 병을 낫게 해주기 위해 '방편으로 반드시 니르바나에 든다'고 말한 것이다.

「여래수량품」의 게송은 말한다.

나의 지혜의 힘도 이와 같아서
지혜의 빛 비춤이 한량없으며
그 목숨 셀 수 없는 오랜 겁이라
오래 바른 업 닦아 얻은 것이네.
너희들 지혜 있는 여러 사람은
이 말에 결코 의심내지 말고
의심 끊어 길이 다해야 하니
붇다의 말 진실하여 헛되지 않네.

의사 아버지 좋은 방편으로써
미친 아들들을 치료해주려고
살아 있으면서 죽었다 말하나
이 말을 거짓이라 할 수 없듯이
나 또한 세간 중생 아버지로서
고통받는 환자들을 구해주려고
범부들의 뒤바뀐 생각 때문에
실로 있되 니르바나 든다고 하네.

5) 연꽃의 비유

① 아함과 『비말라키르티수트라』에서 연꽃의 뜻

아함경의 여러 곳에 연꽃의 비유가 등장한다. 여래는 더러운 진흙 속에 물들지 않는 연꽃의 깨끗함으로 물든 세간을 사는 여래의 행[如來行], 사문의 행[沙門行]을 비유해서 가르친다.

아함의 이러한 뜻을 더욱 적극적으로 받아들여 『비말라키르티수트라』는 연꽃이 진흙 속에서 자라고 맑은 산 위에서 자라지 않음을 들어 여래의 씨앗[如來種]은 중생의 번뇌 속에 있음을 밝힌다.

이는 진실제(眞實諦)가 세간의 얽매임을 떠나 세간 밖의 초월성으로 주어지는 것이 아니라, 세간법의 있되 공한 참모습 자체라는 연기법의 실천적 전개이다.

곧 모습을 끊고 공한 진실이 있는 것이 아니라 모습의 모습 아님이 모습의 진실제이고, 중생의 번뇌를 끊고 보디가 아니라 중생의 앎이 알되 앎 없고[知而無知] 앎 없되 앎 없음도 없는[無知而無無知] 앎의 진실[識實相]이 반야이고 보디이다.

이런 뜻을 보이기 위해 『비말라키르티수트라』(「불도품」佛道品)에서 비말라키르티[淨名]와 만주쓰리[文殊] 두 큰 보디사트바는 연꽃을 비유로 해서 다음과 같이 대화한다.

이에 비말라키르티가 만주쓰리에게 물었다.

"어떤 것이 여래의 씨앗입니까."

만주쓰리가 말했다.

"몸 있음이 씨앗이 되고, 무명과 애착 있음이 씨앗이 되며, 탐냄·성냄·어리석음이 씨앗이 되고, 네 가지 뒤바뀜이 씨앗이 되며, 다섯 덮음[五蓋]이 씨앗이 되고, 여섯 들임[六入]이 씨앗이 되며, 일곱 아는 곳[七識處]이 씨앗이 되고, 여덟 삿된 곳[八邪處]이 씨앗이 되며, 아홉 번뇌하는 곳[九惱處]이 씨앗이 되고, 열 가지 착하지 않은 일[十不善事]이 씨앗이 되오.

요점으로 말하면 예순두 가지 견해와 온갖 번뇌가 다 붇다의 씨앗[佛種]이오."

"왜 그렇게 말합니까."

"만약 함이 없음을 보아 바른 지위[正位]에 들어가버리면 아누타라삼약삼보디를 낼 수 없기 때문이오.

비유하면 높은 언덕 뭍의 땅에는 연꽃이 나지 않고 낮고 젖은 진흙탕이라야 연꽃이 나기 때문이오. 이와 같이 함이 없는 법을 보아 다만 공한 바른 지위[正位]에 들어가버리는 자는 끝내 붇다의 법을 낼 수 없고 번뇌 진흙 가운데 중생이 있어야 붇다의 법을 일으킬 뿐이오. 또 씨앗을 허공에 심으면 끝내 나지 못하고 똥거름 땅이라야 우거져 자랄 수 있는 것이오.

이와 같이 함이 없는 바른 지위[無爲正位]에 들어가버리는 자는 붇다의 법을 낼 수 없지만, 나라는 견해를 수메루 산처럼 일으키더라도 오히려 아누타라삼약삼보디를 일으켜 붇다의 법을 내는 것이오.

그러므로 온갖 번뇌가 여래의 씨앗이 됨을 알아야 하오.

비유하면 큰 바다에 내려가지 않으면 값할 길 없는 보배구슬을 얻지 못하듯, 이와 같이 번뇌의 큰 바다에 들지 못하면 온갖 지혜의 보배를 얻을 수 없는 것이오."

위 문답에서 '함이 없는 바른 지위'는 연기론적 중도의 길이 아니라, 함을 끊고 함이 없는 고요함이 되고 세간 차별을 끊고 차별 없는 바름이 되는 것이니, 붇다의 길이 아니다. 오직 함에 함 없음을 알아 함이 있음을 다하지도 않고[不盡有爲] 함이 없음에 머물지 않아야[不住無爲] 중도의 길이 되는 것이다.

번뇌를 끊고 보디에 나아가는 것은 바다에 든 보배를 바다에서 찾지 않고 허공에서 찾는 것과 같다. 번뇌가 번뇌 아닌 곳을 향하여 힘차게 나아가는 이만이 번뇌가 공하되 그 공함도 공한 곳에서 활짝 피어나는 연꽃의 소식을 볼 것이다.

② 남악혜사선사의 연꽃 비유

연꽃은 세간 속에서 때묻음 없는 여래행(如來行)의 상징이 되는 꽃이다. 그 연꽃을 경 제목으로 내걸어 '오직 하나인 붇다의 수레'[唯一佛乘]인 실천의 길을 전면적으로 밝힌 것은『법화경』이다.

『법화경』에서 묘법이 중생이 곧 법계인 실상이 됨을 뜻한다면, 연꽃[蓮華]은 온전히 실상에서 일어나 실상에 이끄는 '하나인 붇다의 수레'[一佛乘]를 비유한다.

일승(一乘)의 길은 실상 그대로인 일승에서 세 수레의 방편을 열고, 세 수레[三乘]의 방편을 끝내 실상에 거두어들이는 실천이다. 그러므로 그 실천의 수레를 타면 반드시 해탈의 도에 이르게 된다.

일승의 실천은 꽃이 있으면 반드시 그 안에 열매가 있는 연꽃의 특성으로 비유된다. 일승의 실천은 방편행의 원인이 있으면 반드시 실상의 과덕이 있는 온전히 실상 그대로의 실천행이다. 그리고 온갖 방편행은 하나인 일승에서 일어난 방편이므로 갖가지 방편 가운데 일승의 과덕이 늘 담보된다.

그러한 실천의 모습은 연꽃이 한 꽃의 열매를 맺으면 한 꽃에 뭇 열매가 한꺼번에 맺음에 비유된다.

연꽃처럼 원인 속에 이미 결과가 있고 하나의 실천행이 뭇 과덕을 모두 이루어내는 법화행이 바로 단박 깨침[頓悟]의 길이고 하나 속에 모두를 갖추는 원만한 실천행[圓妙]이니, 남악혜사선사는 이 단박 깨침의 길인 일승의 실천을 『법화경안락행의』(法華經安樂行義)를 통해서 밝힌다.

먼저 혜사선사는 일승을 말하는 『법화경』이 연꽃을 제목으로 삼는 까닭을 다음과 같은 문답으로 보여준다.

묻는다 어찌하여 『묘법연화경』이라 하며, 어찌하여 다시 일승의 뜻[一乘義]이라 하며, 어찌하여 여래장이라 하며, 마하야나(mahāyāna)라 하며, 어찌하여 다시 크고 큰 진리의 수레[大摩訶衍]라 합니까.

『대품반야경』(大品般若經)의 말씀과 같이 '마하'(mahā)는 큰 것을 말하고, '야나'(yāna)는 수레이며 또한 '저 언덕에 이름'[到彼岸, paramitā]인데, 어찌하여 다시 큰 마하야나[大摩訶衍]가 있으며, 어찌하여 다시 '중생의 참된 뜻'[衆生義]이라 합니까.

답한다 묘함[妙]이란 중생이 묘함[衆生妙]이기 때문이다. 법(法)은 곧 중생의 법[衆生法]이고 연화(蓮華)는 비유로 한 말이다.

연꽃으로 비유해보면 다음과 같다. 세간의 물과 뭍에 핀 꽃들은 각기 미친 꽃[狂華]만 피어 있어서 속은 비고 알맹이가 없으므로 열매 맺는 것이 매우 적다. 그러나 연꽃이라면 그렇지 아니하여 모든 연꽃은 미친 꽃이 없어서 꽃이 있으면 반드시 열매가 있다.

다른 꽃은 열매 맺음이 겉으로 드러나서 쉽게 알 수 있지만, 연꽃의 열매 맺음은 숨고 드러난 것을 보기 어렵다.

미친 꽃은 모든 바깥길을 비유한 것이다. 다른 꽃의 열매 맺음이 쉽게 드러나 알기 쉽다는 것은, 곧 이승(二乘)이며 또한 '근기 무딘 보디사트바'[鈍根菩薩]이니, 차제가 있는 도행(道行)은 낫고 못함의 차별이 있고, 번뇌의 원인을 끊음[斷煩惱集]도 밖으로 드러나서 알기 쉬운 것이다. 법화의 보디사트바[法華菩薩]는 이와 같지 않으니 다음과 같다.

일승을 행하는 법화의 보디사트바
차제로 닦아가는 행 짓지 않고
또한 다시 번뇌를 끊지 않는다.
그러므로 만약 『법화경』 증득하면
마침내 붇다의 도를 이루며

만약 법화의 행을 닦아간다면
성문 연각 이승의 길 가지 않는다.

不作次第行 亦不斷煩惱
若證法華經 畢竟成佛道
若修法華行 不行二乘路

위의 대화 가운데 미친 꽃[狂華]이란 헛꽃을 말하고, 제때에 피지 않아 열매 맺지 않는 빈 꽃을 말한다.

혜사선사는 빈 꽃으로 그 세계관이 존재의 진실에 맞지 않으며 그 실천 또한 해탈의 과덕을 낼 수 없는 바깥길의 실천관을 비유한다. 바깥길의 실천관은 해탈의 원인이 아닌 것을 해탈의 원인이라 말하므로 끝내 열매 맺지 않음이 헛꽃이 겉모습만 화려할 뿐 열매 맺지 못함과 같다.

연꽃은 꽃이 피면 반드시 열매가 있고 한 꽃이 피면 뭇 열매가 맺히니, 혜사선사는 연꽃으로 법화일승을 비유한다.

다시 혜사선사는 일승의 실천이 지금 중생의 한 생각[現前一念], 물든 생각 그대로 차제를 밟지 않고 단박 여래의 경계에 들어간다고 말하므로 혜사선사야말로 동아시아 불교사상사에서 맨 처음 돈오선(頓悟禪)을 대중적으로 제창하신 분이다.

혜사선사의 『법화경안락행의』의 가르침에 의해 천태선사를 위시해 스물 여덟 분의 법화삼매(法華三昧)를 깨친 조사가 출현했으니, 중국 불교의 돈오선 제창은 당조(唐朝)에 대감 혜능선사(大鑑慧能禪師)에 의해 이루어진 것이 아니라 남북조 말기 혜사선사에 의해 이루어진 것이다.

혜사선사는 다음과 같이 차제가 없는 법화삼매의 길을 말한다.

묻는다 다른 꽃은 한 꽃이 한 열매를 맺는데 연꽃은 한 꽃이 뭇 열매를 맺습니다. 한 꽃이 한 열매 맺음이 어찌 일승이 아니며, 한 꽃이 뭇 열매를 맺는 것이 어찌 차제가 아니겠습니까?

답한다 물과 뭍의 모든 꽃들에는 한 꽃이 열매 하나 맺을 수 있는 것도 매우 드물고, 열매가 떨어져 이루지 못하는 것이 매우 많으니, 이는 미친 꽃이라 열매라고 말할 것이 없다.

한 꽃이 한 열매 이루는 것은, 성문의 마음을 내면 곧 성문의 과덕이 있고 연각의 마음을 내면 연각의 과덕이 있음이니, 보디사트바나 붇다의 과덕이라고 이름할 수 없다.

또한 다시 근기 무딘 보디사트바는 상대해 다스리는 행[對治行]을 닦아 차제로 도(道)에 들어가나니, 처음의 한 지위[一地]에 오르면 그때는 법운지(法雲地)라고 이름할 수 없다. 지위 지위마다 따로 닦아야 하니 증득함이 한때가 아니다. 그러므로 한 꽃이 뭇 열매 맺는다고 이름하지 못한다.

법화의 보디사트바는 이와 같지 않나니, 한마음[一心]으로 하나를 배워[一學] 모든 과덕[衆果]을 널리 갖추며, 한때[一時]에 갖추어 차제로 들어감이 아니다[非次第入].

또한 연꽃이 한 꽃으로 뭇 열매를 이룸과 같이 과덕을 한때에 갖추니[一時具足] 이것이 '일승인 중생'[一乘衆生]의 뜻이다.

그러므로 『열반경』은 "어떤 보디사트바는 한 지위를 좇아 한 지위에 이르름을 잘 안다"고 하였고, 『사익경』(思益經)에서는 "때로 어떤 보디사트바는 한 지위를 좇아 한 지위에 이르지 않는다"고

하였다.

한 지위로 좇아 한 지위에 이르는 자는 이승 성문과 근기가 무딘 보디사트바[鈍根菩薩]이니, 방편도(方便道) 가운데 차제로 닦아 배우는 것이다.

한 지위를 좇아 한 지위에 이르지 않는 자는 근기가 날카로운 보디사트바[利根菩薩]이니 바로 방편을 버리고 차제행을 닦지 않는다[正直捨方便不修次第行]. 그러므로 만약 법화삼매를 증득하면 모든 과덕이 다 갖춰지는 것이다[衆果悉具足].

③ 천태지의선사의 연꽃의 세 비유

연기법에서 차별된 만 가지 존재[萬有]의 통일은 하나인 초월자의 무차별적 통일성 속에서 이루어지는 것이 아니라 온갖 존재의 차별된 모습이 연기이므로 자기실체가 없는 공성(空性) 속에서 이루어진다.

공성이란 주어진 것의 차별된 모습을 무너뜨리고 공해지는 것이 아니라 그 차별된 있음이 있음 아님이 바로 공성이다. 그러므로 공은 연기의 뜻[緣起義]을 이루어주는 공함이며, 차별된 온갖 존재의 다양성과 자발성을 무너뜨리지 않고 그 자발성과 다양성을 살려내는 공성이다.

존재론에서처럼 실천론에서도 그와 같다. 연기의 실상 그대로의 실천인 '하나인 붇다의 수레'는 닫혀 있는 오직 하나인 것이 아니라, 하나인 수레[一乘]에서 세 방편의 수레[三乘]를 열어내고 그 삼승의 방편을 일승에 거두어들이는 '오직 하나인 것'이다.

삼승의 방편과 오직 하나인 일승 사이의 이와 같이 역동적이고 개

방적인 관계를 천태선사는 『법화현의』에서 연꽃의 세 가지 비유[蓮華三喩]로 표현한다.

비유는 자취[迹]와 바탕[本] 두 측면에서 이루어진다.

자취의 문[迹門]은 교화의 자취를 나타내어 실상의 진리에 나아감을 잡아 보인 것이고, 바탕의 문[本門]은 본래 그러한 진리의 처소에서 교화의 몸과 자취 나타냄을 잡아 보인 것이다.

첫째 비유는 연꽃은 연이 되기 위한 꽃[爲蓮故華]임을 들어보여 법을 비유한다. 여기서 연은 실상을 나타내고 꽃은 방편을 나타내니, 자취문의 측면에서 보면 여래의 온갖 방편은 실상을 열기 위한 방편이니 이를 연과 꽃으로 비유한 것이다.

경에서 '비록 내가 갖가지 실천의 길[種種道]를 보이지만 그것이 실은 하나인 붇다의 수레[一佛乘]를 열기 위함이다'라고 말한 것이 그 뜻이다.

이를 바탕의 측면에서 보면, 연이 되기 위한 꽃이라는 것은 근본의 실상 좇아 자취 드러냄을 비유한다. 여래의 진리의 몸에서 보면 지금 보디의 성취는 본래 성취되어 있는 진리의 몸을 다시 밝힌 것이므로, 지금 붇다가 보인 교화의 자취가 실은 본래 이루어진 진리의 몸에서 일어나 진리의 몸에 돌이키기 위함인 것이다.

이 뜻을 경은 다음과 같이 보인다.

> "내가 실로 붇다 이룬 것은 오래고 멀지만 다만 중생을 교화하기 위해서 어려서 출가하여 삼약삼보디를 얻었다고 한 것이다."

둘째 비유는 꽃이 피면서 연이 드러남[花開蓮現]을 들어 법을 비유한다. 자취의 문에서 꽃이 피는 것은 방편을 열어 보임[開權]이고 연이 드러남은 실상 드러냄[顯實]을 비유하니, 곧 삼승의 방편의 문을 열어서 일승의 실상 드러내 보임[開方便門示眞實相]을 말한다.

연기론에서 근본이란 자취의 실체적인 뿌리가 아니라 자취 이루어짐에 실로 이룸[能成]과 이루어진 바[所成]가 공한 곳을 근본이라 이름하니, 그렇게 보아야 실로 붙잡을 뿌리 없는 바탕에서 이룸 없이 자취 이룸의 뜻이 올바로 드러난다.

바탕의 문에서 보면 꽃이 피어서 연이 드러남은 지금 열어 보인 갖가지 교화의 자취와 설해진 말들이 실로 보일 것 없고 실로 말할 것 없는 바탕의 진리가 드러남인 것이다.

그러므로 지금 부다가야에서 보디 이룬 자취를 보이지만 그 깨달음의 자취는 깨침과 깨칠 바가 없는 본디 깨침의 드러남이니, 여래는 이제 비로소 깨친 분이 아니라 오래고 먼 옛날 이미 보디를 완성한 분인 것이다.

이런 뜻을 경은 말한다.

> "온갖 세간 사람들이 다 내가 지금 비로소 도를 얻었다 말하지만, 나는 실로 붇다 이룬 지가 한량없고 끝없는 나유타 겁이다."

셋째 비유는 꽃이 져야 연이 이루어짐[華落蓮成]으로 법을 비유한다. 이는 자취문에서 보면 실상에 이끄는 방편을 없애야 실상 세울 수 있음[廢權立實]을 비유하니, 꽃이 지는 것은 방편 없앰을 말하고 연이 이루어짐은 실상 세움을 말한다.

곧 타고 가던 뗏목을 버려야 저 언덕에 오르는 것처럼 삼승의 자취를 버려야 일승의 땅에 이르게 되고, 일승의 진실한 가르침이 이미 드러나면 삼승의 방편은 저절로 없어지니, 이 뜻을 경은 '바로 곧장 방편을 버리고 다만 위없는 도만을 말한다'[正直捨方便 但說無上道]고 한다.

근본의 문에서 보면 지금 여래가 보인 자취가 온전히 공한 자취인 줄 알면 그 자취가 근본인 자취, 실상인 자취이니, 이것이 곧 자취를 없애 근본을 세움[廢迹立本]이다.

곧 꽃이 지는 것은 자취 없앰이고 연이 이루어짐은 근본을 세움이니, 지금 여래의 깨달음의 자취에 깨침과 깨친 바가 공한 줄 알고 세간의 몸을 나툰 자취의 길고 짧음에 집착 없으면, 오직 오래고 먼 옛날부터 진실하게 이루어져 있는[久遠實成] 붇다의 실상이 자취 속에 온전히 드러남을 볼 수 있는 것이다.

자취밖에 근본 진리가 없으니, 이 뜻을 경은 다음과 같이 보인다.

> "모든 붇다 여래의 법은 다 이와 같아서 중생을 건지기 위함이라 모두 진실하여 헛되지 않은 것이다[諸佛如來法皆如是 爲度衆生皆實不虛]."

6) 『화엄경』·『법화경』·『열반경』의 비유와 천태교판

여래의 일대교설을 다섯 때[五時]로 나누어보는 교판은 흔히 천태선사가 창안한 것으로 알려져 있지만, 이는 『화엄경』·『법화경』·『열반경』에 나오는 교설에 관한 비유를 천태선사가 종합해서 오시교(五時敎)의 교판으로 정립한 것이다.

삼칠일(21일) 동안 화엄을 설하고, 아함·방등·반야·법화·열반

의 순으로 때를 따라 법을 설했다는 이야기는 요즈음 역사적 시각으로 보면 많은 모순을 안고 있다. 또한 이처럼 정해진 시간에 정해진 경전을 설했다는 것이 천태선사와 천태의 교판을 정리해낸 관정선사(灌頂禪師)의 입장도 아니다.

여래가 경을 설한 한때[一時]는 인연으로 성취된 한때라 공하니, 그것은 한 군데 머물러 있는 한때, 닫혀 있는 한때가 아니고 서로 통하는 한때이다.

이런 뜻에서 다섯 때의 교판[五時敎判]은 때를 따라 설한 시기를 나누는 데, 그 무게중심을 두어서는 안 된다.

교설을 다섯 때로 나누는 것이 오히려 모든 교설이 여래의 보디의 실상에서 일어난 언어적 교화임을 보이고, 차별된 방편의 교설이 하나인 실상에 이끌기 위한 차별임을 보이는 데에 그 목적이 있음을 살펴야 한다.

다섯 때의 교판[五時敎判]은 『화엄경』의 다섯 가지 비춤[五照]과 『열반경』의 소젖의 다섯 가지 맛[五味], 『법화경』(「신해품」)의 거지 자식의 비유 가운데 다섯 때[五時]로 붇다의 일대교설을 거두어 분류한 것이다.

『화엄경』의 다섯 가지 비춤은 해가 처음 떠올라 먼저 높은 산을 비출 때[先照高山], 다음 깊은 골짜기를 비출 때[次照幽谷], 뒤에 평지를 비출 때[後照平地], 사시 무렵 비출 때[巳中時], 한낮에 비출 때[午中時]로 분별된다. 천태선사는 높은 산 비춤을 『화엄경』을 설할 때[華嚴時]라 하고, 깊은 골짝 비출 때를 아함경을 설할 때[阿含時]라 하며, 평지 비출 때를 방등교 설할 때[方等時]라 하고, 사시에 비춤을 『반야경』을 설할 때[般若時]라 하며, 한낮에 비출 때는 『법화경』과 『열반경』을 설할 때[法華涅槃時]라 한다.

해의 다섯 가지 비춤을 『법화경』의 비유와 연결지으면, 『화엄경』을 설할 때는 집 떠난 거지 자식이 그 아버지를 멀리서 보고 깜짝 놀랄 때이고, 아함경을 설할 때는 아버지가 거지 자식을 불러 똥거름 치는 일 시키는 때이다.

방등교를 설할 때는 아버지와 아들이 마음으로 서로 굳게 믿어 들어오고 나감에 어려움이 없는 때이고, 반야교를 설할 때는 곳간을 온통 맡겨 아들이 다시 바라 취할 것이 없는 때이다.

마지막 『법화경』과 『열반경』을 설할 때는 친족을 모아 아버지가 아들에게 가산을 모두 넘겨주는 때이다.

이를 다시 『열반경』에서 젖의 다섯 가지 맛에 연결하면, 『화엄경』을 설할 때는 소젖의 맛[乳味] 자체이고, 아함경을 설할 때는 젖에서 나온 삭힌 젖의 맛[酪味]이고, 방등교를 설할 때는 날버터의 맛[生酥味]이며, 반야교를 설할 때는 삭힌 버터의 맛[熟酥味]이며, 『법화경』과 『열반경』을 설할 때는 제호의 맛[醍醐味]이다.

세 가지 경의 비유를 어떻게 이해해야 할까.

『화엄경』에서 해의 비춤이 다섯 때로 분별되지만, 해 자체의 비춤은 늘고 줆이 없고, 때와 받는 곳의 인연에 따라 비춤에 늘어나고 줄어듦이 분별되는 것이다.

그처럼 여래의 지혜의 해에는 실로 다섯 때의 분별이 없는 것이다. 『법화경』(「신해품」)에서 집 떠난 거지 자식을 장자가 집에 불러 똥거름을 치는 일 맡길 때에도 실은 똥거름 치는 일 맡김을 통해 끝내 가산을 맡기기 위함이다. 들어오고 나감을 마음대로 하게 할 때와 곳간 열쇠를 맡길 때도 끝내 전 재산을 물려주기 위한 방편이니, 모든 낮고 높은 방편 속에 '오직 하나인 붇다의 수레'[唯一佛乘]가 있는 것이다.

『열반경』의 다섯 가지 맛의 비유도 마찬가지다. 젖을 먹기 좋게 발효시켜 끝내 제호의 맛을 얻지만, 다섯 가지 맛이 모두 소에서 나온 것이다. 다섯 때의 가르침이 모두 붇다의 진리법계에서 나와 끝내 진리법계에 돌아가는 한맛일 뿐이다.

저 설산의 인욕초는 소가 먹으면 제호의 맛을 내지만, 그 밖의 다른 풀은 소가 먹어도 제호의 맛을 내지 못한다. 그러나 인욕초와 다른 풀이 모두 설산 안에 있는 풀이고 설산의 풀이니, 설산은 바로 여래의 보디 자체, 여래가 깨친 법계 자체이다.

아함경의 비유로 보면 저 바닷물은 어디서 맛보든 한맛의 짠 맛이다.

그처럼 여래의 교법은 비록 그 방편의 문이 다르고 병 따라 이끌어 들이는 법약이 달라도 오직 하나인 연기법의 진실에 이끌어 보디의 도를 얻게 하는 것이니, 그 법은 처음도 좋고 가운데도 좋고 끝도 좋은 법이다.

오직 병(病)과 약(藥)이 함께 다한 곳을 향해 몸을 크게 돌이킬 때, 풀을 먹는 소와 소가 먹는 인욕초를 함께 잊고, 우뚝 드러난 설산 그 만고의 바람과 빛[萬古風光]을 마음껏 누리리라.

4. 비유와 언어의 지양, 니르바나

1) 타고 가야 할 뗏목의 언어

지금까지 경전에 나타난 여러 중요 비유들을 살펴보았다. 붇다는 왜 이런 끝없는 비유의 표현들을 동원해 사람들을 가르치시는가. 여래의 해탈은 한길이지만, 저 언덕에 이끌고 가야 할 중생의 집착 · 중생의 좋아하는 경계에 다름이 있기 때문에 인도자의 뗏목의 언어 · 건네줌의 언어가 차별된 것이다.

이런 뜻을 아함경에서는 '여래의 법은 처음과 가운데와 끝이 모두 좋은 한맛의 법이지만 중생 근기의 마땅함을 따라 갖가지 문을 열어 설법한다'고 한다.

『법화경』은 그와 같은 뜻을 더욱 확장하여 한량없는 비유[無量譬喩]와 갖가지 언어적 표현[種種言辭]들로 중생의 갖가지 좋아함[種種欲樂]과 생각과 힘을 알아 그가 감당할 수 있음을 따라 법을 설해 '하나인 붇다의 수레'에 나아가게 한다고 가르친다.

여래의 법의 비는 온 허공에 가득하나 중생이 각기 그릇 따라 그 법의 이익을 얻는 것이다. 법의 비 그 한맛의 법을 중생이 힘을 따라 닦아 행하는 것은 저 수풀 속에 약풀과 나무들이 그 크기에 따라 빗물을 받아 차츰 우거지는 것과 같다.

아함경의 여러 곳에서 붇다는 여러 비유의 이야기를 하시기 전 '조금만 지혜로우면 비유를 말하면 곧 알아듣는다'고 한다.

『법화경』(「약초유품」)도 말한다.

> "여래는 존중할 분이고 그 지혜는 깊고 멀어, 오래도록 그 요점에 대해 침묵하여 빨리 말씀하지 않으셨다. 지혜 있는 이가 들으면 믿어 이해할 수 있지만 지혜 없는 이는 의심하고 뉘우쳐 길이 잃게 된다."

이처럼 여래의 자비설법은 가림이 없지만 듣는 이가 의심해 뉘우칠까 싶어 어떤 때 침묵하고 근기 따라 갖가지 비유와 여러 인연으로 그들을 끌어 바른 지견에 나아가게 하는 것이다.

『법화경』(「약초유품」)은 이렇게 말한다.

붇다의 평등한 설법 한맛의 비 같으니
중생이 성품 따라 받는 것이 같지 않음
저 풀과 나무들이 빗물 받음과 다름 같네.
붇다께선 이 비유로 방편을 열어 보여
갖가지 말을 써서 한 법을 연설하네.
(중략)
이와 같이 카샤파여, 붇다께서 설하신 법
마치 저 큰 구름이 한맛의 비내림 같아
사람과 꽃 모두 적셔 각기 열매 얻게 하네.

카샤파여, 그러므로 반드시 알아야 한다.
여러 가지 인연과 갖가지 비유로써
붇다의 위없는 도 열어 보여주는 것은
바로 나의 방편이라 모든 붇다 또한 같네.

하늘에 가득한 한 비는 평등하게 온갖 풀과 나무를 적시지만 풀과 나무는 크고 작은 자기 모습 따라 각기 비의 은택을 받음이 같지 않다. 그렇듯 여래의 비유와 갖가지 언설로 보이는 법비도 온 세간을 모두 적셔주는 한맛의 비이지만 받아들이는 중생이 각기 근기 따라 법의 맛을 받아들임이 같지 않은 것이다.

그러므로 중생은 여래가 보인 비유와 갖가지 인연의 방편을 의지해 여래의 지혜바다[智慧海]와 지혜의 문[智慧門]에 들어설지언정 비유의 방편 자체를 붙들어 쥐고 있어서는 안 된다.

비유의 방편에 다시 취할 모습을 두어 집착하면 뗏목을 저어 저 언덕가에 이르러서 뗏목을 붙들고 언덕에 오르지 못하는 것과 같다.

연꽃이 지지 않으면 연의 열매가 완성되지 않듯, 방편의 꽃이 방편의 꽃으로 남아 있으면 실상의 열매는 드러나지 않는다.

여래가 연기법의 진실에 이끌기 위해 세운 비유의 방편은 끝내 받아들여 행하는 이에 의해 지양됨으로써 실상의 땅에 이를 수 있다.

2) 건넘으로써만 버려야 할 뗏목의 언어

뗏목은 이 언덕에 있는 사람이 저 언덕에 건너기 위해 반드시 필요하지만, 저 언덕에 이르른 뒤 뗏목의 유용성 때문에 뗏목을 붙들어 쥐면 그는 저 언덕에 오를 수 없다.

그러나 뗏목을 타고 힘써 노 젓지 않는 자가 뗏목을 버리면 그는 끝내 저 언덕에 오를 수 없다.

이처럼 뗏목의 언어인 비유와 갖가지 언어적 표현들의 지양은 스스로 비유의 언어를 받아들여 믿고 철저히 이해하는 실천을 통해서만 지양되어야 한다.

여래의 비유와 갖가지 언어적 표현들을 듣고 이해하여 계 · 정 · 혜의 실천에 나아감으로써 비유와 언어의 자취를 넘어서야 끝내 크나큰 니르바나의 땅에 이르게 되는 것이니, 『열반경』의 '사자처럼 외치는 보디사트바에 관한 장'에 그 내용이 자세하다.

경에서 먼저 사자처럼 외치는 보디사트바는 여래에게 '중생의 다섯 쌓임이 공하다면 어떻게 중생이 여래의 가르침을 읽고 외워 갖가지 비유와 여러 언어적 가르침들을 받아 지닐 수 있는가'를 이렇게 묻는다.

사자처럼 외치는 보디사트바가 말씀드렸다.

"세존이시여, 중생의 다섯 쌓임이 공하여 있는 바가 없다면 누가 가르침을 받아 '보디의 도'[菩提道]를 닦아 익힙니까."

붇다께서 말씀했다.

"잘 행하는 이여, 온갖 중생은 다 생각하는 마음[念心], 지혜의 마음[慧心], 바른 뜻 내는 마음[發心], 부지런히 정진하는 마음, 믿음의 마음, 안정하려는 마음이 있다.

이와 같은 법들은 비록 생각생각 나고 사라지지만 오히려 서로 비슷하게 서로 이어 끊어지지 않으므로 도를 닦는다고 한다."

사자처럼 외치는 보디사트바가 말했다.

"세존이시여, 이와 같은 법들이 다 생각생각 사라지고, 이 생각생각 사라짐이 또한 서로 비슷하게 서로 이어가는데 어떻게 닦아 익힙니까."

붇다께서 말씀했다.

"잘 행하는 이여, 등(燈)은 비록 생각생각 사라지지만 밝은 빛[光明]이 어두움을 깨뜨려 없앤다. 생각하는 마음 등 여러 법들 또한 이와 같다.

잘 행하는 이여, 중생의 먹음이 비록 생각생각 사라지지만 또한 굶주린 이를 배부르게 하는 것과 같다.

비유하면 좋은 약이 비록 생각생각 사라지지만 또한 병을 낫게 할 수 있고, 해와 달의 밝은 빛이 비록 생각생각 사라지지만 또한 나무숲, 풀과 나무들을 길러 자라게 할 수 있는 것과 같다.

잘 행하는 이여, 그대는 '생각생각 사라지는데 어떻게 길러 자라게 하는가'라고 말하지만, 마음이 끊어지지 않으므로 길러 자라게 한다고 말한다.

잘 행하는 이여, 어떤 사람이 글을 외우면 외운 글자와 글귀를 한때에 얻지 못하여 앞이 가운데에 이르지 않고 가운데가 뒤에 이르지 않아, 사람[人]과 글자[字], 마음[心]의 생각까지 함께 생각생각 사라지지만 오래 닦으므로 환하게 통하는 것과 같다.

잘 행하는 이여, 비유하면 금세공 장인이 처음 배워 익힐 때부터 흰머리가 되도록 비록 생각생각 사라져 앞이 뒤에 이르지 않지만, 쌓아 익히므로 짓는 것이 묘함을 이루게 되어 아주 잘하는 금장인이라는 이름을 얻게 되는 것과 같다.

경전의 글을 읽고 외우는 것 또한 이와 같다.

잘 행하는 이여, 비유하면 씨앗과 같다. 땅이 또한 '너는 싹을 내야 한다'고 가르치지 않지만 법의 성질 때문에 싹이 곧 저절로 나고, 나아가 꽃 또한 '네가 열매 맺어야 한다' 가르치지 않지만 법의 성질 때문에 열매가 저절로 나는 것이다. 중생이 보디의 도[菩提道] 닦음 또한 이와 같다.

잘 행하는 이여, 비유하면 수를 세는 법과 같다. 하나가 둘에 이르지 않고 둘이 셋에 이르지 않아서 비록 생각생각 사라지지만 천만에 이른다. 중생의 도 닦음 또한 다시 이와 같다.

잘 행하는 이여, 등이 생각생각 사라짐과 같다. 처음 사라진 불꽃이 뒤의 불꽃더러 '내가 사라지니 네가 나와 여러 어두움을 깨뜨려야 한다'고 가르치지 않는다.

잘 행하는 이여, 비유하면 마치 송아지가 나서 곧 풀을 구함과 같으니, 풀을 구하는 지혜를 실로 사람이 가르치지 않는다. 비록 생각생각 사라지지만 처음에 주리다가 뒤에는 배부르게 된다.

그러므로 앞과 뒤가 서로 맞아 같지 않음을 알아야 하니, 만약 서로 같다면 반드시 다르게 나지 않을 것이다. 중생의 도 닦음 또한 다시 이와 같아서 처음 비록 늘려 키우지 못하다 오래 닦으므로 곧 온갖 번뇌를 깨뜨릴 수 있는 것이다."

비유와 갖가지 언어적 방편 그 실천적 효용에 대해 위와 같이 갖가지 비유를 들어 『열반경』은 가르치고 있다.

경의 비유의 뜻을 살펴보자.

다섯 쌓임이 공하므로 앞의 쌓임으로 인해 뒤의 쌓임이 서로 이어 일어나듯, 지금 비유와 언어적 표현들로 가득한 경전을 읽고 외우면 앞의 기억과 이해가 뒤에 이르지 않으나 앞의 앎이 뒤의 앎의 토대가 되어, 앞의 기억과 이해가 사라지지만 앞을 토대로 뒤가 서로 이어 일어나 그 이해와 기억이 늘어서 자라는 것이다.

곧 앎에 앎이 없으므로 앎의 연기적 이어감이 없지 않는 것이다.

비유의 언어는 비유를 통해 보이고자 하는 법을 이해하는 데 그 효용이 있고, 법의 뜻을 이해하는 것은 계 · 정 · 혜 삼학(三學)의 실천을 통해 니르바나에 이르기 위함이다.

앞이 뒤에 이르지 않지만 앞이 사라져야 앞을 토대로 뒤가 일어나는 것이니, 여래가 보인 비유와 언어적 표현을 붙들고 있으면 법의 뜻에 나아갈 수 없고, 법의 뜻을 붙들고 있으면 계 · 정 · 혜 삼학에 나아갈 수 없다.

『열반경』의 '사자처럼 외치는 보디사트바에 관한 장'은 갖가지 언어적 방편을 통해 계와 선정과 지혜의 닦음에 나아가게 되는 것을 다시 다음과 같이 가르친다.

"세존이시여, 어떻게 계를 닦으며 어떻게 선정을 닦으며 어떻게 지혜를 닦습니까."

붇다께서 말씀했다.

"잘 행하는 이여, (중략) 어떤 것을 다시 지혜를 닦는다고 하는가. 만약 닦는 이가 이렇게 사유한다 하자.

'내가 만약 이 지혜를 닦아 익히면 곧 세 가지 악한 길을 해탈하여 건너서 온갖 중생을 이익되게 할 수 있다. 누가 나고 죽음의 길에서 사람들을 건넬 것인가.

붇다께서 세간에 오시기 어려움은 우트팔라 꽃과 같다.

내가 지금 여러 번뇌의 맺음을 끊을 수 있으면 반드시 해탈의 과덕을 얻을 것이다. 그러므로 나는 부지런히 지혜를 닦아서 빨리 번뇌를 끊고 일찍 건너 벗어남을 얻어야겠다.'

이와 같이 닦는 이는 지혜를 닦아 익힌다고 할 수 없다.

어떤 것을 '참으로 닦아 익히는 것'이라 하는가. 지혜로운 이가 만약 나고 늙고 죽는 괴로움을 살핀다 하자. 온갖 중생은 무명에 덮이어 위없는 바른 도 닦아 익힘을 알지 못하니, 그는 이렇게 바란다.

'바라오니 나의 이 몸으로 다 중생을 대신하여 큰 괴로움 받아지이다. 중생에게 있는 가난하고 천함과 계를 깨뜨리는 마음과 탐내고 성내며 어리석은 업은 바라오니 다 내 몸에 모아지이다.

바라오니 중생은 탐내 취함을 내지 않고 앎과 알려지는 것에 얽혀 매이지 않아지이다.

바라오니 중생은 일찍 나고 죽음 건너서 나의 한몸이 그곳에 있더라도 싫어하지 않아지이다.

바라오니 온갖 중생 다 아누타라삼약삼보디 얻어지이다.'

이와 같이 닦을 때는 지혜를 보지 않고 지혜의 모습을 보지 않으며 닦는 자를 보지 않고 과보를 보지 않으니, 이것이 곧 지혜를 닦아 익힘이라 한다.

잘 행하는 이여, 이와 같이 계 · 정 · 혜를 닦아 익히면 이 사람을 보디사트바라 이름하고, 이와 같이 계 · 정 · 혜를 닦아 익히지 않으면 이 사람을 치우친 수행자[聲聞]라 한다."

비유와 언어적 표현을 통해 법의 뜻을 이해하는 것은 뗏목을 타고 저 언덕에 건너려는 이가 뗏목 엮는 법과 뗏목을 몰아 저 언덕에 이르는 이정표를 아는 것이고, 뗏목을 엮어 저 언덕에 나아가는 것은 법의 뜻을 알아 계 · 정 · 혜를 닦아 행함이다.

그러나 지혜 닦는 자기주체의 실체성에 갇혀 닦을 것 있는 닦음에 빠져 있거나 닦음 자체를 신비화하는 것은 뗏목을 몰아 저 언덕에 이르른 이가 뗏목이 좋아 뗏목을 붙들고 뗏목에서 내리지 못하는 자와 같다.

이런 뜻에서 닦아 익히는 자가 '내가 먼저 해탈해야 중생을 이롭게 한다'는 생각을 일으켜도 바른 닦음이 되지 못한다.

뗏목을 몰아 나아가지 않으면 저 언덕에 이르지 못하지만, 뗏목에서 내리지 못하면 저 언덕에 오르지 못한다.

3) 건넘에 건넘 없는 건너감

중생의 나고 죽음의 땅이 이 언덕이고 니르바나가 저 언덕이며, 여래의 비유의 가르침이 뗏목이며 닦아 행함이 노 저어감이라면, 참으로 이 언덕에서 저 언덕으로 건넘이 있는가.

저 언덕은 니르바나의 비유이다. 사제의 가르침이 보여주고 있듯 중생의 고통이 본래 공하여 니르바나되어 있다면[本寂滅], 건너가야 할 니르바나는 실로 얻는 것이 아니라 중생과 세계의 자기실상이 새롭게 실현됨일 뿐이다.

새롭게 실현해야 할 실상을 주체의 편에서 불성(佛性)이라고 하고 객체의 편에서 법계(法界)라 한다.

불성은 중생의 번뇌가 연기하므로 공하고, 그 공함도 공한 실상이니, 실로 있는 번뇌를 끊는다거나 닦을 것이 있고 얻을 것이 있다 하면 불성의 진실을 등지게 된다.

불성 그대로의 삶에 니르바나라는 거짓 이름을 붙였으니, 니르바나는 불성이 그 원인이다[正因佛性]. 그러나 불성은 절대적인 원인이 아니라 원인이 원인 아닌 원인이고 조건이 조건 아닌 조건이며 결과가 결과 아닌 결과인 삶의 실상을 불성이라 한 것이다.

니르바나는 불성이 내는 실체적 결과가 아니고[非生因之所生, 실로 내는 원인이 내는 것이 아님] 불성의 진실을 온전히 알아 쓰는 지혜와 해탈의 실천이 니르바나이다[了因之所了, 바른 원인을 깨치는 지혜가 밝히는 바임].

중생의 번뇌와 고통으로부터 니르바나에 이르는 실천적 인과는 없지 않으나, 원인에 원인이 공하고 결과에 결과가 실로 얻음 없으므로 원인에 의해 결과를 얻었다 하면 이것은 니르바나가 아닌 것이다.

니르바나는 중생과 세계 본래의 자기진실이다.

그러므로 비유와 갖가지 언어적 표현에서 믿음과 이해를 내되, 그 말에서 말을 떠나고 사유에서 사유를 떠나며, 한량없는 파리미타행을 닦아 행하되 닦아 행함에서 닦아 행함의 자취를 떠나면, 말이 곧 해탈의 모습이 되고 사유가 곧 보디의 모습이 되며 닦아 행함이 곧 니르바나의 발현이 된다.

연실은 연꽃이 피어남으로 드러나는 것이지만, 끝내 연꽃이 져야만 연실이 연실로 완성되는 것이다. 한량없는 비유와 갖가지 언어적 방편을 통해 지혜에 나아가되 방편의 자취가 철저히 공한 줄 알아야 방편이 오직 실상의 표현이 되는 것이다.

이처럼 비유의 언어에서 언어를 떠나면 언어와 비유의 자취가 온통 해탈의 모습이 되고, 번뇌가 본래 니르바나되어 있는 줄 알면 중생의 탐냄 · 성냄 · 어리석음이 온통 해탈의 성품이 되는 것이다.

그 뜻을 『비말라키르티수트라』에서는 사리푸트라와 하늘여인의 문답을 통해 다음과 같이 말한다.

> 사리푸트라가 말했다.
> "하늘여인이 이 방에 머문 지 이미 오래 되었소?"
> 답했다.
> "제가 이 방에 머문 것은 나이 드신 장로의 해탈과 같습니다."
> 사리푸트라가 말했다.
> "여기 머문 지 오래라는 말이오?"

하늘여인이 말했다.

"장로의 해탈은 또한 얼마나 오래되었습니까?"

사리푸트라가 잠자코 답하지 않으니 하늘여인이 말했다.

"어찌 나이 드신 장로의 큰 지혜로 잠자코 계십니까."

답했다.

"해탈은 말할 것이 없으므로 내가 여기에서 말할 바를 모르오."

하늘여인이 말했다.

"말과 문자가 다 해탈의 모습입니다. 왜냐하면 해탈이란 안도 아니고 밖도 아니며 가운데 있지도 않는데, 문자 또한 안도 아니고 밖도 아니며 가운데 있지 않기 때문입니다.

그러므로 사리푸트라시여, 문자 떠남이 없이 해탈을 말하는 것입니다. 왜냐하면 온갖 모든 법이 바로 해탈의 모습이기 때문입니다."

사리푸트라가 말했다.

"다시 탐냄 · 성냄 · 어리석음 떠나는 것으로 해탈을 삼지 않으시오?"

하늘여인이 말했다.

"붇다께서는 교만 더욱 늘리는 사람[增上慢人]을 위하여 탐냄 · 성냄 · 어리석음 떠나는 것이 해탈이라고 말씀하셨을 뿐입니다. 만약 더욱 교만 늘림이 없는 사람이라면 붇다께서는 탐냄 · 성냄 · 어리석음의 성품이 곧 바로 해탈이라고 말씀하십니다."

사리푸트라가 말했다.

"참 잘 말했소, 하늘여인이여. 그대는 무엇을 얻었고 무엇을 증득했기에 말재간이 이와 같소?"

하늘여인이 말했다.

"저는 얻음이 없고 증득함이 없으므로 말재간이 이와 같습니다. 만약 얻음이 있고 증득함이 있으면 곧 붇다의 법에서 교만을 더욱 늘리는 자입니다."

위에 보인 사리푸트라와 하늘여인의 문답에, 번뇌 실로 끊음이 없고 니르바나 실로 얻음이 없는 해탈의 길이 온전히 드러나 있다.

중생은 번뇌의 삶으로부터 여래의 비유와 갖가지 언어적 교설을 듣고 믿음과 이해를 얻어 파라미타의 행을 통해 니르바나에 이른다. 그러나 중생의 번뇌와 중생의 고통이 본래 니르바나되어 있다면 중생의 번뇌는 실로 끊을 것이 없다. 중생의 번뇌와 고통이 이미 적멸되어 있음을 가르치는 여래의 비유와 언설 또한 본래 해탈의 모습인 것이니 비유와 언설을 들어도 실로 들음이 없고, 파라미타의 행은 닦아가되 실로 닦을 것이 없으며, 니르바나는 끝내 얻음이 없는 것이다.

속제의 있되 공한 모습이 진제이고 중생 번뇌의 공한 진실이 불성인데, 중생의 번뇌를 끊고 불성을 어찌 얻을 것이며, 해탈을 어찌 번뇌와 언어와 문자의 모습을 끊고 얻을 것인가.

비유와 갖가지 언어적 교설에 취할 것이 있어도 해탈이 아니고, 언어 문자상을 버리고도 해탈이 아니다.

그렇다면 언어 문자가 본래 해탈의 모습인 실상을 깨달아 중도의 진실처에 앉아 갖가지 언어적 교설과 한량없는 비유로 끝없는 중생을 해탈의 바다에 이끄는 크나큰 장부는 그 누구인가.

그가 바로 본래 해탈[本解脫]에 앉아 해탈을 쓰는 자인가. 끝내 어떠한가.

1 사물을 들어 법을 보이고 뜻을 밝힘

• 이끄는 글 •

여래의 말씀은 법의 말[法語]이고 뜻의 말[義語]이다. 그러므로 여래의 말씀은 연기하는 존재의 실상을 열어주고 해탈의 법맛[法味]을 안겨준다. 말씀이 주는 해탈의 법맛은 하나인 법맛이지만 받아들이는 중생의 근기와 취향, 중생이 앓는 병통에 따라 한량없는 비유[無量譬喩]와 갖가지 언어적 표현[種種言辭]들이 설정된다.

비유는 구체적 사물과 세계의 모습을 들어 쉽게 대중이 법의 뜻을 알아듣도록 하는 방편의 꽃이다. 방편의 꽃을 통해 해탈의 열매가 맺히지만 방편의 꽃이 져야 해탈의 열매가 완성된다.

비유의 문은 아가마의 가르침뿐 아니라 반야에서 화엄 · 법화 · 열반에까지 온갖 경전에 두루 서술된 깨우침의 방법론으로, 중국불교의 화엄교 · 천태교에서도 비유의 법문은 십현연기설(十玄緣起說) · 법화현의(法華玄義)에서 크게 천명되고 있다.

조사선(祖師禪)의 공안(公案) 또한 배우는 이에게 비유의 뜻을 되물어 스스로 자기깨침에 이르게 하는 교육방법론이라 할 수 있다.

화엄종의 조사들은 화엄 법계연기의 문을 해명하는 열 가지 현묘한 문[十玄門] 가운데 '사법에 붙여 법을 드러내 바른 지혜를 내게 하는 문'[托事顯法生解門]을 한 문으로 설정하니, 이는 경전의 비유문을 진리 개현의 주요한 문으로 채택한 교리의 전개라 할 수 있다.

화엄의 네 가지 법계[四法界]로 보면 온갖 법은 인연으로 일어난 법이므로 인연으로 일어난 온갖 법을 사법계(事法界)라 한다. 사법계는 인연으로 일어났으므로 있되 공한 사법계이니, 사법계가 있되 공함을 원리적으로 이법계(理法界)라 한다.

사법계가 이법계인 사법계이므로 사법계와 이법계가 걸림 없으니 이를 '진리와 사법이 걸림 없는 법계'[理事無碍法界]라 하고, 사법계와 이법계가 서로 걸림 없으므로 사법과 사법이 서로 걸림 없는 것이니, 이를 '사법과 사법이 걸림 없는 법계'[事事無碍法界]라 한다.

화엄종사들은 경전의 갖가지 비유법이 바로 네 가지 법계를 나타낸 뜻으로 보아 구체적인 사물로 비유하여 법계의 실상을 보이고 바른 지혜를 드러내 보인다.

곧 온갖 사법이 서로 하나되고[相卽] 서로 들어가므로[相入] 구체적인 한 사법에 붙여 온갖 사법을 나타내고 한 사법을 따라 한량없는 법계를 나타내는 것이다. 그리하여 비유와 사례로 보인 가르침을 접하는 사람으로 하여금 사법이 곧 진리법계이고 사법과 사법이 걸림 없는 빼어난 앎[勝解]을 내게 하는 것이다.

한 사물이 법계연기의 사물이므로 여기서 붙여 보이는 사법의 모습[所托之事相]밖에 나타내는바 도리[所顯之道理]가 따로 없는 것이니, 경에서 '꽃의 일산[華蓋] 등이 남이 없는 법인[無生法印]에서 일어난 것이다'라고 함이나, '겹치고 겹친 구름'으로 '겹치고 겹쳐서 다함없는 법계연기'[重重無盡法界緣起]를 보인 것 등이다.

곧 아름다운 꽃의 일산이 나되 남이 없어서[生而無生] 꽃의 일산이라는 사법이 진리인 이법계이다. 그러므로 경은 그 뜻을 꽃의 일산 등이 남이 없는 법인에서 일어난 것이라고 표현한 것이다. 또 구름과 구름이 겹치고 겹치는 것이 구름이 공한 구름이라 서로 겹칠 수 있기 때문에 경은 '겹치고 겹친 구름이라는 사물'로 법계연기를 보이는 것이다.

간화선(看話禪)에서 수행자가 근원적 관심사로 삼고 있는 공안(公案)은 붇다와 조사들의 깨달음의 기연(機緣)을 공부인의 자기물음의 주제로 삼는 것이니, 수행자는 공안의 물음을 통해 붇다와 조사의 깨달음을 스스로 주체화하는 것이다.

후대 간화선의 종장들에 의해 특정 수행방법으로 정형화된 공안선도 초기 선종에서 '구체적 사물과 경전의 비유를 들어 법의 뜻을 묻는[指事問義] 교육방법론'이 계승 · 발전되어 일정한 수행방법론으로 자리잡은 것이다.

선종이 아직 종파화되기 전 초기 선종사에서 지사문의(指事問義)의 방법으로 학인을 가르친 대표적인 선사는 한국불교에서 점수선(漸修禪)의 대표격으로 알려진 신수선사(信秀禪師)이다.

선사는 때로 경의 일화를 들어 수행자들에게 다음과 같이 묻는다.

"『열반경』에 끝없는 몸의 보디사트바가 동쪽에서 왔다고 말했는데, 몸이 끝없는데 왜 꼭 동방에서 왔는가."

때로 사물을 들어 다음과 같이 묻는다.

"다리는 흐르고 물은 흐르지 않으며, 몸은 사라지나 그림자는 사라지지 않는다[橋流水不流 身滅影不滅]. 이 무슨 뜻인가."

곧 이미 깨달음을 완성한 붇다와 법의 뜻을 깨친 조사들이, 새로 배우는 이들이 법의 뜻을 쉽게 알도록 사물을 통해 여러 비유와 갖가지 언어적 표현들을 보이면, 다시 법의 뜻을 아직 깨닫지 못한 배우는 이들에게 그 가르침의 말은 근원적인 자기물음 · 자기문제의식이 되는 것이다.

공안선의 자기물음이 온갖 삶의 회의와 갈등의 소용돌이를 뚫고 늘 물음이자 늘 해답으로 드러날 때, 묻는바 언구와 뜻은 공한 언구와 뜻이 될 것이며, 물음은 해답 없는 물음의 절망을 뚫고[公案打破] 묻는 자를 해답의 주인공으로 세워낼 것이며, 온갖 질곡과 모순의 삶 속에 참된 주체로 세워줄 것[立處皆眞]이다.

아가마의 많고 많은 비유에 관한 가르침 가운데 본 아함전서는 비유의 소재에 따라 허공, 해와 달, 그리고 물질구성의 원요소인 땅 · 물 · 불 · 바람과 땅 · 물 · 불 · 바람에 의해 형성된 자연사물, 동물, 식물, 인간의 노동력이 투입된 생활도구의 순서로 비유의 말씀을 편집하였다.

허공은 인간의 의식이 대상화하는 온갖 사물운동의 포괄적인 장이고 앎의 토대가 되므로 허공의 비유를 첫머리에 두었다.

해와 달은 어두움을 깨뜨리는 빛을 나타내고 낮과 밤의 순환을 나타낸다. 또한 사물에 대한 빛의 비춤과 사물운동의 드러남이 인식발생과 시간의식의 기본적인 요건이 되므로 해와 달의 비유를 그 다음에 두었다.

땅 · 물 · 불 · 바람은 만물을 만들어내는 물질의 근원적인 요인[能造四大]이고, 온갖 사물은 네 큰 요인[四大]의 상호관계를 통해 형성되는 것[所造四大]이므로 사대와 사대에 의해 만들어진 자연사물의 비유를 그 다음에 엮었다.

동물 · 식물은 태어나서 성장하고 변화하며 죽는 생명체를 말한다. 생명체를 뜻 있음[有情]과 뜻 없음[無情]으로 나누어 그에 대한 비유의 경들을 그 다음에 엮었다.

그 다음은 인간에 의해 가공되고 가치가 부여된 여러 사물과 생활 도구들로 보인 비유를 실었다.

이러한 갖가지 경전의 비유들은 존재의 진실과 니르바나의 길을 열어주기 위함이다. 또한 지금 비유의 소재가 되고 있는 허공[空]과 만물은 앎[識]의 내적 근거로서 허공과 만물이다.

그러므로 스승이 지금 눈앞에 보이는 사물로 법의 뜻을 비유해주면 배우는 이와 듣는 이는 그 비유를 통해 그 법과 뜻을 바르게 알아차림으로써 사물을 보는 앎의 방향을 수정하고 바른 앎[勝解]을 낼 수 있게 되는 것이다.

비유를 통해 빼어나고 바른 앎을 내는 자, 그가 방편의 배를 타고 저 언덕에 이르러 방편의 배를 버리고 저 언덕에 오른다.

1) 허공의 비유

해가 저 허공을 비추면 붙잡을 바가 없듯

이와 같이 내가 들었다.

한때 붇다께서는 슈라바스티 국 제타 숲 '외로운 이 돕는 장자의 동산'에 계셨다.

그때 세존께서 여러 비구들에게 말씀하셨다.

"네 가지 먹음[四食]이 있어, 중생을 도와 이익되게 하여 세상에 머물 수 있게 하고, 거두어 자라나게 하고 길러준다.

어떤 것이 그 네 가지인가? 첫째는 덩이로 먹음[摶食], 둘째 닿아 먹음[觸食], 셋째 지어감의 먹음[思食], 넷째 앎으로 먹음[識食]이다.

비구들이여, 이 네 가지 먹음에 탐욕이 있고 기뻐함이 있으면 앎[識]이 머물러 늘어나 자라나고, 마음·물질[名色], 여섯 들임[六入], 닿음, 느낌, 애착, 존재, 나고 죽음이 머물러 늘어나 자라나고, 나아가 이와 같이 괴로움의 큰 무더기가 일어난다.

비유하면 다음과 같다. 누각과 궁전이 북쪽과 서쪽이 길고 넓으며 동쪽과 서쪽에 창이 나 있는데, 해가 동쪽에서 뜨면 그 빛이 서쪽 벽을 비추는 것과 같다.

이와 같이 비구들이여, 이 네 가지 먹음에 탐욕이 있고 기뻐함이 있으면 앎이 머물러 늘어나 자라나고, 마음·물질, 여섯 들임, 닿음,

느낌, 애착, 존재, 나고 죽음이 머물러 늘어나 자라가고, 나아가 이와 같이 괴로움의 큰 무더기가 일어난다."

네 가지 먹음에 집착 없음을 해가 허공 비춤으로 비유하심

"만약 네 가지 먹음에 탐욕도 없고 기뻐함도 없으면 또한 앎이 머물러 늘어나 자라남이 없어지고, 마음 · 물질, 여섯 들임, 닿음, 느낌, 애착, 존재, 나고 죽음이 머물러 늘어나 자라남이 없어지고, 나아가 이와 같이 괴로움의 큰 무더기가 사라진다.

비유하면 다음과 같다. 비구들이여, 누각과 궁전이 북쪽과 서쪽이 길고 넓으며 동쪽과 서쪽에 창이 나 있는데, 해가 동쪽에서 뜨면 어느 곳을 비추겠느냐?"

비구들이 붇다께 말씀드렸다.

"서쪽 벽을 비출 것입니다."

붇다께서 비구들에게 말씀하셨다.

"만약 서쪽 벽이 없다면 어느 곳을 비추겠느냐?"

비구들이 붇다께 말씀드렸다.

"허공을 비추어 붙잡아 나갈 것이 없을 것입니다."

"이와 같이 비구들이여, 이 네 가지 먹음에 탐욕도 없고 기뻐함도 없으면 앎은 머무는 곳이 없어진다. 마음 · 물질, 여섯 들임, 닿음, 느낌, 애착, 존재, 나고 죽음은 머무는 곳이 없어지고, 나아가 이와 같이 괴로움의 큰 무더기가 사라진다."

붇다께서 이 경을 말씀하시자, 여러 비구들은 붇다의 말씀을 듣고 기뻐하며 받들어 행하였다.

• 잡아함 376 유탐경(有貪經) ③

저 허공이 물질이 아니고 상대가 없어 볼 수도 없듯

이와 같이 내가 들었다.

한때 붇다께서는 슈라바스티 국 제타 숲 '외로운 이 돕는 장자의 동산'의 동산에 계셨다.

그때 세존께서 여러 비구들에게 말씀하셨다.

"네 가지 먹음이 있어 중생을 도와 이익되게 하여, 세상에 머물 수 있게 하고 거두어 자라게 하고 길러준다.

어떤 것이 그 네 가지인가? 첫째는 덩이로 먹음, 둘째 닿아 먹음, 셋째 지어감의 먹음, 넷째 앎으로 먹음이다.

비구들이여, 이 네 가지 먹음에 탐욕이 있고 기뻐함이 있으면 앎이 머물러 늘어나 자라나고, 마음 · 물질, 여섯 들임, 닿음, 느낌, 애착, 존재, 나고 죽음이 머물러 늘어나 자라나고, 나아가 이와 같이 괴로움의 큰 무더기가 일어난다.

비유하면 다음과 같다. 비구들이여, 누각과 궁전이 북쪽과 서쪽이 길고 넓으며 동쪽과 서쪽에 창이 나 있는데, 해가 동쪽에서 뜨면 어느 곳을 비추겠느냐?"

비구들이 붇다께 말씀드렸다.

"서쪽 벽을 비출 것입니다."

붇다께서 비구들에게 말씀하셨다.

"그렇다. 네 가지 먹음에 탐욕이 있고 기뻐함이 있으면 앎이 머물러 늘어나 자라나고, 마음 · 물질, 여섯 들임, 닿음, 느낌, 애착, 존재, 나고 죽음이 머물러 늘어나 자라가고, 나아가 이와 같이 괴로움의 큰 무더기가 일어난다."

앎 등의 사라짐을 허공에 색칠하는 것으로 비유하심

"만약 네 가지 먹음에 탐욕도 없고 기뻐함도 없으면 또한 앎이 머물러 늘어나 자라남이 없어지고, 마음 · 물질, 여섯 들임, 닿음, 느낌, 애착, 존재, 나고 죽음이 머물러 늘어나 자라남이 없어지고, 나아가 이와 같이 괴로움의 큰 무더기가 사라진다.

비유하면 다음과 같다. 비구들이여, 화가[畵師]나 화가의 제자가 갖가지 빛깔의 물감을 모아놓고 허공에 그림을 그리려 한다면 그릴 수 있겠느냐?"

비구들이 붇다께 말씀드렸다.

"그릴 수 없습니다. 세존이시여, 왜냐하면 저 허공은 물질이 아니고 상대가 없어서 볼 수 없기 때문입니다."

"이와 같이 비구들이여, 네 가지 먹음에 탐욕도 없고 기뻐함도 없으면 또한 앎이 머물러 늘어나 자라남이 없어지고, 마음 · 물질, 여섯 들임, 닿음, 느낌, 애착, 존재, 나고 죽음이 머물러 늘어나 자라남이 없어지고, 나아가 이와 같이 괴로움의 큰 무더기가 사라진다."

붇다께서 이 경을 말씀하시자, 여러 비구들은 붇다의 말씀을 듣고 기뻐하며 받들어 행하였다.

• 잡아함 377 유탐경 ④

• 해설 •

허공은 모습이 없고 상대가 없다. 그러므로 허공으로 '연기된 존재의 모습에 모습 없고, 모습 없음에 모습 없음도 없는 으뜸가는 뜻의 공[第一義空]'을 비유하기도 하고, '막힘없고 걸림 없는 법계'[無障碍法界], '걸림 없이 자재한 삶'을 비유하기도 한다.

앞의 두 경은 모두 탐욕의 먹음이 없는 해탈의 삶을 허공의 막힘없고 붙잡을 것 없음으로 비유하고 있다. 주체의 앎은 여기 내면에 있는 것이 아니라 저 세계를 자기화하는 삶활동이다. 알려지는 세계에 실로 알 것이 없는 줄 모르는 범부는 구하는 마음, 물든 마음으로 세계를 자기 것으로 욕구하고, 이미 성취된 앎활동을 소비하고는 탐욕스럽게 세계에 대한 새로운 자기화를 끝없이 반복한다.

덩이로 먹음이 몸의 자기 재생산운동의 토대가 된다면, 주체의 세계에 대한 구체적인 앎은 자아와 세계와 앎활동이 어울려 닿아서[觸] 일어난다. 닿음에서 느낌이 일어나고 느낌이 다시 새로운 앎의 토대가 되어 주체가 세계를 욕구하는 물든 앎의 운동은 쉼이 없다.

먹음[能食]이 있고 먹을 것[所食]이 있으면 이미 먹은 것을 소화하고 새로운 먹을거리를 향한 탐욕적인 지향이 끝이 없다. 그처럼 앎[能知]이 있고 알 것[所知]이 있으면 하나의 앎이 사라지고 새로운 앎이 날 때 기성의 앎 속에 성취된 물든 관념으로 세계를 향한 앎의 탐욕스런 먹어치움은 멈추지 않을 것이다.

이는 마치 해가 비추다 앞벽에 막힘과 같고 화가가 종이에 그림 그리는 것과 같아, 앎에 아는 자와 아는 바의 자취가 남아 물든 앎의 끝없는 생성과 소멸이 이어질 것이다.

그러나 먹을 것이 공한 줄 알면 먹음에 먹음이 없게 되고, 아는 바가 실로 알 것이 없는 줄 알면 앎에 앎이 없고 봄[見]에 봄이 없어서 날이 다하도록 알되 관념의 자취가 없고 날이 다하도록 보되 실로 봄이 없게 된다.

그러면 이는 마치 화가가 허공에 그림을 그리는 것과 같고 햇빛이 허공을 비추어 막힘이 없고 걸림이 없음과 같다.

아함의 뜻을 이어 『금강경』은 아는 자와 아는 바의 모습에 막힘없고 나라는 모습, 중생이라는 모습이 끊어진 해탈의 삶을 허공에 비유하며 이렇게 가르친다.

"수부티여, 어떻게 생각하느냐. 동방 허공을 생각으로 헤아릴 수 있느냐."

"그럴 수 없습니다, 세존이시여."

"수부티여, 남 · 서 · 북방과 네 모서리와 위아래 허공을 생각으로 헤아릴 수 있느냐."

"그럴 수 없습니다, 세존이시여."

"수부티여, 보디사트바의 모습에 머묾 없는 보시도 또한 다시 이와 같아서 생각으로 헤아릴 수 없다. 수부티여, 보디사트바는 다만 가르친 바대로 머물러야 한다."

영가선사(永嘉禪師) 또한 경의 가르침과 같이, 막힘없고 걸림 없는 삶을 허공으로 비유하여 이렇게 노래한다.

헐뜯을 수 없고 기릴 수도 없음이여
바탕은 허공 같아 끝이 없어라.
쓰는 그곳 떠나지 않고 늘 고요하나
찾으려 하면 그대 보지 못할 줄 알라.

不可毁 不可讚 體若虛空勿涯岸
不離當處常湛然 覓則知君不可見

한량없는 허공의 세계는 물질 때문에 알 수 있나니

이와 같이 내가 들었다.

한때 붇다께서는 슈라바스티 국 제타 숲 '외로운 이 돕는 장자의 동산'에 계시면서 여러 비구들에게 말씀하셨다.

"빛의 영역[光界]·깨끗함의 영역[淨界]·한량없는 허공의 들임[無量空入處界]·한량없는 앎의 들임[無量識入處界]·있는 바 없음의 들임[無所有入處界]·생각 아니고 생각 아님도 아님의 들임[非想非非想入處界]·사라짐의 영역[滅界]이 있다."

때에 어떤 비구는 자리에서 일어나 옷을 여미고 머리를 대 그 발에 절한 뒤에 합장하고 붇다께 말씀드렸다.

"세존이시여, 저 빛의 영역·깨끗함의 영역·한량없는 허공의 들임·한량없는 앎의 들임·있는 바 없음의 들임·생각 아니고 생각 아님도 아님의 들임·사라짐의 영역의 이와 같은 여러 존재의 영역은 무슨 인연으로 알 수가 있습니까."

붇다께서는 비구에게 말씀하셨다.

"저 빛의 영역은 어두움 때문에 알 수 있고, 깨끗함의 영역은 깨끗하지 않음 때문에 알 수 있으며, 한량없는 허공의 들임은 물질 때문에 알 수 있고, 한량없는 앎의 들임은 안[內]의 들임 때문에 알 수 있다.

있는 바 없음[無所有]의 들임은 있는 바[所有] 때문에 알 수 있고, 생각 아니고 생각 아님도 아님의 들임은 '으뜸가는 것이 있음'[有第

一] 때문에 알 수 있으며, 사라짐의 영역은 존재의 몸[有身] 때문에 알 수 있다."

여러 비구들은 붇다께 말씀드렸다.

"세존이시여, 저 빛의 영역 · 깨끗함의 영역 · 한량없는 허공의 들임 · 한량없는 앎의 들임 · 있는 바 없음의 들임 · 생각 아니고 생각 아님도 아님의 들임 · 사라짐의 영역은 어떤 사마디[正受]로써 얻습니까."

붇다께서는 비구들에게 말씀하셨다.

"저 빛의 영역 · 깨끗함의 영역 · 한량없는 허공의 들임 · 한량없는 앎의 들임 · 있는 바 없음의 들임, 이 모든 영역은 스스로 사마디를 행하여서 얻고, '생각 아니고 생각 아님도 아님의 들임'은 으뜸가는 있음의 사마디에서 얻으며, 사라짐의 영역도 존재의 몸이 사라지는 사마디에서 얻는다."

붇다께서 이 경을 말씀해 마치시자, 여러 비구들은 붇다의 말씀을 듣고 기뻐하며 받들어 행하였다.

• 잡아함 456 정수경(正受經)

• 해설 •

유가(儒家)에서 태극(太極)은 상호의존적 모순인 음양(陰陽) 두 계기의 통일장이다. 이 태극이 고정된 사물이 아니므로 태극이면서 무극[太極而無極]이라 하고, 태극이 음양오행의 산실이 되므로 무극이면서 태극[無極而太極]이라 한다. 이 태극은 곧 허공(虛空)에서 추상된 것이다. 유가에서 태극, 곧 허공은 만유와 인간 삶의 포괄자이다.

도가(道家)에서 '함이 없이 스스로 그러한 도'[無爲自然之道], '골짜기의 텅 비어 있음'[谷神], '음양을 뛰어넘는 지극한 여성성'[至陰] 또한 만유의 운동을 포괄하는 허공이 인간의 실천적 개념으로 전화된 것이다.

붇다의 연기론에서 허공[空]과 물질운동[四大]과 주체의 앎[識]은 모두 연기이므로 공한 것이다. 허공과 물질운동이 공하므로 허공과 물질운동은 서로 교환되고, 저 세계와 주체의 앎이 공하므로 세계는 앎인 세계로 주어지고 앎은 세계인 앎으로 드러난다.

허공과 만물이 공한 줄 알면 허공이 다만 비어 있지 않고 만물이 스스로 있지 않음을 알게 된다. 그렇게 되면 사물운동에서 앞에 있는 것이 다만 앞이 아니고 뒤에 처진 것이 다만 뒤가 아니니, 원오선사(圓悟禪師)는 이렇게 노래한다.

> 큰 모습은 본래 모습이 없어
> 지극히 비어 만 가지 것 싸안네.
> 맨 끝이 이미 크게 지나치니
> 남쪽을 향해 북두를 보는도다.
>
> 大象本無形 至虛包萬有
> 末後已太過 面南看北斗

유가는 태극이 지극히 비었지만 네 때가 어김없이 움직이고 만물이 생성되는 것에서 인륜의 도를 배우려 한다면, 도가 또한 허공과 하늘땅의 함이 없이 스스로 그러한 도에 인간의 삶과 실천[道德]의 원천을 둔다.

불교에서 지혜로운 이의 삶은 허공과 만유의 공성을 깨달아 있음에서 있음을 깨뜨리고 없음에서 없음을 벗어나 때[時]와 곳[處]의 닫힘을 뛰어넘되 때와 곳을 버리지 않는 창조적 삶으로 표현된다.

경의 뜻으로 보면 빛과 어두움, 모습 있음과 허공, 깨끗함과 깨끗하지 않음은 서로 의지해 있는 것으로 서로 다른 것을 통해서만 분별된다. 서로 다른 것을 통해 분별되고 교환되므로 그 자체가 절대화될 수 없다. 곧 경의 말씀대로 빛은 어두움으로 인해 분별되고 깨끗함은 깨끗하지 못함으로 인해 분별되며, 허공의 빈 모습은 물질의 꼴과 틀 때문에 허공의 빈 모습으로 규정된다. 한량없는 앎의 곳[無量識處]은 여기 주관의 앎[內識]을 확장하여 앎의 한량없음이 세워지고, 있는 바 없음은 있는 바 때문에 세워진다.

사유 속에서 으뜸가는 것을 집착하므로 '생각 아니고 생각 아님도 아닌 새로운 관념의 처소'가 분별되며, '사라져 없어짐'은 몸의 있음을 있음이라 생각하므로 상정된다.

서로 의지해 세워지는 대립물은 서로 의지해 세워지므로 그 자체로는 공하다. 그러므로 어두움을 버리고 빛에 나아가고, 더러움을 버리고 깨끗함에 나아가며, 물질을 버리고 허공에 나아가고, 으뜸가는 존재를 추구하여 '생각 아니고 생각 아님도 아닌 사마디'에 나아가도 그것은 참된 해탈이 아니다.

저 허공과 물질과 몸의 있음과 앎이 모두 공한 줄 깨달아 허공에서 허공을 벗어나고 물질에서 물질을 벗어나며 앎에서 앎을 벗어난 자가 앎 없음마저 벗어나 보고 듣고 사유하는 그 자리를 떠나지 않고 해탈의 사마디를 구현할 것이다.

그것은 어떤 사마디인가.

『비말라키르티수트라』(淨名經)에서 비말라키르티 거사는 이렇게 말한다.

> "저 사리푸트라시여, 꼭 앉아야 좌선인 것이 아닙니다.
>
> 좌선이란 삼계에 몸과 뜻을 나타내지 않는 것이고, 사라져 다한 사마파티[nirodhasamāpatti, 滅盡定]를 일으키지 않고 여러 몸가짐을 나타내는 것이며, 도법을 버리지 않고 범부의 일을 나타내는 것입니다.
>
> 또한 마음이 안에 머물지 않고 또 밖에 있지 않은 것이며, 모든 견해에 움직이지 않고 서른일곱 실천법을 닦아 행하는 것이고, 번뇌를 끊지 않고 니르바나에 들어가는 것이 좌선입니다.
>
> 만약 이와 같이 앉을 수 있으면 붇다께서 인가하시는 것입니다."

허공에 지팡이를 던지면 도로 땅에 떨어지듯

이와 같이 내가 들었다.

한때 붇다께서는 라자그리하 성 칼란다카 대나무동산에 계셨다.

그때 세존께서 여러 비구들에게 말씀하셨다.

"마치 사람이 막대기를 허공 가운데 던지면 곧 도로 떨어지는데, 꼬리[根]가 먼저 땅에 닿기도 하고, 가운데[腹]가 먼저 땅에 닿기도 하며, 머리[頭]가 먼저 땅에 닿기도 하는 것과 같다.

이와 같이 사문 · 브라마나가 이 괴로움의 거룩한 진리를 진실 그대로 알지 못하고, 괴로움 모아냄의 거룩한 진리, 괴로움 사라짐의 거룩한 진리, 괴로움 없애는 길의 진리를 진실 그대로 알지 못한다면, 그런 사문 · 브라마나는 지옥에 떨어지거나 축생 · 아귀 세계에 떨어지게 됨을 알아야 한다.

그러므로 여러 비구들이여, 네 가지 거룩한 진리에 대하여 아직 '사이가 없는 평등한 살핌'[無間等觀]이 없는 사람은 방편을 부지런히 해 사이가 없는 평등한 살핌을 배워야 한다."

붇다께서 이 경을 말씀하시자, 여러 비구들은 붇다의 말씀을 듣고 기뻐하며 받들어 행하였다.

• 잡아함 430 장경(杖經) ①

• 해설 •

허공의 빈 모습도 공하고 물질의 있는 모습도 공하므로 허공과 물질운동은 서로 교환된다. 허공에 지팡이를 던져 땅에 떨어지면 지팡이의 운동은 붇다의 손에 있는 것인가, 허공에 있는가, 바람에 있는가, 땅에 있는가. 그 모두에 있다 해도 안 되고 그 모두를 떠나 있다 해도 안 된다.

사제법(四諦法)을 바르게 진실 그대로 본다는 것은 삶의 괴로움과 해탈이 모두 연기로 성취됨을 본 자이다. 그는 괴로움이 연기인 줄 알므로 괴로움 속에서 물들지 않는 삶의 청정을 지켜가고, 업을 지어 어두운 삶의 길에 떨어져도 떨어진 그 길에 해탈의 활로가 있음을 안다.

연기의 진실을 모르는 자는 연기이므로 공함을 모르는 자이므로 지금 떨어진 곳 지금 지어 받는 곳에 닫히어, 니르바나의 넓고 큰 길을 등지게 된다.

허공에 던진 지팡이가 땅에 떨어지되 좇아온 바가 없으므로 이르러 간 곳이 없는 줄 알 때, 업의 길에서 니르바나의 길을 보는 자이며 그가 바로 '사이 없는 평등한 살핌'을 늘 배우는 자이다.

이 경에서 세존이 허공에 던진 막대기는 땅에 먼저 꼬리가 닿기도 하고 가운데가 닿기도 하고 머리가 닿기도 하는데, 이 경의 말씀과 대비되는 중국 선종의 공안(公案)이 있다.

방거사(龐居士)의 이야기이니, 방거사는 하늘에서 떨어지는 눈송이를 보고 '송이송이 떨어지는 눈이 다른 곳에 떨어지지 않는다'고 했다. 이때 방거사는 왜 눈앞에 떨어지는 눈송이가 서로 달리 떨어지는 곳이 없다 했는가.

'송이송이 떨어지는 눈이 다른 곳에 떨어지지 않는다'는 방거사의 말이, 참으로 지팡이가 서로 달리 떨어진다는 세존의 뜻과 다른 말인가. 방거사의 말이 세존의 뜻과 다르다면 어찌 방거사가 중국 당대 큰 선지식으로부터 인가를 받은 '흰옷의 조사'[白衣祖師]라 할 수 있겠는가.

『선문염송집』(禪門拈頌集)가운데 방거사와 전선객(全禪客)의 문답을 살펴보자.

방온거사(龐蘊居士)가 약산선사[藥山惟巖禪師]를 하직할 때 약산이 여남은 선객에게 서로 배웅하도록 명하여 산문 머리에 이르니 방거사가 허공 가운데 눈[雪]을 보고 말했다.

"좋은 눈[好雪] 송이송이 다른 곳에 떨어지지 않는구나."

그때 전선객이 말했다.

"어느 곳에 떨어집니까."

거사가 한 손바닥을 때리니 전선객이 거사에게 말했다.

"들뜨지 마십시오."

거사가 말했다.

"그대는 이러고도 선객이라 말하시오. 염라왕이 놓아주지 않을 것이오."

전선객이 말했다.

"거사는 어떠시오."

거사가 또 한 손바닥을 때리며 말했다.

"눈으로 보는 것은 장님과 같고 입으로 말하는 것은 벙어리와 같소."

방거사가 장님같이 보고 벙어리같이 말한다고 함은 보되 봄이 없이 보고, 말하되 말함 없이 말한다는 뜻이리라. 보되 봄이 없는 곳이 저 펄펄 내리는 눈이 오되 온 곳이 없고, 이르러 가되 간 곳이 없음인가.

보되 장님같이 보는 자, 그가 사이 없는 평등한 살핌 이룬 자가 아니고 그 누구이겠는가.

2) 해의 비유

크신 스승 해가 허공에 머묾 같나니

이와 같이 내가 들었다.

한때 붇다께서는 코살라 국 사람 사이에 노닐어 다니시다가, 한날 밤에 사라 숲속에서 주무셨다.

때에 어떤 브라마나는 그 숲 가까이서 오백 명 젊은 브라마나들과 함께 있었다. 그 브라마나는 세존을 늘 칭찬하고 우러러 생각하며 뵈옵고자 하였다.

'언제나 이 숲에 오셔서 노닐어 다니실 것인가. 그러면 세존을 뵙고 의심하던 것을 여쭈리라. 한가하시면 내게 말씀해주실 것이다.'

때에 그 브라마나의 젊은 제자는 땔나무를 하러 숲속에 들어갔다가, 멀리 세존께서 한 나무 밑에 앉아 계시는 것을 뵈었다.

몸가짐과 얼굴은 단정하고 모든 몸의 아는 뿌리[諸根]는 고요하며 그 마음은 안정되고 모습은 황금산과 같이 밝은 빛이 환히 비치었다.

그는 보고서는 생각하였다.

'우리 스승 브라마나께선 고타마를 늘 칭찬하고 늘 우러르시며, 뵈오면 그 의심하는 바를 물으려고 하였다. 이제 사문 고타마는 이 숲속에 왔다. 나는 빨리 가서 스승께 알려드려야겠다.'

그는 곧 나뭇단을 가지고 배우는 곳으로 돌아가 나뭇단을 내려놓고 스승 있는 곳으로 가서 말씀드렸다.

"스승께선 아셔야 합니다. 스승께서는 이전부터 늘 칭찬하고 우러르시며 사문 고타마를 뵈옵고자 하였습니다. 그리고 이 숲에 오시면 의심하는 바를 물으려고 하였습니다.

오늘 고타마는 이 숲에 오셨습니다. 스승께서는 때를 아십시오."

브라마나의 스승이 세존께 숲에 홀로 머무시는 까닭을 묻고 답함

때에 그 브라마나는 곧 붇다 계신 곳에 나아가 서로 문안한 뒤에 한쪽에 물러앉아 게송으로 말하였다.

이 무섭고 두려우며 깊고도 깊은
덤불숲 가운데 홀로 들어와
굳게 머물러 기울어 움직이지 않고
바르게 나아가는 법 잘 닦으시네.

노래와 춤 아름다운 음악도 없이
말없이 비어 한가한 곳 머무시니
홀로 깊은 숲속 즐기시는 이를
나는 일찍이 한 번도 본 일이 없네.

이 세간에 자재한 하늘왕이나
서른세하늘 그 자재한 즐거움을
구하려고 이곳에 머무시는가.

무엇 때문에 깊은 숲 그 가운데서
고행으로 스스로를 말리시는가.

그때에 세존께서는 게송으로 대답하셨다.

만약 갖가지 경계 구하려 하면
여러 경계에 갖가지 집착 생기네.
구하는바 저 온갖 것들은 다
곧바로 어리석음의 근본이 되네.

이와 같이 온갖 것에서 구하는 것
나는 모두 버린 지 이미 오래니
구하지 않고 아첨과 거짓이 없어
그 온갖 것에 닿는 바가 없어라.

세간 있는 온갖 모든 법들에 대해
오직 한 청정함으로 살필 뿐이니
위없이 높고 바른 보디를 얻고
선정으로 탐착 없음 닦아가노라.

세존의 구함 없는 해탈의 지혜를 찬탄함

브라마나는 다시 게송으로 말하였다.

나는 지금 그대 크게 고요하신 무니

높으신 분께 공경히 절하옵나니
선정 속 사유하시는 묘한 왕이여
끝없는 큰 보디를 깨쳐 이뤘네.

여래께선 하늘과 사람 건져주시사
우뚝하심 황금의 산과 같으니
저 우거진 덤불숲 벗어나시어
저 숲을 길이 집착하지 않고서
깊고 날카로운 가시 이미 뽑으사
청정하여 남은 자취 없으시도다.

바르게 논의하는 윗머리 스승
그 말씀 가장 빼어난 말재간이라
사람 가운데 뛰어난 사자이시니
깊은 숲에 큰 외침 떨쳐내시사
괴로움의 거룩한 진리 드러내고
괴로움 모아냄과 사라짐의 진리
괴로움 없애는 여덟 길의 진리
중생에게 환히 밝게 보여주시사
뭇 괴로움의 더미를 이미 다하고
깨끗하게 때 없음을 드러내셨네.

스스로 온갖 괴로움 벗어나시사
저 괴로운 온갖 중생 건져주시며

그 중생들 안락하게 하기 위하여
바른 법 두루 펴서 연설하시네.

이미 그 은혜와 애착을 끊어
온갖 탐욕의 그물을 멀리 여의고
온갖 있음에 대한 애착의 묶음
모두 끊어 남김없이 없애버리니
마치 저 물에서 자라는 연꽃이
흙탕물에 물들지 않음 같고
마치 밝은 해가 저 허공에 머물러
깨끗해 구름의 가림 없는 것 같네.

참으로 크게 기쁘고 기쁜 일이니
코살라 국의 사라 숲속에 와서
나는 오늘 지혜와 복덕 다 갖추신
큰 스승 빼어난 분을 뵙게 되었네.

세존께서 큰 숲에서 크게 정진하사
으뜸가는 넓은 건넘 얻으셨으니
잘 길들이는 스승들 가운데 우두머리
온갖 두려움 멀리 떠나 없는 분께
공경히 우러러 절하옵니다.

때에 브라마나는 이 게송을 널리 말하고 붇다를 찬탄한 뒤에, 붇다의 말씀을 듣고 기뻐하면서 절하고 떠나갔다.

• 잡아함 1183 채신경(採薪經)

• 해설 •

여래는 세간의 온갖 모습, 온갖 존재에 대한 탐착과 애착을 뛰어넘었으니, 여래의 깨끗한 삶은 마치 연꽃이 흙탕물 속에 물들지 않음과 같다.

여래는 늘 사물을 알되 아는 것에 실로 알 것이 없는 줄 깨달았으므로 그 마음은 늘 알되 앎이 없고, 앎이 없으므로 알지 못함이 없다.

여래의 지혜는 비추되 고요하니[照而寂] 그 지혜의 바탕이 두루하지 않음이 없고[如來智體無所不徧], 여래의 지혜는 고요하되 비추니[寂而照] 그 지혜의 빛이 비추지 않음이 없다[如來智光無所不照].

지혜의 바탕이 두루하지 않음이 없는 것은 마치 해가 저 허공에 머문 것 같고, 지혜의 빛이 비추지 않음이 없는 것은 허공의 해가 구름의 가림 없이 널리 비춤과 같다.

그 빛은 실로 비춤이 없으므로 평등의 빛이고 비추지 않음이 없으므로 널리 감싸는 빛이니, 그 자비의 빛에 누가 찬탄의 노래 바치지 않을 것인가.

『화엄경』(「비로자나품」毘盧遮那品)에서는 다음과 같이 여래의 지혜 광명을 찬탄한다.

붇다의 몸 크고 밝은 빛 널리 놓아
그 모습 끝없고 아주 깨끗하여라.
구름이 온갖 땅을 가득 채워서
곳곳마다 붇다 공덕 찬양함 같네.

佛身普放大光明 色相無邊光清淨
如雲充滿一切土 處處稱揚佛功德

밝은 빛 비추는 곳 함께 기뻐하면
중생에게 있는 괴로움 다 사라지네.
보는 이마다 세존을 공경하여서
자비한 마음을 내도록 하시니
여래의 자재하신 작용이시네.

光明所照咸歡喜　衆生有苦悉除滅
各令恭敬起慈心　此是如來自在用

사의할 수 없는 변화의 구름을 내서
한량없는 색깔 밝은 빛의 그물을 놓아
시방 국토를 다 가득 채우나니
이는 붇다의 신통이 나타냄이네.

出不思議變化雲　放無量色光明網
十方國土皆充滿　此佛神通之所現

「입법계품」(入法界品) 또한 하늘의 해로써 여래의 지혜를 다음과 같이 비유해 찬탄한다.

비유하면 깨끗한 해 천 줄기 빛을 놓지만
본 곳을 움직이지 않고 시방을 비추듯
붇다의 해 밝은 빛 또한 이와 같이
감도 없고 옴도 없이 세간 어두움 없애네.

譬如淨日放千光　不動本處照十方
佛日光明亦如是　無去無來除世暗

붇다의 빛 해와 달을 넘나니

이와 같이 내가 들었다.

한때 붇다께서는 슈라바스티 국 '외로운 이 돕는 장자의 동산'에 계셨다.

때에 얼굴 모습이 아주 묘한 미사가 하늘신이 새벽에 붇다 계신 곳에 나아와 붇다의 발에 머리를 대 절하고 한쪽에 물러앉았다. 그러자 그 몸의 밝은 빛이 '외로운 이 돕는 장자의 동산'을 두루 비추었다.

때에 미사가 하늘신은 게송으로 붇다께 말씀드렸다.

밝게 비춤에 몇 가지가 있어
저 세간을 밝게 비출 수 있는지
그 어떤 밝음이 으뜸이 되는지
세존께선 말씀해 주시옵소서.

그때에 세존께서는 게송으로 대답하셨다.

세 가지의 밝은 빛이 있어서
이 세간 환히 밝게 비춰주니
낮에는 해로써 밝은 비춤을 삼고

달은 어두운 밤을 늘 비춰주도다.
등불은 낮과 밤으로 늘 비추어
이런저런 모습 빛깔 비춰주도다.

위와 아래 여러 곳의 온갖 중생들
빠짐없이 그 지혜의 빛 모두 받으니
사람과 하늘의 밝은 빛 가운데서
붇다의 밝은 빛이 가장 높아라.

붇다께서 이 경을 말씀하시자 미사가 하늘신은 붇다의 말씀을 듣고 기뻐하면서, 붇다의 발에 머리를 대 절하고 이내 사라져 나타나지 않았다.

• 잡아함 1310 조명경(照明經)

• 해설 •

세간의 빛에는 낮을 밝히는 해가 있고 밤을 밝히는 달이 있으며 낮과 밤으로 여러 사물을 비추는 등(燈)과 같은 도구가 있다. 그 빛들은 안과 밖의 요건이 밝게 하는 밝음이므로 그 요인이 사라지면 함께 사라지는 밝음이고, 빛을 막아 가리는 것이 있으면 그 가림만큼 가려지는 밝음이다.

여래의 지혜의 빛은 비춤이 없으므로 비추지 않음이 없는 지혜의 밝음이므로 그 밝음은 가림이 없고 막힘이 없는 빛이다. 여래의 빛 없는 빛은 밝음에서 밝음에 머물지 않고 어두움 속에서 어두움에 머물지 않으니, 그 빛은 밝음에 머묾 없이 밝음을 더욱 밝힐 수 있고, 어두움에 어두워짐이 없이 어두움을 밝혀 역사의 새벽을 열어낼 수 있는 밝음이다.

그 누가 여래의 밝음 없는 밝음을 알아 여래의 길을 따라 행할 수 있는 자인가.

한낮에 촛불 켜고 캄캄한 밤중에 먹물 뿌리는 자인가.

한밤 삼경에 환한 대낮을 보고, 한낮에 삼경의 종을 치며 캄캄한 역사의 밤길을 환히 밝혀 자재하게 다니는 자가 바로 바이로차나 붇다(Vairocana-Buddha, 光明遍照佛)께 늘 돌아가 의지하는 자이리라.

화엄회상(「입법계품」) 선지식 또한 어두움에서 어두움을 깨뜨리고 밝음에서 밝음에 머물지 않는 여래의 지혜의 빛을 구도자에게 다음과 같이 가르친다.

그대들은 모든 미혹의 때 없애고서
한 마음으로 어지럽지 않게 잘 들으라.
여래께서 모든 파라미타 갖추시사
온갖 것에서 해탈하신 진실한 도를
내가 지금 그대들에게 말해주리라.

汝等應除諸惑垢　一心不亂而諦聽
我說如來具諸度　一切解脫眞實道

세간 벗어나 잘 다스리는 빼어나신 장부
그 마음은 청정하여 허공과 같아라.
지혜의 해 크고 밝은 빛 늘 놓아
중생이 어리석음의 어두움 없애게 하네.

出世調柔勝丈夫　其心淸淨如虛空
恒放智日大光明　普使群生滅癡暗

해가 뜰 때 밝은 모습 먼저 일어나듯

이와 같이 내가 들었다.

한때 붇다께서는 바라나시 국의 선인이 살던 사슴동산에 계시면서 여러 비구들에게 말씀하셨다.

"비유하면 해가 뜰 때에 밝은 모습이 먼저 일어나는 것과 같다.

이와 같이 괴로움을 바로 다할 때에 또한 먼저 앞의 모습[前相]이 일어난다.

곧 네 가지 거룩한 진리를 아는 것이니 어떤 것을 네 가지라고 하는가.

괴로움의 거룩한 진리를 알고, 괴로움 모아냄의 거룩한 진리를 알며, 괴로움 사라짐의 거룩한 진리를 알고, 괴로움 없애는 길의 거룩한 진리를 아는 것이다."

붇다께서 이 경을 말씀하시자, 여러 비구들은 붇다의 말씀을 듣고 기뻐하며 받들어 행하였다.

• 잡아함 394 일월경(日月經) ①

• 해설 •

세간의 빛은 비추는 것이 있어야 밝아지는 빛이고, 세간의 어두움은 빛이 오면 사라지는 어두움이다. 여래의 지혜는 밝음과 어두움이 공한 줄 알아 밝음과 어두움에 머물지 않되 어두움을 깨뜨려 밝음을 드러내는 크나큰 밝음이다. 해가 뜰 때 밝은 모습이 나타나듯 여래의 지혜가 날 때 사제의 진리가 밝아진다.

그러나 여래는 어두움과 밝음이 모두 공한 줄 알고 괴로움과 니르바나가 공한 줄 알므로 괴로움과 그 모아냄을 끊되 실로 끊음이 없고, 괴로움 없애는 길을 닦아 니르바나를 얻되 실로 닦음이 없고 실로 얻음이 없다.

실로 있는 무명(無明)도 없고 무명 다함도 없는 곳, 그곳이 여래의 꺼지지 않는 밝음의 땅이고 여래의 지혜의 처소이다.

여래의 지혜의 해는 그 눈이 스스로 깨끗한 자만이 볼 수 있으니, 『화엄경』(「도솔궁중게찬품」兜率宮中偈讚品)은 이렇게 가르친다.

비유하면 밝고 깨끗한 눈이
해를 인해 뭇 빛깔 볼 수 있듯이
깨끗한 마음 또한 다시 그러해
붇다의 힘으로 여래를 뵙게 되네.

譬如明淨眼　因日睹衆色
淨心亦復然　佛力見如來

해 뜨기 전 빛이 처음 비추듯

이와 같이 내가 들었다.

한때 붇다께서는 슈라바스티 국 제타 숲 '외로운 이 돕는 장자의 동산'에 계시면서 여러 비구들에게 말씀하셨다.

"해 뜨기 바로 앞의 모습을 곧 밝은 모습의 처음 비추는 빛[明相初光]이라 한다.

이와 같이 비구가 괴로움의 끝을 바로 다하고, 괴로움의 끝을 마쳐 다하는 앞의 모습이란, 곧 바른 견해이다.

그 바른 견해가 바른 말[正語], 바른 생각[正念], 바른 생활[正命], 바른 정진[正精進], 바른 뜻[正思惟], 바른 행위[正業], 바른 선정[正定]을 일으킬 수 있다.

그리고 바른 선정 사마디[定正受]를 일으킬 수 있기 때문에 거룩한 제자는 탐욕과 성냄과 어리석음에서 마음이 바로 해탈한다[心正解脫].

이와 같이 마음이 잘 해탈한 거룩한 제자는 바른 지견을 얻어 '나의 태어남은 이미 다하고, 범행은 이미 서고, 지을 바를 이미 지어 뒤의 있음 받지 않음'을 스스로 안다."

붇다께서 이 경을 말씀하시자, 여러 비구들은 그 말씀을 듣고 기뻐하며 받들어 행하였다.

• 잡아함 748 일출경(日出經)

• 해설 •

해 뜨기 전 먼저 밝은 모습이 일어나 먼저 만상을 차츰 비추듯, 괴로움이 다해 밝은 지혜의 해가 우뚝 드러나기 전에도 먼저 밝은 모습이 일어난다.

그것은 곧 괴로움이 인연으로 일어난 괴로움이라 괴로움이 공한 줄 아는 것이며, 괴로움이 공한 곳에서 바른 견해로 공도 공함을 살펴 바른 생활, 바른 선정을 행해감이다.

해가 하늘에 온전히 떠서 어두움이 사라지면 다시 어두움이 세상을 뒤덮지 않듯, 니르바나인 보디의 해가 현전하면 태어남이 이미 다해 뒤의 존재는 다시 받지 않으며, 범행은 이미 서고 지어야 할 바를 모두 짓게 되는 것이다.

그러나 해가 비치지 않는 밤에도 어두움 속에 만상이 본래 있는 것이니, 중생의 캄캄한 무명과 여래의 밝은 지혜에 두 법이 있다고 말하면 안 된다.

무명이 공한 진실한 모습[無明實性]이 붇다 지혜의 참모습[佛性]인 줄 알아야, 해가 떠서 차츰 밝아지는 뜻을 아는 자라 할 것이다.

붇다의 지혜의 해가 중생 떠나지 않는 뜻을 『화엄경』(「도솔궁중게찬품」)은 이렇게 노래한다.

여래의 큰 지혜의 빛이
널리 모든 세간 깨끗이 하네.
세간이 이미 깨끗해지면
모든 붇다의 법 열어 보이네.

如來大智光 普淨諸世間
世間旣淨已 開示諸佛法

여래의 지혜의 해가 공한 법 가르치시네

이와 같이 내가 들었다.

한때 붇다께서는 슈라바스티 국 '외로운 이 돕는 장자의 동산'에 계셨다.

때에 어떤 비구는 코살라 국 사람 사이 한 숲 가운데 머물면서, 남의 마음을 아는 지혜는 얻었으나 번뇌에 남음이 있었다.

그 숲으로 가기 그리 멀지 않은 곳에 우물이 있었는데, 어떤 여우가 그 물을 먹다가 두레박줄이 목을 감았다.

그 여우는 여러 가지 방편으로 그것을 벗어나려 하면서 이렇게 생각하였다.

'날이 밝아지려 한다. 농부가 나오면 나를 두렵게 할 것이다.

너 두레박아, 너는 나를 두렵게 한 지 이미 오래다. 나를 벗어나도록 하라.'

때에 그 비구는 여우의 마음속 생각을 알고 게송으로 말하였다.

여래의 지혜의 해가 나와서
숲을 떠나 공한 법을 말씀하시네.
마음이 나를 오래 두렵게 했으니
이제 나를 놓아서 가도록 하라.

때에 그 비구는 스스로에게 깨우침을 주고는 온갖 묶음이 다해 아라한을 얻었다.

• 잡아함 1348 이림경(離林經)

• 해설 •

목마른 여우가 우물물을 먹으려다 목에 두레박줄이 감긴 것은, 마치 중생이 갈애의 목마름으로 탐욕의 대상을 내달려 구하다 도리어 그 물질의 올가미에 걸린 것과 같다.

여우는 올가미와 농부의 손에서 벗어나고자 몸부림치면 칠수록 두레박줄에 더욱 목이 졸리게 된다. 오직 번뇌의 숲을 떠나서 탐착하는바 대상이 공한 줄 깨달아야 우물과 두레박줄, 농부의 손을 떠나 환히 해가 비치는 넓은 들판에 뛰어놀 수 있으니, 이것이 지혜의 해이신 여래의 가르침이다.

『화엄경』(「여래출현품」如來出現品)은 여래의 지혜의 해가 세간의 무명 비춤을 다음과 같이 노래한다.

비유하면 해가 이 세상에 나와
밝은 빛이 어두움 깨 나머지 없어
산의 나무 못의 연꽃 땅의 온갖 것
갖가지 것들 모두 이익 얻음 같아라.

譬如日出閻浮提　光明破闇悉無餘
山樹池蓮地衆物　種種品類皆蒙益

모든 붇다의 해가 나옴도 이와 같아
사람 하늘 뭇 좋은 행 자라게 하고
어리석음의 어두움 길이 없애어
지혜의 밝음을 모두 얻게 하나니

높게 빛나는 온갖 즐거움 늘 받도다.

諸佛日出亦如是 生長人天衆善行
永除癡闇得智明 恒受尊榮一切樂

비유하면 눈먼 이 해를 못 보아도
햇빛은 또한 요익함이 되어서
때를 알아 음식을 받도록 하여
뭇 병 길이 떠나 몸을 안온케 함 같네.

譬如生盲不見日 日光亦爲作饒益
令知時節受飮食 永離衆患身安隱

믿음 없는 중생이 붇다 못 보아도
붇다께선 또한 뜻과 이익 일으키시사
이름을 듣거나 밝은 빛에 닿게 되면
이로 인해 보디를 얻게 되리라.

無信衆生不見佛 而佛亦爲興義利
聞名及以觸光明 因此乃至得菩提

일곱 해가 나오면 저 수메루 산도 타서 없어지리라

나는 들었다, 이와 같이.

한때 붇다께서는 바이살리에 노니시면서 암라파알리 동산에 계셨다.

그때에 붇다께서는 여러 비구들에게 말씀하셨다.

"온갖 행은 덧없어 오래 머무는 법이 아니요, 빨리 변해 바뀌는 법이며 의지할 수 없는 법이다.

이와 같은 모든 행은 즐겨 집착하지 않아야 하며, 즐기지 않아야 하며, 버려 떠나기를 구하고 해탈하기를 구해야 할 것이다."

해가 두 개 세 개로 늘어남으로 세간법의 덧없음을 보이심

"왜 그런가. 어떤 때는 비가 내리지 않고, 비가 내리지 않을 때에는 온갖 나무와 모든 곡식과 약나무들이 모두 마르고 꺾이고 부서져 사라져 다한다. 그러므로 온갖 행은 덧없어 오래 머무는 법이 아니요, 빨리 변해 바뀌는 법이며 의지할 수 없는 법이다.

이와 같은 모든 행은 즐겨 집착하지 않아야 하며, 즐기지 않아야 하며, 버려 떠나기를 구하고 해탈하기를 구해야 할 것이다.

다시 어떤 때 두 해가 세상에 나오고, 두 해가 날 때는 모든 개울과 시냇물은 다 말라 다해서 늘 머물지 못한다. 그러므로 온갖 행은 덧없어 오래 머무는 법이 아니요, 빨리 변해 바뀌는 법이며 의지할 수 없는 법이다.

이와 같은 모든 행은 즐겨 집착하지 않아야 하며, 즐기지 않아야 하며, 버려 떠나기를 구하고 해탈하기를 구해야 할 것이다.

다시 어떤 때 세 해가 세상에 나오고, 세 해가 날 때는 모든 큰 강물이 다 말라 다해서 늘 머물지 못한다. 그러므로 온갖 행은 덧없어 오래 머무는 법이 아니요, 빨리 변해 바뀌는 법이며 의지할 수 없는 법이다.

이와 같은 모든 행은 즐겨 집착하지 않아야 하며, 즐기지 않아야 하며, 버려 떠나기를 구하고 해탈하기를 구해야 할 것이다.

다시 어떤 때 네 해가 세상에 나오고, 네 해가 날 때는 다음과 같다.

모든 큰 샘의 근원은 '잠부드비파'에서 흘러나오는 다섯 강물이니, 곧 강가아(Gaṅgā) · 야무나(Yamunā) · 사라부(Sarabhu) · 아치라바티(Aciravatī) · 마히(Mahī)라 하는데, 저 샘의 근원이 다 말라 다해서 늘 머물지 못한다. 그러므로 온갖 행은 덧없어 오래 머무는 법이 아니요, 빨리 변해 바뀌는 법이며 의지할 수 없는 법이다.

이와 같은 모든 행은 즐겨 집착하지 않아야 하며, 즐기지 않아야 하며, 버려 떠나기를 구하고 해탈하기를 구해야 할 것이다.

다시 어떤 때 다섯 해가 세상에 나오고, 다섯 해가 날 때는 다음과 같다.

큰 바다의 물의 나머지가 일백 요자나나 줄고 더욱 줄어 칠백 요자나에까지 이를 것이다. 또 다섯 해가 날 때는 바닷물은 칠백 요자나였다가 더욱 줄어 일백 요자나에까지 이를 것이다. 다섯 해가 날 때는 큰 바다의 물은 일 타알라 나무 높이만큼 줄었다가 더욱 줄어 칠 타알라 나무 높이에까지 이를 것이다. 다섯 해가 날 때는 바닷물의 나머지는 칠 타알라 나무 높이였다가 더욱 줄어 일 타알라 나무 높이에까지 이를 것이다.

다섯 해가 날 때는 바닷물은 한 사람의 키만큼 줄었다가 더욱 줄어 일곱 사람의 키에까지 이를 것이다. 다섯 해가 날 때는 바닷물의 나머지가 일곱 사람의 키만큼이었다가 더욱 줄어 한 사람의 키에까지 이를 것이다.

다섯 해가 날 때는 바닷물은 줄어 목에 이르고 어깨에 이르고 허리에 이르고 허벅다리에 이르고 무릎에 이르고 복사뼈에 이르고, 때로는 바닷물은 다 말라 발가락마저 빠지지 않을 것이다.

그러므로 온갖 행은 덧없어 오래 머무는 법이 아니요, 빨리 변해 바뀌는 법이며 의지할 수 없는 법이다.

이와 같은 모든 행은 즐겨 집착하지 않아야 하며, 즐기지 않아야 하며, 버려 떠나기를 구하고 해탈하기를 구해야 할 것이다.

다시 어떤 때 여섯 해가 세상에 나오고, 여섯 해가 날 때는 온갖 큰 땅과 수메루 산왕[須彌山王]이 다 연기를 일으켜 그것이 합해 한 연기가 된다. 비유하면 도자기 기술자[陶師]가 처음에 가마솥에 불을 지필 때 모두 연기가 일어나 그것이 합해 한 연기가 되는 것처럼, 이와 같이 여섯 해가 날 때는 온갖 큰 땅과 수메루 산왕이 다 연기를 일으켜 그것이 합해 한 연기가 된다.

그러므로 온갖 행은 덧없어 오래 머무는 법이 아니요, 빨리 변해 바뀌는 법이며 의지할 수 없는 법이다.

이와 같은 모든 행은 즐겨 집착하지 않아야 하며, 즐기지 않아야 하며, 버려 떠나기를 구하고 해탈하기를 구해야 할 것이다."

일곱 해가 날 때는 수메루 산도 타서 없어짐을 보이심

"다시 어떤 때 일곱 해가 세상에 나오고, 일곱 해가 날 때는 온갖 큰 땅과 수메루 산왕은 환하게 불이 붙어 함께 타 그것이 합해서 한 불꽃이 된다. 이와 같이 일곱 해가 날 때는 온갖 큰 땅과 수메루 산왕은 환하게 불이 붙어 함께 타 그것이 합해서 한 불꽃이 되고, 바람이 불꽃을 불어 이에 브라흐마하늘에 이른다.

이때에 '환히 빛나는 모든 하늘'로서 처음으로 이 하늘에 난 자는, 세간의 이루어지고 사라짐을 듣지 못했고, 세간의 이루어지고 사라짐을 보지 못했으며, 세간의 이루어지고 사라짐을 알지 못했기 때문에, 이 큰 불을 보고는 모두 두려워하여 털이 일어선다.

그래서 불이 여기까지 오지 않을까, 불이 여기까지 오지 않을까 생각하고 두려워한다.

앞에 태어난 모든 하늘은 세간의 이루어지고 사라짐을 들었고, 세간의 이루어지고 사라짐을 보았으며, 세간의 이루어지고 사라짐을 알았기 때문에, 이 큰 불을 보고는 모든 하늘들을 위로해 말한다.

'두려워할 것 없다. 불의 법[火法]은 저와 같은 것이라 끝내 여기에는 오지 않는다.'

일곱 해가 날 때는 수메루 산왕은 백 요자나나 흩어져 무너지고 사라져 다한다. 이백 요자나, 삼백 요자나, 나아가 칠백 요자나나 흩어져 무너지고 사라져 다한다.

일곱 해가 날 때는 수메루 산왕과 이 큰 땅은 불에 타고 무너져 사라져 없어져 그 재도 남는 것이 없다. 마치 버터기름을 태우면 끓어 사라져서 연기나 재를 남기지 않는 것처럼, 일곱 해가 날 때도 수메루 산왕과 이 큰 땅은 탄 재도 남기지 않는다.

그러므로 온갖 행은 덧없어 오래 머무는 법이 아니요, 빨리 변해 바뀌는 법이며 의지할 수 없는 법이다.

이와 같은 모든 행은 즐겨 집착하지 않아야 하며, 즐기지 않아야 하며, 버려 떠나기를 구하고 해탈하기를 구해야 할 것이다."

사제법 본 이가 세간법의 실상 깨달아 해탈함을,
과거 본생담을 들어 말씀하심

"나는 이제 너희들을 위해, '수메루 산왕은 무너져 다할 것이다'라고 말한다. 그러나 누가 그것을 믿을 수 있겠는가. 오직 네 가지 진리[四諦]를 본 자이다.

나는 이제 너희들을 위해 '온갖 큰 땅은 다 타서 없어질 것이다'라고 말한다. 그러나 누가 그것을 믿을 수 있겠는가. 오직 네 가지 진리를 본 자이다.

왜 그런가. 비구들이여, 옛날에 이름이 '좋은 눈'[善眼]이라는 큰 스승[大師]이 있었는데, 그는 바깥길 선인[仙人]들이 스승으로 모신 이였다. 그는 탐욕의 애착을 버리고 '뜻대로 되는 신통'[如意足]을 얻었다. '좋은 눈' 큰 스승에게는 한량없는 백천의 제자가 있었다. '좋은 눈' 큰 스승은 여러 제자들을 위하여 브라흐마세상법을 말했다.

'좋은 눈' 큰 스승이 브라흐마세상법을 말할 때에 여러 제자로서 그 법을 갖추어 받들어 행하지 않는 자 있으면, 그는 목숨을 마친 뒤에는 네 하늘왕의 하늘에 태어나거나 서른세하늘에 태어나며, 야마하늘에 태어나거나 투시타하늘에 태어나며, 화락하늘에 태어나거나 타화락하늘에 태어난다.

만약 '좋은 눈' 큰 스승이 브라흐마세상법을 말할 때에 여러 제자들로서 그 법을 갖추어 받들어 행하는 자 있으면, 그는 '네 브라흐만의 방'[四梵室]을 닦아 탐욕을 여의고 목숨을 마친 뒤에는 브라흐마하늘에 날 수 있다.

그때 '좋은 눈' 큰 스승은 생각했다.

'나는 제자들과 함께 뒷세상 한 곳에 가서 나지 않아야 한다. 나는 이제 차라리 다시 더욱 늘어나는 사랑[增上慈]을 닦아야 한다. 더욱 늘어나는 사랑을 닦은 뒤에는 목숨을 마치면 빛나는 하늘[晃昱天]에 가서 날 수 있으리라.'

그때에 '좋은 눈' 큰 스승은 곧 뒷날에 다시 더욱 늘어나는 사랑을 닦고, 더욱 늘어나는 사랑을 닦은 뒤에는 목숨을 마치고 빛나는 하늘에 날 수 있었다. '좋은 눈' 큰 스승과 여러 제자들은 도를 배운 것이 헛되지 않아 큰 과보를 얻었다.

여러 비구들이여, 어떻게 생각하느냐. 옛날에 '좋은 눈' 큰 스승은 바깥길 선인들이 스승으로 우러르는 사람이었는데, 탐욕의 애착을 여의고 '뜻대로 되는 신통'을 얻었다. 너희들은 그를 다른 사람이라 말하는가. 이렇게 생각하지 말라. 그가 곧 나였음을 알아야 한다.

나는 그때에 '좋은 눈' 큰 스승이라 이름했고 바깥길 선인들의 스승이었으며, 탐욕의 애착을 여의고 '뜻대로 되는 신통'을 얻었었다. 나는 그때에 한량없는 백천 제자가 있었다.

나는 그때에 여러 제자들을 위하여 브라흐마세상법을 말했다. 내가 브라흐마세상법을 말할 때에 여러 제자로서 그 법을 갖추어 받들어 행하지 않는 자 있으면, 그는 목숨을 마친 뒤에는 네 하늘왕의 하늘에 태어나거나 서른세하늘에 태어나며, 야마하늘에 태어나거나 투시타하늘에 태어나며, 화락하늘에 태어나거나 타화락하늘에 태어났었다.

내가 브라흐마세상법을 말할 때에 여러 제자들로서 그 법을 갖추어 받들어 행하는 자 있으면, 그는 '네 브라흐만의 방'을 닦아 탐욕을 여의고 목숨을 마친 뒤에는 브라흐마하늘에 날 수 있었다.

그때 나는 생각했다.

'나는 제자들과 함께 뒷세상 한 곳에 가서 나지 않아야 한다. 나는 이제 차라리 다시 더욱 늘어나는 사랑을 닦아야 한다. 더욱 늘어나는 사랑을 닦은 뒤에는 목숨을 마치면 빛나는 하늘에 가서 날 수 있으리라.'

나는 곧 뒷날에 다시 더욱 늘어나는 사랑을 닦고, 더욱 늘어나는 사랑을 닦은 뒤에는 목숨을 마치고 빛나는 하늘에 날 수 있었다. '좋은 눈' 큰 스승과 여러 제자들은 도를 배운 것이 헛되지 않아 큰 과보를 얻었다.

나는 그때에 몸소 이 도를 행하여 스스로를 요익되게 하고 또한 남을 요익되게 했으며, 많은 사람을 요익되게 하고 세상을 가엾이 여기었으며, 하늘을 위하고 사람을 위해 뜻과 요익됨을 구하고 안온한 즐거움을 구했다.

그러나 그때의 설법은 마쳐 다함[究竟]에 이르지 못했고, 맑고 깨끗함[白淨]을 다하지 못했으며, 범행(梵行)을 마쳐 다하지 못했고, 범행을 마쳐 다하지 못하고 목숨을 마쳤다.

그래서 남과 늙음과 병듦과 죽음과 울음과 걱정을 떠나지 못했고, 또한 온갖 괴로움을 벗어나지 못했었다.

비구들이여, 그러나 나는 이제 세상에 나와 여래 · 집착이 없는 이

· 바르게 깨친 분 · 지혜와 행 갖추신 분 · 잘 가신 이 · 세간을 아시는 분 · 위없는 스승 · 도법에 이끄는 이 · 하늘과 사람의 스승으로 붇다 세존이라 이름한다.

나는 이제 스스로를 요익되게 하고 또한 남을 요익되게 하며, 많은 사람을 요익되게 하고 세간을 가엾이 여기며, 하늘을 위하고 사람을 위해 뜻과 요익됨을 구하고 안온한 즐거움을 구한다.

나는 이제 설법하여 마쳐 다함에 이를 수 있고, 맑고 깨끗함을 다하고, 범행을 마쳐 다했으며, 범행을 다해 마쳤다. 그래서 나는 이제 이미 남과 늙음과 병듦과 죽음과 울음과 걱정을 여의었다.

나는 이제 온갖 괴로움을 벗어날 수 있게 되었다."

붇다께서 이와 같이 말씀하시자, 여러 비구들은 붇다의 말씀을 듣고 기뻐하며 받들어 행하였다.

• 중아함 8 칠일경(七日經)

• 해설 •

이 세간의 크고 커서 뜻으로 다 헤아릴 수 없는 것이나, 이 세간의 작고 작아 눈으로 볼 수 없는 것도 인연으로 이루어진 것은 인연으로 다하고 인연으로 사라진다.

길고 먼 겁으로 보면 중생이 영원히 굳세다고 믿는 어떤 것도 바람처럼 사라지고 먼지처럼 사라진다. 이 땅도 저 하늘세계도 크고 높은 수메루 산도 마찬가지다.

화엄교(華嚴敎)의 법으로 보면 온갖 존재들은 모두 있되 공하므로 서로 다른 것과 어울려 모으는 모습[總相]을 이루고, 공하되 있으므로 서로 다른 것을 밀어내어 나뉜 모습[別相]을 이루며, 있되 공하므로 서로 같은 모습[同相]을 이루고, 공하되 있으므로 서로 다른 모습[異相]을 이룬다.

또한 온갖 모습은 있되 공하므로 서로 다른 것과 어울려 이루는 모습[成相]이 있고, 공하되 있으므로 다른 것과 부딪쳐 무너뜨리는 모습[壞相]이 있다.

물이 온갖 풀과 나무를 키워 기르지만 그 물이 모자라면 풀과 나무를 말리고, 물이 넘치면 풀과 나무를 썩히고, 물이 알맞으면 산과 언덕을 세워주기도 하고, 물이 넘치거나 모자라면 산과 언덕을 무너뜨리기도 한다.

햇빛의 따뜻함과 해의 밝은 비침이 만물을 키우고 자라게 하지만, 불이 다시 만물을 태우고 불기운이 치성하면 물이 마르고 땅이 마르고 끝내 온세상을 불태운다.

하늘의 해가 하나여야 꼭 알맞은 세간에, 두 개, 세 개의 해가 뜨면 만물은 다 타버리고 큰 땅과 높은 산도 가루처럼 흩어졌다 끝내 연기처럼 사라질 것이다.

저 하나인 해가 정해진 하나가 아닌데 하나인 해가 나뉘고 폭발하여 두 개, 세 개의 해가 되지 말라는 법이 없다.

사제법의 가르침을 들어 고통이 연기된 것이라 공한 줄 아는 이는, 고통이 공한 곳에서 곧바로 만물이 공한 줄 알아, 해가 늘어나고 수메루 산이 마른다 해도 놀라지 않는다.

그렇다면 이 불확정한 삶의 기반에서 어찌하여 무너짐 없고 사라짐 없는 확고한 존재의 바탕을 얻을 수 있는가. 이 끝없이 나고 사라지며 동요하는 세계운동 속에서 어떻게 해야 나고 사라짐을 벗어나 길이 고요한 삶을 살 수 있는가.

인간세상보다 더 긴 목숨의 하늘, 보다 많은 풍요가 넘치는 하늘로 오른다 해도 끝내 그 하늘도 일어나 생겼으면 사라져 다하게 될 것이다.

오직 인연으로 생긴 것은 인연으로 났으므로 공하고, 공하므로 남이 없고[無生] 남이 없으므로 사라짐 없음[無滅]을 깨쳐야만, 죽음에서 죽음을 벗어나 길이 다함없는 지혜의 목숨을 얻을 것이다. 그리하여 나고 사라지며 서로 살리고 서로 무너뜨리는 세간법에서 나지 않고 사라지지 않으며 늘 안락과 풍요가 있는 해탈의 세계에 들어갈 것이다.

누가 그 길을 보이는가. 지혜의 해[慧日]이신 붇다가 바로 그분이다.

『화엄경』(「여래출현품」)은 세계 파멸의 시간에도 무너짐 없는 선정의 길을 열어주는 여래 세간 구원의 법음을 다음과 같이 찬탄한다.

> 삼천세계가 무너져 없어지는 때에
> 중생의 복된 힘이 이런 소리를 내리.
> 네 선정의 하늘 고요해 모든 고통 없으리라.
> 그리하여 그 소리를 듣는 이는 누구나
> 모든 탐욕을 떠나 편안케 하리.
>
> 三千世界將壞時　衆生福力聲告言
> 四禪寂靜無諸苦　令其聞已悉離欲
>
> 열 가지 힘 갖춘 세존 또한 이 같아
> 묘한 음성을 내 법계에 두루하시사
> 모든 행의 괴로움과 덧없음을 말씀하여
> 그 법의 음성 듣는 이는 누구나
> 나고 죽음의 바다를 길이 건너게 하네.
>
> 十力世尊亦如是　出妙音聲遍法界
> 爲說諸行苦無常　令其永度生死海

3) 달의 비유

가을날 달빛이 널리 비춤과 같이

이와 같이 들었다.

한때 붇다께서는 슈라바스티 국 제타 숲 '외로운 이 돕는 장자의 동산'에 계셨다. 그때 세존께서 여러 비구들에게 말씀하셨다.

"만약 어떤 한 사람이 세상에 나타나면, 그때 하늘과 뭇 사람들은 곧 그 밝은 빛을 입어, 계(戒)와 들음[聞], 보시[施]와 지혜(智慧)에 믿는 마음이 생기게 된다.

이는 마치 가을날에 달빛이 원만해져 더러운 티끌이 없이 널리 비추는 것과 같을 것이다.

이것 또한 그와 같아서 만약 여래 · 공양해야 할 분 · 바르게 깨치신 분이 세상에 출현하시면 하늘과 뭇 사람들은 문득 그 밝은 빛을 입어, 곧 계율과 들음, 보시와 지혜에 믿는 마음이 생겨 마치 달이 원만하여 온갖 것을 두루 비추는 것과 같을 것이다.

그러므로 여러 비구들이여, 여래 계신 곳[如來所]에 공경하는 마음을 일으켜야 한다.

이와 같이 여러 비구들이여, 반드시 이렇게 배워야 한다."

그때 여러 비구들은 붇다의 말씀을 듣고 기뻐하며 받들어 행하였다.

• 증일아함 8 아수라품(阿須倫品) 八

• 해설 •

번뇌의 뜨거움이 없는 깨끗하고 맑은 지혜로 뭇 사람들의 미혹과 탐욕의 불을 꺼주시는 여래의 모습은, 마치 더위가 가신 가을날 구름 한 점 없는 달빛이 만물을 널리 비춤과 같다.

맑은 하늘 환한 달 우러르는 이들이 누구나 시원하고 맑은 달빛을 받듯, 여래 계신 곳에 공경하는 마음과 믿음의 마음을 내면 우러르는 이 또한 늘고 죽음이 없고 나고 사라짐이 없는 지혜의 광명[智慧光], 진여의 바다[眞如海]에 들어갈 것이다.

또 마하야나의 경은 깨끗하고 맑은 보디사트바의 마음과 해탈의 행을 늘 하늘의 달에 비유하니, 『화엄경』(「이세간품」離世間品)은 다음과 같이 노래한다.

> 비유하면 깨끗한 해와 달이
> 허공에 거울처럼 비치고 있으면
> 뭇 물에 그림자가 나타나지만
> 물과 뒤섞이지 않음과 같네.
>
> 譬如淨日月　皎鏡在虛空
> 影現於衆水　不爲水所雜
>
> 보디사트바의 깨끗한 법바퀴도
> 이와 같음을 알아야 하니
> 세간 마음의 물에 나타나되
> 세간에 뒤섞이지 않네.
>
> 菩薩淨法輪　當知亦如是
> 現世間心水　不爲世所雜

모든 별빛 가운데 달빛이 으뜸이듯

이와 같이 들었다.

한때 붇다께서는 슈라바스티 국 제타 숲 '외로운 이 돕는 장자의 동산'에 계셨다.

그때 세존께서 여러 비구들에게 말씀하셨다.

"모든 별빛 가운데 달빛이 가장 으뜸인 것처럼, 이것 또한 이와 같아서 여러 좋은 공덕의 서른일곱 실천법[三十七道品] 가운데 방일하지 않는 행[無放逸行]이 가장 으뜸이고 가장 높고 가장 귀하다."

네 가지 바른 끊음에 방일하지 않는 행을 보이심

"방일하지 않은 비구는 네 가지 바른 끊음[四意斷]을 닦는다.

어떤 것이 그 네 가지인가?

곧 비구는 아직 생기지 않은 나쁜 법은 방편을 구해 생기지 않게 하고, 이미 생긴 나쁜 법은 방편을 구해 사라지게 한다.

아직 생기지 않은 착한 법은 방편을 구해 생겨나게 하고, 이미 생긴 착한 법은 방편을 구해 더욱 늘려 많아지게 한다.

그리하여 끝내 잊거나 잃지 않으며, 갖추어 닦아 행하여 마음의 뜻으로 잊지 않는다.

이와 같이 비구는 네 가지 바른 끊음을 닦는다.

그러므로 여러 비구들이여, 너희들은 방편을 익혀 네 가지 바른 끊음을 닦도록 해야 한다.

이와 같이 여러 비구들이여, 반드시 이렇게 배워야 한다."

그때 여러 비구들은 붇다의 말씀을 듣고 기뻐하며 받들어 행하였다.

• 증일아함 26 사의단품(四意斷品) 三

• 해설 •

불볕같이 뜨거운 낮의 더위가 지나고 밤이 되어 환한 보름달이 뜰 때 보는 이들이 얼마나 시원하고 맑은 느낌을 내겠는가. 더위 가신 밤하늘에 환히 밝은 달을 보노라면, 보는 이마다 아무리 바라보아도 지치지 않을 맑고 시원한 마음이 날 것이다.

그래서 경전에서는 붇다의 환하고 깨끗한 얼굴을 달로 비유해 '붇다의 얼굴 모습 깨끗한 보름달 같다'[佛面猶如淨滿月]고 말한다. 또한 옛 선사들도 번뇌가 사라진 지혜의 밝음을 '한가위 보배달이 맑고 맑아 바닥까지 사무쳐 맑다'[中秋寶月湛徹澄源]고 비유한다.

이 증일아함 또한 붇다께서 세간에 출현하여 널리 가림 없이 해탈의 법 설하는 것을 가을날 환한 보름달이 더러운 티끌 없이 온갖 세간을 널리 비춤과 같다고 비유한다.

빛은 상대적이다. 그러므로 하늘에 보름달이 환한 날에는 다른 별빛이 죽어 잘 보이지 않는다. 온갖 별빛을 넘어서는 달빛처럼 붇다의 모습 붇다의 가르침이 세간 모든 사람의 빼어난 빛 빼어난 모습을 뛰어넘지만, 여래의 가르침 가운데서도 방일하지 않는 행이 뭇 별빛을 가리는 달빛과 같다. 그것은 방일함이 없이 닦아감으로써만 붇다의 가르침이 어두움의 세간 속에 무명을 깨뜨려 지혜의 빛을 드러낼 수 있기 때문이리라.

그러므로 이 경은 하늘에 밝은 달이 뭇 별빛을 뛰어넘는 것으로써 여래의 서른일곱 실천법 가운데 '방일하지 않는 행'이 달빛과 같아 모든 실천법

들을 이끌어간다고 말씀하고 있는 것이다.

대승경에서는 때로 반야의 눈이 다른 파라미타를 이끌어간다고 말하기도 하고, 때로 뜻을 다한 여래의 가르침[了義說]이 뜻을 다하지 않은 방편의 가르침에 비해 하늘의 뭇 별빛 가운데 달빛이 으뜸가는 것과 같다고 비유한다.

이처럼 보름날 환한 달빛은 다른 별빛을 넘는 빛의 빼어남과 뜨거움이 사라진 맑음과 시원함으로 여래의 지혜와 공덕의 모습을 나타낸다.

『화엄경』(「여래출현품」) 또한 법계의 진리를 온전히 드러내 설하시는 여래의 모습을, 밤하늘에 온갖 별빛을 가리는 둥근 보름달빛으로 비유해 이렇게 노래한다.

비유하면 깨끗한 달 허공에 떠서
뭇 별들의 빛을 모두 가리고
차오르고 기울음을 보일 수 있어
온갖 물 가운데 그 그림자 나타내
달을 우러러 바라보는 모든 이들
바로 눈앞인 듯 마주함 같네.

譬如淨月在虛空　能蔽衆星示盈缺
一切水月皆現影　諸有觀瞻悉對前

여래의 깨끗한 달 또한 그러해
다른 작은 법의 수레 다 가리어서
모자람을 고치도록 보여주시어
하늘과 사람 깨끗한 마음의 물에
가림 없이 널리 그 법 나타내시면
온갖 삶들 눈앞이라 모두 말하네.

如來淨月亦復然　能蔽餘乘示修短
普現天人淨心水　一切皆謂對其前

잘 행하는 이는 차오르는 달과 같나니

이와 같이 내가 들었다.

한때 붇다께서는 슈라바스티 국 제타 숲 '외로운 이 돕는 장자의 동산'에 계셨다.

그때 상가라라(Saṃghara)는 어떤 젊은 브라마나가 붇다 계신 곳으로 찾아와 서로 인사하고 위로한 뒤에 한쪽에 물러앉아 붇다께 말씀드렸다.

"고타마시여, 잘 행하지 않는 이[不善男子]를 어떻게 알 수 있습니까?"

"마치 달과 같다."

브라마나가 다시 말씀드렸다.

"잘 행하는 이[善男子]는 어떻게 알 수 있습니까?"

"마치 달과 같다."

잘 행하지 않는 이를 달에 비유하여 말씀함

브라마나가 붇다께 말씀드렸다.

"왜 잘 행하지 않는 이를 달과 같다고 하십니까?"

붇다께서 브라마나에게 말씀하셨다.

"달이 보름 뒤에는 밝은 빛도 잃고 빛깔도 잃고, 낮과 밤으로 사그라져 끝내 나타나지 않는 것과 같다.

이와 같이 어떤 사람은 여래 계신 곳에서 믿음과 돌아가는 마음을 얻고 깨끗한 계를 받아지니며, 잘 배우고 많이 들어 자기를 버려 널리 베풀고, 바른 견해가 진실하게 된다.

그러나 여래 계신 곳에서 믿음을 깨끗이 하고 계를 지니고 은혜로 베풀며 많이 듣고 바른 견해가 진실하게 된 뒤에는, 뒤로 물러나 잃게 되어, 계와 들음과 베풂과 바른 견해를 모두 잊고 잃어버리며, 낮과 밤으로 사그라져 잠깐 사이 온갖 것을 잊고 잃어버린다.

다시 브라마나여, 만약 옳게 행하는 이가 좋은 벗을 가까이하지 않고 법을 자주 듣지 않고 바르게 사유하지 않으며, 몸으로 나쁜 짓을 하고 입으로 나쁜 말을 하고 뜻으로 나쁜 생각을 한다면, 그 악을 행한 인연 때문에 몸이 무너지고 목숨을 마친 뒤 나쁜 세계인 지옥 가운데 떨어진다.

이와 같이 브라마나여, 잘 행하지 않는 이, 그를 비유하면 달과 같은 것이다."

잘 행하는 이를 달에 비유한 까닭을 보이심

브라마나는 붇다께 말씀드렸다.

"왜 잘 행한 이를 비유하면 달과 같다고 하십니까?"

붇다께서 말씀하셨다.

"마치 달이 초승부터 보름까지는 밝은 빛과 빛깔이 낮과 밤으로 더욱 밝아져 달이 차면 온갖 것이 두렷이 깨끗해지는 것과 같다.

이와 같이 잘 행하는 이는 여래의 법과 율 안에서 믿음의 마음을 깨끗이 하고, 나아가 바른 견해가 참되고 깨끗해지고 더욱 밝아져, 계가 늘고 들음이 늘며 지혜가 늘어나, 낮과 밤으로 늘어나 자란다.

다시 때때로 좋은 벗을 가까이하여 바른 법 설함을 듣고 안으로 바르게 사유하며, 몸의 착한 행을 행하고 입의 착한 행을 행하며, 뜻의 착한 행을 행하기 때문에, 이 인연으로 몸이 무너지고 목숨을 마쳐서 하늘위에 변화해 난다.

브라마나여, 그러므로 잘 행하는 이도 그를 비유하면 달과 같은 것이다."

그때 세존께서 게송으로 말씀하셨다.

마치 달이 때가 없이
저 허공을 두루 다니면
온갖 작은 별 가운데서
그 빛이 가장 밝듯이
깨끗한 믿음 또한
이와 같이 그 빛 밝으며
계와 들음 아낌 떠난 보시도
탐욕의 모든 세간에서
하늘의 밝은 저 달처럼
그 베풂 아주 밝게 드러나리.

붇다께서 이 경을 말씀하시자, 상가라 브라마나는 붇다의 말씀을 듣고 기뻐하면서 자리에서 일어나 물러갔다.

• 잡아함 94 승가라경(僧迦羅經)

• 해설 •

앞의 경 해설에서 인용한 『화엄경』(「여래출현품」) 게송과 이 잡아함경의 뜻이 맷돌 맞듯 꼭 들어맞는다. 이 경은 하늘의 저 달이 차고 기움을 보여 보름을 향해가는 달처럼 배우는 이가 가르침을 잘 받들어 선정과 지혜, 보시의 공덕을 원만히 하도록 가르치신다.

그에 비해 앞 『화엄경』의 게송은 달이 차고 기울되 본 달의 밝음 자체에는 차고 기움이 없듯, 여래의 지혜는 하늘의 밝은 달처럼 늘 밝게 빛나 뭇 별들의 빛 가림을 보여준다. 또 화엄의 게송은 본 달의 밝은 빛이 뭇 별의 빛을 가리지만, 달은 다시 온갖 물 있는 곳에 차고 기우는 달그림자를 나타내 마치 눈앞에 있는 사물을 보듯이 한다고 말한다. 이는 여래의 지혜의 달은 늘고 줆이 없지만 중생을 위해 갖가지 크고 작은 법문을 열어 중생을 여래의 지혜의 세계에 이끌어들임을 비유로 보인 것이다.

구름 없는 날이면 달은 물 있는 곳마다 차고 기우는 달그림자를 나툰다. 그렇듯 여래는 중생 앞에 나타나 갖가지 방편의 문을 열어, 큰 가르침을 버리고 작은 가르침을 좇거나 바깥길 헤매는 이들에게 모자람과 치우침을 고치도록 깨우쳐준다.

그러므로 여래 계신 곳에 믿음을 내고 깨끗한 계를 지니며 잘 배우고 많이 들으며 좋은 벗을 가까이하면 그는 마치 보름을 향해가는 달이 두렷이 차오르듯 공덕이 원만해질 것이나, 잘 행하지 않는 이는 마치 보름 뒤에 달이 빛을 잃고 낮과 밤으로 사그라지는 것과 같을 것이다.

비유처럼 보름 뒤의 달은 사그라지고 빛을 잃는다. 그러나 본 달 자체의 빛은 늘고 줆이 없고 사그라지거나 끝내 다함이 없으니, 비치되 고요한 지혜의 달이 그러하며 번뇌 속에 있어도 때묻음 없는 여래장의 생명이 그러하다.

늘고 줆이 없는 여래의 지혜생명은 중생 번뇌의 자기실현인 것이니, 『화엄경』(「입법계품」)은 다시 여래의 지혜생명[慧命]을 보름달에 비유하여 이렇게 노래한다.

비유하면 보름날 밤의 둥근 달이
줄어들어 빠뜨림이 없는 것 같이
여래 또한 다시 이와 같아서
깨끗한 법 모두다 원만하도다.

譬如十五夜　月輪無減缺
如來亦復然　白法悉圓滿

우리 중생이 이와 같은 여래 지혜의 달에 공경의 마음 믿음의 마음을 내 보디의 행을 닦아가면 우리 스스로 지혜의 빛으로 세간을 비출 수 있다.

「입법계품」에서 선지식은 모든 구도자의 대명사 선재 어린이[善財童子]에게 다음과 같이 격려해 가르친다.

그대는 모든 세간에서
의지함 없고 집착 없어서
그 마음이 널리 걸림이 없고
깨끗하기 허공과 같네.

汝於諸世間　無依無所著
其心普無礙　淸淨如虛空

그대가 보디의 행을 닦으면
공덕이 다 원만해져서
큰 지혜의 빛을 놓게 되어
온갖 세간을 널리 비추리라.

汝修菩提行　功德悉圓滿
放大智慧光　普照一切世

4) 땅 · 물 · 불 · 바람의 비유

① 땅의 비유

온갖 풀과 곡식이 땅에서 자라듯

이와 같이 들었다.

한때 붇다께서는 슈라바스티 국 제타 숲 '외로운 이 돕는 장자의 동산'에 계셨다. 그때 세존께서 여러 비구들에게 말씀하셨다.

"마치 산과 강, 석벽(石壁), 온갖 풀과 다섯 가지 곡식이 다 땅을 의지해서 자라나고 크는 것과 같다. 그럴 때 다시 이 땅은 가장 높고 가장 위가 된다.

이 또한 이와 같아서 여러 좋은 실천의 법들은 다 '방일하지 않음의 땅'에 머물러, 여러 좋은 법들이 자라나 크게 한다.

방일하지 않은 비구는 네 가지 바른 끊음[四意斷]을 닦고 다시 더 많이 네 가지 바른 끊음을 닦아간다.

어떤 것이 그 네 가지인가? 비구는 아직 생기지 않은 나쁜 법[弊惡法]은 방편을 구해 생기지 않게 하여, 마음이 늘 멀리 떠나지 않고 늘 없애려고 한다. 이미 생긴 나쁜 법은 방편을 구해 생기지 않게 하고, 마음이 늘 멀리 떠나지 않고 늘 없애려고 한다.

아직 생기지 않은 착한 법은 방편을 구해 생기게 한다. 이미 생긴 착한 법은 방편을 구해 더욱 늘려 많아지게 하며, 잊거나 잃지 않고 갖추어 닦아 행하여 마음의 뜻으로 잊지 않는다.

이와 같이 비구는 네 가지 바른 끊음을 닦는다. 그러므로 여러 비구들이여, 너희들은 방편을 구해 네 가지 바른 끊음을 닦아야 한다. 이와 같이 여러 비구들이여, 반드시 이렇게 배워야 한다."

그때 여러 비구들은 붇다의 말씀을 듣고 기뻐하며 받들어 행하였다.

• 증일아함 26 사의단품(四意斷品) 一

• **해설** •

땅 · 물 · 불 · 바람은 만상의 갖가지 모습을 이루어주는 네 큰 요소[能造四大]이고, 만상은 네 큰 요소가 이루어내는 모습 있는 온갖 사물[所造四大]이다. 땅 · 물 · 불 · 바람을 큰 요소라는 말로 정의하지만 네 큰 요소는 원자론자들의 요소와는 달리, 서로 의지해 일어나는바 모습에 모습 없는 요소이다. 땅은 물 · 불 · 바람을 떠나서 땅일 수 없고, 물 또한 땅 · 불 · 바람을 떠나서 물일 수 없다.

경의 가르침처럼 산과 강, 온갖 풀과 곡식은 땅을 의지해 자라나고 움직인다. 그처럼 여래가 보이신 여러 실천의 법들 또한 '방일하지 않음의 땅'에서 자란다고 하니, 여래의 가르침은 듣는 이가 듣고 사유해 부지런히 행함으로써만 듣는 이 스스로의 법이 되고 해탈의 공덕을 낼 수 있기 때문이다.

『화엄경』(「도솔궁중게찬품」) 또한 깨끗한 마음의 땅에서 붇다의 법이 나서 자람을 이렇게 게송으로 보인다.

> 비유하면 기름지고 좋은 밭이
> 뿌린 씨앗 반드시 길러 키우듯
> 이와 같이 깨끗한 마음의 땅이
> 모든 붇다의 법을 출생하도다.
>
> 譬如良沃田 所種必滋長

如是淨心地 出生諸佛法

깨끗한 마음의 땅이 붇다의 법 내는 것이 땅이 씨앗을 기르는 것과 같다는 이 비유를 더 깊이 살펴보자.

풀과 나무들은 큰 땅을 의지해 자라고, 땅은 물을 의지해서 무너지지 않고, 물은 바람이 붙잡아주고, 바람은 허공을 의지하고, 허공은 의지하는 바가 없다. 온갖 사물이 허공을 마침으로 삼듯, 방일함이 없는 깨끗한 마음의 땅에서 자라는 온갖 붇다의 법도 끝내 허공처럼 걸림 없고 머묾 없는 지혜를 의지한다.

「여래출현품」은 이 뜻을 다음과 같이 노래한다.

비유하면 나무와 숲 땅을 의지해 있고
땅은 물을 의지해 무너지지 않으며
구르는 물은 바람 바퀴를 의지하고
바람은 허공을 의지하고 있지만
그 허공은 의지함이 없는 것 같네.

譬如樹林依地有 地依於水得不壞
水輪依風風依空 而其虛空無所依

온갖 붇다의 법은 자비를 의지하고
자비는 방편을 의지하여 서게 되며
방편은 차별의 지혜를 의지하고
차별지는 근본의 지혜 의지하지만
걸림 없고 모습 없는 지혜의 몸은
허공처럼 의지하는 바가 없도다.

一切佛法依慈悲 慈悲復依方便立
方便依智智依慧 無礙慧身無所依

이 땅덩이의 진흙을 모두 써서 작은 구슬알을 만들어 헤아린다 해도

이와 같이 내가 들었다.

한때 붇다께서는 슈라바스티 국 제타 숲 '외로운 이 돕는 장자의 동산'에 계셨다.

그때 세존께서 여러 비구들에게 말씀하셨다.

"중생들은 비롯 없이 나고 죽으며[無始生死] 기나긴 밤에 윤회하면서도 괴로움의 본바탕을 알지 못하고 있다.

어떤가, 비구들이여. 이 큰 땅의 진흙을 다 써서 바라 열매만한 알[丸]을 만들어, 너희들이 기나긴 밤에 나고 죽으며 의지했던 부모의 수를 헤아려서, 그 헤아린 진흙알이 이미 다해도 의지했던 부모의 수는 다하지 않을 것이다.

비구들이여, 중생들이 비롯 없는 나고 죽음으로 기나긴 밤에 돌아구르면서도 괴로움의 본바탕을 알지 못하는 이들의 수도 이와 같다.

그러므로 비구들이여, 방편을 부지런히 하여 모든 존재[諸有]를 끊어 없애 늘리어 자라지 않게 해야 한다.

반드시 이와 같이 배워야 한다."

붇다께서 이 경을 말씀하시자, 여러 비구들은 붇다의 말씀을 듣고 기뻐하며 받들어 행하였다

• 잡아함 941 토환립경(土丸粒經)

손톱 위의 흙이 많으냐 땅덩이의 흙이 많으냐

이와 같이 내가 들었다.

한때 붇다께서는 슈라바스티 국 제타 숲 '외로운 이 돕는 장자의 동산'에 계셨다.

그때 세존께서는 크기가 배[梨]만 한 흙덩이를 손에 쥐시고 여러 비구들에게 말씀하셨다.

"어떠한가, 비구들이여. 내 손 가운데 이 흙덩이가 많으냐, 큰 설산 가운데 흙과 풀이 많으냐."

여러 비구들이 붇다께 말씀드렸다.

"세존의 손 가운데 흙덩이는 적고 적으며, 저 큰 설산의 흙과 풀은 매우 많아서 백천억 나유타(那由他) 곱이나 되며 나아가 수의 셈이나 비유로 견줄 수가 없습니다."

붇다께서는 여러 비구들에게 말씀하셨다.

"내가 쥐고 있는 흙덩이처럼, 이와 같이 중생으로 괴로움의 진리를 진실 그대로 알고, 괴로움 모아냄의 진리, 괴로움 사라짐의 진리, 괴로움 없애는 길의 진리를 진실 그대로 아는 사람 또한 다시 그렇다.

큰 설산의 흙과 풀과 같이, 중생으로 괴로움의 진리를 진실 그대로 알지 못하고, 괴로움 모아냄의 진리, 괴로움 사라짐의 진리, 괴로움 없애는 길의 진리를 진실 그대로 알지 못하는 사람 또한 다시 그렇다.

그러므로 비구들이여, 네 가지 거룩한 진리에 대하여 아직 사이 없는 평등함을 이루지 못하였으면, 방편을 부지런히 하여 더욱 하고자 함을 일으켜 사이가 없는 평등함을 배워야 한다."

붇다께서 이 경을 말씀해 마치시자, 여러 비구들은 붇다의 말씀을 듣고 기뻐하며 받들어 행하였다.

• 잡아함 441 토경(土經)

• 해설 •

두 경이 모두 바른 지혜가 없이 비롯 없는 나고 죽음에 돌아 구르는 한량없는 중생을 저 큰 땅의 흙으로써 비유하고 있다.

온 세상 큰 땅덩이의 흙을 이기어 작은 바라 열매를 만들어도 기나긴 겁 내가 의지했던 부모의 수에 미치지 못한다. 중생의 수는 헤아릴 수 없고 셀 수 없다. 그러므로 『금강경』 또한 '한량없고 끝이 없고 셀 수 없는 중생'이라고 했으니, 중생은 왜 그리 많고 많은가.

마음이 마음이 아니므로 끝없는 마음이 분별되고, 끝없는 마음이 분별되므로 셀 수 없는 중생이 차별되고, 셀 수 없는 중생이 차별되므로 셀 수 없는 중생의 업이 차별되어 한량없는 세계가 일어난다.

그러나 마음이 마음 아니므로 끝없는 마음에 실로 아는 바가 없고[實無所知], 셀 수 없는 중생에 실로 나는 바가 없으며[實無所生], 한량없는 세계에 실로 모습되는 바가 없다[實無所相].

중생은 수를 센다면 그 수가 한량없이 분별되지만, 실로 세고[能數] 세어지는[所數] 중생의 모습이 없는 것이다. 저 끝없는 중생에 셀 수 있는 중생의 모습이 없고 세계에 취할 모습이 없으니, 『금강경』은 '보디사트바가 한량없고 끝없고 셀 수 없는 중생을 건네주되 실로 한 중생도 건네줌 얻은 이가 없다'고 한 것이다.

또한 중생의 마음에 마음이 없고 세계의 모습이 곧 모습 아니라 마음과 모습 무너뜨릴 것이 없으므로 중생과 세계를 취하지 않되 중생과 세계를 버릴 것이 없으니, 중생의 모습 버릴 것이 없는 곳에 보디사트바의 모습 없는 자비가 있는 것이다.

그렇다면 보디사트바의 자비란 나와 중생의 공하되 공하지 않은 실상을 온전히 사는 지혜의 삶인 것이니, 이 경은 그 지혜와 자비를 사이가 없는 평등한 지혜라 말한다.

사이가 없으므로[無間] 이 지혜는 앞생각과 뒷생각이 평등하고 나와 중생에 취할 나와 중생의 모습 없어 평등한 지혜이니, 『비말라키르티수트라』(淨名經)에서 비말라키르티 거사 또한 이렇게 말한다.

만주쓰리[文殊]가 말했다.

"만약 보디사트바로서 중생을 꿈같이 보고 허깨비같이 살피는 자는 어떻게 자비를 행하오?"

비말라카르티가 말했다.

"보디사트바는 이렇게 살피고 나서는 스스로 이렇게 생각합니다.

'나는 반드시 중생을 위하여 이와 같은 법을 말해주어야 하니 이것이 곧 진실한 자비이다. 적멸의 자비를 행하니 나는 바가 없기 때문이고, 뜨겁지 않은 자비를 행하니 번뇌가 없기 때문이다.

평등한 자비를 행하니 삼세에 평등하기 때문이고, 다툼 없는 자비를 행하니 일어나는 바가 없기 때문이며, 둘 아닌 자비를 행하니 안과 밖이 합하지 않기 때문이다. 무너지지 않는 자비를 행하니 끝내 다함도 다하기 때문이고, 굳센 자비를 행하니 마음에 헐어 무너뜨림이 없기 때문이다.

청정한 자비를 행하니 모든 법의 성품이 깨끗하기 때문이고, 끝없는 자비를 행하니 허공과 같기 때문이다.'

보디사트바의 자비는 이와 같습니다."

② 물의 비유

오래도록 비가 오지 않아
온갖 곡식 · 풀 · 나무가 다 시들더라도

이와 같이 내가 들었다.

한때 붇다께서는 슈라바스티 국 제타 숲 '외로운 이 돕는 장자의 동산'에 계셨다.

그때 세존께서 여러 비구들에게 말씀하셨다.

"비롯 없는 나고 죽음[生死]에서 무명에 덮이고 애욕의 묶음에 매이어 기나긴 밤에 윤회하면서도 괴로움의 본바탕[本際]을 알지 못한다.

어느 때 나고 죽음의 기나긴 밤 동안 비가 내리지 않아 땅에 난 온갖 곡식과 풀과 나무들이 모두다 말라 시드는 때가 오더라도 여러 비구들이여, 만약 무명에 덮이고 애욕의 묶음에 매였다면, 그 중생들은 기나긴 밤에 나고 죽음에 윤회하여 애욕의 묶음은 끊이지 않고, 괴로움의 끝을 다하지 못한다.

여러 비구들이여, 어떤 때 기나긴 밤에 비가 내리지 않아 큰 바닷물이 다 말라도 여러 비구들이여, 무명에 덮이고 애욕의 묶음에 매였다면, 애욕의 묶음은 끊이지 않고 괴로움의 끝을 다하지 못한다.

여러 비구들이여, 어떤 때 기나긴 밤에 수메루 산왕이 다 무너지더라도, 무명에 덮이고 애욕의 묶음에 매였다면, 그 중생들은 기나긴 밤에 나고 죽음에 윤회하여 애욕의 묶음은 끊이지 않고, 괴로움의 끝을 다하지 못한다.

여러 비구들이여, 기나긴 밤에 이 큰 땅이 다 무너져 없어져도, 무명에 덮이고 애욕의 묶음에 매였다면, 애욕의 묶음은 끊이지 않고 괴로움의 끝을 다하지 못한다."

비유로 영겁의 윤회를 말씀하고 나서 해탈의 길을 보이심

"비구들이여, 비유하면 개를 기둥에 묶어둔 것과 같다. 그 개는 매는 줄이 끊어지지 않는다면 기나긴 밤에 기둥을 돌며 윤회하여 구를 것이다.

이와 같이 비구들이여, 어리석은 중생들은 물질과 물질의 모아냄 · 물질의 사라짐 · 물질에 맛들임 · 물질의 걱정거리 · 물질에서 벗어남을 진실 그대로 알지 못해서 기나긴 밤에 윤회하면서, 물질을 따라 돌고 돈다.

이와 같이 느낌 · 모습 취함 · 지어감과 앎을 진실 그대로 알지 못해, 앎과 앎의 모아냄 · 앎의 사라짐 · 앎에 맛들임 · 앎의 걱정거리 · 앎에서 벗어남을 진실 그대로 알지 못해서 기나긴 밤에 윤회하면서 앎을 따라 돈다.

여러 비구들이여, 물질[色]을 따라 돌고, 느낌[受]을 따라 돌며, 모습 취함[想]을 따라 돌고, 지어감[行]을 따라 돌며, 앎[識]을 따라 돈다. 물질 등을 따라 돌므로 물질을 벗어나지 못하고, 느낌 · 모습 취함 · 지어감 · 앎을 따라 돌므로 앎을 벗어나지 못한다.

그것들을 벗어나지 못하기 때문에 태어남 · 늙음 · 병듦 · 죽음 · 근심 · 슬픔 · 번민 · 괴로움을 벗어나지 못한다.

많이 들은 거룩한 제자들은 물질과 물질의 모아냄 · 물질의 사라짐 · 물질에 맛들임 · 물질의 걱정거리 · 물질에서 벗어남을 진실 그대로 알고, 느낌 · 모습 취함 · 지어감 · 앎을 진실 그대로 안다.

앎과 앎의 모아냄 · 앎의 사라짐 · 앎에 맛들임 · 앎의 걱정거리 · 앎에서 벗어남을 진실 그대로 알기 때문에 앎을 따라 돌지 않는다.

그것들을 따라 돌지 않기 때문에 물질에서 벗어나고, 느낌 · 모습 취함 · 지어감 · 앎에서 벗어난다. 나는 '그들이 태어남 · 늙음 · 병듦 · 죽음 · 근심 · 슬픔 · 번민 · 괴로움에서 벗어났다'고 말한다."

붇다께서 이 경을 말씀하시자, 여러 비구들은 붇다의 말씀을 듣고 기뻐하며 받들어 행하였다.

• 잡아함 266 무지경(無知經) ①

• 해설 •

물이 온갖 곡식과 풀과 나무를 키워 자라게 하고 물이 흙을 붙들어 무너지지 않게 하므로 흙이 다시 물을 머금고 만물을 길러낸다. 비가 오지 않아 물이 마르면 땅의 풀과 나무가 마르고 바다가 마르며 큰 땅과 산이 다 무너진다.

기나긴 밤 헤아릴 수 없는 때에 산이 무너지고 바다가 마를지라도 중생이 미망과 애착, 어리석음을 다하지 못하면, 나고 죽음의 윤회는 끝나지 않는다.

물질 · 느낌 · 모습 취함 · 지어감 · 앎의 다섯 쌓임이 연기이므로 실로 남이 없으며[實無生] 연기이므로 있되 있지 않은[實無有] 진실을 알지 못하면, 중생은 다섯 쌓임의 있는 법을 따라 구르며 다섯 쌓임의 굴레를 벗어나지 못한다. 법이 날 때 남[生]에 남이 없음[無生]을 알 때만, 기둥에 묶인 개가 묶인 줄을 끊듯 기나긴 밤 윤회의 굴레와 얽매임의 줄을 끊고 해탈의 땅에 나아갈 것이다.

큰비가 쏟아질 때 온 하늘땅이 물바다 되듯

이와 같이 내가 들었다.

한때 붇다께서는 슈라바스티 국 제타 숲 '외로운 이 돕는 장자의 동산'에 계셨다.

그때 세존께서 여러 비구들에게 말씀하셨다.

"중생들은 비롯 없이 나고 죽으며, 기나긴 밤에 윤회하면서도 괴로움의 본바탕을 알지 못하고 있다.

비유하면 온 하늘에 큰비가 넘쳐흘러, 동 · 서 · 남 · 북 어디에도 끊어지는 곳이 없는 것처럼, 동 · 서 · 남 · 북의 한량없이 많은 나라에 겁(劫)이 이루어지고 무너지는 것도 마치 하늘에서 큰비가 쏟아져 온 세상에 넘쳐 끊어지는 곳이 없는 것과 같다.

이와 같이 비롯 없이 나고 죽으며 기나긴 밤에 윤회하면서 괴로움의 본바탕을 알지 못한다."

큰비로 윤회를 보이시고, 다시 허공에 던진 막대기로 비유하심

"비유하면 막대기를 허공 가운데 던지면 머리부터 땅에 떨어지기도 하고, 꼬리부터 땅에 떨어지기도 하며, 가운데가 땅에 떨어지기도 하는 것처럼, 중생은 이와 같이 비롯 없이 나고 죽으며 기나긴 밤에 윤회하며, 지옥에 떨어지기도 하고, 축생 세계에 떨어지기도 하며, 아귀의 세계에 떨어지기도 한다.

이와 같이 비롯 없이 나고 죽으며 기나긴 밤에 윤회한다.

그러므로 비구들이여, 이같이 배워 모든 존재[諸有]를 끊어 없애 더 늘어나 자라지 않도록 해야 한다."

붇다께서 이 경을 말씀하시자, 여러 비구들은 붇다의 말씀을 듣고 기뻐하며 받들어 행하였다.

• 잡아함 954 대우홍주경(大雨洪澍經)

• 해설 •

모습[相]에 모습 없음[無相]을 깨달아 알지 못하면 모습이 나고 사라지는 시간의 굴레는 더욱 늘어나고 불어나 끝나지 않으니, 온 하늘에 큰비가 넘쳐 온 세상에 끊어지는 곳이 없는 것과 같다.

어떤 것이 오되 좇아오는 바가 없고[來無所來] 가되 가서 이르는 곳이 없는 줄[去無所至] 모르면, 업의 물결 따라 끝없이 흘러 구름을 다하지 못한다.

마치 막대기를 허공에 던지면 머리가 땅에 먼저 닿기도 하고 가운데가 먼저 닿기도 하고 꼬리가 먼저 닿기도 하는 것과 같다.

물이 만물을 기르지만 물의 재앙이 온 세상을 휩쓸어버리듯, 기나긴 겁 세간에 두루한 윤회의 굴레와 고통에서 중생은 벗어날 수 없다.

모든 존재에 있는 바가 없음[無所有]을 아는 자만이, 존재를 무너뜨리지 않고 존재를 벗어나며, 나고 죽음을 없애지 않고 나고 죽음을 벗어나게 될 것이다.

존재의 공성(空性)을 통달한 자만이 모든 존재를 더 늘어나 자라지 않게 하는 자이니, 그가 해탈한 사람이고 이 세간 존재의 물결 속에서 윤회의 강을 건너 저 언덕에 이른 사람이다.

한 털끝의 물을 큰 호숫물에 견줄 수 없듯

이와 같이 내가 들었다.

한때 붇다께서는 슈라바스티 국 제타 숲 '외로운 이 돕는 장자의 동산'에 계셨다.

그때 세존께서 여러 비구들에게 말씀하셨다.

"비유하면 호수의 넓이와 길이가 오십 요자나요, 깊이 또한 이와 같은데 어떤 한 사람이 한 털끝으로 그 호수의 물을 찍어낸다면, 어떤가, 비구들이여. 그 호수의 물이 더 많은가, 그 사람의 털끝의 한 방울 물이 더 많은가?"

비구들이 붇다께 말씀드렸다.

"세존이시여, 그 사람의 털끝의 물은 아주 적을 따름입니다. 호수의 물은 한량없는 천만억 곱이나 되어 견줄 수 없습니다."

붇다께서 비구들에게 말씀하셨다.

"진제(眞諦)를 갖추어 보고 바른 견해를 갖춘 세존의 제자는 진제의 과덕[眞諦果]을 보아 바로 사이가 없는 평등함이 된다.

그는 그때에는 이미 끊고 이미 알아, 그 근본 끊기를 다라 나무 밑동을 끊어 다시는 돋아나지 못하게 하는 것과 같다.

그래서 그가 끊은 온갖 괴로움이 한량없이 매우 많아 큰 호수와 같고, 남은 괴로움은 털끝의 물방울과 같다."

붇다께서 이 경을 말씀하시자, 여러 비구들은 붇다의 말씀을 듣고 기뻐하며 받들어 행하였다.

• 잡아함 891 모단경(毛端經)

• 해설 •

진제(眞諦)는 속제(俗諦)를 끊고 진제가 되는 것이 아니라 속제가 나되 남이 없음을 알면 속제에서 곧 진제를 본다. 진제를 본 사람은 괴로움이 곧 괴로움 아님을 아는 사람이므로 진제 속에 이미 있는 니르바나의 과덕을 보아 늘 평등한 지혜를 쓰게 된다.

그는 이미 니르바나의 과덕을 보았으므로 다시 괴로움의 물결에 휩쓸리지 않고, 설사 한 생각 괴로움이 일어나도 저 허공에 한 조각 흰 구름이 잠깐 났다 사라지는 것과 같아 괴로움에 다시 물들지 않는다.

괴로움이 마쳐 다한 곳에, 다함없고 마름이 없는 니르바나의 과덕은 저 호숫물과 같고, 잠깐 일고 지는 괴로움은 털끝의 물과 같으니, 그가 다시 괴로움의 세계에 돌아오지 않는 자 아나가민(anāgāmin)이고, 다시 뒤로 물러섬이 없이[不退轉] 앞으로 나아가는 보디사트바(bodhisattva)이다.

아함경이 진제를 보아 번뇌 다한 공덕을 호수 물에 비유하듯, 『화엄경』(「보현행품」普賢行品) 또한 다음과 같이 물로 여래의 지혜의 몸 법의 몸을 나타낸다.

비유하면 깨끗하고 맑은 물에
그림자의 모습 오고 감이 없듯
법신이 세간에 두루한 것도
또한 이와 같음 알아야 하리.

譬如淸淨水　影像無來去
法身遍世間　當知亦如是

③ 불의 비유

비구들이여 온갖 것이 불타고 있다

이와 같이 내가 들었다.

한때 붇다께서는 가야 산의 돌무더기 묘에서 천 명의 비구들과 함께 계셨는데, 다 옛날에 '머리를 꼰 브라마나'였다.

그때 세존께서는 천 명 비구들을 위해 세 가지를 나타내 보여[三種示現] 교화하셨다. 어떤 것이 세 가지인가? 신통변화[神足變化]를 나타내 보이심과 남의 마음 아는 지혜[他心]를 나타내 보이심, 가르쳐 깨우침[教誡]을 나타내 보이심이다.

신통을 나타내 보이심은 다음과 같다.

세존께서는 그 맞는 바를 따라 선정의 사마디[正受, 三昧)에 드는 모습을 보이셨다. 허공을 밟고 동방에 가서 다니고 머무르며 앉고 눕는 네 가지 몸가짐을 지으시고, 불빛 사마디[火三昧]에 들어 푸른 빛 · 노란빛 · 붉은빛 · 흰빛 · 주홍빛과 파리(頗梨)빛의 갖가지 불빛을 냈다. 그래서 물과 불이 함께 드러나 몸 아래로 불을 내고 몸 위로 물을 내기도 하며, 몸 위로 불을 내고 몸 밑으로 물을 내기도 하였으며, 두루 둥글게 사방에서도 또한 이와 같이 하셨다.

그때 세존께서는 여러 가지 신통변화를 지으신 뒤에 다시 대중 가운데 앉으셨으니, 이것을 신통[神足]을 나타내 보이심이라 한다.

남의 마음 아는 지혜를 나타내 보이심은 다음과 같다.

저의 마음[心], 저의 뜻[意], 저의 가려 앎[識]과 같이, '저 사람은 이와 같이 생각할 것이다. 이와 같이 생각하지 않을 것이다. 저 사람은 이와 같이 버릴 것이다. 저 사람은 이와 같이 몸으로 증득하여 머물 것이다'라고 아는 것이니, 이것을 남의 마음을 아는 지혜를 나타내 보임이라 한다.

불을 섬기던 이들에게 불로 비유하여 가르쳐 깨우치심

가르쳐 깨우침을 나타내 보이심이란, 세존께서 다음처럼 말씀하심과 같다.

"비구들이여, 온갖 것이 불타고 있다. 어떻게 온갖 것이 불타고 있는가? 곧 눈이 불타고 있고, 빛깔과 눈의 앎[眼識]과 눈의 닿음[眼觸]과 눈의 닿음으로 생기는 느낌, 괴롭거나 즐겁거나 괴롭지도 않고 즐겁지도 않은 느낌들, 그것들이 또한 불타고 있다.

이와 같이 귀 · 코 · 혀 · 몸 · 뜻이 불타고 있으며, 법(法)과 뜻의 앎[意識]과 뜻의 닿음[意觸]과 뜻의 닿음으로 생기는 느낌, 괴롭거나 즐겁거나 괴롭지도 않고 즐겁지도 않은 느낌들, 그것들이 또한 불타고 있다. 무엇으로 불타고 있는가? 탐욕의 불로 타고 있고, 성냄의 불로 타고 있으며, 어리석음의 불로 타고 있고, 태어남 · 늙음 · 병듦 · 죽음 · 근심 · 슬픔 · 번민 · 괴로움의 불로 타고 있다."

그때 천 명 비구들은 붇다의 말씀을 듣고는 모든 흐름을 일으키지 않고 마음이 해탈하였다.

붇다께서 이 경을 말씀하시자, 여러 비구들은 붇다의 말씀을 듣고 기뻐하며 받들어 행하였다.

• 잡아함 197 시현경(示現經)

• 해설 •

이 불의 비유로 보인 설법은 붇다께서 성도(成道)하신 지 얼마 되지 않아 우루빌라 숲으로 가시어 카샤파 삼형제를 제도하고 카샤파 삼형제를 따르던 제자 천 명을 이끌고 가야 산 위에서 하신 설법이다.

카샤파 형제와 그 제자들은 불로 브라흐만께 제사 지내던 브라마나들이었으며 신통변화를 추구하던 무리였다. 붇다께서는 그들을 교화하기 위해 그들보다 빼어나고 바른 선정의 신통, 뜻대로 되는 자재한 신통[如意足]으로 용이 사는 굴에 들어가 용을 항복한다.

여래의 위신력을 보고도 여래와 경쟁하려는 우루빌라 카샤파를 이곳을 떠나지 않고 이곳에 앉아 먼 곳을 다녀올 수 있는 사마디의 힘으로 조복하고, 카샤파 삼형제와 그들의 따르던 문도 천 명을 보디의 도에 이끌었다.

카샤파 삼형제의 천 명의 제자들을 상가에 받아들이신 뒤 그들을 다시 가야 산 위로 데리고 가, 신통(神通)의 교화에 이어 깨우침[敎誡]의 교화와 언교(言敎)의 교화를 내리니, 불을 섬기고 불로 제사하던 무리들에게 타오르는 불로 비유하여 설법하신 것이다.

탐냄 · 성냄 · 어리석음에 얽매인 삶들의 세계에서는 경계를 향해 치달리는 탐욕의 불길로 인해 여섯 아는 뿌리[六根], 여섯 아는 경계[六境], 여섯 앎[六識]이 모두 활활 타오르고 있음을 깨우치시니, 여래의 불의 비유를 듣고 저 제사의 불을 신성시하던 무리들이 모든 흐름을 일으키지 않고 마음이 해탈하였다.

이는 안의 어리석음의 불로, 밖의 제사의 불을 신성시하던 이들이 안의 탐욕과 어리석음의 불이 꺼짐으로써, 비로소 '성품이 공한 참된 불'[性空眞火]을 보아 삼계의 불난 집[三界火宅] 가운데서 불타지 않고 해탈의 시원함을 길이 누리게 된 것이리라.

머리에 붙은 불을 끄듯
덧없음의 타오르는 불을 꺼야 하나니

이와 같이 내가 들었다.

한때 붇다께서는 슈라바스티 국 제타 숲 '외로운 이 돕는 장자의 동산'에 계셨다. 그때 세존께서 여러 비구들에게 말씀하셨다.

"마치 어떤 사람에게 불이 머리나 옷을 태우는 것과 같으니 어떻게 해야 끄겠느냐?"

비구들은 붇다께 말씀드렸다.

"세존이시여, 더욱 하고자 하는 마음을 일으켜, 방편을 맞게 써서 서둘러 사라지게 해야 합니다."

붇다께서는 말씀하셨다.

"머리나 옷이 타는 것은 오히려 잠깐 잊을 수 있다 하더라도 덧없음의 타오르는 불은 끊어 다해야 한다. 덧없음의 불을 끊기 위해서는 믿음의 뿌리[信根]를 닦아야 한다.

어떤 덧없는 법을 끊는가? 곧 물질의 덧없음을 끊어야 하고, 느낌 · 모습 취함 · 지어감 · 앎의 덧없음을 끊어야 하므로, 믿음의 뿌리를 닦아야 한다. 나아가 정진의 뿌리를 닦아야 하고, 생각의 뿌리를 닦아야 하고, 선정의 뿌리, 지혜의 뿌리를 닦아야 한다."

붇다께서 이 경을 말씀하시자, 여러 비구들은 붇다의 말씀을 듣고 기뻐하며 받들어 행하였다.

• 잡아함 180 신근경(信根經)

• 해설 •

이 세간에서 누가 가장 힘센 자인가. 몸이 저 수메루 산처럼 큰 자인가. 설사 몸이 수메루 산처럼 큰 자가 있다 해도 그 몸은 생겨난 몸이면 끝내 사라지는 것이니, 이 세간법으로 가장 힘센 것은 덧없음의 바람[無常風]이고 덧없음의 불[無常火]이다.

덧없음을 덧없음으로만 보면 그의 삶은 위태롭고 위태로우며 비어 없어짐에 떨어지게 된다. 그렇다면 누가 덧없음의 불을 이길 수 있는가. 나고 사라짐이 사라져 다해 고요함이 늘 현전하는 자인가. 그 사람이 누구인가.

믿음으로 정진하고 몸과 세계를 돌이켜 비추어 몸과 세계가 나되 남이 없음을 체달해, 나고 사라짐 속에서 늘 고요하고, 늘 고요하되 고요함에 머묾 없이 바른 지혜가 현전하는 자일 것이니, 누구를 그라 하는가.

쌍림부대사(雙林傅大師)는 세간의 덧없음을 남이 없는 남[無生之生]으로 보지 않으면, 덧없음의 위태로움 벗어날 수 없음을 이렇게 노래한다.

별과 어스름 등불과 허깨비 같다 함
다 덧없음을 비유해 말한 것이네.
번뇌에 물든 앎으로 인과 닦으면
뉘라 오래고 항상할 수 있음 말할 건가.
위태로움이 거품이나 이슬과 같고
구름과 그림자 번갯불과 같으리.
오래도록 팔만 겁을 지낸다 해도
끝내 비어 없어짐에 떨어지도다.

如星翳燈幻　皆為喻無常
漏識修因果　誰言得久常
危脆同泡露　如雲影電光
饒經八萬劫　終是落空亡

타오르는 불더미에 풀과 섶을 더하지 않으면

이와 같이 내가 들었다.

한때 붇다께서는 슈라바스티 국 제타 숲 '외로운 이 돕는 장자의 동산'에 계셨다.

그때 세존께서 여러 비구들에게 말씀하셨다.

"나는 지난 오랜 목숨의 때, 아직 바른 깨달음[正覺]을 이루지 못하였을 때를 다음과 같이 기억하고 있다.

나는 홀로 한 고요한 곳에서 선정의 사유[禪思]에 오로지 정진하며 이렇게 생각하였다.

'이 세상은 들어가기 어려우니, 곧 모든 중생들은 태어남 · 늙음 · 병듦 · 죽음과 그것이 의지하는 바를 진실 그대로 알지 못한다.' "

십이연기의 서로 이어감이 불더미에 섶과 풀을 더해 불이 이어 타오름으로 사유하심

"나는 다시 이렇게 생각하였다.

'어떤 법이 있기 때문에 태어남[生]이 있으며, 어떤 법 때문에 태어남이 있는가?'

곧 바르게 생각하여 이렇게 사이가 없는 평등한 지혜를 일으켰다.

'존재[有]가 있기 때문에 남이 있고, 존재 때문에 남이 있다.'

그리고 다시 생각하였다.

'어떤 법이 있기 때문에 존재가 있으며, 어떤 법 때문에 존재가 있는가?'

곧 바르게 생각하여 이렇게 진실 그대로 사이가 없는 평등한 지혜를 일으켰다.

'취함[取]이 있기 때문에 존재가 있으며, 취함 때문에 존재가 있다'

그리고 다시 이렇게 생각하였다.

'취함에는 또 어떤 인연과 법이 있기 때문에 취함이 있으며, 어떤 법 때문에 취함이 있는가?'

곧 바르게 생각하여 이렇게 진실 그대로 사이가 없는 평등한 지혜를 일으켰다.

'법을 취해 맛들여 집착하고, 돌아보아 생각하고 마음이 얽매여 애착이 늘어나 자라남이니, 그 애착이 있기 때문에 취함이 있고, 애착 때문에 취함이 있다. 취함 때문에 존재가 있고, 존재 때문에 남이 있으며, 남 때문에 늙음 · 병듦 · 죽음과 근심 · 슬픔 · 번민 · 괴로움이 있다.

이와 같이 이렇게 순수한 큰 괴로움의 무더기가 모인다.'

비유하면 땔나무를 열 묶음 · 스무 묶음 · 서른 묶음 · 마흔 · 쉰 · 백 · 천 · 만 묶음을 쌓아, 나무 무더기를 태워 큰 불을 내는 것과 같다.

만약 어떤 사람이 마른 풀과 섶을 더하면, 여러 비구들이여, 어떻게 생각하느냐? 이 불이 서로 이어 긴 밤에 타오르겠느냐?"

비구들은 대답하였다.

"그렇습니다, 세존이시여."

"그와 같이 여러 비구들이여, 물질을 취하고, 맛들여 집착하며, 돌아보고 생각하면 애착의 묶음이 늘어나고 자라난다.

애착 때문에 취함이 있고, 취함 때문에 존재가 있으며, 존재 때문에 남이 있고, 남 때문에 늙음 · 병듦 · 죽음과 근심 · 슬픔 · 번민 · 괴로움이 있다. 이와 같이 이렇게 하여 순진한 괴로움의 큰 무더기가 모인다."

취함 없으면 괴로움이 사라짐을 불더미에
섶과 풀을 더하지 않으면 불이 꺼짐으로 사유하심

"그때 나는 다시 이렇게 생각하였다.

'어떤 법이 없기 때문에 이 늙음 · 병듦 · 죽음이 없으며, 어떤 법이 사라지기 때문에 늙음 · 병듦 · 죽음이 사라지는가?'

곧 바르게 생각하여 이렇게 진실 그대로 사이가 없는 평등한 지혜를 일으켰다.

'남이 없으면 늙음 · 병듦 · 죽음이 없고, 남이 사라지면 늙음 · 병듦 · 죽음이 사라진다'고 진실 그대로의 빈틈없고 한결같음을 일으켰다.

다시 이렇게 생각하였다.

'어떤 법이 없기 때문에 남이 없으며, 어떤 법이 사라지기 때문에 남이 사라지는가?'

곧 바르게 생각하여 이렇게 진실 그대로 사이가 없는 평등한 지혜를 일으켰다.

'존재가 없기 때문에 남이 없고, 존재가 사라지기 때문에 남이 사라진다.'

다시 또 생각하였다.

'어떤 법이 없기 때문에 존재가 없으며, 어떤 법이 사라지기 때문

에 존재가 사라지는가?'

곧 바르게 생각하여 이렇게 진실 그대로 사이가 없는 평등한 지혜를 일으켰다.

'취함이 없기 때문에 존재가 없으며, 취함이 사라지기 때문에 존재가 사라진다.'

또 이렇게 생각하였다.

'어떤 법이 없기 때문에 취함이 없으며, 어떤 법이 사라지기 때문에 취함이 사라지는가?'

곧 바르게 생각하여 이렇게 진실 그대로 사이가 없는 평등한 지혜를 일으켰다.

'취하는바 법은 덧없어 나고 사라지는 것이다.'

그러므로 탐욕을 떠나 사라져 다하며, 버리고 떠나 마음이 돌아보거나 생각하지 않아서 마음이 묶이지 않으면 애착이 사라진다.

애착이 사라지므로 취함이 사라지고, 취함이 사라지기 때문에 존재가 사라지며, 존재가 사라지기 때문에 남이 사라지고, 남이 사라지기 때문에 늙음·병듦·죽음과 근심·슬픔·번민·괴로움이 사라진다. 이와 같이 이렇게 하여 순전한 괴로움의 큰 무더기가 사라진다.'"

불의 비유로 다시 비구들을 깨우쳐주심

"여러 비구들이여, 만약 그 불더미가 타오른다 해도, 섶이나 풀을 더하지 않으면, 비구들이여 어떻게 생각하느냐. 그 불은 꺼지겠느냐?"

비구들이 붇다께 말씀드렸다.

"그렇습니다, 세존이시여."

"이와 같이 비구들이여, 취하는 법에 대해서 덧없는 것이며 나고 사라지는 것이라고 살피라.

그리하여 탐욕을 떠나 사라져 다하며, 버리고 떠나 마음이 돌아보거나 생각하지 않아서 마음이 묶여 집착하지 않으면 애착이 곧 사라진다. 애착이 사라지면 취함이 사라지고, 나아가 순전한 큰 괴로움의 무더기가 사라진다."

붇다께서 이 경을 말씀하시자, 여러 비구들은 붇다의 말씀을 듣고 기뻐하며 받들어 행하였다.

• 잡아함 286 취경(取經)

• 해설 •

태우는 불씨가 있고 타는 풀과 섶이 있으므로 불탐이 있으니, 타는 불을 끄려면 지금 타오르는 불을 불이 되게 하는 인연을 끊어야 한다.

지금 타는 불을 이어 타게 하는 탈 거리를 더하지 않으면 그 불은 저절로 꺼진다.

지금 존재는 존재가 연기인 줄 모르고 취하여 집착하기 때문에 존재의 서로 이어 생겨남과 사라짐이 끝없이 이어진다.

존재가 연기이므로 공한 줄 알아 취하지 않으면 취함으로 늘어나는 존재의 법이 사라지고, 존재에 대한 집착으로 생겨나는 괴로움의 무더기가 사라진다.

'취함이 없으면 괴로움의 무더기 사라진다'는 여래의 말씀이 끝내 돌아가는 곳은 어디인가.

괴로움이 괴로움이 아닌 줄 알면 번뇌와 괴로움 속에 '본디 깨쳐 있음'[本覺]을 보아 번뇌를 돌이켜 보디에 나아갈 수 있을 것이며, 불이 불이 아닌 곳에서 공함에 머물지 않으면 '성품이 공한 참된 불'[性空眞火]을 보아 '참으로 공한 성품의 불'[眞空性火]로 세간을 장엄하리라.

어떤 것이 불타는 법이고 불타지 않는 법인가

이와 같이 내가 들었다.

한때 붇다께서는 슈라바스티 국 '외로운 이 돕는 장자의 동산'에 계시면서 여러 비구들에게 말씀하셨다.

"불타는 법과 불타지 않는 법이 있다. 자세히 듣고 잘 생각하라.

너희들을 위해 말해주겠다.

어떤 것이 불타는 법인가. 만약 어떤 남자나 여자가 계를 범하고, 악하여 착하지 않은 법을 행하여, 몸의 악행과 입과 뜻의 악한 행을 성취하였다 하자. 그러면 그는 뒤때 병으로 아주 고생하면서 자리에 쓰러져 여러 고통을 받을 것이요, 그때에는 앞에 행했던 모든 악을 다 기억하게 될 것이다."

악업의 불타는 법을 비유로 보이심

"비유하면 큰 산에 해가 서쪽으로 기울면 그림자가 내리덮는 것과 같다. 이와 같이 중생의 앞에 행했던 악, 곧 몸과 입과 뜻으로 지은 업의, 모든 악하여 착하지 않은 법이, 목숨 마침에 다다라서 다 나타나니, 그제서야 마음으로 따라 뉘우칠 것이다.

슬프고 슬픈 일이다! 앞에 닦은 착함을 닦지 않고 다만 온갖 악만을 행한다 하자.

그렇게 하면 나쁜 세계에 떨어져 온갖 고통을 받고서 이것을 기억하고는 마음에서 불이 타고 마음에 뉘우침이 나며, 마음으로 뉘우치고는 좋은 마음을 얻지 못하고, 목숨을 마친 뒤 뒷세상에 착하지 않은 마음이 서로 이어 나니, 이것을 불타는 법이라 한다."

착한 업을 불탐이 없는 법에 견줌

"어떤 것이 불타지 않는 법인가. 만약 어떤 남자나 여자가 깨끗한 계율을 받아지니고 진실한 법을 닦아, 몸의 착한 업과 입과 뜻의 착한 업을 성취하였다 하자. 그러면 목숨을 마칠 때가 되어 몸이 괴로운 병을 만나 자리에 쓰러져 온갖 고통이 몸에 일어나더라도, 그 마음은 앞에 착한 법을 닦아, 몸과 입과 뜻의 착한 업이 성취된 것을 기억한다.

그때에는 이렇게 착한 법을 생각한다.

'나는 이와 같은 몸과 입과 뜻의 착한 업을 지었고, 뭇 악도 행하지 않았다. 그러니 나쁜 세계에 떨어지지 않고 좋은 세계에 나게 될 것이다.'

그러므로 마음으로 뉘우치지 않고, 뉘우치지 않기 때문에 좋은 마음으로 목숨을 마치고 뒷세상에서도 좋은 마음을 잇게 되니, 이것을 타지 않는 법이라 한다."

불타는 지옥 고통을 거듭 게송으로 깨우쳐 보이심

그때에 세존께서는 곧 게송으로 말씀하셨다.

이미 불타는 업의 씨앗을 심고
법 아닌 것에 의지해 살아가면

지은 나쁜 업의 행을 타고서
반드시 지옥 가운데 나리라.

서로 죽여 다시 살아나는 지옥
검은 쇠줄로 얽어 묶는 지옥
고통 주는 기구가 몰아닥치는 지옥
크게 울부짖고 소리치는 지옥
큰 고통에 더 크게 우는 지옥
뜨거운 불이 몸 태우는 지옥
뜨거운 고통의 불이 더 심한 지옥
고통에 사이가 없는 아비의 지옥

이 여덟 가지 크나큰 지옥은
지극히 괴로워 지내기 어렵나니
그 나쁜 업 갖가지이기 때문에
각기 따로 열여섯 지옥이 있네.
여덟 큰 지옥 그 속의 열여섯 지옥
네 둘레에 네 개의 문을 열었고
가운데의 크기는 모두 같은데
네 둘레는 쇠로 판이 되었고
네 문의 문짝들도 쇠로 되었네.

쇠로 된 땅에 불이 활활 타오르고
그 불꽃은 두루 널리 가득하니

길이와 넓이는 백 요자나
타는 불꽃 쉬는 사이가 없네.
그릇된 모든 행을 조복해주고
사납게 날뛰는 자 살펴 다스려서
기나긴 밤에 그 고통을 더하니
그 괴로움이야 차마 볼 수 없으며
그 고통 보는 자는 두려움을 내
곧 몸이 떨리며 털이 곤두서며
그 지옥에 떨어지게 될 때에는
발은 위로, 머리는 밑을 향하네.

거룩하고 부드러운 마음으로
청정한 행을 닦아 행하는 분
이러한 현성이 있는 곳에서
함부로 업신여기는 마음 내고
현성을 비방하는 그른 뜻 일으켜
중생을 죽이거나 해치게 되면
이런 뜨거운 지옥 가운데 떨어져
불 가운데서 굴러 돌고 도는 것
마치 불이 고기를 굽는 것 같고
괴로워 소리치고 부르짖는 것
떼 지어 싸우는 코끼리 소리 같네.
그런 큰 불은 저절로 생기나니
이는 스스로 지은 업 때문이라네.

붇다께서 이 경을 말씀하시자, 여러 비구들은 그 말씀을 듣고 기뻐하며 받들어 행하였다.

• 잡아함 1244 연소법경(燃燒法經)

• 해설 •

중생의 업(業)은 세계 속에서 연기하고 세계는 업을 따라 발현하니[循業發現], 업밖에 세계가 없고 세계밖에 업이 없다.

번뇌와 탐욕의 불꽃으로 뜨거운 불이 온몸 태우는 고통의 세계가 벌어지고 고통스런 세계 속에서 중생의 타오르는 번뇌의 업은 더욱 불타오른다.

무명의 바람과 탐욕의 불을 일으키는 저 세계에 취할 모습이 없는 줄 알 때 타오르는 업의 불이 꺼지고, 업의 불이 꺼질 때 활활 타오르는 불 끓는 쇳물이 몸을 태우는 저 지옥세계의 고통이 사라진다.

세계인 업이 공하고 업인 세계가 공함을 깨달아, 활활 타는 지옥불을 뚫고 지옥 한복판에서 연꽃을 피워내는 보디의 길은 어떤 것인가.

영가선사의 「증도가」는 이렇게 노래한다.

한 법도 보지 않으면 곧 여래이니
바야흐로 살핌이 자재하다 이름하리.
깨치면 업의 장애 본래 공하나
못 깨치면 옛 빚을 도로 갚으리.

不見一法卽如來　方得名爲觀自在
了卽業障本來空　未了還須償宿債

④ 바람의 비유

느낌[受]이 나는 모습,
허공에 갖가지 미친 바람 일어남과 같으니

이와 같이 내가 들었다.

한때 붇다께서는 라자그리하 성 칼란다카 대나무동산에 계셨다.

그때 세존께서 여러 비구들에게 말씀하셨다.

"비유하면 허공 가운데 미친 바람이 갑자기 일어나 사방에서 불어와, 먼지가 섞인 바람 · 먼지가 없는 바람 · 비쓰파[毘濕波] 바람 · 비람파[鞞嵐婆] 바람 · 엷은 바람 · 두터운 바람이 불어오고, 나아가 바람바퀴[風輪]가 바람을 일으키는 것과 같다.

몸 가운데 느낌의 바람 또한 이와 같아서 갖가지 느낌이 일어난다.

곧 즐거운 느낌 · 괴로운 느낌 · 괴롭지도 않고 즐겁지도 않은 느낌, 즐거운 몸의 느낌 · 괴로운 몸의 느낌 · 즐겁지도 않고 괴롭지도 않은 몸의 느낌, 즐거운 마음의 느낌 · 괴로운 마음의 느낌 · 즐겁지도 않고 괴롭지도 않은 마음의 느낌이 일어난다.

또 즐거운 먹음의 느낌 · 괴로운 먹음의 느낌 · 즐겁지도 않고 괴롭지도 않은 먹음의 느낌, 즐거움이 없는 먹음의 느낌 · 괴로움이 없는 먹음의 느낌 · 즐겁지도 않고 괴롭지도 않음이 없는 먹음의 느낌.

즐거운 탐욕의 느낌 · 괴로운 탐욕의 느낌 · 즐겁지도 않고 괴롭지도 않은 탐욕의 느낌, 즐거움을 벗어난 느낌 · 괴로움을 벗어난 느낌 · 즐겁지도 않고 괴롭지도 않음을 벗어난 느낌, 이와 같은 갖가지 느낌이 일어난다."

느낌이 공한 줄 알면 길이 니르바나에 머묾을 노래로 보이심

그때 세존께서 곧 게송으로 말씀하셨다.

비유하면 허공 가운데 갖가지
미친 바람 이는 것과 같으니
동서남북에서 바람이 불고
네 모서리 또한 이와 같아서
먼지 있고 먼지 없는 바람 불고
바람바퀴 바람을 일으키네.

이와 같이 이 몸 가운데에서
여러 느낌 일어남 또한 같아
즐거운 느낌이나 괴로운 느낌
즐겁지도 않고 괴롭지도 않은 느낌
먹음 있는 느낌 먹음 없는 느낌
탐착하거나 탐착하지 않음
이런 갖가지 느낌이 일어나네.

비구가 방편을 부지런히 해
바른 지혜로 기울지 않고

이 온갖 여러 느낌에 대해
밝은 지혜로 사무쳐 알면
모든 느낌 깨달아 알므로
현재의 법에서 모든 흐름 다해
몸이 죽어도 모습과 셈이 있는
숫자에 떨어지지 않고서
길이 니르바나에 머물리라.

붇다께서 이 경을 말씀하시자, 여러 비구들은 붇다의 말씀을 듣고 기뻐하며 받들어 행하였다.

• 잡아함 471 허공경(虛空經)

• 해설 •

생활 속에 갖가지 느낌이 일어나는 것은 허공에 바람이 이는 것과 같다. 저 허공에 바람이 불어오고 불어가며 폭풍우가 들이쳐도 허공은 움직임 없고 물듦이 없다. 그렇듯 갖가지 느낌의 바람이 일어나도 그 느낌은 아는 자와 알려지는 것이 의지해 일어나 공한 것이라, 느낌이 나되 남이 없음을 깨달으면 니르바나는 허공처럼 느낌에 물들거나 느낌의 바람에 움직이지 않는다.

곧 괴로운 느낌 · 즐거운 느낌이 공한 줄 알면 사마타의 고요함이 함께하고, 괴롭지도 않고 즐겁지도 않은 느낌 또한 공한 줄 알면 비파사나의 밝음이 함께할 것이다.

사마타와 비파사나가 하나되면 저 세간을 느껴 알되 느낌 없어서[受而無受] 느껴 아는 곳에 늘 사마디의 바른 받음[正受]이 현전하니, 『화엄경』(「도솔궁중게찬품」)은 이렇게 말한다.

여래의 법 잘 행하는 보디사트바는
일찍이 모든 물질 물들어 집착치 않고
느낌 모습 취함 지어감 앎에도
또한 이와 같이 집착하지 않네.
그 마음은 길이 삼계의 굴레 벗어나
가진 공덕 모두 다 회향하도다.

未曾染著於諸色　受想行識亦如是
其心永出於三有　所有功德盡迴向

그 마음은 생각생각 늘 편히 머물러
지혜는 넓고 커서 같이할 이 없고
어리석음 떠난 바른 생각 늘 고요해
온갖 모든 업은 다 청정하도다.

其心念念恒安住　智慧廣大無與等
離癡正念常寂然　一切諸業皆淸淨

여러 보디사트바가 세간 살아감
안과 밖의 온갖 법 집착 않나니
바람이 걸림 없이 허공에 가듯
마하사트바 마음씀 또한 그러네.

彼諸菩薩處於世　不着內外一切法
如風無礙行於空　大士用心亦復然

산아지랑이 따르는 바람이 나는 새들 죽이듯

이와 같이 들었다.

한때 붇다께서는 슈라바스티 국 제타 숲 '외로운 이 돕는 장자의 동산'에 계셨다.

그때 세존께서 여러 비구들에게 말씀하셨다.

"오늘 허공 가운데 산아지랑이 따르는 바람[隨嵐風]이 있었다.

만약 날아다니는 까마귀 · 까치 · 기러기 · 따오기 같은 새들이 여기 이르러 그 바람을 만나면, 머리와 두 날개가 흩어져 각기 한 곳에 있게 될 것이다.

여기 있는 한 비구 또한 이와 같아서, 그는 금한 계를 버리고 나서 세속 흰옷의 행[白衣行]을 짓고 있다.

이때 입고 다니던 세 가지 가사와 발우 · 그릇 · 침통 등 여섯 물건은 흩어져 각기 한 곳에 있게 되니, 마치 산아지랑이 따르는 바람이 몰아쳐서 저 새들을 죽이는 것과 같다.

그러므로 여러 비구들이여, 너희들은 범행을 닦고 행하여야 한다. 이와 같이 여러 비구들이여, 반드시 이렇게 배워야 한다."

그때 여러 비구들은 붇다의 말씀을 듣고 기뻐하며 받들어 행하였다.

• 증일아함 25 사제품(四諦品) 八

• 해설 •

법의 궁전을 나와 애착의 집으로 다시 돌아가면 산아지랑이 따르는 바람에 나는 새가 날개가 꺾이고 머리가 부서지듯 할 것이라 깨우치시니, 비구여 비구여! 갈 길이 어디인가.

'왼쪽 오른쪽에 떨어지지 않고 가운데도 머묾 없이 곧장 나아가고 곧장 가야'[不落左右不着中 驀直去兮驀直去], 사람 가운데 사자왕 여래의 뒤를 잘 밟아가는 여래의 법의 아들인가.

온갖 분별 떠나지 못하면 여래의 땅에 함께할 수 없으리니, 『화엄경』(「여래출현품」)은 다음과 같이 가르친다.

열 가지 힘 갖추신 이 그 공덕은
끝이 없고 헤아릴 수 없어서
마음과 뜻으로 헤아려 미칠 수 없네.
사람 가운데 사자이신 분의 한 법문
중생은 억겁이 되어도 알 수 없어라.

十力功德無邊量 心意思量所不及
人中師子一法門 衆生億劫莫能知

네 곳에서 바람 불어도 돌기둥 흔들리지 않듯

이와 같이 내가 들었다.

한때 붇다께서는 바라나시 국의 선인이 살던 사슴동산에 계시면서 여러 비구들에게 말씀하셨다.

"비유하면 길이가 열여섯 팔꿈치 여덟 팔꿈치 되는 돌기둥을 땅에 박아두면 사방에서 바람이 불어도 움직일 수 없는 것과 같다.

이와 같이 사문이나 브라마나가 괴로움의 진리를 진실 그대로 알고, 괴로움 모아냄의 진리, 괴로움 사라짐의 진리, 괴로움을 없애는 길의 진리를 진실 그대로 알면, 이러한 사문이나 브라마나들은 여러 논의하는 곳에 가더라도 굴복할 수 없을 것이다.

그 마음이 해탈하고 지혜가 해탈한 사람은 굴복시키려는 다른 사문이나 브라마나로 하여금 도리어 근심과 괴로움을 내게 한다.

이와 같이 진실 그대로 알고 진실 그대로 보는 것은 다 앞의 세상에서 오래 익혀왔기 때문에, 그 지혜는 기울어 흔들리게 하지 못하는 것이다.

그러므로 비구들이여, 네 가지 진리에 대하여 방편을 부지런히 해, 더욱 하고자 하는 마음을 일으켜 정진하여 닦아 배워야 한다."

붇다께서 이 경을 말씀하시자, 여러 비구들은 붇다의 말씀을 듣고 기뻐하며 받들어 행하였다.

• 잡아함 399 논처경(論處經)

• 해설 •

바람이 부드럽게 움직여 흐르면 산목숨들의 숨결이 되고 만물의 활력이 되며, 사물과 사물의 소통의 길이 되며 흐르는 물을 잘 붙잡아 제 길을 가도록 한다. 그러나 그 바람이 산회오리를 따라 휘몰아치고 세찬 비바람으로 들이치면, 나는 새들의 날개와 머리를 부수고 나무와 풀을 꺾어 무너뜨린다.

사문의 거룩한 길을 버리고 가사와 발우를 내던지고 세간 오탁의 물결에 휩쓸려 칭찬과 비방, 이익과 손해 등 세간의 바람에 부대끼며 살아가면서, 움직임 그대로의 선정의 고요함[卽動之靜]을 알지 못하면, 그 사람은 마치 저 세찬 산회오리바람에 휘말려 죽는 새와 같다.

그러나 연기의 실상을 살펴 안팎의 괴로움이 나되 실로 남이 없음을 알고 저 세간의 칭찬과 비방의 바람, 허공의 비바람, 산회오리바람이 일어나되 일어남이 없음을 아는 사람은 긴 돌기둥을 땅에 박아 사방에서 바람이 몰아쳐 불어도 움직이지 않는다.

어디 그뿐이랴. 천지개벽의 바람이 들이쳐 산이 무너져도 그는 늘 고요할 것이니, 승조법사(僧肇法師)의 「물불천론」(物不遷論)은 이렇게 말한다.

> 천지개벽의 세찬 바람이 불어와
> 멧부리를 무너뜨려도 늘 고요하고,
> 강물이 다투어 흘러가도 흐르지 않으며
> 아지랑이가 나부끼어 올라가도 움직이지 않고
> 해와 달이 하늘을 지나도 두루하지 않는다.
> 다시 무엇을 괴이하다 할 것인가.
>
> 旋嵐偃嶽而常靜　江河競注而不流
> 野馬飄鼓而不動　日月歷天而不周
> 復何怪哉

5) 자연사물과 자연현상의 비유

① 산의 비유

사방이 한 요자나인 돌산을 백년 만에 한 번 카시의 무명으로 스쳐 닳아진다 해도

이와 같이 내가 들었다.

한때 붇다께서는 슈라바스티 국 제타 숲 '외로운 이 돕는 장자의 동산'에 계셨다. 그때 세존께서 여러 비구들에게 말씀하셨다.

"중생들은 비롯 없이 나고 죽으며 기나긴 밤에 윤회하면서도 괴로움의 본바탕을 알지 못하고 있다."

그때 어떤 비구가 자리에서 일어나 옷을 여미고, 붇다께 절하고 오른 무릎을 땅에 꿇고 합장하고 말씀드렸다.

"세존이시여, 한 겁[一劫]은 얼마나 오래입니까?"

붇다께서 비구에게 말씀하셨다.

"내가 너를 위해 말해줄 수 있지만 네가 알기 어려울 것이다."

비구가 붇다께 말씀드렸다.

"비유로써 말씀해주실 수 있겠습니까?"

"말할 수 있다. 비구여, 깨지지도 않고 무너지지도 않는 큰 돌산이 사방이 각기 한 요자나가 되는데, 어떤 사람이 카시(Kāśi) 국에서 나는 무명으로 백 년에 한 번씩 그 산을 스쳐 그만두지 않으면, 저 돌산은 다하겠지만, 겁은 오히려 아직 끝나지 않는다.

비구여, 이와 같이 길고 오랜 겁 백천만억 겁에 여러 괴로움을 받고, 비롯 없이 나고 죽으며 윤회하는 것이다.

여러 비구들이여, 이와 같이 배워서 모든 존재를 끊어 없애 늘어나 자라지 않게 해야 한다."

붇다께서 이 경을 말씀하시자, 여러 비구들은 붇다의 말씀을 듣고 기뻐하며 받들어 행하였다.

• 잡아함 949 산경(山經)

• 해설 •

시간은 존재의 나고 사라짐에 대한 주체의 앎 속에서 분별된다. 칼파(kalpa, 劫)의 긴 시간도 존재의 실체성에 대한 주체의 앎이 있는 곳에서 분별되는 길고 긴 시간이다. 시간은 물질운동이 아니지만 물질운동 아님도 아니고 사유가 아니지만 사유 아님도 아니다.

그러므로 저 세계운동이 공한 줄 알면 저 한량없는 칼파의 시간도 지금 주체의 한 생각 앎[一念]을 떠나지 않는다. 그런 뜻을 의상법사의 「법성게」(法性偈)는 '한 생각이 한량없는 겁이고, 한량없이 먼 겁이 한 생각이다'라고 말한다.

저 존재의 남에 남이 없으므로[於生無生] 존재의 사라짐에 사라짐 없음[於滅無滅]을 알지 못하면, 한량없이 먼 겁토록 중생의 나고 죽음은 끝나지 않을 것이며, 괴로움과 즐거움이 끝없이 반복하는 윤회의 삶은 다하지 못할 것이다. 또한 온갖 존재에서 존재의 실로 있음을 넘어서지 못하면 한량없이 먼 시간의 끝은 아무리 사유하고 사유해도 사무쳐 다할 수 없으며, 저 시간의 끝을 다하지 못하면 길고 먼 윤회의 삶도 다할 수 없다.

오직 사유에서 마음가는 곳이 사라짐[心行處滅]으로써 존재의 공성(空性)을 통달한 자만이, 시간의 끝을 다해 백천만억 겁 윤회의 삶을 다할 것이다.

그대 산을 파서 보는 것들을 모두 버리시오

이와 같이 들었다.

한때 존자 '어린이 카샤파'는 슈라바스티 성의 안다 동산에 있었다.

한밤에 나와 거닐고 있었는데, 그때에 어떤 하늘이 카샤파 있는 곳에 와서 허공에서 카샤파에게 말하였다.

"비구여, 알아야 하오.

'이 집은 밤에는 연기가 나고 낮에는 불이 타오르오.'

어떤 브라마나가 지혜로운 이에게 이렇게 말하였소.

'너는 이제 칼을 가지고 산을 파야 한다. 산을 파게 되면 반드시 젊어질 것을 볼 터이니, 너는 그것을 빼내서 건너야 한다.

너는 이제 산을 파야 한다. 산을 파게 되면 반드시 산을 볼 것이니, 너는 그 산을 버려야 한다. 너는 이제 산을 파야 한다. 산을 파게 되면 반드시 두꺼비를 볼 것이니, 너는 그 두꺼비를 버려야 한다.

너는 이제 산을 파야 한다. 산을 파게 되면 반드시 살덩이를 볼 것이니, 살덩이를 보게 되면 그것을 버려야 한다.

너는 이제 산을 파야 한다. 산을 파게 되면 반드시 나무칼[枷]을 볼 것이니, 나무칼을 보게 되면 그것을 버려야 한다.

너는 이제 산을 파야 한다. 산을 파게 되면 반드시 두 갈랫길을 볼 것이니, 두 갈랫길을 보게 되면 그것을 버려야 한다.

너는 이제 산을 파야 한다. 산을 파게 되면 반드시 나뭇가지를 볼 것이니, 나뭇가지를 보게 되면 그것을 버려야 한다.

너는 이제 산을 파야 한다. 산을 파게 되면 반드시 용(龍)을 볼 것이니, 용을 보게 되면 같이 말하지 말고 스스로 귀의하고 우러러 돌아갈 곳을 얻도록 하라.' "

하늘신이 브라마나의 말을 카샤파에게 전하고 세존께 그 뜻을 물어보도록 함

"비구여, 이 뜻을 잘 생각해보고 만약 풀리지 않거든 슈라바스티성으로 가서 세존 계신 곳에 나아가 이 뜻을 여쭈어보아야 하오. 만약 여래께서 말씀이 계시면 잘 새겨 행하시오.

왜냐하면 나는 지금 여래와 여래의 제자와 나한테 들은 이들을 내놓고는, 어떤 사람이나 사문이나 브라마나, 마라(māra, 魔)와 하늘도 이 뜻을 아는 이를 보지 못하기 때문이오."

이때 카샤파는 하늘신에게 대답하였다.

"그 일은 매우 아름다운 일이오."

카샤파는 이른 아침에 세존 계신 곳으로 가, 그곳에 이르자 발에 머리를 대 절하고 한쪽에 앉아 세존께 갖추어 말씀드렸다.

카샤파는 세존께 여쭈었다.

"저는 지금 여래께 그 뜻을 묻겠습니다. 그 하늘신이 한 말은 무슨 뜻입니까. 왜 집에 밤에는 연기가 나고 낮에는 불이 타오릅니까. 왜 '브라마나'라 이름하고 왜 지혜로운 이라고 이름합니까.

산을 판다는 것은 무슨 뜻이며 칼이라 말한 것 또한 풀리지 않습니다. 왜 젊어질 것이라 이름했으며, 산이라 말한 것은 무슨 뜻입니까.

왜 다시 두꺼비라 말했으며, 왜 다시 살덩이라 말했습니까. 왜 다시 나무칼을 말했으며, 왜 두 갈랫길이라 말했으며, 나뭇가지의 뜻은 무엇이며, 왜 용이라 이름했습니까?"

하늘신의 비유를 세존께서 풀어보이심

세존께서는 말씀하셨다.

"집은 곧 이 몸뚱이이니, 네 가지 큰 요소가 만든 것으로, 부모의 혈맥을 받아 점점 자라 크는데, 늘 먹여 길러 빠뜨림이 없게 하지만, 그것은 곧 나뉘어 흩어지는 법이다.

'밤에는 연기가 난다'는 것은 중생 무리들이 마음으로 생각하는 것이요, '낮에는 불이 타오른다'는 것은 몸과 입과 뜻으로 짓는 행이 이것이다. '브라마나'는 아라한이요, '지혜로운 이'는 배우는 사람이다.

'산을 판다'는 것은 정진하는 마음이요, '칼'은 지혜이다.

'짊어질 것'은 다섯 가지 묶음이요, '산'은 교만이며, '두꺼비'는 성내는 마음이요, '살덩이'는 탐욕이고, '나무칼'은 다섯 가지 탐욕이고, '두 갈랫길'은 의심이며, '나뭇가지'는 무명이다.

'용'(龍, nāga)은 여래 · 지극히 참된 이 · 바르게 깨친 분이다.

그 하늘이 말한 것은 그 뜻이 이와 같다. 네가 이제 그 뜻을 깊이 사유하면 오래지 않아 샘이 있음[有漏]을 다하게 될 것이다."

그때에 카샤파는 여래의 이와 같은 가르침을 받고 한가하고 고요한 곳에 있으면서 스스로 닦아 행하였다. 곧 좋은 종족의 사람이 수염과 머리를 깎고 집을 나와 도를 배우는 자는 범행을 닦으려 하는 것이니, 이는 '나고 죽음이 다하고, 범행은 이미 서고, 지을 바를 이미 지어, 다시는 뒤의 몸 받지 않음'을 진실 그대로 아는 것이다.

그때에 카샤파는 이와 같이 닦아 행해 아라한을 이루었다.

'어린이 카샤파'는 붇다의 말씀을 듣고 기뻐하며 받들어 행하였다.

• 증일아함 39 등법품(等法品) 九

• 해설 •

중생이 끝없이 생각을 일으켜 몸과 말과 뜻의 업을 일으키는 것은 마치 집에 밤에는 연기가 나고 낮에 불이 타오르는 것과 같다. 안에 생각 일으킴이 밤의 연기이고, 밖으로 타오르듯 온갖 지어감을 일으키는 것은 낮의 불이다.

정진의 마음과 지혜의 칼로 교만의 산을 파내버리고, 성냄의 두꺼비를 버리고, 탐욕의 살덩이를 오려내고, 의심의 헤아림을 끊어내며, 무명의 나뭇가지를 버려버리면, 산속에 용을 볼 것이다. 여래의 용은 더불어 말하지 말고 오직 우러러 귀의해야만 할 것이다.

이 비유는 어리석음과 탐욕과 성냄을 살림살이로 살아가는 중생의 병을 상대해 지혜의 칼로 부지런히 파고 잘라 교만과 탐욕, 성냄과 의심, 무명을 끊어야 한다고 가르치는 비유이다.

그러나 중생의 탐욕과 무명밖에 여래의 진실생명이 없는 것이니, 탐욕을 쉬고 쉬면 크나큰 원[大願]이 나오고, 성냄을 쉬면 자비(慈悲)가 현전하며, 무명을 쉬면 반야(般若)의 지혜가 나옴을, 산을 파서 판 것들을 모두 버리면 마침내 여래이신 용을 본다 말한 것이다.

나고 사라짐이 사라져 다하면 적멸의 지혜가 현전할 것[生滅滅已 寂滅現前]이니, 비치되 고요한[照而寂] 법계의 지혜[法界智]가 곧 여래인 용이다. 용과는 대화하지 말고 오직 돌아가 의지하라 하니, 마주할 여래가 있고 보아야 할 진리가 있으면 진리를 실로 보지 못한다는 뜻인가.

'쉬고 쉬어가면 쇠나무에 꽃이 핀다'[休去歇去鐵樹開花]고 했으니, 이때가 용을 보는 때인가. 이 무슨 도리인가[是甚麼道理].

② 바다의 비유

탐욕의 배[腹]는 바다보다 깊나니

이와 같이 내가 들었다.

한때 붇다께서는 슈라바스티 국 '외로운 이 돕는 장자의 동산'에 계셨다. 그때에 얼굴 모습이 아주 묘한 어떤 하늘신이 새벽에 붇다 계신 곳에 와 붇다의 발에 머리를 대 절하고 한쪽에 물러나 앉았다. 그러자 그 몸의 밝은 빛이 '외로운 이 돕는 장자의 동산'을 두루 비추었다.

때에 그 하늘신이 게송으로 붇다께 말씀드렸다.

넓음은 땅을 지나는 것이 없고
깊음은 바다를 넘는 것이 없으며
높음은 수메루 산 지나는 것 없고
비슈누만한 크신 분은 없도다.

그때에 세존께서는 게송으로 대답하셨다.

넓음은 애착을 지나는 것이 없고
깊음은 탐욕의 배 넘는 것이 없으며

높음은 교만을 지나는 것이 없고
붇다와 같이 크신 분은 없도다.

때에 그 하늘신이 다시 게송으로 말하였다.

오래도록 브라마나 보아왔더니
온전한 니르바나 얻으셨어라.
온갖 두려움을 모두 이미 벗어나
길이 세간 은혜 애착 뛰어나셨네.

그때에 하늘신은 붇다의 말씀을 듣고 기뻐하면서, 붇다의 발에 머리를 대 절하고 이내 사라져 나타나지 않았다.

• 잡아함 1290 광지경(廣地經)

• 해설 •

세간의 눈으로 보면 땅보다 넓은 것이 없고 바다보다 깊은 것이 없으며, 수메루 산보다 높은 것이 없고 비슈누 하늘신보다 높고 크신´이가 없다. 붇다는 애착을 뛰어넘어 그 마음이 끝간 데 없고, 깊은 탐욕의 배를 깨뜨려 그 원과 뜻이 바닥이 없으며, 높은 교만의 깃발을 꺾어 위가 없다.

붇다의 큼은 큼이 없는 큼이고, 붇다의 넓음은 넓음 없는 넓음이며, 붇다의 깊음은 깊음 없는 깊음이고, 붇다의 높음은 높음 없는 높음이다.

그 무엇을 법 가운데 왕[法王]과 견줄 것이며, 그 누구를 위없는 스승 여래와 짝하게 할 것인가.

『화엄경』(「승야마천궁품」昇夜摩天宮品)은 지금 이곳이되 온갖 곳에 두루하신 여래의 지혜의 몸을 다음과 같이 찬탄한다.

여래의 넓고 크신 몸은
법계를 마쳐 다하셨으니
이 자리를 떠나지 않으시고
온갖 곳에 두루하시도다.

如來廣大身 究竟於法界
不離於此座 而遍一切處

이와 같은 붇다의 법을
만약 받아 지니고서
널리 펴서 설할 수 있으면
이 사람도 붇다를 이루게 되리.

若有能受持 如是諸佛法
持已廣宣說 此人當成佛

영가선사의 「증도가」 또한 이렇게 노래한다.

법 가운데 왕, 가장 높고 빼어남이여,
강가아 강 모래알 수 여래가 함께 증득했네.
내가 지금 이 뜻대로 되는 구슬 알았으니
믿어 받는 자는 모두 서로 맞으리라.

法中王 最高勝 恒沙如來同共證
我今解此如意珠 信受之者皆相應

저 강가아 강물이나 바다의 물보다 그대들이 흘린 눈물이 더 많으니

이와 같이 내가 들었다.

한때 붇다께서는 슈라바스티 국 '외로운 이 돕는 장자의 동산'에 계시면서 여러 비구들에게 말씀하셨다.

"중생들은 비롯 없이 나고 죽으며, 기나긴 밤에 윤회하면서도 괴로움의 본바탕을 알지 못한다."

붇다께서 여러 비구들에게 말씀하셨다.

"어떻게 생각하느냐. 강가아 강의 흐르는 물과 나아가 네 큰 바다, 그 물이 많은가. 너희들이 기나긴 밤에 나고 죽음에 윤회하면서 흘린 눈물이 많은가."

비구들이 붇다께 말씀드렸다.

"저희들이 세존의 말씀을 이해하기로는, 저희들이 기나긴 밤에 나고 죽음에 윤회하면서 흘린 눈물이 매우 많아 강가아 강과 네 큰 바다를 지납니다."

붇다께서는 말씀하셨다.

"잘 말하고, 잘 말했다! 너희들이 기나긴 밤에 나고 죽음에 윤회하면서 흘린 눈물은 매우 많아 저 강가아 강과 네 큰 바다만이 아니다.

무슨 까닭인가. 너희들이 기나긴 밤에 부모 · 형제 · 자매 · 친척 · 아는 벗들을 잃고, 또 재물을 잃고 이 때문에 흘린 눈물은 매우 많아 한량이 없다. 또 너희들은 기나긴 밤에 무덤 사이에 버려져 고름과 피를 흘렸으며, 지옥 축생 · 아귀로 태어났다.

여러 비구들이여, 너희들이 비롯 없이 나고 죽으며 기나긴 밤에 윤회하면서 흘린 그 몸의 피와 눈물은 매우 많아 한량이 없다."

다섯 쌓임의 실상을 알 때 영겁의 윤회에서 해탈함을 보이심

붇다께서 다시 여러 비구들에게 말씀하셨다.

"물질은 항상한 것인가, 덧없는 것인가."

비구들은 말씀드렸다.

"덧없습니다, 세존이시여."

붇다께서 비구들에게 말씀했다.

"만약 덧없다면 그것은 괴로운 것인가."

비구들은 말씀드렸다.

"그것은 괴로운 것입니다, 세존이시여."

붇다께서 말씀하셨다.

"만약 항상함이 없고 괴로운 것이면 그것은 변하고 바뀌는 법이다. 그런데 많이 들은 거룩한 제자로서 과연 그 가운데 '나'[我]와 '나와 다름'[異我], '나와 나와 다름이 함께 있음'[相在]을 보겠는가."

"아닙니다, 세존이시여. 느낌 · 모습 취함 · 지어감 · 앎 또한 다시 이와 같습니다."

붇다께서는 말씀하셨다.

"여러 비구들이여, 거룩한 제자가 이와 같이 알고 이와 같이 보면, 나아가 물질에서 해탈하고, 느낌 · 모습 취함 · 지어감 · 앎에서 해탈하고, 태어남 · 늙음 · 병듦 · 죽음과 근심 · 슬픔 · 괴로움 · 번민에서 해탈한다."

붇다께서 이 경을 말씀하시자, 여러 비구들은 그 말씀을 듣고 기뻐하며 받들어 행하였다.

• 잡아함 938 누경(淚經)

• 해설 •

영겁의 기나긴 밤에 중생이 나고 죽음에 흘린 피와 눈물 고름이 저 큰 바다보다 지난다. 큰 바닷물은 비록 많으나 끝내 마르는 다할 수 있는 많음이지만, 영겁의 나고 죽음에 내가 흘린 눈물과 피고름은 그쳐 다할 수 없기 때문이다.

그러나 비록 윤회한다고 하나 윤회하는 나[我]는 나가 아니라 '다섯 쌓임인 나'[蘊我]라 내가 없으며[我空], 다섯 쌓임의 법[五蘊法]에서 마음[名]은 알려지는 것[色]으로 인한 마음이고, 알려지는 것[色]은 앎[名]으로 주어지는 알려지는 것이라 다섯 쌓임의 법 또한 공한 것[法空]이니, 윤회의 주체는 어디 있는가.

다섯 쌓임에서 '나'도 얻을 수 없고 '나와 다름'도 얻을 수 없으면 곧바로 다섯 쌓임의 있음에서 있음을 벗어나고, 나고 죽음을 벗어난다. 남이 남이 아니고 죽음이 죽음 아님을 깨달으면, 남이 없되[無生] 실로 나지 않음도 없으니[實無不生], 나고 죽음은 이제 해탈한 자의 해탈의 묘용이 되리라.

영가선사의 「증도가」는 노래한다.

몇 번이나 태어나고 몇 번이나 죽었던가.
나고 죽음 길고 길어 멈추어 그침 없어라.
스스로 단박 깨쳐 남이 없음 알았으니
이 세간 모든 영화로움과 욕된 일에
어찌 근심하고 어찌 기뻐할 것인가.

幾廻生 幾廻死 生死悠悠無定止
自從頓悟了無生 於諸榮辱何憂喜

여덟 가지 거룩한 물을 따라 니르바나의 바다 들어가리

이와 같이 내가 들었다.

한때 붇다께서는 라자그리하 성 칼란다카 대나무동산에 계셨다.

그때 어떤 다른 비구가 강가아 강 옆에 있는 한 숲속에 머물고 있었다.

그때 어떤 좋은 종족의 여인이 있었다.

그녀는 늘 시부모에게 꾸지람을 들었는데, 그때마다 강가아 강물 언덕가에 와 게송으로 말하였다.

강가아 강물이여, 나도 이제 흐름 따라
천천히 바다에 들어가고 싶네.
그렇게 해 다시 시부모로부터
자주 꾸지람 듣지 않게 하리라.

여인의 게송을 듣고 비구가 니르바나의 바다로 답함

그 비구는 저 좋은 종족의 여인을 보고 이렇게 생각하였다.

'저 좋은 종족의 여인도 오히려 게송을 말할 수 있다. 내가 지금 어찌 게송을 말해 답하지 않을 수 있겠는가.'

그러고는 곧 게송을 말하였다.

믿음을 깨끗이 하여 나는 지금
저 여덟 가지 거룩한 물을 따라
천천히 니르바나에 흘러들고 싶구나.
그러면 마라를 보지 않고 자재하리.

그때 그 비구는 이 게송을 말하고는 잠자코 머물렀다.

• 잡아함 1354 항하경(恒河經)

• 해설 •

여인에게 바다가 꾸지람 듣지 않고 고된 시집살이가 없는 도피의 바다라면, 비구의 바다는 여덟 가지 바른 길의 거룩한 물 흐름 따라 들어가는 니르바나의 바다이다.

보배로 된 튼튼한 구층탑의 첫 계단에 오르면 반드시 구층탑 꼭대기에 오르게 되듯, 여덟 가지 바른 삶의 길 그 지혜의 흐름은 반드시 니르바나의 바다에 이르게 한다.

그러나 저 바다로 흘러가는 강가아 강물도 왼쪽 언덕에 걸리거나 오른쪽 언덕에 막히거나 가운데 섬에 머물면 바다에 이르지 못하듯, 배우는 이의 닦아가는 행도 그 닦음에 닦는다는 생각을 짓거나 닦음 자체를 신비화하면 니르바나의 바다에 이를 수 없다.

닦음에 닦음이 있고 두 가에 치우침이 있으면 그 닦아감에 바른 삶의 길이란 이름이 붙을 수 없다.

지금 닦음에 닦음 없고 지금 알고 봄[知見]에 앎을 두지 않는 것이 곧 니르바나이니, 니르바나를 보아 알려거나 닦아 얻으려 하면 이미 니르바나의 길이 아닌 것이다.

③ 강물의 비유

세찬 강물에 풀과 나무와 사람들이 떠내려가듯

이와 같이 내가 들었다.

한때 붇다께서는 슈라바스티 국 '외로운 이 돕는 장자의 동산'에 계시면서 여러 비구들에게 말씀하셨다.

"비유하면 다음과 같다. 강물이 산골에서 흘러나올 때 그 물은 깊고 빠르며, 그 흐름은 세차게 쏟아져 많은 것들이 떠돌고 빠지며, 그 강 양쪽 언덕에 난 여러 풀과 나무들이 큰물에 넘어져 물가에 쓰러지게 된다.

여러 사람들이 물을 건너다가 많이들 물에 떠내려가기도 하고 흐름을 따라 빠지기도 한다. 물결에 밀려가다 언덕에 닿아 손으로 풀과 나무를 잡지만 풀과 나무가 다시 끊어져 도로 물을 따라 떠밀리기도 한다.

이와 같이 비구들이여, 만약 어리석은 중생이 물질과 물질의 모아냄 · 물질의 사라짐 · 물질의 맛들임 · 물질의 걱정거리 · 물질을 떠남을 진실 그대로 알지 못하면, 진실 그대로 알지 못하기 때문에 물질을 즐겨 집착하여 '물질은 곧 나다'라고 말하지만, 그 물질은 이내 끊어지고 만다.

이와 같이 느낌 · 모습 취함 · 지어감 · 앎 등과 앎 등의 모아냄 · 앎 등의 사라짐 · 앎 등의 맛들임 · 앎 등의 걱정거리 · 앎 등을 떠남을 진실 그대로 알지 못하면, 진실 그대로 알지 못하기 때문에 앎 등을 즐겨 집착하여 '앎 등은 곧 나다'라고 말하지만 앎 등도 또한 이내 끊어지고 만다.

만약 많이 들은 거룩한 제자라면 물질과 물질의 모아냄 · 물질의 사라짐 · 물질의 맛들임 · 물질의 걱정거리 · 물질을 떠남을 진실 그대로 알며, 진실 그대로 알기 때문에 물질을 즐겨 집착하지 않는다.

느낌 · 모습 취함 · 지어감 · 앎 등과 앎 등의 모아냄 · 앎 등의 사라짐 · 앎 등의 맛들임 · 앎 등의 걱정거리 · 앎 등을 떠남에 대해 진실 그대로 알면, 진실 그대로 알기 때문에 그것들을 즐겨 집착하지 않고, 즐겨 집착하지 않기 때문에 이와 같이 스스로 알아 '파리니르바나'(parinirvāṇa)를 얻을 것이다.

그래서 '나의 태어남은 이미 다하고 범행은 이미 서고, 지을 바를 이미 지어 다시는 뒤의 있음 받지 않는 줄'을 스스로 안다.

붇다께서 이 경을 말씀하시자 여러 비구들은 붇다의 말씀을 듣고 기뻐하며 받들어 행하였다.

• 잡아함 268 하류경(河流經)

• 해설 •

중생은 있음[有]을 있음으로 집착하여 취하고 맛들이다가 그 있음이 사라지면 절망하고 슬퍼한다. 이는 마치 어떤 사람이 세찬 강물에 휩쓸려 떠내려가다가 강 언덕에 있는 풀과 나무를 붙잡지만, 그 풀과 나무가 다시 끊어져 물살에 휩쓸려가는 것과 같다.

여래의 가르침 따라 법의 눈을 뜬 사람은 물질을 떠나 '내'가 없지만 물질이 '나'라고 하지 않고, 마음을 떠나 '내'가 없지만 마음이 '나'라고 하지 않으며, 있음이 있음 아님을 알아 붙잡지 않고 애착하지 않으며 애착하지 않으므로 맛들이지 않는다. 그는 있음에서 있음을 떠났으므로 마음 물질의 사라짐에 절망하거나 슬퍼하지 않는다.

온갖 것에 대한 맛들임이 없는 곳에, 먹어도 먹어도 다함없는 파리니르바나의 '한량없는 맛'[無量味]과 '해탈의 밥'[解脫食]이 있다.

세찬 바람의 휘몰아침이 그대로 고요한 연기의 진실 살피는 곳에 휴식과 풍요의 문이 열리는 것이니, 『화엄경』(「광명각품」光明覺品)은 이렇게 가르친다.

> 허공에 긴 바람 일어나
> 사물을 만나면 휘몰아치나
> 각기 서로 알지 못함과 같이
> 모든 법도 또한 이와 같아라.
>
> 又如長風起 遇物咸鼓扇
> 各各不相知 諸法亦如是
>
> 진리와 같이 살펴본다면
> 온갖 것은 다 자기성품이 없네.
> 법의 눈 사의할 수 없으니
> 이 견해는 뒤바뀜 아니네.
>
> 如理而觀察 一切皆無性
> 法眼不思議 此見非顚倒

잿강의 남쪽은 몹시 뜨겁고 날카로운 가시가 많은데

이와 같이 내가 들었다.

한때 붇다께서는 슈라바스티 국 제타 숲 '외로운 이 돕는 장자의 동산'에 계셨다.

그때 세존께서 여러 비구들에게 말씀하셨다.

"비유하면 잿강[灰河]의 남쪽 언덕은 몹시 뜨겁고 여러 날카로운 가시가 많이 있으며 어두운 곳에 있는데, 많은 죄인들이 그 강 가운데서 흐름을 따라 떠밀려 빠지고 있다."

잿강에 빠진 사람 가운데 지혜로운 사람을 들어 갖가지 비유를 보이심

"그 가운데 어떤 한 사람이 미련하지 않고 어리석지 않으며, 총명하고 지혜로워서 즐거운 것을 좋아하고 괴로운 것을 싫어하며, 살기를 좋아하고 죽기를 싫어하여 이렇게 생각하였다.

'나는 무슨 인연으로 남쪽 언덕에 몹시 뜨겁고 날카로운 가시가 많으며, 어두운 곳에 있는 이 잿강에서 흐름을 따라 떠밀려 빠지고 있는가. 나는 손과 발의 방편으로 이 흐름을 거슬러 올라가리라.'

그리하여 그는 그 강을 거슬러 올라가다가 아주 희미한 빛을 차츰 보고는 가만히 생각하였다.

'이제 빨리 힘써서 이 조그만 빛을 보는구나.'

그는 다시 손과 발을 써서 더욱 부지런히 방편을 더해 드디어 평평한 땅을 보고 곧 그곳에 머물면서 사방을 살피다가 큰 돌산을 보았다. 그 돌산은 끊어지지도 않았고 무너지지도 않았으며, 또 구멍이 뚫리지도 않았다.

그는 곧 그 돌산 위에 올라가 다시 맑고 시원한 여덟 갈래 물, 곧 시원스럽고 맛이 있으며, 가볍고 부드러우며, 향기롭고 깨끗하며, 마실 때에도 목이 메지 않고 목 안에 걸리지도 않으며, 마시고 나면 몸을 편안케 하는 물을 보았다.

곧 그 가운데 들어가 목욕하고 마시자 모든 번뇌의 뜨거움이 사라졌다.

그런 뒤에 다시 큰 산 위에 올라가 일곱 가지 꽃을 보았는데, 그것은 우트팔라(utpala)·파드마(padma)·쿠무다(kumuda)·푼다리카(puṇḍarīka)·소간디카(saugandhika)·므리두간디카(mṛdugandhika)·아티묵타카(atimuktaka) 꽃이었다. 그는 이 꽃의 향기를 맡고는 다시 돌산에 올라가 사층 누각을 보았다.

그는 그 누각 위에 앉아 다섯 기둥으로 된 장막을 보고는 곧 그 가운데 들어가 몸을 거두어 바르게 앉았다. 갖가지 베개와 담요가 있고 꽃을 흩어 두루 펴고 묘하게 좋은 것들을 장엄하였는데, 그 가운데 마음대로 앉고 누우니 시원한 바람이 사방에서 불어와 그 몸을 안온하게 하였다.

그는 높은 곳에 앉아서 아래를 굽어보며 큰 소리로 외쳤다.

'잿강에 있는 여러 중생, 여러 어진 이들이여, 그 잿강의 남쪽 언덕은 아주 뜨겁고 온갖 날카로운 가시가 많으며, 그곳은 깜깜하게 어두우니 어서 그 강에서 나오시오.'

그 소리를 들은 어떤 사람이 소리를 따라 물었다.

'어디서 나갈 수 있습니까, 어느 곳을 따라서 나가야 합니까?'

그러자 그 안에 있던 다른 어떤 사람이 말하였다.

'너는 무엇 때문에 어디서 나갈 수 있느냐고 묻느냐? 소리치는 사람 또한 어디로 나가야 하는지를 알지 못하고 어디로 나가는지 보지도 못하였다. 그 또한 아주 뜨겁고 온갖 날카로운 가시가 많은 남쪽 언덕 깜깜하고 어두운 곳에서 흐름을 따라 떠내려오고 있는데, 그에게 묻는다고 무엇하겠느냐.' "

잿강의 갖가지 비유의 뜻을 보이심

"비구들이여, 이와 같이 나는 이 비유를 말하였으니, 이제 그 뜻을 말해주겠다.

여기에서 재[灰]라고 한 것은 곧 세 가지 악하여 착하지 않은 생각을 말한 것이니, 세 가지란 탐내는 생각, 성내는 생각, 해치려는 생각을 말한다.

강[河]은 세 가지 애착을 말하니, 욕계의 애착[欲愛]과 색계의 애착[色愛], 무색계의 애착[無色愛]을 말한 것이다.

매우 뜨거운 남쪽 언덕은 안과 밖의 여섯 들이는 곳[六入處]을 말한 것이고, 많은 날카로운 가시란 다섯 가지 탐욕의 공덕[五欲功德]을 말한 것이다.

깜깜한 곳이란 지혜의 눈을 가리는 무명(無明, avidyā)을 말한 것이고, 많은 사람이란 어리석은 범부를 말한 것이다. 흐름이란 나고 죽음의 강을 말하고, 그 가운데서 미련하거나 어리석지 않은 한 사람이란 보디사트바(bodhisattva) · 마하사트바(mahāsattva)를 말한 것이다.

손발의 방편으로 흐름을 거슬러 올라간다고 한 것은 정진하여 닦아 배움을 말한 것이고, 조그만 빛을 차츰 보았다는 것은 법인(法忍) 얻음을 말한 것이다.

평평한 땅에 이르렀다는 것은 계 지킴을 말한 것이고, 사방을 살핀다는 것은 네 가지 진리를 보는 것이고, 큰 돌산은 바른 견해를 말한 것이다.

여덟 갈래 물이란 '여덟 가지 바른 길'[八聖道]을 말한 것이고, 일곱 가지 꽃은 '일곱 갈래 깨달음 법'[七覺支]을 가리킨 것이다. 사층집은 '네 가지 자재한 선정'[四如意足]을 가리킨 것이고, 다섯 기둥의 장막은 믿음 등 '다섯 가지 진리의 뿌리'[五根]를 말한 것이다.

몸을 거두어 똑바르게 앉았다는 것은 남음 없는 니르바나[無餘涅槃]를 말한 것이고, 꽃을 흩어 두루 편다는 것은 모든 선정 · 해탈 · 사마디[正受]를 말한 것이다.

마음대로 앉고 눕는다는 것은, 여래 · 공양해야 할 분 · 바르게 깨친 분을 말한 것이고, 사방에서 바람이 분다는 것은 '네 가지 늘어나는 마음'[四增心]으로 법을 보아 편안하고 즐겁게 머무는 것을 말한 것이다.

소리를 높여 외친다는 것은 법바퀴[法輪] 굴림을 말한 것이고, '여러 어진 이들이여, 어디서 나갈 수 있습니까, 어느 곳을 따라서 나가야 합니까' 하고 물은 사람이란 바로 사리푸트라나 목갈라야나 같은 어진 비구들을 말한 것이다.

그 가운데 어떤 사람이 '너는 무엇 때문에 묻느냐. 소리치는 그 사람도 어디로 나가야 하는지를 알지 못하고 보지도 못하였다. 그 사람 또한 아주 뜨겁고 날카로운 가시가 많은 남쪽 언덕 어두운 곳에서 잿강의 흐름을 따라 떠내려오고 있다. 그에게 묻는다고 무엇하겠는가?'라고 한 것은 온갖 삿된 견해를 가진 여섯 스승들을 말한 것이다.

그 여섯 스승은 푸라나 카샤파(Pūraṇa-kāśyapa) · 마카리 고사리푸트라(Maskarī-gośālīputra) · 산자야 바이라티푸트라(Sañjaya-vairaṭṭiputra) · 아지타 케사캄바라(Ajita-keśakambala) · 카쿠다 카타야나(Kakuda-kātyāyana) · 니르그란타 즈냐타푸트라(Nirgrantha-jñātaputra)와 그 밖의 삿된 견해를 가진 무리들을 말한 것이다.

이와 같이 비구들이여, 큰 스승이 여러 성문들을 위해 지어야 할 것을 나는 이제 이미 다 지었다."

붇다께서 이 경을 말씀하시자, 여러 비구들은 붇다의 말씀을 듣고 기뻐하며 받들어 행하였다.

• 잡아함 1177 회하경(灰河經)

• 해설 •

잿강은 탐냄 · 성냄 · 어리석음의 업의 강이고 온갖 장애로 가득찬 세간살이며, 어려움과 괴로움이 넘치는 중생 번뇌의 강이다. 잿강은 무명(無明)으로 어두워져 안의 들임[內入]으로 밖의 들임[外入]을 집착하고, 밖의 들임이 안의 들임을 물들이고 얽매는 윤회의 강이다.

중생은 모두 그 강에 빠져 휩쓸려가며 그 흐름을 거스르지 못한다.

안의 들임과 밖의 들임이 모두 공한 줄[內外俱空] 알아, 다시 안과 밖에 집착과 얽매임이 일어나지 않고[內外無着] 하나의 보디로 안과 밖을 밝게 사무친[內外明徹] 여래 세존만이 잿강에서 벗어나 잿강에 빠진 중생을 건지는 분이다.

그 뜻이 어리석지 않아 여래의 가르침을 따라 잿강에서 빠져나와 살길을 찾는 이가 바로 자각한 중생 보디사트바이고, 그 마음이 큰 중생[大心凡夫] 마하사트바이다.

여래의 가르침을 따르는 보디사트바만이 믿음과 정진으로 부지런히 배워 잿강에서 빠져나와 어두움을 뚫고 빛을 보며, 거친 흐름을 건너 평탄한 땅에 이르며, 사방을 둘러 살피게 된다. 강물을 빠져나와 사방을 둘러 살피는 것은 보디사트바가 사제법을 살펴 바른 견해 일으킴이다.

마하사트바는 안온하고 평탄한 땅에서 '팔정도의 물' 마시고서 '칠각지의 꽃'을 보며, 네 가지 자재한 '선정의 누각'에 앉고 다섯 가지 진리의 뿌리인 장막에 들어가 니르바나의 편안한 침상에 누워, 선정과 해탈의 꽃을 펼쳐낼 수 있게 된다.

그가 바로 여래의 방[如來室]에 들어가 마음대로 앉고 누우며 사방에서 불어오는 맑은 해탈의 바람 맞으며 편안하고 즐겁게 노니는 자이다.

보디사트바는 이미 잿강에서 벗어나 안온한 삶의 길을 찾았지만, 저 잿강에서 한량없는 중생이 빠져나오지 못하고 어두움과 번뇌의 강 속에서 아우성치고 있으니, 보디사트바 · 마하사트바가 어찌 큰 자비를 일으켜 그 중생의 고통을 대신하여 잿강에서 빠져나올 길을 찾지 않겠는가.

그들이 바로 사리푸트라와 목갈라야나 같은 어진 비구들이다.

삿된 스승들은 잿강에서 이미 벗어나 잿강에서 중생을 건네주는 여래도 믿지 않고, 중생을 대신하여 잿강에서 빠져나올 길을 찾는 어진 비구들의 길을 부정하니, 그들은 세계의 연기적 진실을 등지고 진실이 아닌 삿된 법으로 중생을 끌고 가기 때문이다.

그러나 잿강의 언덕인 안의 들임과 밖의 들임이 이미 공한 것이라면 잿강의 중생이 여래의 깨달음을 안고 있는 중생이라, 중생이 중생 스스로의 진실을 돌이켜보는 곳에 잿강의 중생이 잿강에서 벗어나는 길이 있다.

이런 뜻을 『원각경』(圓覺經)은 '허깨비인 줄 알면 곧 벗어난 것이다'[知幻卽離]라고 말하니, 허깨비인 줄 알면 허깨비에는 없앨 것이 없으며, 허깨비가 본래 공하여 허깨비 아닌 곳은 사라지지 않는 것[非幻不滅]이다.

강가아 강의 물이 흘러 큰 바다로 나아가듯

이와 같이 내가 들었다.

한때 붇다께서는 우루빌라 마을 나이란자나(Nairañjanā) 강 옆의 보디 나무 밑에 계셨는데, 깨달음을 이루신 지 그리 오래되지 않은 때였다.

그때 세존께서는 홀로 고요히 사유하시다 이렇게 생각하셨다.

'일승(一乘)의 도가 있어, 중생을 청정하게 해주고 온갖 근심과 슬픔에서 건져주며, 고통과 번뇌를 없애주고 진여(眞如)의 법을 얻게 할 수 있다.

곧 네 곳 살핌[四念處]이니, 어떤 것이 그 네 가지인가?

몸에서 몸 살핌이고 느낌 · 마음 · 법에서 법 등을 살핌이다.'

네 곳 살핌이 일승의 도임을 사유하심

'만약 어떤 사람이 네 곳 살핌을 좋아하지 않으면 곧 거룩한 법을 좋아하지 않을 것이요, 거룩한 법을 좋아하지 않으면 거룩한 도를 좋아하지 않을 것이며, 거룩한 도를 좋아하지 않으면 단이슬의 법[甘露法]을 좋아하지 않을 것이요, 단이슬의 법을 좋아하지 않으면 태어남 · 늙음 · 병듦 · 죽음과 근심 · 슬픔 · 번민 · 괴로움에서 벗어나지 못할 것이다.

만약 네 곳 살핌 닦기를 좋아하면 거룩한 법 닦기를 좋아할 것이요, 거룩한 법 닦기를 좋아하면 거룩한 도 닦기를 좋아할 것이며, 거룩한 도 닦기를 좋아하면 단이슬의 법을 좋아할 것이요, 단이슬의 법을 좋아하면 태어남 · 늙음 · 병듦 · 죽음과 근심 · 슬픔 · 번민 · 괴로움에서 벗어나게 될 것이다.'

그때 사바세계의 주인인 브라흐마하늘왕이 세존께서 마음으로 생각하심을 알고, 마치 힘센 장사가 팔을 굽혔다 펼 만한 짧은 시간에 브라흐마하늘에서 사라져 붇다 앞에 나타나 이렇게 찬탄하였다.

"그렇습니다, 세존이시여. 그렇습니다, 잘 가신 이여. 일승의 도가 있어서 중생을 청정하게 할 수 있으니, 곧 네 곳 살핌입니다.

나아가 네 곳 살핌 닦기를 좋아하면 단이슬의 법을 좋아할 것이고, 단이슬의 법을 좋아하면 태어남 · 늙음 · 병듦 · 죽음과 근심 · 슬픔 · 번민 · 괴로움에서 벗어나게 될 것입니다."

네 곳 살핌의 법에 대해 브라흐마하늘왕이 게송으로 찬탄함

그때 브라흐마하늘왕이 다시 게송으로 말하였다.

일승의 도가 있음 말씀하시어
중생에게 모든 있음의 끝 보이시고
바른 법을 중생에게 연설하시사
괴로운 중생을 편안케 하시네.

과거의 여러 모든 세존께서도
이 도의 수레 타시고 건너가셨고
앞으로 오실 여러 모든 세존께서도

이 도의 수레 타시고 건너가시리.

현재의 바로 깨친 거룩한 이도
이 도의 수레 타시고 저 바다 건너
나고 죽음의 끝을 마쳐 다하사
마음을 조복하여 청정하시네.

끝없는 나고 죽음의 수레바퀴를
모두 다해 길이 녹여 없애버리고
가지가지 모든 경계 환히 아시어
지혜눈은 바른 길을 드러내시네.

비유하면 강가아 강의 물이 흘러서
넓고 큰 바다로 돌아 나가면
세찬 흐름 멀리 가는 것처럼
여래의 바른 법 또한 이와 같아라.

붇다는 넓은 지혜 잘 나타내 보여
단이슬의 거룩한 법 얻게 하나니
뛰어나고 훌륭한 바른 법수레
옛날에는 일찍이 듣지 못했네.

세존께선 온갖 중생 슬피 여기사
중생 위해 법의 수레 굴려주시고

하늘과 사람 덮어 보살피시며
저 언덕에 건너도록 하여주시네.
그러므로 이 세상의 온갖 중생들
모두다 머리 숙여 절하옵니다.

그때 브라흐마하늘왕은 붇다의 말씀을 듣고 기뻐하면서, 붇다의 발에 머리를 대 절하고 이내 사라지더니 나타나지 않았다.

• 잡아함 1189 범천경(梵天經)

• 해설 •

강가아 강물이 걸림과 막힘이 없으면 반드시 큰 바다로 흘러들어가 한 바다가 되듯이, 그리고 연꽃이 꽃이 있으면 반드시 열매가 있듯, 일승(一乘)의 법수레라면 반드시 중생을 니르바나의 법바다에 이르게 해야 한다.

또한 그 법수레는 선택받은 자, 선택받은 계급, 특정한 사람의 수레가 아니고, 그 누구가 그 법수레에 타면 나고 죽음의 수레바퀴를 없애고 저 언덕에 건너가게 하는 법수레가 되어야 한다.

네 곳 살핌[四念處]에서 살펴야 할 경계[所觀境]인 몸 · 느낌 · 마음 · 법[四處]은 곧 중생이 지금 보고 듣고 생활하는 현실 자체의 법이다. 그러므로 네 곳 살핌은 보고 듣고 사유하고 살아가는 모든 이가 타고 저 언덕으로 나아갈 해탈의 수레가 되어야 한다.

네 곳은 마음 밖에 살피는 대상이 아니라 곧 살피는 마음인 네 곳이다. 네 곳이 바로 나되 남이 없고 사라지되 사라짐이 없으므로 네 곳 살핌의 수레는 지금 현전의 한 생각[現前一念] 자체인 실천의 수레이고, 현전의 한 생각이 니르바나의 처소가 되는 일승의 수레인 것이다.

살펴야 할 몸이 깨끗하다는 집착 때문에 '깨끗하지 않다'[不淨]는 살핌을 세웠지만, 깨끗하다는 집착이 없어지면 그 몸의 깨끗함도 아니고 깨끗하지 않음도 아닌 참된 깨끗함[眞淨]이 드러난다.

느낌이 즐겁다는 집착 때문에 괴롭다[苦]는 살핌을 세웠지만, 즐겁다는 집착이 없어지면 느낌의 즐거움도 아니고 괴로움도 아닌 참된 즐거움[眞樂]이 드러난다.

마음이 항상하다는 집착 때문에 덧없다[無常]는 살핌을 세웠지만, 항상하다는 집착이 없어지면 마음의 항상함도 아니고 덧없음도 아닌 참된 항상함[眞常]이 드러난다.

법이 나[我]가 있다는 집착 때문에 나 없음[無我]을 세웠지만, 나 있다는 집착이 사라지면 법의 나도 없고 나 없음도 없는 참된 나[眞我]가 드러난다.

그러니 방편으로 세운 '깨끗하지 않음'과 '괴롭고 덧없고 나 없음'을 집착해 그곳에 머문다면, 마치 니르바나의 성[涅槃城]에 이르기 전에 지친 나그네를 위해 짐짓 '길 가운데 만들어 보인 보배성'에 집착해 앞길 걸어가지 못하는 이라 할 것이다.

그렇게 되면 여래의 크고 곧은 길을 내버리고, 작은 샛길 여러 갈림길에 들어가 헤매는 자가 될 것이다.

타는 법의 수레가 중생 자신의 삶의 실상이라면 일승의 수레에는 타는 자[能乘]와 타는 수레[所乘]가 함께 공할 것이니, 타는 자와 타는 바가 함께 공하되 그 공함에도 머물지 않으면 그 무엇이 남는가. 오직 하나인 진여의 법[眞如法]이고 단이슬의 법[甘露法]일 것인가. 끝내 이 무엇인가.

그 진여의 법을 쓰고 일승의 길을 가는 자유인은 누구인가.

옛 선사[雲門杲]의 한 마디 말을 살펴보자.

> 발 닿는 대로 문을 나와 큰 길을 걸으며
> 주장자 비껴 진 채 산노래 부르노라.
>
> 信脚出門行大路　橫擔柱杖唱山歌

④ 강과 언덕의 비유

여덟 가지 바른 삶의 길이 곧 저 언덕이니

이와 같이 내가 들었다.

한때 붇다께서는 슈라바스티 국 제타 숲 '외로운 이 돕는 장자의 동산'에 계셨다.

그때 어떤 자눗소니 브라마나가 붇다 계신 곳에 와 세존과 서로 얼굴 보고 문안 인사를 하였다. 서로 문안 인사를 나눈 뒤에 한쪽에 물러앉아 붇다께 말씀드렸다.

"고타마시여, 어떤 것이 저 언덕이 아니며, 어떤 것이 저 언덕입니까?"

붇다께서 브라마나에게 말씀하셨다.

"삿된 견해는 저 언덕이 아니요, 바른 견해가 저 언덕이오.

삿된 뜻 · 삿된 말 · 삿된 행위 · 삿된 생활 · 삿된 방편 · 삿된 생각 · 삿된 선정은 곧 저 언덕이 아니요, 바른 견해 · 바른 뜻 · 바른 말 · 바른 행위 · 바른 생활 · 바른 방편 · 바른 생각 · 바른 선정이 곧 저 언덕이오."

이 언덕과 저 언덕을 가리시고 다시 게송으로 보이심

그때 세존께서 곧 게송으로 말씀하셨다.

여러 사람들 가운데 아주 드물게
저 언덕에 건너갈 수 있으니
온갖 세간 여러 많은 사람들은
이 언덕에서 맴돌며 노닐고 있네.

여래의 이와 같은 바른 법과 율을
잘 따라 언제나 행하는 사람
이런 사람들이 저 나고 죽음의
건너기 어려운 언덕 건너리라.

그때 자눗소니 브라마나는 붇다의 말씀을 듣고, 따라 기뻐하면서 자리에서 일어나 떠나갔다.

• 잡아함 771 피안경(彼岸經)①

• 해설 •

중생이 삿됨을 붙들고 삿됨인 줄 모르므로 그 삿됨을 상대해 이 언덕이 아닌 저 언덕을 보이시니, 여덟 가지 삿된 생활은 이 언덕이고 여덟 가지 바른 길은 저 언덕이다.

그러나 붇다가 세운 바름은 착함과 악함, 바름과 삿됨이 모두 공한 곳에서 착함 아닌 착함과 바름 아닌 바름을 새롭게 세워내는 바름이다.

세상을 천사와 악마, 선과 악의 세계로 이원화해서 자기가 선하다고 생각하는 입장을 절대화해서 악에 비난과 공격의 화살을 퍼붓는 것은 붇다의 뜻과는 십만팔천 리이다.

『비말라키르티수트라』에서는 삿됨과 바름이 둘이 아닌 법문을 이렇게 보인다.

'정수리구슬왕 보디사트바'[珠頂王菩薩]가 말했다.

"바른 길과 삿된 길이 둘이 되지만, 바른 길에 머무는 자[住正道者]는 이것은 삿되고 이것은 바르다고 분별하지 않소.

이 둘을 떠나면 이것이 '둘 아닌 법문'[不二法門]에 들어감이오."

나고 죽음이 있고 나고 죽음 떠난 니르바나가 있다고 보는 것이 이 언덕이고, 나고 죽음과 니르바나의 두 치우침을 넘어서 남에 남이 없고 죽음에 죽음이 없어, 나고 죽음의 진실이 니르바나라고 보는 것이 저 언덕이다.

『화엄경』(「광명각품」)은 이렇게 말한다.

세간에서 논해 말하는 것은
온갖 것이 다 분별이니
일찍이 그 어느 한 법도
법의 성품에 들지 못하네.

世間所言論　一切是分別
未曾有一法　得入於法性

세간의 허튼 논란 떠난 지혜는
밝은 빛이 두루 깨끗하여서
티끌의 쌓임 모두 씻어 없애네.
움직임 없이 두 가를 떠나면
이것이 여래의 지혜이네.

光明遍淸淨　塵累悉蠲滌
不動離二邊　此是如來智

산목숨 죽임은 이 언덕이고
죽이지 않은 옳은 길은 저 언덕이니

이와 같이 내가 들었다.

한때 붇다께서는 라자그리하 성 칼란다카 대나무동산에 계셨다. 때에 어떤 자눗소니 브라마나는 붇다 계신 곳에 와 붇다의 발에 머리를 대 절하고 한쪽에 물러앉아 말씀드렸다.

"고타마께서 말씀하시는 이 언덕과 저 언덕이란, 어떤 것이 이 언덕이고 어떤 것이 저 언덕입니까."

붇다께서는 말씀하셨다.

"산목숨 죽임은 곧 이 언덕이요, 산목숨 죽이지 않음은 곧 저 언덕이다. 삿된 견해는 이 언덕이요, 바른 견해는 저 언덕이다."

산목숨 죽임 없는 저 언덕을 보이시고 다시 게송으로 말씀하심

그때에 세존께서는 곧 게송으로 말씀하셨다.

착함을 닦아 저 언덕으로
건너는 사람 얼마 안 되고
온갖 많은 중생 무리들
이 언덕을 치달려 도네.

여래의 바른 법과 율로

법과 법의 모습 살피면
이런 사람 저 언덕 건너
죽음의 마라 꺾어 누르네.

때에 자눗소니 브라마나는 붇다의 말씀을 듣고 기뻐하면서 자리에서 일어나 떠났다.

• 잡아함 1051 피안차안경(彼岸此岸經)

• 해설 •

여래가 말씀한 착한 일 행하는 저 언덕은 해탈의 언덕이다. 그러므로 해탈의 착함은 악함을 상대해서 착함을 집착하는 착함이 아니다. 여래가 보이신 착함은 악함과 착함이 서로 상대하여 일어나, 악함과 착함이 모두 공한 줄 알고 늘 새로운 상황에 맞는 착함을 반성적으로 세울 줄 아는 착함이다.

그러므로 여래의 길은 착함에 착하다는 분별을 떠나 착함을 행하고, 악함이 공한 곳에서 악을 착함에로 이끌어들이는 착함이다.

착함과 악함을 취하지 않되 착함과 악함의 연기적인 성취를 버리지 않고, 악함을 돌이켜 착함을 행함 없이 행하는 곳에 저 언덕에 이르는 길이 있다.

『비말라키르티수트라』는 착함과 착하지 않음이 둘이 아닌 법문을, 다음과 같이 말한다.

프스야 보디사트바(Puṣya-bodhisattva, 弗沙菩薩)가 말했다.

"착함과 착하지 않음이 둘이 되나, 만약 착함과 착하지 않음을 일으키지 않고 모습 없는 바탕에 들어가 통달한 사람[入無相而通達者]이면, 이것이 둘이 아닌 법문[不二法門]에 들어감이오."

그릇된 견해 사라지면 이 언덕이 곧 저 언덕이니

이와 같이 들었다.

한때 붇다께서는 슈라바스티 국 '외로운 이 돕는 장자의 동산'에 계시면서 여러 비구들에게 말씀하셨다.

"세 가지 묶음[結使]이 있어서 중생을 얽매어 이 언덕에서 저 언덕으로 가지 못하게 한다. 어떤 것이 세 가지인가. 곧 몸의 삿된 견해, 그릇된 계, 의심이다.

어떤 것을 몸의 삿된 견해라 하는가. 곧 몸에 '나'가 있다고 헤아려 '나'라는 생각을 내고, 중생이란 생각이 있어서 '목숨의 틀[命, jīva]이 있고, 목숨[壽, ajīva]이 있으며, 사람이 있고 남이 있으며, 인연이 있고 집착이 있다'고 하는 것이다. 이것을 일러 몸의 그릇된 견해의 묶음이라 한다.

어떤 것을 의심의 묶음이라 하는가. 곧 다음처럼 헤아리는 것이다.

'나가 있는가 나가 없는가, 남[生]이 있는가 남이 없는가, 나와 남의 목숨이 있는가, 나와 남의 목숨이 없는가, 부모가 있는가 부모가 없는가. 지금 세상과 뒷세상이 있는가, 지금 세상과 뒷세상이 없는가, 사문과 브라마나가 있는가 사문과 브라마나가 없는가.

세상에는 아라한이 있는가, 세상에는 아라한이 없는가, 증득한 이가 있는가 증득한 이가 없는가.'

이렇게 헤아리는 것을 의심의 묶음이라 한다.

어떤 것을 그릇된 계의 묶음이라 하는가. 곧 그릇된 계란 다음처럼 생각하는 것이다.

'나는 이 계로써 큰 족성의 집에 나고 장자의 집에 나며, 브라마나의 집에 나고 하늘위나 여러 신 가운데 날 것이다.'

이것을 그릇된 계의 묶음이라 한다."

세 가지 묶음을 끊고 이 언덕에서 저 언덕으로 가도록 하심

"이것을 비구들이여, '이 세 가지 묶음이 중생을 얽매어 이 언덕에서 저 언덕으로 가지 못하게 하는 것'이라 한다.

마치 두 마리 소가 한 멍에에 묶여 끝내 서로 떠나지 못하는 것처럼, 이 중생들 또한 이와 같아 세 가지 묶음에 얽매어 이 언덕에서 저 언덕으로 가지 못한다.

어떤 것이 이 언덕이며 어떤 것이 저 언덕인가. 곧 이 언덕이란 몸의 삿된 견해이고, 저 언덕이란 몸에 대한 그릇된 견해가 사라진 것이다.

이것을 비구들이여, '세 가지 묶음이 중생을 얽매어 이 언덕에서 저 언덕으로 가지 못하게 한다'고 하는 것이다.

그러므로 여러 비구들이여, 반드시 방편을 구해 이 세 가지 묶음을 없애야 한다.

이와 같이 여러 비구들이여, 이렇게 배워야 한다."

그때에 비구들은 붇다의 말씀을 듣고 기뻐하며 받들어 행하였다.

• 증일아함 24 고당품(高幢品) 九

• 해설 •

삿된 견해와 애착의 묶음이 있으면 이 언덕이고, 그 묶음이 사라지면 저 언덕이다. 비록 이 언덕의 묶음이라 말하지만 그 묶음 또한 실로 얽매일 것이 없는 곳에서 얽매임을 내는 것이고, 삿된 견해 또한 실로 그렇다 할 것이 없는 곳에서 실로 그렇다는 삿된 견해를 내는 것이다.

그러므로 애착과 견해의 묶음에 실로 묶는 이가 없고 묶음이 사라진 곳에도 그 묶음을 실로 푸는 자도 없다.

몸에 대한 삿된 견해, 법에 대한 의심, 그릇된 계의 집착은 서로 떨어지지 않는다.

나[我]라고 할 실체 없는 곳에서 몸에 대해 나라는 견해를 일으키므로 몸의 삿된 견해가 나는 것이다. 그리고 연기되어 일어난 것에 그 실상을 모르므로 갖가지 법에 대한 미혹을 내고 보디의 법과 보디의 법을 행하는 실천의 과덕에 의심을 내는 것이다.

다시 삿된 견해에 뿌리를 두고 해탈의 원인이 아닌 행을 해탈의 요인이라 집착하여 그릇된 율법을 세워 그 법을 행하거나 계 지음으로 모습 있는 복을 구해 하늘에 나려 하거나 좋은 종족의 집에 나려 하는 것이다.

이 언덕에 중생을 묶어두는 그릇된 견해와 무명 또한 실로 있는 것이 아니니, 묶음을 풀 때에도 실로 풀어야 할 묶음과 묶임이 있다는 집착을 떠나 그 얽매임에서 벗어나면, 이 언덕이 곧 저 언덕이 되는 것이다.

이 언덕을 버리고 저 언덕이 없지만, 온갖 집착과 번뇌의 묶음에 얽매인 이 언덕의 헤매임 속에도 저 언덕은 없다.

『비말라키르티수트라』는 이렇게 말한다.

'보배도장 손 보디사트바'[寶印手菩薩]가 말했다.

"니르바나의 저 언덕을 좋아하고 세간의 이 언덕을 좋아하지 않는 것이 둘이 되지만, 니르바나를 좋아하지도 않고 세간을 싫어하지도 않으면 둘 있음이 없소.

왜 그런가요. 만약 묶음이 있으면 푸는 것이 있지만, 만약 본래 묶음이 없다면 그 누가 푸는 것을 구하겠소.

묶음이 없고 푸는 것이 없으면 곧 좋아하고 싫어할 것이 없으니, 이것이 곧 둘 아닌 법문[不二法門]에 들어감이오."

『화엄경』(「광명각품」) 또한 세간과 출세간의 두 가지 견해 벗어날 때 참으로 해탈의 저 언덕이 됨을 이렇게 가르친다.

세간과 출세간의 견해
그 온갖 것 다 벗어나야
법을 잘 알 수 있어서
크게 빛나는 보디 이루리.

世及出世見 一切皆超越
而能善知法 當成大光耀

널리 모든 법의 진실을 보아
두 가를 다 버려 떠나면
도를 이루어 길이 물러나지 않고
같이할 것 없는 법바퀴 굴리리.

普見於諸法 二邊皆捨離
道成永不退 轉此無等輪

⑤ 구름과 비, 우레와 우박의 비유

비 내리고 우레 치는 모양 네 가지 구름이 다르듯

이와 같이 들었다.

한때 붇다께서는 슈라바스티 국 제타 숲 '외로운 이 돕는 장자의 동산'에 계셨다.

그때 세존께서 여러 비구들에게 말씀하셨다.

"네 가지 구름이 있다. 어떤 것이 그 넷인가?

어떤 구름은 우레는 치면서 비는 내리지 않는다.

어떤 구름은 비는 내리면서도 우레는 치지 않는다.

어떤 구름은 비도 내리고 우레도 친다.

어떤 구름은 비도 내리지 않고 우레도 치지 않는다.

이것을 네 가지 구름이라고 한다."

구름의 보기로 네 가지 수행자를 분별해 보이심

"이 세간의 네 가지 사람도 구름의 모습과 같다.

어떤 것이 그 네 가지의 사람인가?

어떤 비구는 우레는 치면서 비는 내리지 않는다.

어떤 비구는 비는 내리면서 우레는 치지 않는다.

어떤 비구는 비도 내리지 않고 우레도 치지 않는다.

어떤 비구는 비도 내리고 우레도 친다.

저 어떤 비구를 우레는 치면서 비는 내리지 않는 사람이라 하는가? 어떤 비구는 소리 높여 외우고 익히는 이가 있다. 곧 수트라 · 게야 · 비아카라나 · 가타 · 우다나 · 이티브리타카 · 자타카 · 바이풀라 · 아부타다르마 · 니다나 · 아바다나 · 우파데사 등 이와 같은 모든 법을 잘 읊고 읽고 외워 그 뜻을 잃어버리지 않는다.

그러나 남을 위해 널리 설법하지는 않는다.

이것을 '이 사람이 우레는 치면서 비는 내리지 않는다'고 한다.

저 어떤 사람을 비는 내리면서 우레는 치지 않는 사람이라고 하는가? 어떤 비구는 얼굴빛이 단정하고, 나가고 들어가며 오고 가는 것, 나아가고 물러남의 마땅함을 모두 갖추어 알아, 여러 착한 법을 닦고 털끝만큼의 잃음도 없다.

그러나 그는 많이 듣지도 않고 또 소리 높여 외우고 익히지도 않으며, 다시 수트라 · 게야 · 비아카라나 · 가타 · 우다나 · 이티브리타카 · 자타카 · 바이풀라 · 아부타다르마 · 니다나 · 아바다나 · 우파데사의 법을 닦아 행하지도 않는다.

그러나 남에게 가르침을 받으면 잊거나 잃지 않고, 좋은 벗 좋은 스승과 잘 서로 따르며, 또 남을 위해 설법하기를 좋아한다.

이것을 '이 사람이 비는 내리면서도 우레는 치지 않는다'고 한다.

저 어떤 사람을 비도 내리지 않고 우레도 치지 않는 사람이라고 하는가? 어떤 사람은 얼굴빛도 단정하지 않고, 나가고 들어가는 것과 오고 가는 것과 나아가고 물러남의 마땅함도 모두 갖추지 않고, 온갖 착한 법도 닦지 않는다.

그리고 또 많이 듣지도 않고 소리 높여 읽고 외우지도 않으며, 수트라 · 게야 · 비아카라나 · 가타 · 우다나 · 이티브리타카 · 자타카 · 바이풀라 · 아부타다르마 · 니다나 · 아바다나 · 우파데사의 법을 닦아 행하지도 않고 또 남을 위해 설법하지도 않는다.

이것을 '이 사람이 비도 내리지 않고 우레도 치지 않는다'고 한다.

저 어떤 사람을 비도 내리고 우레도 치는 사람이라고 하는가? 어떤 사람은 얼굴빛도 단정하고, 나가고 들어가는 것과 오고 가는 것과 나아가고 물러남의 마땅함을 모두 갖추어 알며, 배우기를 좋아하고 한 번 배운 것은 잊어버리지 않는다. 또 남을 위해 설법하기를 좋아하고, 남에게 권하여 그것을 받들어 가지게 한다.

이것을 '이 사람이 우레도 치고 비도 내린다'고 한다.

이것을 비구들이여, 세간에 네 가지의 사람이 있다고 하는 것이다.

그러므로 비구들이여, 반드시 이렇게 배워야 한다."

그때 여러 비구들은 붇다의 말씀을 듣고 기뻐하며 받들어 행하였다.

• 증일아함 25 사제품(四諦品) 十

• 해설 •

구름이 우레를 치는 것은 스스로 십이부경(十二部經)을 잘 받아 지니어 읽고 외우는 것을 비유함이고, 구름이 비를 내리는 것은 남에게 잘 설법하여 법의 은택을 끼쳐주는 것을 비유함이다.

우레를 치되 비 내리지 않는 비구는 스스로 잘 받아 읽고 외우되 남에게 설법하지 않는 비구이다. 비는 내리되 우레는 치지 않는 비구는 스스로 잘 받아 읽고 외우지 않되 남에게 잘 설법하는 비구이다.

비도 내리지 않고 우레도 치지 않는 비구는 스스로 잘 받아 읽고 외우지 않으며 남에게 널리 설법하지도 않는 비구이다. 비도 내리고 우레도 치는 비구는 스스로 잘 받아 읽고 외우며 남에게도 널리 설법하는 비구이다.

올바로 십이부경을 받아 지니는 비구는 스스로 잘 받아 지녀 외우고 가르침대로 사마디를 닦아, 늘 가고 머물고 앉고 누움[行住坐臥]에 디야나의 살핌과 그윽이 하나되고[常冥禪觀], 늘 다른 사람을 위해 잘 설법하여 그들에게 법의 은택을 내려준다.

『법화경』(「법사품」法師品)은 스스로 경을 잘 받아 지녀 외움과 사마디행과 설법행이 하나된 법사의 길을 다음과 같이 노래한다.

이 경 누가 설하려면 여래의 방 들어가서
여래의 옷을 입고 여래 자리 바로 앉아
대중 속에 있어도 두려울 바 전혀 없이
널리 중생 위하여 분별하여 설법하라.

若人說此經　應入如來室
著於如來衣　而坐如來座
處衆無所畏　廣爲分別說

큰 사랑 크게 가엾이 여김은 방이 되고
부드럽게 어울리고 잘 참음은 옷이 되며
모든 법이 공함은 편히 앉을 자리 되니
이 자리에 앉아서 중생 위해 법 설하라.

大慈悲爲室　柔和忍辱衣
諸法空爲座　處此爲說法

⑥ 못과 우물물의 비유

진흙 못에 맑은 물이 넘치면 더럽고 나쁜 것들 흘러나오듯

이와 같이 내가 들었다.

한때 붇다께서는 라자그리하 성의 칼란다카 대나무동산에 계셨다. 그때에 존자 사리푸트라 또한 거기 있었다.

때에 존자 사리푸트라는 여러 비구들에게 말하였다.

"만약 어떤 비구가 한량없는 사마디를 얻어 몸으로 증득하여 갖추어 머무른다 해도, 있음의 몸이 사라진 니르바나에 대해 마음으로 즐거워하지 않고 그 법을 행하지 않으며, 있음의 몸[有身]을 돌아보아 집착한다 합시다.

그러면 그것은 마치 사람이 아교를 손에 칠하고 나뭇가지를 잡으면, 손이 곧 나무에 붙어 뗄 수가 없는 것과 같소.

무슨 까닭인가요. 아교를 손에 칠하였기 때문이오."

존재의 집착 다하지 못함을 메마른 못에 비유하심

"비구들이여, 한량없는 사마디를 얻어 몸으로 증득하여 갖추어 머무른다 해도, 있음의 몸이 사라진 니르바나에 대해 마음으로 즐거워하지 않고 그 법을 행하지 않으며, 있음의 몸을 돌아보아 생각하고 집착한다 합시다.

그러면 그는 현재의 법에서 법의 가르침을 그대로 따르지 못하고, 나아가 목숨 마치도록 또한 얻는 것이 없어서 도로 다시 이 세계에 와 끝내 어리석음과 어두움을 깨뜨리지 못할 것이오.

비유하면 그것은 마을 곁에 진흙못이 있어 진흙이 매우 깊이 빠지는데, 오래 가물어 비가 오지 않으면 못물은 마르고 잦아들어서 그 땅이 갈라지는 것과 같소.

이와 같이 비구가 법을 보아 법의 가르침을 따르지 않으면, 목숨을 마치도록 얻은 바가 없어서 오는 세상 다시 이 세계에 태어나 이 세계에 떨어질 것이오."

몸의 집착 다한 니르바나의 길을 맑은 물 넘치는 못으로 비유하심

"만약 어떤 비구가 한량없는 사마디를 얻어 몸으로 증득하고 갖추어 머물러, 있음의 몸이 사라진 니르바나를 마음으로 믿고 즐거워해서 있음의 몸을 생각하지 않는다 합시다.

그것은 비유하면 어떤 사람이 마르고 깨끗한 손으로 나뭇가지를 잡으면 손이 나무에 붙지 않는 것과 같소.

무슨 까닭인가요. 손이 깨끗하기 때문이오.

이와 같이 비구가 한량없는 사마디를 얻어 몸으로 증득하고 갖추어 머물러, 있음의 몸이 사라진 니르바나를 마음으로 믿고 즐거워해서 있음의 몸을 생각하지 않으면, 현재의 법에서 법의 가르침을 그대로 따르고 나아가 목숨을 마치더라도 다시 이 세계에 나지 않을 것이오.

그러므로 비구들이여, 방편을 부지런히 하여 무명을 부수어 깨뜨려야 하오. 비유하면 마을 곁에 진흙못이 있는데, 사방에 흐르는 물이 있고 또 자주 하늘에서 비가 내리면, 물은 늘 못으로 흘러들어가 그 물은 차서 넘치고 더럽고 나쁜 것들은 흘러나와 그 못이 맑고 깨끗한 것과 같소.

이와 같이 다 현재의 법에서 법의 가르침을 그대로 따르면, 나아가 목숨을 마치더라도 다시 이 세계에 나지 않을 것이오.

그러므로 비구들이여, 방편을 부지런히 하여 무명을 부수어 깨뜨려야 하오."

존자 사리푸트라가 이 경을 말하여 마치자, 여러 비구들은 그 말을 듣고 기뻐하며 받들어 행하였다.

• 잡아함 492 니수경(泥水經)

• 해설 •

지금 있음의 몸[有身]에 몸 없음을 알면, 있음의 몸 그대로 니르바나에 나아가게 된다. 비록 사마디를 닦아 마음이 고요해짐을 얻었어도 몸이 본래 공한 니르바나 그 해탈의 법맛을 즐거워하지 않고 몸 있음을 집착하면, 마치 아교 칠한 손으로 나무를 잡는 것처럼 곳곳에 붙게 되고 깊은 진흙못에 물이 말라 연꽃이 피지 못하는 것과 같다.

있음의 몸에서 몸 있음을 벗어나야 깨끗한 손으로 나무를 잡으면 손이 나무에 붙지 않는 것과 같으며, 연못에 깨끗한 물이 넘쳐 더러운 것들은 밖으로 흘러나가고 못 속에 아름답고 향기로운 꽃들이 잘 피어나는 것과 같다.

세간 집착을 떠나되 보디에도 집착 떠난 보디사트바의 길을, 『화엄경』(「십인품」十忍品)은 이렇게 노래한다.

세간을 이롭게 하려고

뜻을 오롯이 해 보디 구하나
늘 법의 성품에 들어가니
보디에도 분별없도다.

爲欲利世間 專意求菩提
而常入法性 於彼無分別

비유하면 물 가운데 비친 그림자
안도 아니고 또 밖도 아니듯
보디사트바는 보디 구하여
세간이 세간 아님을 깨닫네.

譬如水中影 非內亦非外
菩薩求菩提 了世非世間

세간 이익을 위해 보디의 한 생각에 나아가되 구해야 할 보디마저 놓아버리는 참사람의 모습은, 천 길 낭떠러지에서 손에 잡은 가지마저 놓아버림으로써 크게 죽어 크게 살아난 대장부의 살림살이라 할 것이다.

다음 옛 선사의 한 마디 말을 들어보자.

두 눈에 가득한 푸른 산속에
한 그루의 나무마저 있지 않으니
깎아지른 천 길의 낭떠러지에
잡은 손을 놓아야 큰 장부로다.

滿目靑山無寸樹 懸崖撒手丈夫兒

넓은 들에서 우물물을 찾았지만 두레박이 없어 먹지 못하듯

이와 같이 내가 들었다.

한때 존자 나라다(Nārada) · 존자 무실라(Musīla) · 존자 사비타(Saviṭṭha) · 존자 아난다는 슈라바스티 성의 코끼리귀 못가로 갔다. 그때에 존자 나라다는 존자 무실라에게 말하였다.

"어떤 다른 믿음 · 다른 하고자 함 · 다른 들음 · 다른 지어감과 느낌과 모습 취함 · 다른 견해를 깊이 살피고 잘 참을 수 있어야 이와 같이 바르게 깨친 지견, 곧 '태어남 때문에 늙음과 죽음이 있으니, 태어남을 떠나서는 늙음과 죽음이 없다'는 지견이 생기게 되오."

존자 무실라는 말하였다.

"이런 다른 믿음 · 다른 하고자 함 · 다른 들음 · 다른 지어감과 느낌과 모습 취함 · 다른 견해를 깊이 살피고 잘 참아야 이와 같이 바르게 깨친 지견, 곧 '태어남이 있기 때문에 늙음과 죽음이 있고, 태어남을 떠나서는 늙음과 죽음이 없다'는 이와 같은 지견이 생기는 것이오."

존자 나라다가 말했다.

"그렇다면 존자 무실라여, 어떤 다른 믿음 다른 참음이 있어야 스스로 깨달아 이런 지견, 곧 '있음이 사라지면 고요하여 니르바나이다'는 지견이 생기게 되오."

존자 무실라가 대답했다.

"이런 다른 믿음 나아가 다른 참음이 있으면 스스로 깨달아 이런 지견, 곧 '있음이 사라지면 고요하여 니르바나이다'는 지견이 생기게 되오."

"존자 무실라여, '존재가 사라지면 고요하여 니르바나이다'라고 말하면, 그대는 이제 곧 '아라한'이니 모든 흐름이 이미 다한 것이오."

존자 무실라는 잠자코 대답하지 않았다. 두 번 세 번 물어도 잠자코 대답하지 않았다.

아라한의 과덕을 얻지 못해도 바른 지견이 날 수 있음을 보임

그때에 존자 사비타는 존자 무실라에게 말하였다.

"그대는 우선 그치시오. 내가 그대를 위해 존자 나라다에게 답하겠소."

존자 무실라는 말하였다.

"나는 이제 우선 그치겠소. 그대는 나를 위해 대답하시오."

그때에 존자 사비타는 존자 나라다에게 말하였다.

"어떤 다른 믿음 나아가 다른 참음이 있으면 스스로 깨달아 이런 지견, 곧 '있음이 사라지면 고요하여 니르바나이다'라고 하는 지견이 나는 것이오."

그때 존자 나라다는 존자 사비타에게 물었다.

"이런 다른 믿음 나아가 다른 참음이 있어서 스스로 깨달아 이런 지견 곧 '있음이 사라지면 고요하여 니르바나이다'라고 한다는 지견이 생긴다면, 그대는 지금 곧 흐름이 다한 아라한인 것이오."

존자 사비타는 말하였다.

"나는 '있음이 사라지면 고요하여 니르바나이다'라고 말하였소. 그러나 흐름이 다한 아라한은 아니오."

존자 나라다는 말하였다.

"말하는 것이 한결같지 않아 앞뒤가 서로 어긋나오. 존자가 말한 대로라면 '있음이 사라지면 고요하여 니르바나이다'라고 하고서는, 다시 '흐름이 다한 아라한은 아니다'라고 말하였소."

우물물을 찾았지만 아직 먹지 못함을 비유로 들어 말함

존자 사비타는 존자 나라다에게 말하였다.

"이제 비유를 말하겠소. 대개 지혜로운 사람은 비유로써 이해하게 되오. 넓은 들길 가에 우물이 있는데 그 물을 뜰 수 있는 줄도 없고 두레박도 없었소.

그때에 어떤 길 가는 사람이 더위와 목마름에 시달려 우물을 돌면서 찾았으나 줄도 없고 두레박도 없었소. 우물을 자세히 살펴 진실대로 보아 알았지만, 몸이 닿지 않았소.

이와 같이 나는 '있음이 사라지면 고요하여 니르바나이다'라고 말을 하지만, 스스로는 흐름이 다한 아라한을 얻지 못했소."

그때에 존자 아난다는 존자 나라다에게 말하였다.

"저 존자 사비타의 말을 그대는 다시 어떻게 생각하오."

존자 나라다는 존자 아난다에게 말하였다.

"존자 사비타는 진실을 잘 말했소. 다시 무슨 말을 하겠소."

그때에 그 존자들은 각기 말하고는 자리에서 일어나 떠나갔다.

• 잡아함 351 무사라경(茂師羅經)

• 해설 •

연기법의 가르침을 듣고 바른 이해가 생기고 바른 믿음이 섰다고 바로 아라한이 되는 것은 아니다. 이는 마치 목마른 자가 넓은 들판 우물을 자세히 알지만 아직 그 물을 마셔 목마름을 가시지 못한 것과 같다.

곧 연기법을 듣고 삿된 견해를 떠나면 지혜의 흐름에 들어간다. 그러나 비록 성인의 흐름에 함께한다고 해도 어떤 이는 아직 새로 심리적인 갈등과 동요를 일으키다 다시 지혜의 흐름에 돌아오기도 한다.

또 어떤 이는 그 믿음과 이해의 뿌리가 더욱 깊어져야 지혜의 흐름을 따라 나아가 사마디의 땅에 안주하여 물러나지 않게 되며, 그런 뒤에 다시 뒤로 떨어짐이 없이 앞으로 나아가 번뇌의 흐름을 다하고 더 배울 것이 없는 아라한이 된다.

연기법에서 보면 남[生] 때문에 늙음과 죽음이 있으니, 남[生]에 남이 없음[無生]을 알아 온전히 나되 남 없음을 생활하면 있음이 사라져 고요한 니르바나가 된다.

이와 같이 알아 다시 삿된 견해에 떨어지지 않으면 그가 바로 성인의 지혜의 흐름에 들어선 스로타판나(srotāpanna)이다. 이처럼 비록 지혜의 흐름에 들어섰지만, 그가 바로 아라한의 번뇌 다한 현성이 되는 것은 아니니, 우물로 가는 길을 알아 우물에 이르러도, 줄과 두레박이 갖춰져 있지 않고 두레박 쓰는 법도 잘 알지 못하면 그 우물물을 마시지 못함과 같다.

길을 알고 갖가지 방편의 수레를 빌려 가고자 하는 곳에 이르러서 그 방편의 수레마저 버려야 아라한의 배울 것 없는 지위에 들어간다. 그러나 해탈의 길은 중생이 본래 니르바나되어 있는 곳에서 다시 니르바나의 성에 들어가는 길이니, 닦아간다 해도 옳지 않고 가지 않는다 해도 옳지 않으며, 얻는다 해도 옳지 않고 얻지 않는다 해도 옳지 않다.

곧 무명을 돌이켜 성인의 흐름에 들어가도 실로 들어간 것이 없고, 아라한의 과덕을 얻어도 실로 얻음이 없어서 네 지위는 같으면서 다르니, 이 뜻을 『금강경』은 '함이 없음으로써 차별이 있다'고 말한다.

중생의 번뇌가 없지 않은 곳에서 보면, 이처럼 스로타판나 · 사크리다가민 · 아나가민 · 아라한으로 나아가는 향상의 길이 차별되지만, 끊을 번뇌가 본래 공한 곳에서 보면 네 가지 과덕에 실로 얻음이 없으니, '아라한의 도를 얻었다'고 말하면 그가 참으로 아라한의 도를 얻은 자가 되지 못하는 것이다.

미혹을 돌이켜 지혜의 흐름에 들고 번뇌를 다해 배울 것 없는 과덕의 땅에 이르르는 차제가 없다 해도 연기법의 실천이 아니고, 실로 흐름에 들고 실로 번뇌 끊어 보디를 얻는다 해도 연기법의 실천이 아니다.

중생과 붇다의 차별을 깨뜨리지 않고 중생과 붇다가 원융한 보디의 성품을 바로 아는 자가, 니르바나의 땅에 앉아 감이 없이 니르바나 해탈의 언덕으로 가게 되리라. 『화엄경』(「십인품」)은 이렇게 말한다.

> 바르게 행하는 보디사트바는
> 변화 같은 자기성품 따라서
> 보디의 도를 닦아 익히네.
> 온갖 법은 변화와 같으니
> 보디사트바의 행도 또한 그러네.
>
> 隨順化自性　修習菩提道
> 一切法如化　菩薩行亦然

> 세간이 다 변화와 같음을 아니
> 보디사트바는 세간을 분별하지 않네.
> 변화의 일이 갖가지로 다른 것은
> 다 업의 차별 말미암음이네.
>
> 知世皆如化　不分別世間
> 化事種種殊　皆由業差別

6) 동물의 비유

① 용의 비유

잘 건너신 길잡이 스승 큰 용과 같으시니

이와 같이 내가 들었다.

한때 붇다께서는 카필라 국의 카필라바스투 숲속에서 오백 비구와 함께 계셨다.

그들은 다 아라한으로 모든 흐름이 이미 다하고 지을 바를 이미 지어 모든 무거운 짐을 떠나 스스로의 이익을 얻었고, 모든 있음의 묶음[諸有結]을 다해 바른 지혜로 마음이 잘 해탈하였다.

그때 세존께서는 여러 대중을 위해 니르바나에 서로 응하는 법을 말씀하셨다.

그때 시방 세계의 대중과 위력 있는 여러 하늘들이 다 모여와 세존과 비구대중에게 공양하였다.

다시 여러 브라흐마하늘왕들이 브라흐마하늘에서 이렇게 생각했다.

'오늘 붇다께서 카필라 국에 머물고 계시며 여러 대중을 위해 니르바나에 서로 응하는 법을 설하고 계시니, 시방의 대중과 여러 하늘들이 와 세존과 비구대중에게 공양하였다.

우리는 이제 가서 각기 찬탄하리라.'

이렇게 생각하고는 힘센 장사가 팔을 굽혔다 펼 무렵에 브라흐마하늘에서 사라져 붇다 앞에 머물렀다.

네 브라흐마하늘들이 세존과 상가를 찬탄함

첫 번째 브라흐마하늘이 게를 말했다.

이 카필라의 숲 가운데에
대중이 널리 구름처럼 모였고
시방의 여러 하늘 무리들도
모두 와서 공경하옵니다.
그러므로 저도 멀리서 와
가장 빼어나 누를 길 없는
거룩한 상가에 절하옵니다.

두 번째 브라흐마하늘이 다시 게를 말했다.

이 모든 비구대중들은
진실한 마음으로 정진해
이 크나큰 숲 가운데서
모든 아는 뿌리 잘 거두어서
저 언덕 건너감을 구하네.

세 번째 브라흐마하늘이 게를 말했다.

좋은 방편으로 은혜와 애착

깊고 날카로운 가시 녹이시사
굳세어 흔들려 움직이지 않음
저 인드라의 깃발과 같네.

깊은 해자의 물 흐름 건너
청정하여 탐욕 구하지 않으니
잘 건너신 길잡이 스승께선
모든 것 조복하신 큰 용이시네.

네 번째 브라흐마하늘이 게를 말했다.

붇다께 귀의하는 이는
끝내 악한 길 떨어지지 않고
사람 가운데 몸을 끊어서
하늘의 묘한 몸을 얻어
즐거움을 받게 되리라.

네 브라흐마하늘왕은 이렇게 각각 게송을 마치고 사라져 나타나지 않았다.

• 잡아함 1192 집회경(集會經)

• 해설 •

붇다는 온갖 세간법의 연기적인 진실을 알아 '세간을 잘 아신 이'[世間解]라 하고, 세간을 벗어나 세간 중생을 니르바나에 잘 이끄시므로 '사람과 하늘의 스승'[人天師] '도법에 잘 이끄는 이'[道法御]라 한다.

그러므로 세간 중생의 우러름을 받아왔던 저 브라흐마하늘왕들도 니르바나의 법 설하시는 세존을 '크나큰 용'이라 찬탄하고 세존의 상가를 무리 가운데 높은 거룩한 대중이라 찬탄하는 것이다.

『화엄경』(「여래출현품」) 또한 여래의 지혜를 용왕(龍王, nāgā-rāja)에 견주어 다음과 같이 찬탄한다.

용에게 네 구슬이 있어서
온갖 보배를 나타내지만
깊고 비밀한 곳에 구슬 두면
사람들이 볼 수 없는 것 같네.

如龍有四珠 出生一切寶
置之深密處 凡人莫能見

붇다의 네 지혜 또한 그러해
온갖 지혜를 나타내지만
다른 사람들은 보지 못하나
오직 큰 보디사트바는 내놓네.

佛四智亦然 出生一切智
餘人莫能見 唯除大菩薩

큰 용이 믿음으로 손을 삼고 두 공덕으로 어금니 삼듯

나는 들었다, 이와 같이.

한때 붇다께서는 슈라바스티 국에 노니시면서 동쪽동산의 므리가라마트리 강당에 계셨다.

그때에 세존께서는 해질녘 좌선에서 일어나 집 위에서 아래로 내려오시어 말씀하셨다.

"우다이여, 너와 함께 동쪽 강에 가서 목욕하련다."

이에 세존께서는 존자 우다이를 데리고 동쪽 강에 가시어, 언덕 위에 옷을 벗고 곧 물에 들어가 목욕하셨다.

목욕을 마친 뒤에 도로 나와 몸을 닦고 옷을 입으셨다.

그때에 프라세나짓 왕에게는 이름을 '스므리티'(smṛti, 念)라고 하는 '용 같은 코끼리 왕'[龍象]이 있어, 온갖 음악을 내며 동쪽 강을 건너고 있었다.

사람들은 그것을 보고 이렇게 말하였다.

'이것은 용 가운데 용[龍中龍, nāgatināga]으로 큰 용의 왕인데, 이 용은 누구인가.'

존자 우다이는 두 손을 맞잡고 붇다를 향하여 말씀드렸다.

"세존이시여, 코끼리가 큰 몸을 받았으므로 사람들은 그것을 보고 이렇게 말합니다.

'이것은 용 가운데 용으로 큰 용의 왕인데, 이 용은 누구인가.'"

세존께서는 말씀하셨다.

"그렇다, 우다이여. 그렇다, 우다이여. 코끼리가 큰 몸을 받았으므로 사람들은 그것을 보고 이렇게 말한다.

'이것은 용 가운데 용으로 큰 용의 왕인데, 이 용은 누구인가.'

말 · 낙타 · 소 · 나귀 · 뱀 · 사람 · 나무로 큰 몸을 가지면 사람들은 그것을 보고 이렇게도 말한다.

'이것은 용 가운데 용으로 큰 용의 왕인데, 이 용은 누구인가.' "

해침이 없는 이를 용이라 부름을 말씀하심

"우다이여, 만약 세간의 하늘과 마라와 브라흐만, 사문과 브라마나 등 사람에서 하늘에 이르기까지 몸과 입과 뜻으로써 해치지 아니하면, 나는 그를 용(龍, Nāga)이라고 말한다.

우다이여, 여래는 세간에서 하늘과 마라와 브라흐만, 사문과 브라마나 등 사람에서 하늘에 이르기까지 몸과 입과 뜻으로써 해치지 아니하였다. 그러므로 나를 용이라고 이름한다."

이에 존자 우다이는 두 손을 맞잡고 붇다를 향하여 말씀드렸다.

"세존이시여, 제게 위력을 주시길 바랍니다. 잘 가신 이시여, 위력을 주십시오. 그리하여 저로 하여금 붇다 앞에서 용과 서로 맞는 노래로 세존을 찬탄하게 하십시오."

"네가 하고 싶은 대로 하라."

이에 존자 우다이는 붇다 앞에서 '용과 서로 맞는 노래'[龍相應頌]로써 세존을 찬탄하였다.

우다이가 세존이야말로 용 가운데 용이심을 찬탄함

바르게 깨친 분 사람 사이 나시어
스스로 길들여 바른 선정 얻고
닦아 익혀 브라흐만의 자취 행해
뜻을 쉬어 스스로 즐거우시네.

사람들의 우러러 높이심 받고
온갖 모든 법을 뛰어 벗어나시사
또한 하늘이 우러러 공경하시니
집착 없어 지극히 참된 사람이네.

온갖 맺음 벗어나 건너시어서
숲에서도 숲을 버려 떠나가시고
탐욕 버려 탐욕 없음 즐기시나니
돌에서 참된 금이 나옴과 같네.

널리 들어 바로 모두 깨달으시니
해가 허공에 솟아오른 듯하고
온갖 용 가운데 높이 우뚝하심은
뭇 산에 멧부리가 있는 것 같네.

그를 일컬어 큰 용이라고 이름하나
남을 다쳐 해치는 바가 없으니

온갖 용 가운데 빼어난 용으로
진실 그대로의 위없는 용이네.

따뜻하고 윤기 있어 해침 없으니
이 두 가지 곧 위없는 용의 발이요
고행과 티가 없이 깨끗한 범행
이것을 용의 행하는 바라 말하네.

크나큰 용은 믿음으로 손을 삼고
두 가지 공덕으로 어금니 삼아
생각의 목과 지혜의 머리로써
법을 사유하고 잘 분별하시네.

모든 법을 받아지니심은 배요
멀리 떠남 즐기는 것은 두 팔이니
숨이 드나듦 잘 살펴 머무시사
안의 마음 좋은 선정 이르셨네.

용은 다니고 그침이 늘 고요하고
앉음과 누움 또한 고요하여
용은 온갖 때가 늘 큰 선정이니
이것을 용의 늘 그런 법이라 하네.

더러움 없는 집에서 먹이 받고

더러움 있으면 곧 받지 않으며
깨끗지 못한 나쁜 먹이 얻으면
사자와 같이 그 먹이 바로 버리네.

얻는바 남이 주는 공양거리는
남을 가엾이 여기어 공양 받으니
용은 남의 믿음 어린 베풂 받아서
목숨만 보존할 뿐 집착이 없네.

크고 작은 맺음을 끊어 없애고
온갖 묶임 뛰어나 벗어났으니
그가 노닐어 다니는 곳을 따라
마음에는 얽매임과 집착이 없네.

그 모습은 마치 진흙 속 흰 연꽃이
물에서 나고 그 물에서 자라도
진흙물이 거기에 붙지 못하고
묘한 향기 좋은 빛깔 가진 것 같네.

이와 같이 가장 높이 깨치신 분은
세간 태어나 세간에 행한다 해도
탐욕의 물들인 바 되지 않으니
연꽃이 물에 묻지 않음과 같네.

마치 불을 태워 활활 타오르나
섶을 더해주지 않으면 불은 꺼지고
섶 없으면 불은 전해지지 않으니
이 불은 이 때문에 꺼지게 되네.

지혜로운 이는 이 비유 말하여
그 뜻을 모두 알도록 하시니
이것은 크나큰 용이 아시는 바요
용 가운데 용이 말하는 바이네.

음욕과 성냄 멀리 떠나 여의고
어리석음 끊어 샘 없음을 얻은 뒤
용은 그 몸을 버리어 떠나가니
용은 이것을 니르바나라 하네.

붇다께서 이와 같이 말씀하시니, 존자 우다이는 붇다의 말씀을 듣고 기뻐하며 받들어 행하였다.

• 중아함 118 용상경(龍象經)

• 해설 •

여래의 위력과 자재한 공덕은 경전에서 사자 · 코끼리 · 용으로 비유된다. 짐승의 왕 사자는 그 두려움 없는 외침으로 여래의 설법과 걸림 없는 지혜를 비유하고, 코끼리는 땅을 밟는 짐승으로 가장 몸이 크고 힘이 세므로 코끼리로 여래의 위신력을 비유한다.

용이 말없이 숨어 있을 때 그 고요함은 여래의 크나큰 선정에 비유되고,

용이 날아 움직일 때 그 자재한 변화는 여래의 신통변화와 해탈의 작용에 비유된다. 그래서 여래의 선정을 '나가의 크나큰 선정'[那伽大定]이라 말하고, 용의 신묘한 변화[神變]로 여래의 해탈의 묘용[解脫妙用]을 말한다.

또 세간에서는 짐승 가운데 가장 크고 힘센 것을 용으로 비유하여 말하니, 코끼리 가운데 큰 코끼리를 용상(龍象)이라 하고, 말·낙타·소·나귀 가운데 큰 것을 용 가운데 용이라 한다.

붇다의 제자들은 온갖 맺음에서 벗어나 자재한 이, 해침 없이 자비로 충만한 분, 지혜와 선정 갖추신 분 곧 여래를 용에 빗대어 '용 가운데 용'이라 말한다. 그는 온갖 물듦과 얽매임에서 벗어나 돌 가운데 참된 금과 같고 진흙 속의 연꽃과 같다.

여래의 위력은 뭇 마라를 항복받고 뭇 삿된 무리를 깨뜨리되 그들을 해치거나 죽이지 않고 자비로 감싼다. 마치 온갖 용 가운데 빼어난 용이 자재한 위력이 있되 다른 힘 없는 것을 해치거나 짓누름이 없이 은택의 비를 내림과 같다.

크나큰 여래의 걸음걸이는 용과 같은 맑은 범행의 걸음걸이요, 그의 손은 믿음의 손이며, 그의 어금니는 지혜와 복덕의 어금니며, 목은 차별의 지혜이고, 머리는 반야의 지혜이다. 그의 용과 같은 큰 배[腹]는 널리 받아지님의 배요, 두 팔은 멀리 떠남[遠離] 즐기는 팔이며, 그의 일상생활 온갖 때는 저 용의 크나큰 선정이다.

여래는 늘 남을 가엾이 여겨 공양을 받고 다시 받은 공양을 널리 세간에 회향하여 세간을 윤택케 하고 풍요케 하며, 연꽃처럼 때묻음 없이 모두 번뇌의 불 꺼 늘 시원케 하신다.

이것은 마치 크나큰 용이 말없이 고요히 머물다 신묘한 변화를 보이고, 신묘한 변화를 보이다 말없이 머물러 고요함과 신묘한 변화에 두 모습이 없는 것과 같다.

이처럼 여래도 법성의 고요함을 떠나지 않고 신묘한 작용을 나타내고, 신묘한 작용이 도리어 법성의 고요함이 되니, 뉘라서 크나큰 용, 용 가운데 용의 자재한 위력과 해탈의 묘한 작용을 알 수 있을 것인가.

『화엄경』(「여래출현품」) 또한 여래의 위력과 고요한 선정 자비의 설법을 용에 빗대어 다음과 같이 찬탄한다.

비유하면 뜨거움 없는 큰 용왕이
이 세상에 비를 내려 널리 적셔서
풀과 나무 모두 키워 자라게 하나
온 세상 적셔주는 용의 큰비가
몸과 마음 따라 오지 않음 같아라.

譬如無熱大龍王　降雨普洽閻浮地
能令草樹皆生長　而不從身及心出

모든 붇다 묘한 음성 또한 이같아
법계에 비내려 널리 가득 적셔주어
선근 내어 모든 악을 없애주시나
여래의 설법하는 묘한 음성은
안과 밖을 좇아 있음 아니네.

諸佛妙音亦如是　普雨法界悉充洽
能令生善滅諸惡　不從內外而得有

비유하면 마치 마나사의 큰 용왕이
구름 일으켜 이레 동안 비 내리지 않다
여러 중생 하던 일 마치기를 기다려
그 뒤에 비를 내려 이익줌과 같아라.

譬如摩那斯龍王　興雲七日未先雨
待諸衆生作務竟　然後始降成利益

열 가지 힘 갖추신 세존께서
뜻을 연설하심도 이와 같아서
중생 먼저 교화해 무르익게 한 뒤
중생 위해 깊고 깊은 법을 설하여
듣는 이가 놀라 두려워하지 않게 하네.

十力演義亦如是　先化衆生使成熟
然後爲說甚深法　令其聞者不驚怖

가장 빼어난 용의 왕 사가라가
구름 일으켜 온 세상을 널리 덮으면
온갖 곳에 내리는 비 각기 다르나
비 내리는 그 용왕의 마음에는
두 가지 생각이 전혀 없도다.

最勝龍王娑竭羅　興雲普覆四天下
於一切處雨各別　而彼龍心無二念

모든 붇다 법의 왕 또한 이같아
크나큰 자비의 몸의 구름이
시방에 널리 두루 가득하여서
닦아 행하는 이를 위해 내리는 비
사람 따라 법의 빗물 각기 다르나
그 온갖 행에 분별이 없으시도다.

諸佛法王亦如是　大悲身雲遍十方
爲諸修行雨各異　而於一切無分別

금시조도 붇다를 섬기는 용은 잡아먹지 못하니

이와 같이 들었다.

한때 붇다께서는 슈라바스티 국 제타 숲 '외로운 이 돕는 장자의 동산'에 계셨다.

그때 세존께서 여러 비구들에게 말씀하셨다.

"네 가지의 금시조(金翅鳥)가 있다. 어떤 것이 그 네 가지인가?

알로 나는 금시조 · 태로 나는 금시조 · 습기로 나는 금시조 · 변화로 나는 금시조가 있으니, 이것을 네 가지 금시조라 한다.

이와 같이 비구들이여, 네 가지의 용(龍)이 있다. 어떤 것이 그 네 가지인가?

알로 나는 용 · 태로 나는 용 · 습기로 나는 용 · 변화로 나는 용이 있으니, 이것을 비구들이여, 네 가지의 용이 있다고 한다."

네 가지 용과 금시조의 차별을 보이심

"비구들이여, 알아야 한다. 저 알로 나는 금시조가 용을 잡아먹으려고 할 때에는 철차(鐵叉)나무 위에 올라가 제 몸을 바다에 던진다. 그 바다는 세로와 넓이가 각기 이십팔만 리(里)이고, 바다 밑에는 네 가지 용궁(龍宮)이 있어서 알로 나는 용 · 태로 나는 용 · 습기로 나는 용 · 변화로 나는 용이 있다.

그때 알로 나는 금시조는 큰 날개로 물을 한 번 쳐서 두 쪽으로 갈라서게 하여 알로 나는 용을 잡아먹는다. 만약 어쩌다가 잘못 태로 나는 용을 날개로 치면 금시조는 곧 죽고 만다.

그때 금시조가 물을 쳐서 용을 잡아먹고는 물이 아직 합해지기 전에 철차나무 위로 다시 올라간다.

비구들이여, 알아야 한다. 만약 태로 나는 금시조가 용을 잡아먹으려 할 때에는 철차나무 위에 날아 올라가서 제 몸을 바다에 던진다. 그런데 그 바다는 세로와 너비가 각기 이십팔만 리나 된다. 물을 쳐서 물을 가르고 날아 내려가서 태로 나는 용이나 알로 나는 용을 만나면 곧 잡아 입에 물고 바다 위로 나온다. 만약 습기로 나는 용을 만나면 새의 몸이 곧 죽고 만다.

비구들이여, 알아야 한다. 만약 습기로 나는 금시조가 용을 잡아먹으려고 할 때에는 철차나무 위에 올라가서 제 몸을 바다에 던진다. 그 새가 만약 알로 나는 용이나 태로 나는 용이나 습기로 나는 용을 만나면 모두 잡아먹을 수 있다. 그러나 만약 변화로 나는 용을 만나면 새의 몸이 곧 죽고 만다.

비구들이여, 만약 변화로 나는 금시조가 용을 잡아먹으려 할 때에는 철차나무 위에 올라가 제 몸을 바다에 던진다. 그런데 그 바다는 세로와 너비가 각기 이십팔만 리나 된다. 물을 쳐서 그 물을 가르고 날아 내려가 알로 나는 용과 태로 나는 용과 습기로 나는 용과 변화로 나는 용을 만나면 그것들을 다 잡아먹고 바닷물이 아직 합해지기 전에 철차나무 위로 다시 날아 올라온다."

금시조도 여래 섬기는 용을 잡아먹지 못함을 보이심

"비구들이여, 알아야 한다. 만약 그 용왕(龍王)으로 하여금 몸소 붇다를 섬기게 하면 금시조는 그 용을 잡아먹지 못한다.

왜냐하면 여래는 늘 네 가지 평등한 마음[四等心]을 쓰므로 그 새가 용을 잡아먹을 수 없기 때문이다.

어떤 것이 그 네 가지 평등한 마음인가? 여래는 늘 사랑의 마음을 쓰고, 늘 슬피 여기는 마음을 쓰며, 늘 기뻐하는 마음을 쓰고, 늘 보살피는 마음을 쓴다.

이것을 비구들이여, 여래가 늘 쓰는 네 가지 평등한 마음이라고 한다. 그것은 큰 힘이 있고 큰 용맹이 있어서 막거나 무너뜨릴 수가 없다. 이런 까닭에 금시조는 용을 잡아먹지 못한다.

그러므로 여러 비구들이여, 네 가지 평등한 마음을 써야 한다.

이와 같이 여러 비구들이여, 반드시 이렇게 배워야 한다."

그때 여러 비구들은 붇다의 말씀을 듣고 기뻐하며 받들어 행하였다.

• 증일아함 27 등취사제품(等趣四諦品) 八

• 해설 •

금시조는 용을 잡아먹는 새다. 알로 나는 금시조는 알로 나는 용을 잡아먹을 수 있으나 태로 나는 용은 잡아먹을 수 없고, 태로 나는 금시조는 알과 태로 나는 용을 잡아먹을 수 있으나 습기로 나는 용은 잡아먹을 수 없다.

습기로 나는 금시조는 알과 태, 습기로 나는 용은 잡아먹을 수 있으나, 변화로 나는 용은 잡아먹을 수 없다.

변화로 나는 금시조는 알과 태 · 습기 · 변화로 나는 용은 잡아먹을 수 있으나, 붇다를 섬기는 용은 잡아먹을 수 없다.

왜 그런가. 붇다를 섬기는 것은 붇다의 네 가지 평등한 마음, 한량없는 마음을 섬기는 것이고, 자비의 마음 · 늘 기뻐하는 마음 · 늘 보살피는 마음을 섭기면 그 마음이 다툼이 없고 미혹함이 없어서 아무도 그를 잡아먹거나 무너뜨릴 수 없기 때문이다.

원수와 맞섬이 없는 크나큰 여래의 자비의 힘이 가장 크고 위력이 있고 빼어난 힘이다.

저 용이 붇다를 섬기면 용의 마음이 붇다의 마음이라 붇다의 자재한 위신력이 그와 함께해 금시조도 그를 무너뜨릴 수 없는 것이니, 『화엄경』(「도솔궁중게찬품」)은 이렇게 말한다.

여래 바르게 깨치신 분은
고요하여 늘 움직이지 않으시나
널리 몸을 나투실 수 있어서
시방 세계에 두루 가득하시네.

如來等正覺 寂然恒不動
而能普現身 遍滿十方界

여래 지혜 끝이 없어서
온갖 법을 밝게 통달해
널리 법계에 들어가시사
자재한 힘 나타내 보이시네.

智慧無邊際 了達一切法
普入於法界 示現自在力

② 코끼리의 비유

온갖 짐승의 발자국 가운데 코끼리 발자국이 으뜸이듯

나는 들었다, 이와 같이.

한때 붇다께서는 슈라바스티 국 제타 숲 '외로운 이 돕는 장자의 동산'에 계셨다. 그때에 존자 사리푸트라는 여러 비구들에게 말하였다.

"여러 어진 이들이여, 비록 한량없는 착한 법이 있더라도 그 모든 법은 다 네 가지 거룩한 진리에 거두어져 네 가지 거룩한 진리 가운데로 들어오오. 그래서 네 가지 거룩한 진리를 온갖 법에서 으뜸이 된다고 하는 것이오.

왜냐하면 온갖 착한 법을 다 거두기 때문이오.

여러 어진 이들이여, 그것은 마치 모든 짐승의 발자국에서 코끼리의 발자국이 으뜸이 되는 것과 같소.

왜냐하면 저 코끼리 발자국이 가장 넓고 크기 때문이오.

이와 같이 저 한량없는 온갖 착한 법들은 다 네 가지 거룩한 진리에 거두어져 네 가지 거룩한 진리 가운데로 들어오오. 그래서 네 가지 거룩한 진리를 온갖 법에서 으뜸이 된다고 하는 것이오.

어떤 것이 넷이오. 곧 괴로움의 거룩한 진리, 괴로움의 모아냄, 괴로움의 사라짐, 괴로움 없애는 길의 거룩한 진리요."

• 중아함 30 상적유경(象跡喩經) 전반부

큰 코끼리 검은 진흙 속에 빠져 있으니

이와 같이 내가 들었다.

한때 붇다께서는 슈라바스티 국 제타 숲 '외로운 이 돕는 장자의 동산'에 계셨다.

때에 얼굴 모습이 아주 묘한 어떤 하늘신이 새벽에 붇다 계신 곳에 와서 붇다의 발에 머리를 대 절하였다. 그러자 온몸의 밝은 빛은 제타 숲 '외로운 이 돕는 장자의 동산'을 두루 비추었다.

때에 그 하늘신이 게송으로 붇다께 말씀드렸다.

> 몸 굴리는 네 발과 아홉 문 가운데
> 탐욕을 가득히 채워 머물면서
> 검은 진흙 속에 깊이 빠져 있으니
> 큰 코끼리 어떻게 벗어나오리.

그때에 세존께서는 게송으로 대답하셨다.

> 애욕과 기뻐함의 긴 고삐줄과
> 탐욕과 같은 여러 악을 끊고
> 애욕의 뿌리를 뽑아버리면
> 그 벗어난 곳 바로 향하게 되리.

때에 그 하늘신은 다시 게송으로 말하였다.

오래도록 브라마나 보아왔더니
온전한 니르바나 얻으셨어라.
온갖 두려움을 모두 이미 벗어나
길이 세간 은혜 애착 뛰어나셨네.

때에 하늘신은 붇다의 말씀을 듣고 기뻐하면서, 붇다의 발에 머리를 대 절하고 이내 사라져 나타나지 않았다.

• 잡아함 588 사륜경(四輪經)

• 해설 •

코끼리는 해탈의 법으로 비유되기도 하고 또한 탐욕과 애착의 삶을 비유하기도 한다. 코끼리의 발자국은 온갖 짐승의 발자국 가운데서 가장 커서 모든 짐승의 발자국이 그 가운데 묻힌다.

그렇듯 사제(四諦)의 가르침을 듣고, 괴로움이 연기한 괴로움이라 실로 끊을 것이 없는 줄 알고, 온갖 중생이 본래 니르바나되어 있어 니르바나를 실로 닦아 얻는 것이 아님을 알면, 세간 온갖 연기의 법을 다 통달할 수 있다.

그러므로 경은 코끼리 발자국이 뭇 짐승의 발자국을 거두듯, 사제법이 온갖 착한 법을 거둔다고 가르친다.

두 번째 경은 중생의 탐욕의 삶을 수렁에 빠진 코끼리로 비유한다. 곧 애착의 고삐줄에 묶여 즐거운 느낌을 주는 대상을 향해 치달리는 중생의 삶은 마치 저 큰 몸의 코끼리가 네 발과 몸의 아홉 구멍을 탐욕으로 가득 채우고 검은 진흙 속에 빠져 있는 것과 같다. 빠져나오려 발버둥칠수록 더욱 깊은 수렁에 빠져드니, 어찌해야 이 진흙수렁에서 벗어날 것인가.

밖으로 아는 바에 알 것이 없으므로 구할 것이 없고[外無所求], 안으로 아는 마음이 공해 얻는 바가 없어야[內無所得] 깊은 수렁을 벗어나 평탄하고 안온한 평지 위에 설 것이다.

얽매임의 한복판, 서 있는 그곳[立處]에 몸을 빼내 벗어날 활로[出身活路]가 있다.

수렁에 빠진 코끼리가 넓은 평지 위에 서서 편안히 걸으면 그 코끼리의 걸음걸이는 무너짐이 없고 비틀거림이 없으니, 세간을 걸어가는 보디사트바의 걸음걸이 또한 이와 같다.

『화엄경』(「명법품」明法品)은 이렇게 말한다.

붇다의 지혜 행하는 보디사트바
나아가고 그치고 편안함 코끼리 같고
용맹하여 두려움 없음 사자 같아라.
고요히 움직이지 않음은 산과 같고
넓고 넓은 지혜는 저 바다 같으며
큰비가 뭇 뜨거움 모두 없애줌 같네.

進止安徐如象王　勇猛無畏猶師子
不動如山智如海　亦如大雨除衆熱

③ 사자의 비유

방일하지 않는 행은 사자와 같고 수메루 산과 큰 바다와 같으니

나는 들었다, 이와 같이.

한때 붇다께서는 슈라바스티 국 제타 숲 '외로운 이 돕는 장자의 동산'에 계셨다.

그때에 세존께서는 여러 비구들에게 말씀하셨다.

"만약 한량없는 착한 법을 얻을 수 있다면 그 온갖 것은 방일하지 않음으로 근본을 삼고, 방일하지 않음으로 익힘을 삼아, 방일하지 않음으로 인하여 생기고, 방일하지 않음을 머리로 하니, 방일하지 않음은 모든 착한 법에서 으뜸이 된다.

(중략)

마치 모든 짐승 가운데 저 사자가 으뜸이 되는 것과 같고, 마치 여러 싸움터에서 같이 서로 싸워 전쟁할 때에 오직 맹세를 으뜸으로 삼는 것과 같으며, 마치 누각의 서까래들 그 온갖 것은 다 대들보를 의지하여 서고, 대들보가 모든 서까래를 거두므로, 대들보를 으뜸으로 함과 같나니, 곧 다 거두기 때문이다.

이와 같이 한량없는 착한 법 얻을 수 있다면, 그 온갖 것은 방일하지 않음으로 근본을 삼고, 방일하지 않음으로 익힘을 삼아, 방일하지 않음으로 인하여 생기고, 방일하지 않음을 머리로 하니, 방일하지 않음은 모든 착한 법에서 으뜸이 된다.

마치 모든 산에서 수메루 산이 으뜸이 되는 것과 같고, 모든 샘과 큰 샘의 물을 거둠이 큰 바다가 으뜸이 되는 것과 같으며, 모든 큰 몸에서 아수라 왕이 으뜸이 되는 것과 같고, 모든 우러러 모시는 것에서 마라의 왕이 으뜸이 되는 것과 같다.

또 모든 욕망을 행함에서 '정수리로 난 왕'이 으뜸이 되는 것과 같고, 모든 작은 왕에서 전륜왕이 으뜸이 되는 것과 같으며, 허공의 모든 별에서 달이 으뜸이 되는 것과 같다.

또 모든 비단옷에서 흰 비단이 으뜸이 되는 것과 같으며, 모든 밝은 빛에서 지혜의 밝은 빛이 으뜸이 되는 것과 같다.

또 모든 무리 가운데 여래의 상가가 으뜸이 되는 것과 같으며, 모든 함이 있고 함이 없는 법에서 애욕이 다하고 탐욕이 사라져 다한 니르바나가 으뜸이 되는 것과 같다."

(중략)

방일함이 없는 행이 해탈의 행이 됨을 노래로 보이심

이에 세존께서는 이 게송을 말씀하셨다.

만약 재물을 구하는 이라면
더욱 늘고 많아짐을 좋아하여
방일하지 않음을 칭찬하니
세간의 일과 일 없는 지혜에
모두 방일하지 않음 말하네.

방일하지 않는 사람이라면
일과 일 없는 지혜의 두 가지 뜻
반드시 그 모두를 얻게 되어서
이 세상에서도 얻을 수 있고
뒷세상에서도 또한 얻게 되나니
용맹스럽게 모든 뜻을 잘 살피면
지혜로운 이 반드시 해탈하리.

붇다께서 이와 같이 말씀하시니, 그 여러 비구들은 붇다의 말씀을 듣고 기뻐하며 받들어 행하였다.

• 중아함 141 유경(喩經) 부분

• 해설 •

세간의 재물을 구하고 좋은 이름 구하는 이들도 방일하지 않음으로 그 재물과 이름을 얻는데, 하물며 기나긴 겁의 윤회의 이 언덕에서 해탈의 저 언덕에 건너가는 데 어찌 방일함과 게으름으로 위없는 해탈의 공덕을 얻을 수 있겠는가. 비록 저 언덕에 건널 나룻배와 뗏목을 잘 갖췄다 해도 힘차게 노저어 저 언덕에 나가지 않으면 이 언덕에서 맴도는 낡은 삶을 벗어나지 못할 것이니, 방일하지 않음이 모든 공덕의 대들보가 되고 머리가 된다.

방일하지 않음으로 모든 착한 법이 모이고 공덕이 쌓이니, 방일하지 않음은 산 가운데 높은 수메루 산과 같고 뭇 짐승 가운데 왕 사자와 같다.

그러므로 짐승의 왕 사자처럼 두려움 없이 정진해 앞으로 나아가면 그는 반드시 니르바나 해탈의 저 언덕에 오를 것이며, 이 세간에서 세간의 일과 일 없는 지혜의 뜻 갖춰 수메루 산처럼 우뚝 솟은 공덕의 사람이 될 것이다.

지혜로운 이는 짐승의 왕 사자 같나니

이와 같이 내가 들었다.

한때 붇다께서는 슈라바스티 국 '외로운 이 돕는 장자의 동산'에 계셨다.

때에 어떤 비구는 얼굴 모습이 너무 못나 바라보기가 어려울 정도였다. 그는 여러 비구들의 업신여김을 받았는데, 그가 붇다 계신 곳에 왔다.

그때에 세존께서는 사부대중에게 둘러싸여 계셨다.

비구들은 그 비구가 오는 것을 보고 모두 업신여기는 생각을 내어 서로 말하였다.

'저 어떤 비구가 길을 따라오는가. 얼굴 모습이 너무 못나 차마 볼 수가 없구나. 반드시 남의 업신여김을 받을 것이다.'

그때에 세존께서는 여러 비구들의 마음속 생각을 아시고 그들에게 말씀하셨다.

"너희들은 저기 오는 비구가 얼굴이 못나 차마 볼 수가 없어서, 남이 깔보리라 그렇게 보는가."

비구들은 말씀드렸다.

"그렇습니다, 이미 그렇게 보았습니다."

붇다께서는 말씀하셨다.

"너희들은 저 비구에 대해 업신여기는 생각을 내지 말라.

왜냐하면, 저 비구는 모든 흐름을 다했고, 지을 바를 이미 짓고, 모든 무거운 짐을 버리고 모든 있음의 묶음을 끊고, 바른 지혜로 마음이 잘 해탈하였기 때문이다.

여러 비구들이여, 너희들은 함부로 사람을 재지 말라. 오직 여래만이 사람을 바로 잴 수 있다."

그 비구는 붇다 계신 곳에 와 붇다의 발에 머리를 대 절하고 한쪽에 물러나 앉았다. 그때 세존께서는 다시 비구들에게 말씀하셨다.

"너희들은 이 비구가 머리를 대 절하고 한쪽에 물러나 앉은 것을 보는가."

비구들은 말씀드렸다.

"그렇습니다, 이미 보았습니다."

"너희들은 이 비구에 대해 업신여기는 생각을 내지 말라. 그리고 너희들은 함부로 사람을 재지 말라. 오직 여래만이 바로 알 수 있다."

얼굴 못났으나 지혜로운 비구를 사자로 비유하심

때에 세존께서는 곧 게송으로 말씀하셨다.

나는 새나 달리는 짐승들은
사자를 두려워하지 않음 없으니
오직 짐승의 왕 저 사자만은
더불어 같이할 자가 없어라.

이와 같이 지혜로운 이 사람은

겉모습 비록 작으나 지혜가 크니
그 못난 몸의 모습만을 취하여
업신여기는 마음을 내지 말아라.

커다란 몸에 살덩이 많아도
지혜 없으면 어디에 쓸 것인가.
이 사람은 어질고 빼어난 지혜 있으니
곧 가장 높고 뛰어난 사람이리라.

탐욕 떠나 모든 묶음 끊어버리고
니르바나 얻어 길이 다시 남 없으니
이 맨 뒤의 번뇌 없는 몸을 가지고
뭇 마라의 군대 꺾어 항복하였네.

붇다께서 이 경을 말씀하시자, 여러 비구들은 그 말씀을 듣고 기뻐하며 받들어 행하였다.

• 잡아함 1063 추루경(醜陋經)

• 해설 •

누가 이 세상에 위력 있는 자이고 참으로 큰 자인가. 많이 가지고 있고 그 겉모습이 잘나 화려한 사람인가, 그 지위가 높아 남의 부러움 받는 자인가. 비록 겉모습 작고 초라하나 지혜가 커서 뭇 사람에서 뛰어난 이, 그가 짐승의 왕 사자처럼 짝할 이 없는 자이다.

탐욕 떠나 온갖 묶음 벗어난 이, 그가 니르바나 얻어 뭇 마라를 항복받으며 진리의 깃발[法幢] 세울 수 있는 사람이다.

그 같은 지혜의 사람 그 같은 두려움 없는 사람을 붇다께서 인가하시니[佛所印], 그가 여래의 심부름꾼[如來使]으로 붇다의 일[佛事]을 지어 세간을 장엄하는 사람이다.

이 경은 오늘날 많이 가진 것 높은 권세로 사람을 평가하고 외모로 사람을 평가하는 세태에 경책의 방망이를 내리는 뼈아픈 법문이다.

스스로 세간의 바람에 끝없이 흔들리며 세간의 허망한 잣대로 사람을 재는 우리 모두는 '망령되게 사람을 재지 말라[莫妄量人], 여래만이 사람을 바로 알 수 있다'는 가르침을 깊이 새겨야 할 것이다.

『화엄경』(「이세간품」) 또한 사자의 발걸음으로 두려움 없이 세간의 허망한 바람 속을 뚫고 나가는 보디사트바를 다음과 같이 노래한다.

보디사트바 사자의 왕은
희고 깨끗한 법으로 몸을 삼고
사제가 그 발이 되며
바른 생각으로 목을 삼네.

菩薩師子王　白淨法爲身
四諦爲其足　正念以爲頸

자비는 눈 지혜는 머리 되어
해탈의 비단베 이마에 메고
빼어난 뜻 공한 골짜기에서
법을 외쳐 뭇 마라 두렵게 하네.

慈眼智慧首　頂繫解脫繒
勝義空谷中　吼法怖衆魔

④ 개의 비유

기둥에 묶인 개가 그곳을 떠나지 못하듯 중생은 다섯 쌓임의 있는 모습 탐착하나니

이와 같이 내가 들었다.

한때 붇다께서는 슈라바스티 국 제타 숲 '외로운 이 돕는 장자의 동산'에 계셨다.

그때 세존께서 여러 비구들에게 말씀하셨다.

"중생들은 비롯 없는 나고 죽음[無始生死] 속에서 무명에 덮이고 애욕의 묶음에 매여, 기나긴 밤에 윤회하면서도 괴로움의 끝을 알지 못한다."

중생의 윤회를 기둥에 매인 개에 비유하심

"여러 비구들이여, 비유하면 개를 줄에 묶어 기둥에 매어둔 것과 같다. 개를 묶어 맨 줄이 끊어지지 않기 때문에 그 개는 기둥을 따라 돌면서 서기도 하고 눕기도 하며 그 기둥에서 떠나지 못한다.

이와 같이 어리석은 중생들은 물질에 탐욕을 여의지 못하고, 애착[愛]을 여의지 못하며, 생각[念]을 여의지 못하고, 목마름[渴]을 여의지 못하고, 물질에서 윤회하고 물질을 따라 돌면서, 서기도 하고 눕기도 하며 물질을 떠나지 못한다.

이와 같이 느낌 · 모습 취함 · 지어감 · 앎에서도, 느낌 · 모습 취함

· 지어감 · 앎을 따라 돌면서 서기도 하고 눕기도 하며 그것들을 떠나지 못한다.

비구들이여, 잘 사유하여 마음을 살펴야 한다. 왜냐하면 기나긴 밤에 마음은 탐욕에 물들고, 성냄과 어리석음에 물들었기 때문이다.

비구들이여, 마음이 번민하기 때문에 중생이 번민하게 되고, 마음이 깨끗하기 때문에 중생이 깨끗한 것이다.

비구들이여, 나는 얼룩새만큼 갖가지 빛깔을 가진 생물을 본 적이 없는데 마음은 다시 이것을 지난다. 왜 그런가. 그 축생은 마음이 갖가지이기 때문에 빛깔도 갖가지인 것이다.

그러므로 비구들이여, 잘 사유하여 마음을 살펴야 한다. 여러 비구들이여, 기나긴 밤에 마음은 탐욕에 물들고 성냄과 어리석음에 물들었다. 마음이 번민하기 때문에 중생이 번민하게 되고, 마음이 깨끗하기 때문에 중생이 깨끗한 것이다.

비구들이여, 알아야 한다. 너희들은 차란나(嗟蘭那)라는 새의 갖가지 빛깔을 본 적이 있느냐?"

대답하였다.

"본 적이 있습니다, 세존이시여."

붇다께서 비구들에게 말씀하셨다.

"차란나 새가 갖가지 빛깔인 것과 같이, 나는 그 마음이 갖가지로 뒤섞인 것 또한 이와 같다고 말한다. 왜 그런가. 그 차란나 새는 마음이 갖가지이기 때문에 그 빛깔도 갖가지인 것이다.

그러므로 마음을 잘 사유하고 살펴야 한다. 기나긴 밤에 갖가지 탐욕 · 성냄 · 어리석음에 갖가지로 물들어 있다. 마음이 번민하기 때문에 중생이 번민하게 되고, 마음이 깨끗하기 때문에 중생이 깨끗한 것이다.

비유하면 화가[畫師]나 화가의 제자가 하얀 그림 바탕을 잘 마련하고 여러 가지 물감을 갖추어 뜻을 따라 갖가지 모습을 그려내는 것과 같다.

이와 같이 비구들이여, 어리석은 중생은 물질과 물질의 모아냄 · 물질의 사라짐 · 물질에 맛들임 · 물질의 걱정거리 · 물질에서 벗어남을 진실 그대로 알지 못한다.

물질에 대해서 진실 그대로 알지 못하기 때문에 물질을 즐겨 집착하며, 물질을 즐겨 집착하기 때문에 다시 미래의 여러 물질을 일으킨다.

이와 같이 어리석은 사람들은 느낌 · 모습 취함 · 지어감 · 앎을 진실 그대로 알지 못하고, 앎의 모아냄 · 앎의 사라짐 · 앎에 맛들임 · 앎의 걱정거리 · 앎에서 벗어남을 진실 그대로 알지 못한다.

앎 등을 진실 그대로 알지 못하기 때문에 앎 등을 즐겨 집착하며, 앎을 즐겨 집착하기 때문에 다시 미래의 여러 앎을 일으킨다.

미래의 물질 · 느낌 · 모습 취함 · 지어감 · 앎을 일으키기 때문에 물질에서 해탈하지 못하고, 느낌 · 모습 취함 · 지어감 · 앎에서 해탈하지 못하니, 나는 '그들이 태어남 · 늙음 · 병듦 · 죽음 · 근심 · 슬픔 · 번민 · 괴로움에서 해탈하지 못하였다'고 말한다."

다섯 쌓임의 집착 떠나야 해탈함을 보이심

"어떤 많이 들은 거룩한 제자는 물질과 물질의 모아냄 · 물질의 사라짐 · 물질에 맛들임 · 물질의 걱정거리 · 물질에서 벗어남을 진실 그대로 안다.

진실 그대로 알기 때문에 물질을 즐겨 집착하지 않고, 즐겨 집착하지 않기 때문에 다시 미래의 여러 물질을 일으키지 않는다.

느낌 · 모습 취함 · 지어감 · 앎을 진실 그대로 알고, 앎의 모아냄 · 앎의 사라짐 · 앎에 맛들임 · 앎의 걱정거리 · 앎에서 벗어남을 진실 그대로 안다.

진실 그대로 알기 때문에 앎 등을 즐겨 집착하지 않고, 즐겨 집착하지 않기 때문에 다시 미래의 여러 앎을 일으키지 않는다.

물질 · 느낌 · 모습 취함 · 지어감 · 앎에 대해서도 즐겨 집착하지 않기 때문에 물질에서 해탈하고, 느낌 · 모습 취함 · 지어감 · 앎에서 해탈한다.

그래서 나는 '그들이 태어남 · 늙음 · 병듦 · 죽음 · 근심 · 슬픔 · 번민 · 괴로움에서 해탈하였다'고 말하는 것이다."

붇다께서 이 경을 말씀하시자, 여러 비구들은 붇다의 말씀을 듣고 기뻐하며 받들어 행하였다.

• 잡아함 267 무지경(無知經) ②

• 해설 •

마음은 주체의 아는 뿌리[六根]가 아니지만 아는 뿌리를 떠난 것도 아니고, 알려지는바 세계[六境]가 아니지만 세계를 떠난 것도 아니다. 마음은 세계인 앎활동이자 앎활동인 세계이니, 마음이 무명에 덮이면 앎활동은 세계에 물든 앎활동이 되고, 세계는 앎활동이 집착하는 닫힌 세계가 된다.

이 뜻을 경은 줄에 묶어 기둥에 매어둔 개가 기둥을 따라 돌듯 중생은 아는바 물질을 따라 돌고, 물질을 아는 앎활동을 따라 돌아, 앎에 물든 물질과 물질에 갇힌 마음을 길이 반복한다고 말한다.

알려지는바 물질에 알 것이 없고 취할 것이 없는 줄 깨달으면 앎은 물질에서 벗어나고, 앎에 실로 앎이 없는 줄 깨달을 때 물질은 모습에 모습 없는 실상이 된다.

하얀 그림 바탕에 화가가 그림 그리면 갖가지 모습이 생겨나지만, 갖가지 다른 모습은 화가가 그린 것이라 실로 다름이 없다. 이처럼 만상이 마음의 그림이지만 마음 또한 세계인 마음이라 마음에도 마음이 없는 것이다. 그러므로 마음에 마음 없음을 깨친 자, 그를 여래께서는 태어남과 죽음, 근심과 번민에서 벗어난 자라 말씀한다.

『화엄경』(「야마궁중게찬품」夜摩宮中偈讚品)의 게송 또한 마음이 갖가지 모습 취함을 내 다시 갖가지 모습을 지으나 실로 지음 없음을 이렇게 말한다.

마음은 교묘한 화가와 같아
모든 세간을 그려낼 수 있네.
다섯 쌓임이 다 따라 생겨서
짓지 않는 법이 없어라.

心如工畵師　能畵諸世間
五蘊悉從生　無法而不造

취하는 바에 취할 것이 없고
보는 바에 볼 것이 없으며
듣는 바에 들을 것이 없으니
앎에 앎 없는 한 마음은
생각할 수 없고 말할 수 없네.

所取不可取　所見不可見
所聞不可聞　一心不思議

⑤ 고양이와 들여우의 비유

새벽에 들여우 우는 소리를 들었는가

이와 같이 내가 들었다.

한때 붇다께서는 라자그리하 성 칼란다카 대나무동산에 계셨다. 그때에 세존께서는 새벽에 들여우 우는 소리를 들으셨다.

세존께서는 밤이 지나고 날이 밝자 대중 앞에 자리를 펴고 앉아 여러 비구들에게 말씀하셨다.

"너희들은 새벽에 들여우 우는 소리를 들었느냐."

비구들은 세존께 말씀드렸다.

"그렇습니다, 세존이시여."

붇다께서 말씀하셨다.

"어떤 어둡고 어리석은 사람은 이렇게 생각한다.

'내가 이와 같은 모습의 몸 받도록 하고, 이와 같은 소리 내도록 하겠다.'

이 어둡고 어리석은 사람이 이와 같은 모습의 처소에 태어남 받기를 구하면, 어찌 얻지 못하겠는가.

그러므로 비구들이여, 너희들은 다만 방편에 부지런히 힘써 모든 존재[諸有] 끊기를 구하고, 방편을 지어 모든 존재 늘려 키우지 말도록 해야 한다.

반드시 이와 같이 배워야 한다."

붇다께서 이 경을 말씀하시자, 여러 비구들은 그 말씀을 듣고 기뻐하며 받들어 행하였다.

• 잡아함 1262 야호경(野狐經) ①

• 해설 •

들여우 우는 소리를 듣고 그 소리 내는 존재가 되고자 하거나 아름다운 칼라빙카(kalaviṅka) 새소리를 듣고 아름다운 소리 내는 존재가 되려고 하는 것은 해탈의 길이 아니다.

설사 되고자 하는 어떤 것이 전륜왕이나 하늘의 브라흐마 신이라 해도 어떤 것이 되는 곳에 해탈은 없다.

해탈은 존재의 있음이 있음 아님을 깨달아 존재의 얽매임에서 벗어나 존재를 있음 아닌 있음으로 살려내는 데 있다.

경에서 존재를 끊으라고 함은 존재를 깨뜨리고 끊는 것이 아니라 존재가 존재 아님을 깨달아 존재를 넘어서는 것이다.

『비말라키르티수트라』는 모든 존재의 묶음[諸有結]을 떠나 둘이 아닌 법문[不二法門]에 들어감을 다음과 같이 말한다.

'기쁘게 보는 보디사트바'[喜見菩薩]가 말했다.

"물질과 물질의 공함이 둘이 되나, 물질이 바로 공함이라 물질을 없애고 공해짐이 아니고 물질의 성품이 스스로 공한 것이오.

이와 같이 느낌 · 모습 취함 · 지어감 · 앎과 앎 등의 공함이 둘이 되나, 앎 등이 곧 공함이라 앎 등을 없애고 공해짐이 아니고 앎 등의 성품이 저절로 공한 것이오.

그 가운데서 통달한 사람이라야 '둘이 아닌 법문'에 들어가는 것이오."

들여우도 은혜를 알고 은혜를 갚나니

이와 같이 내가 들었다.

한때 붇다께서는 라자그리하 성 칼란다카 대나무동산에 계셨다. 그때에 세존께서는 새벽에 들여우 우는 소리를 들으셨다. 세존께서는 밤이 지나고 날이 밝자 대중 앞에 자리를 펴고 앉아 여러 비구들에게 말씀하셨다.

"너희들은 새벽에 들여우 우는 소리를 들었느냐."

비구들은 말씀드렸다.

"그렇습니다, 세존이시여."

붇다께서 말씀하셨다.

"그 들여우는 종기로 앓고 있다. 그래서 울며 부르는 것이다.

만약 어떤 사람이 그 들여우를 위해 종기를 낫게 해주면 들여우는 반드시 은혜를 알고 은혜를 갚을 것이다.

그런데 요즈음 어떤 어둡고 어리석은 사람은 은혜를 알아 갚을 줄을 모른다. 그러므로 비구들이여, 이와 같이 배워야 한다.

'은혜를 알고 은혜를 갚자. 작은 은혜라도 오히려 갚아 끝내 잊거나 잃지 않아야 하는데, 하물며 다시 큰 은혜이겠는가.' "

붇다께서 이 경을 말씀하시자, 여러 비구들은 그 말씀을 듣고 기뻐하며 받들어 행하였다.

• 잡아함 1264 야호경 ②

• 해설 •

종기로 아파 우는 저 들여우도 누군가 종기를 낫게 해주면 그 은혜를 갚는다. 은혜는 주는 자의 보시로 인해 생기니, 은혜 받는 자 또한 늘 세상을 베푸는 마음으로 살지 않는 한 남이 나에게 끼치는 은혜를 갚을 길이 없다.

세간의 네 큰 은혜[四恩]로는 부모와 스승, 중생과 삼보의 은혜, 거기에 국가의 은혜가 함께 거론된다. 그러나 깊이 연기법을 살피면 온갖 법은 늘 다른 것을 의지해 자기존재를 구성하니 온 시방 법계가 은혜 아님이 없다.

또한 은혜로운 보시가 나는 것도 인연으로 나는 것이라 공하고 은혜를 주고 받는 것도 공하니, 이와 같이 은혜의 공성을 통달하면 우주 그 어느 곳인들 은혜로움이 없는 곳은 없다.

온갖 곳이 은혜가 공한 은혜로움의 터전이자 은혜가 나는 곳인 줄 아는 사람이 은혜를 알아 은혜 갚는 자라 할 것이고, 늘 보디에 돌아가 한량없는 해탈의 공덕을 중생과 세계에 회향하는 자가 붇다의 은혜 갚는 자라 할 것이다.

『수랑가마수트라』(Śūraṃgama-sūtra, 首楞嚴經)는 말한다.

이 깊고 깊은 마음으로 티끌세계 받들면
이것이 바로 붇다의 은혜 갚음이 되네.

將此深心奉塵刹　是卽名爲報佛恩

쥐를 삼킨 고양이가 도리어 쥐에게 내장을 갉아먹히듯

이와 같이 내가 들었다.

한때 붇다께서는 슈라바스티 국 제타 숲 '외로운 이 돕는 장자의 동산'에 계시면서 여러 비구들에게 말씀하셨다.

"과거세상 어느 때 한 고양이가 굶주리고 목말라 시들어 야위었다. 그는 구멍에서 쥐새끼를 엿보면서, 만약 쥐새끼가 나오면 잡아먹으려고 하였다. 마침 어떤 쥐새끼가 구멍에서 나와 놀고 있었다.

그 고양이는 얼른 잡아 삼키었다. 쥐새끼는 몸이 작아 산 채로 뱃속에 들어가 그 내장을 갉아 먹었다.

내장을 갉아 먹을 때에 고양이는 헤매고 아득해져 동서로 미쳐 달리며, 빈집이나 무덤 사이 어디서 머무를지를 모르다가 드디어 죽고 말았다."

쥐에게 내장을 먹힌 고양이로, 바른 마음 잃은 비구를 비유하심

"이와 같이 비구들이여, 어떤 어둡고 어리석은 사람은 마을을 의지해 살면서 이른 아침에 가사를 입고 발우를 가지고 마을에 들어가 밥을 빌 때, 몸을 잘 보살피지 않고 아는 뿌리의 문을 지키지 않는다. 그리하여 마음이 생각을 매어 묶지 않고, 여러 여인을 보고는 바르지 않은 사유를 일으켜, 빛깔과 모습을 취해 탐욕의 마음을 일으킨다.

탐욕을 내고 나서는 탐욕의 불이 타올라 그 몸과 마음을 태운다.

몸과 마음을 태우고는 치달리는 마음으로 미쳐 달아나, 정사(精舍)를 즐겨하지 않고, 비어 고요한 곳이나 나무 밑을 즐겨하지 않는다. 그러면 악하여 착하지 않은 마음이 안의 법[內法]을 파들어가 먹어 계율을 버리고 물러나 선근(善根)이 줄어든다.

그렇게 이 어둡고 어리석은 사람은 기나긴 밤에 늘 이익되지 않는 괴로움을 받는다.

그러므로 비구들이여, 다음과 같이 이렇게 배워야 한다.

'그 몸을 잘 보살피고 모든 아는 뿌리의 문[諸根門]을 지키고 마음을 매어 생각을 바르게 하고 마을에 들어가 밥을 빌자.'

반드시 이와 같이 배워야 한다."

붇다께서 이 경을 말씀하시자 여러 비구들은 붇다의 말씀을 듣고 기뻐하며 받들어 행하였다.

• 잡아함 1260 묘경(猫經)

• 해설 •

비구가 마을에서 밥을 빌다가 바깥 경계 취하는 마음을 일으키면, 경계 취하는 그 마음이 사람을 미쳐 날뛰게 해 끝내 그 비구는 아란야행과 사마디행을 버리고 탐욕의 세간에 빠지게 된다.

붇다는 비구의 그릇된 행을 미리 다스리기 위해 고양이와 쥐의 비유로 가르치고 계신다.

고양이가 잡아먹은 쥐는 취하는 바깥 경계이고, 쥐가 갉아먹는 고양이의 내장은 바깥 경계로 인해 안의 마음이 물들고 썩는 것을 비유한 것이다.

저 보는바 바깥 경계에 실로 볼 것이 없고 아는바 저 객관 세계에 실로 알 것이 없는 줄 바로 보아, 보되 봄이 없고 알되 앎이 없어야 경계 취하는 마음이 사라진다. 그렇게 모습에 모습 없는 경계의 진실을 바로 보는 비구는 세간에 돌아다니되 세간 경계에 머묾이 없고, 덩이밥을 빌어서 먹되 탐욕의 밥이 아니라 해탈의 밥[解脫食]을 먹고 단이슬의 맛[甘露味]을 맛보는 자이다. 『화엄경』(「이세간품」)은 반야로써 담장을 삼아 바깥 적의 침입을 막는 보디사트바의 성(城)을 이렇게 가르친다.

보디사트바 바른 법의 성은
반야로써 담장을 삼고
나와 남에 부끄러워함으로
보살피는 깊은 구덩이 삼아
지혜로 도적을 물리치네.

菩薩正法城 般若以爲牆
慚愧爲深塹 智慧爲卻敵

널리 해탈의 문을 열어
바른 생각으로 늘 막아 지키며
사제로 왕의 길 평탄케 하고
여섯 신통이 군사와 무기 모으네.

廣開解脫門 正念恒防守
四諦坦王道 六通集兵仗

다시 큰 법의 깃발 세우고
두루 돌려 그 밑을 두르면
삼계의 모든 마라의 무리
그 온갖 것들 들어오지 못하네.

復建大法幢 周迴遍其下
三有諸魔衆 一切無能入

⑥ 거북의 비유

눈먼 거북이 백 년 만에
바다에 뜬 나무의 구멍을 만나듯

이와 같이 내가 들었다.

한때 붇다께서는 원숭이 못가에 있는 이층강당[重閣講堂]에 계셨다. 그때 세존께서 여러 비구들에게 말씀하셨다.

"비유하면, 다음과 같다. 이 큰 땅이 모두 큰 바다로 변하고, 한량없는 겁을 사는 어떤 눈먼 거북이 백 년에 한 번씩 머리를 큰 바닷물 밖으로 내민다 하자.

그런데 바다 가운데에 뜬 나무가 있어서 구멍이 하나뿐인데, 바다 물결에 떠다니며, 바람 따라 동서로 오락가락하고 있다. 그럴 때, 저 눈먼 거북이 백 년에 한 번씩 머리를 내밀면 그 구멍을 만날 수 있겠느냐?"

아난다가 붇다께 말씀드렸다.

"그럴 수 없습니다, 세존이시여. 왜냐하면 이 눈먼 거북이 바다 동쪽으로 가면 뜬 나무는 바람을 따라 바다 서쪽에 가 있을 것이고, 남쪽이나 북쪽, 네 모서리를 두루 떠도는 것 또한 그러해, 반드시 서로 만나지는 못할 것입니다."

붇다께서는 아난다에게 말씀하셨다.

"눈먼 거북과 뜬 나무는 비록 서로 어긋나다가도 만나기도 할 것이다. 그러나 어둡고 어리석은 범부가 다섯 길에 흘러다니다 다시 사람의 몸을 받는 것은 그보다 더 어렵다.

왜냐하면 저 모든 중생들은 그 바른 뜻을 행하지 않고 법을 행하지 않으며, 착함[善]을 행하지 않고 진실을 행하지 않으며, 더욱 서로서로 죽이고 해치며, 강한 자는 약한 자를 업신여기며 한량없는 악(惡)을 짓기 때문이다.

그러므로 비구들이여, 네 가지 거룩한 진리에 대하여 아직 사이가 없는 평등한 살핌을 얻지 못했으면, 반드시 방편에 부지런히 힘써 더욱 하고자 하는 마음을 일으켜 사이가 없는 평등한 지혜를 배워야 한다."

붇다께서 이 경을 말씀하시자, 여러 비구들은 붇다의 말씀을 듣고 기뻐하며 받들어 행하였다.

• 잡아함 406 맹구경(盲龜經)

• 해설 •

눈먼 거북이 바다에 뜬 나무 구멍 만남[盲龜遇木]의 비유는 사람의 몸 얻기 어렵고[人身難得] 붇다의 법 만나기 어려움[佛法難逢]을 나타내는 것으로 널리 알려져 있다.

사람몸 다시 받아 보디의 길 가기 어렵다는 경의 비유처럼, 삼계의 모든 존재[諸有]가 곧 존재 아님을 깨달아, 사이 없는 평등한 지혜를 얻지 못하면 끝날 길 없는 기나긴 밤 윤회의 고달픈 길은 다하지 않을 것이다.

옛 사람은 다음과 같은 게송으로 이 뜻을 보인다.

삼계에 오르고 내리는 것이
두레박줄이 오르고 내림과 같아

백천만 겁 티끌세계 두루 거치네.
이몸 이번 생에 건네지 못하면
어느 생 기다려 이몸 건넬 것인가.

三界猶如汲井輪　百千萬劫歷微塵
此身不向今生度　更待何生度此身

셀 수 없고 한량없는 세계 가운데 한량없는 중생이 차별되어 있는데, 사람 몸을 얻어 사람의 말을 알아듣고 붇다의 이름을 듣고 그 가르침을 받아들여 해탈의 길에 갈 수 있는 중생이 몇이나 될까. 위 경의 비유가 거짓이 아님을 알 수 있다. 그러나 사제의 가르침에 의거하면 번뇌가 공하고 중생이 중생이 아니니, 여래의 법이 어찌 멀리 있을 것이며 해탈의 문이 어찌 먼 시간 뒤의 일일 것인가.

듣고 받아들이는 그 자리가 아득한 겁 윤회가 본래 없는 자리이니, 화엄회상(「입법계품」) 선지식은 구도자를 이렇게 깨우친다.

여래는 뵙고 듣기가 참으로 어려운데
무량억겁에 오늘에야 만나게 되었으니
우둠바라 꽃 때가 되어 한 번 나타남 같네.
그러므로 보디의 법 구하는 이들이여
붇다의 법을 듣고 공덕 믿으라.

如來難可得見聞　無量億劫今乃値
如優曇華時一現　是故應聽佛功德

여우가 거북을 잡아먹지 못하듯

이와 같이 내가 들었다.

한때 붇다께서는 카우삼비(Kauśāmbī) 국 고실라라마(Ghoṣilārāma) 동산에 계셨다.

그때 세존께서 여러 비구들에게 말씀하셨다.

"과거세상 한때에 강 가운데 풀에 거북이 살고 있었다. 그때 어떤 굶주린 여우가 배가 고파서 먹이를 찾아다니다가 멀리서 거북을 보고는 재빨리 달려가 움켜잡았다.

거북은 여우가 오는 것을 보고 곧 몸의 여섯 부위를 감추었다.

여우는 지켜보면서 머리나 발 내밀기를 기다렸다가 잡아먹으려고 하였다. 오랫동안 지켰으나 거북은 끝내 머리를 내놓지 않고 또한 발을 내놓지 않았다.

여우는 배가 고파 성을 내면서 떠났다."

거북과 여우의 비유로 집착 없는 앎의 길을 보이심

"비구들이여, 너희들도 오늘 또한 이와 같이 알아야 한다.

악한 마라 파피야스(Pāpīyas)는 늘 너희들의 틈을 엿보며, 너희들이 눈으로 빛깔에 집착하거나 귀로 소리를 듣고 코로 냄새를 맡으며 혀로 맛보고 몸으로 닿음을 느끼고 뜻으로 법을 생각하며, 여섯 가지 경계에 물들어 집착하는 마음을 내도록 하려고 한다.

그러므로 비구들이여, 너희들은 오늘 늘 '눈의 바른 지님'[眼律儀]을 지키며 머물러야 한다.

'눈의 바른 지님'을 잘 지켜 머무르면, 뜻을 내거나 경계 아는 것을 따라서 악한 마라 파피야스가 그 틈을 얻지 못할 것이다.

귀 · 코 · 혀 · 몸 · 뜻에 있어서 또한 다시 이와 같아서, 그 여섯 가지 아는 뿌리[六根]에서 뜻을 내건 경계를 알건 그 틈을 얻지 못할 것이다.

그것은 마치 여우가 거북의 틈을 얻지 못한 것과 같다."

바른 몸가짐의 계로 사마디와 지혜 얻도록 다시 당부하심

그때 세존께서 곧 게송을 설하셨다.

거북이 여우를 두려워하여
여섯 부위를 껍질 속에 감추듯
비구도 마음을 잘 거두어서
모든 느낌 · 모습 취함을 감추라.
그 느낌을 의지해 두려워 말고
마음을 덮어서 말하지 말라.

붇다께서 이 경을 말씀하시자, 여러 비구들은 붇다의 말씀을 듣고 기뻐하며 받들어 행하였다.

• 잡아함 1167 구경(龜經)

• 해설 •

거북의 몸 여섯 부위인 머리, 네 발, 꼬리는 사람의 여섯 아는 뿌리[六根]를 비유하고, 여우는 번뇌의 마라[煩惱魔]를 비유한다.

여섯 아는 뿌리가 알려지는바 여섯 경계에 집착하는 마음을 내면, 번뇌의 마라에 붙잡히게 되는 것을 거북이 여우에게 먹힘으로 나타낸다.

빛깔과 소리의 경계를 마주해 눈의 바른 지님[眼律儀]과 귀의 바른 지님[耳律儀], 뜻의 바른 지님[意律儀]을 지키라고 당부하시는 것은 선정과 지혜의 전방편(前方便)으로 바른 몸가짐의 계를 가르치신 것이다.

연기법에서 선정이 되면 보는 눈[眼]과 보여지는 빛깔[色]의 실체성을 모두 막아[雙遮], 눈이 빛깔을 보되 봄이 없어서 늘 고요함이 된다.

연기법에서 지혜가 되면 보는 눈과 보여지는 빛깔의 있음 아닌 있음을 모두 살려[雙照] 눈이 빛깔을 봄에, 봄이 없되 보지 않음이 없어 늘 고요하되 밝음이 된다.

거북이 여섯 부위를 움츠려 여우가 먹지 못하도록 하는 것은 아직 온전히 아는 자와 알려지는 것이 공한 연기적 진실에 이르기 전에 아는 뿌리를 안으로 잘 거두어 들여 경계에 물들지 않게 하심이니, 이는 몸가짐을 잘 지니는 계[律儀戒]로써 선정과 지혜를 이루도록 함이다.

연기법에서 선정과 지혜는, 몸의 여섯 부위를 노리는 저 여우마저 공한 줄 알아 여섯 경계를 두려워하지 않고[不怖六境] 여섯 경계를 미워하지 않음[勿惡六塵]이니, 보여지는바 한 빛깔 한 냄새도 중도 아님이 없기[一色一香無非中道] 때문이다.

⑦ 뱀의 비유

상자에 담긴 네 마리 독사와 칼을 든 다섯 도적

이와 같이 내가 들었다.

한때 붇다께서는 카우삼비 국 고실라라마 동산에 계셨다.

그때 세존께서 여러 비구들에게 말씀하셨다.

"비유하면 흉악하고 독하고 모진 뱀 네 마리가 같은 상자 안에 담겨 있는 것과 같다. 그때 총명하여 어둡지 않고, 지혜가 있어서 즐거움을 구하고 괴로움을 싫어하며 살기를 구하고 죽기를 싫어하는 어떤 장부가 있었다.

어떤 사람이 그 장부에게 말하였다.

'너는 지금 이 상자에 담긴 독한 뱀을 가져다가 어루만져주고 목욕도 시켜주며 은혜롭게 기르고 먹여, 때 따라 꺼내고서는 들여놓으라.

만약 네 마리 독한 뱀으로서 상자를 벗어나 상자의 괴로움에서 벗어난 뱀은, 너를 죽이거나 거의 죽게 할 수 있으니, 너는 잘 막아 보살펴야 한다.'

그때 그 장부는 두려워서 달아났다."

이 언덕과 저 언덕을 비유로 보이심

"또 어떤 사람이 말하였다.

'갑자기 다섯 원수가 있어서, 칼을 빼들고 쫓아와 기어코 죽이려고 할 것이니 너는 잘 막아 보살펴야 한다.'

그때 그 장부는 네 마리 독사와 칼을 빼든 다섯 원수가 두려워서 달아났다.

또 어떤 사람이 말하였다.

'장부여, 네 안에 여섯 도적이 있어, 늘 따라다니면서 너를 엿보다가 틈이 생기면 반드시 너를 죽일 것이니, 너는 잘 막아 보살펴야 한다.'

그때 그 장부는 네 마리 독사와 칼을 빼든 다섯 원수와 몸안의 여섯 도적이 두려워 다시 달려 텅 빈 마을로 들어갔다. 그 마을의 빈집을 보니 위태롭게 썩어 허물어졌고, 그 안에 있는 온갖 나쁜 물건은 잡아보니 모두 아주 약해 굳세고 단단함이 없었다.

어떤 사람이 다시 말하였다.

'장부여, 이 빈 마을에는 도적떼가 와서 반드시 너를 해칠 것이다.'

그때 그 장부는 네 마리 독사와 칼을 빼든 다섯 원수와 몸안의 여섯 도적과 빈 마을의 도적떼가 들이닥칠까 무서워서 다시 달아났다.

갑자기 그가 달아나는 길에 큰 강이 앞에 나타났는데, 물결이 매우 세차고 빨랐다. 이쪽 언덕에는 온갖 무서운 것들만 보일 뿐이고, 저쪽 언덕은 안온하고 즐거우며 청정하고 두려움이 없어 보였지만, 저쪽 언덕으로 건널 수 있는 다리나 배가 없었다.

그래서 그는 생각하였다.

'나는 여러 가지 풀과 나무를 모아 얽어 묶어 뗏목을 만들고, 손과 발의 방편으로 저쪽 언덕으로 건너가야겠다.'

그렇게 생각하고서는 곧 풀과 나무를 주워 언덕 옆을 의지해 얽어 묶어 뗏목을 만들고, 손발의 방편으로 흐름을 끊고 가로질러 건너갔다.

이와 같이 해, 그 장부는 네 마리 독사와 칼을 빼든 다섯 원수와 몸 안의 여섯 도적으로부터 벗어났고, 또 빈 마을의 도적의 무리들로부터 벗어나게 되었다.

세찬 흐름을 건너 이 언덕의 갖가지 두려움을 여의고 안온하고 즐거운 저쪽 언덕에 이르게 되었다."

비유의 뜻을 풀이하심

"비구들이여, 내가 이 비유를 말했는데, 이제 그 뜻을 풀이해주겠다. 여기에서 상자라고 한 것은 이 몸의 거친 네 큰 물질의 요소[四大]를 비유한 것이다. 물질의 네 큰 요소가 만든 정기와 피와 몸은 더러운 음식으로 키우고 길러, 목욕시키고 옷을 입히지만, 덧없이 변해 무너져 아주 위태로운 법이다.

'독한 뱀'이라고 한 것은 물질의 네 큰 요소[四大], 곧 땅의 영역[地界]·물의 영역[水界]·불의 영역[火界]·바람의 영역[風界]을 비유한 것이다.

만약 땅의 영역과 다투면 그 몸을 죽이거나 거의 죽게 될 것이다. 물의 영역·불의 영역·바람의 영역과의 다툼 또한 다시 이와 같다.

'다섯 칼을 뺀 원수'[五拔刀怨]라고 한 것은 '다섯 가지 물든 쌓임'[五受陰]을 비유한 것이며, '여섯 안의 도적'[六內賊]이라고 한 것은 '여섯 가지 애착과 기뻐함'을 비유한 것이며, '빈 마을'이라고 한 것은 '여섯 가지 안의 들임'[六內入]을 비유한 것이다.

바르게 행하는 이들이여, '눈의 들임'[眼入處]을 살펴보면 그것은 다 덧없어서 변하고 무너지는 것이며, 눈을 붙잡아 지니는 자[執持

眼者] 또한 덧없고 거짓된 법이다.

귀의 들임[耳入處] · 코의 들임[鼻入處] · 혀의 들임[舌入處] · 몸의 들임[身入處] · 뜻의 들임[意入處] 또한 다시 이와 같다.

'빈 마을의 도적떼'라고 한 것은 여섯 가지 바깥 들임[六外入處]을 비유한 것이니, 곧 눈은 마음에 들거나 마음에 들지 않는 빛깔의 해침을 받는다. 귀는 소리에, 코는 냄새에, 혀는 맛에, 몸은 닿음에 해침을 받으니, 뜻 등이 마음에 들거나 마음에 들지 않는 법 등의 해침을 받는다.

'세찬 흐름'이라고 한 것은 네 가지 흐름인 애욕의 흐름[欲流], 존재의 흐름[有流], 견해의 흐름[見流], 무명의 흐름[無明流]을 비유한 것이다.

'강'[河]이라고 한 것은 세 가지 욕망인 욕계의 애착[欲愛], 색계의 애착[色愛], 무색계의 애착[無色愛]을 비유한 것이다.

'이쪽 언덕의 두려움 많음'은 있음의 몸[有身]을 비유한 것이고, '저쪽 언덕의 맑고 시원하고 편안하고 즐거움'은 '남음 없는 니르바나'[無餘涅槃]를 비유한 것이다.

'뗏목'이라고 한 것은 여덟 가지 바른 길[八正道]을 비유한 것이며, 손발의 방편으로 흐름을 끊고 건넌다고 한 것은 정진을 용맹스럽게 해 저쪽 언덕에 이르는 것을 비유한 것이다.

'브라마나가 머무는 곳'이라고 한 것은 여래 · 공양해야 할 분 · 바르게 깨친 분을 비유한 것이다."

깨우쳐 당부하심

"이와 같이 비구들이여, 큰 스승은 자비로 제자들을 안위하는 것이니, 그 큰 스승이 해야 할 바를 나는 이제 이미 모두 지어 마쳤다.

너희들도 이제 그 지어야 할 바를 해야 한다. 곧 비어 한가한 곳이나 나무 밑이나 깨끗한 방에 풀을 깔아 자리를 만들고, 한데나 무덤 사이처럼 멀리 떨어져 외진 곳에 앉아, 부지런히 선정을 닦고 부디 방일하게 지내 뒤에 뉘우치지 않도록 하라.

이것이 바로 내가 가르치는 법이다."

붇다께서 이 경을 말씀하시자, 여러 비구들은 붇다의 말씀을 듣고 기뻐하며 받들어 행하였다.

• 잡아함 1172 독사경(毒蛇經)

• 해설 •

인연으로 일어난 모든 존재[諸有]가 공하여 존재 아님[非有]을 깨닫지 못하면, 있음의 몸[有身]에 갇힌 이쪽 언덕에서 니르바나의 저쪽 언덕에 이를 수 없다. 이쪽 있음의 몸에서 실로 있음을 떠난 곳이 저쪽 언덕이므로, 저쪽 언덕은 이쪽 언덕 그대로가 아니지만 저쪽 언덕이 이쪽 언덕을 떠나지 않는다.

저쪽 언덕이 이쪽 언덕을 떠나지 않았지만 존재의 질곡과 번뇌의 물듦이 사라져야 저쪽 언덕이 되므로, 이쪽 언덕의 집착과 번뇌 떠나게 할 뗏목이 없으면 저쪽 언덕에 이르지 못한다. 이 언덕에서 저 언덕에 이르게 하는 뗏목이 곧 여덟 가지 바른 길[八正道]이다.

그렇다면 무엇이 본래 해탈되어 있는 니르바나의 땅에서 나고 죽음의 윤회와 있음의 몸 그 질곡을 만들고 무명과 애욕이 흐르는 세찬 흐름을 일으키는가. 그리하여 삼계 애착의 강이 저쪽 언덕과 이쪽 언덕을 가르게 하는가.

네 큰 물질의 요소의 상자에 갇힌 이 몸[此身]의 다섯 쌓임에 실로 있다는 집착을 일으켜 몸의 네 큰 요소가 독한 뱀이 되고, 다섯 쌓임이 칼을 쥔 원수가 되어 나[我]에 나 없는[無我] 참된 나를 죽이게 된다.

이처럼 나에 나 없는 곳에서 실로 나 있음을 두어, 여섯 아는 뿌리의 빈 마을[空村]에 여섯 애착[六愛]이 도적이 되니, 애착이 바깥 경계에 취하는 마음 일으키기 때문이다.

여섯 아는 뿌리가 원래 공해 빈 마을과 같은데 애착하는 안의 도적으로 인해 바깥 경계가 다시 안의 마을을 침범하게 되니, 이것이 빈 마을에 쳐들어오는 여섯 경계의 도적떼이다.

해탈의 처소 브라마나가 머무는 곳은 멀리 있는 것이 아니라, 온갖 도적떼가 들끓는 곳, 안의 들임[內入]과 바깥 들임[外入]이 어울려 지금 앎[識]이 나는 곳이다. 보여지는바 네 큰 요소가 이룬 바깥 경계가 공한 줄 알면 바깥 경계를 훔치려는 안의 도적이 사라지고, 안의 여섯 뿌리가 공한 빈 마을인 줄 알면 빈 마을에 쳐들어오는 도적떼가 사라진다.

그리하여 아는 마음[名]과 알려지는 것[色]이 모두 공한 줄 깨달으면 다섯 칼을 쥔 원수가 없어지고 상자와 상자에 든 뱀이 모두 사라지니, 도적떼 들끓는 빈 마을이 도리어 '브라마나의 머무는 곳'이 되고, 이쪽 언덕의 두려움 많은 곳이 맑고 시원한 저쪽 언덕의 즐거운 곳이 된다.

그러므로 네 큰 요소[四大]의 상자에 갇힌 있음의 몸[有身]과 몸의 사라져 다함을 둘이 아닌 것으로 볼 수 있을 때, 이쪽 언덕을 떠나지 않고 저쪽 언덕 니르바나의 즐거운 곳을 얻게 될 것이다.

『비말라키르티수트라』는 이렇게 말한다.

'마음이 걸림 없는 보디사트바'[心無礙菩薩]가 말했다.

"몸[身]과 몸의 사라짐[身滅]이 둘이 되나 몸이 곧 몸의 사라짐입니다. 왜 그런가요. 몸의 실상을 보는 사람은 몸을 봄과 몸의 사라짐 보는 것을 일으키지 않기 때문입니다.

몸과 몸 없앰에 둘이 없고 분별할 것이 없어서 그 가운데 놀라거나 두려워하지 않으면 이것이 둘 아닌 법문[不二法門]에 들어섬입니다."

삿된 견해 삿된 행은 뱀의 걸음이니

이와 같이 내가 들었다.

한때 붇다께서는 슈라바스티 국 제타 숲 '외로운 이 돕는 장자의 동산'에 계셨다.

그때 세존께서 여러 비구들에게 말씀하셨다.

"뱀의 걸음법[蛇行法]이 있다. 자세히 듣고 잘 생각하라. 너희들을 위해 말해주겠다.

어떤 것이 뱀의 걸음법인가? 곧 산목숨 죽이는 악한 행이니, 손은 늘 피비린내이다. 이와 같이 주지 않는 것을 갖는 것, 거짓말 등 나아가 열 가지 착하지 않은 업의 자취이다.

그는 그때 몸으로 뱀의 걸음[身蛇行]을 짓고, 입으로 뱀의 걸음[口蛇行]을 짓고, 뜻으로 뱀의 걸음[意蛇行]을 짓는다.

그는 이와 같이 몸과 입과 뜻으로 뱀의 걸음을 행한 뒤에 두 갈랫길에서 하나하나 나쁜 세계인 지옥이나 축생 세계로 향한다.

뱀 걸음의 중생이란, 곧 뱀 · 쥐 · 고양이 · 살쾡이 따위의 배로 다니는 중생을 말하니, 이것을 뱀의 걸음법이라고 한다."

뱀의 걸음 같은 삿된 법을 보이고 뱀 걸음이 아닌 바른 법을 보이심

"어떤 것이 뱀의 걸음이 아닌 법인가? 곧 산목숨 죽이지 않고 나아가 바른 견해이니, 이것을 뱀의 걸음이 아닌 법이라고 한다.

몸으로 뱀의 걸음을 짓지 않고, 입으로도 뱀의 걸음을 짓지 않으며, 뜻으로도 뱀의 걸음을 짓지 않으면, 그 두 갈랫길에서 하나하나 좋은 세계인 하늘이나 사람 세계에 태어나니, 이것을 뱀의 걸음이 아닌 법이라고 한다.

붇다께서 이 경을 말씀하시자, 여러 비구들은 붇다의 말씀을 듣고 기뻐하며 받들어 행하였다.

• 잡아함 1046 사행경(蛇行經)

• 해설 •

이 경은 삿된 업의 원인으로 삿된 업의 결과가 이루어짐을 보인다. 이미 이루어진 업의 결과가 앞선 인연으로 성취된 결과이므로 그 결과가 공한 것이니, 업으로 이루어진 결과 속에 업의 인과를 벗어나는 해탈의 길이 있다.

뱀의 걸음은 곧지 못한 행을 비유함이니 산목숨 죽임과 훔침과 거짓말 등 열 가지 악한 행이요, 산목숨 죽이지 않고 주지 않는 것 갖지 않으며 거짓 없이 진실을 말함 등 곧은 행은 열 가지 착한 행이다.

삿된 결과의 원인이 되는 열 가지 뱀의 걸음도 나쁜 결과의 원인이지만 그 원인 또한 다른 인연의 결과이므로 뱀의 걸음걸이 자체가 공한 것이다.

뱀의 걸음걸이가 꼭 그러한 걸음걸이가 아니므로, 지금 바로 배로 다니는 뱀의 걸음, 삿된 뜻, 삿된 걸음걸이를 고치면 삿됨 가운데서 삿됨을 돌이켜 바름을 이룰 수 있다.

그러므로 뱀의 걸음을 꼭 정해진 굽은 걸음이라 말하지 말아야 하니, '대통 속에 들어간 뱀'의 뜻을 알아야 할 것이다.

⑧ 새의 비유

세상에 네 가지의 새가 있듯 네 가지 사람이 있다

이와 같이 들었다.

한때 붇다께서는 슈라바스티 국 제타 숲 '외로운 이 돕는 장자의 동산'에 계셨다.

그때 세존께서 여러 비구들에게 말씀하셨다.

"비구들이여, 알아야 한다. 이러한 네 가지의 새가 있다. 어떤 것이 그 네 가지인가?

어떤 새는 소리는 좋은데, 모습은 못생겼다.

어떤 새는 생긴 모습은 좋은데, 소리는 좋지 못하다.

어떤 새는 소리도 좋지 못하고, 모습도 못생겼다.

어떤 새는 모습도 좋고 소리도 좋다."

네 가지 새를 분별해 보이심

"저 어떤 새가 소리는 좋은데 모습이 못생긴 것인가?

코키라(kokila)라는 새가 그것이다. 이것을 소리는 좋은데 모습이 못생긴 것이라 한다.

어떤 새가 모습은 좋은데 소리가 좋지 못한 것인가?

새매가 바로 그것이다. 이것을 모습은 좋은데 소리는 좋지 못한 것이라 한다.

어떤 새가 소리도 좋지 못하고 모습도 못생긴 것이라 하는가?

올빼미가 바로 그것이다. 이것을 소리도 좋지 못하고 모습도 못생긴 것이라 한다.

어떤 새가 소리도 좋고 모습도 좋은 것이라 하는가?

공작새가 바로 그것이다. 이것을 소리도 좋고 모습도 좋은 것이라 한다.

이것을 비구들이여, 네 가지의 새가 있다고 하는 것이니, 모두 깨우쳐 알아야 한다."

네 가지 비구의 행을 분별해 보이시며,
소리도 좋고 모습도 좋은 비구행을 당부하심

"이것 또한 이와 같아 세간에는 새처럼 네 가지 사람이 있으니, 모두 깨우쳐 알아야 한다.

어떤 것이 그 네 가지인가? 어떤 비구는 얼굴이 단정하고, 나가고 들어가며 오고 가는 것과 가사를 입고 발우를 가지는 것과 굽히고 펴는 것, 구부리고 우러름에 바른 몸가짐을 성취하였다.

그러나 처음도 좋고, 가운데도 좋고, 마지막도 좋은 법을 읊어 외우지 못하고, 법의 가르침을 받아 잇지 못하고, 또한 그것을 잘 읊어 외우지도 못한다.

이것을 이 사람이 모습은 좋은데 소리는 좋지 않다고 하는 것이다.

다시 어떤 사람을 소리는 좋은데 모습이 못생겼다고 하는가?

어떤 비구는 나가고 들어가며 오고 가는 것과 굽히고 펴는 것, 구부리고 우러러보는 것과 가사를 입고 발우를 지님에 바른 몸가짐을 성취하지는 못했으나, 늘 널리 설법하기를 좋아한다.

다시 그 사람은 정진하고 계율을 지니며, 법을 듣고 배운 것을 잘 알며, 처음도 좋고 가운데도 좋고 마지막도 좋은 모든 법을 많이 들어 뜻과 이치를 깊이 알아 범행을 갖추어 닦는다. 그리고 그는 또 법을 잘 지니고 잘 외운다.

이것을 갖추어 행하면 소리는 좋은데 모습은 못생긴 것이라 한다.

저 어떤 사람을 소리도 좋지 못하고 모습도 못생겼다고 하는가? 어떤 사람은 계(戒)를 범하고 정진하지 않으며, 많이 듣지 않고 들은 것은 곧 잊어버리고 만다. 그는 이 법에 의해 범행을 갖추어 행해야 하는데도, 그런 것을 기꺼이 받아들이려고 하지 않는다.

이것을 이 사람이 소리도 좋지 못하고 모습도 못생긴 것이라고 한다.

저 어떤 사람을 소리도 좋고 모습도 좋은 것이라고 하는가?

어떤 비구는 얼굴이 단정하고, 나가고 들어가며 오고 갈 때와 가사를 입고 발우를 가지고는 좌우를 돌아보지 않는다. 그리고 다시 정진하여 착한 법을 닦아 행하고 계를 갖추고, 작은 그릇된 법을 보아도 오히려 두려운 마음을 품는데, 하물며 큰 허물이겠는가?

또한 다시 많이 듣고 받아들은 것은 잊어버리지 않으며, 처음도 좋고 가운데도 좋고 마지막도 좋은 모든 법을 잊지 않고, 착한 행을 닦으며, 이와 같은 법을 잘 읊어 외우고 잘 읽는다.

이것을 이 사람이 소리도 좋고 모습도 좋은 것이라고 한다.

이것을 세간에 네 가지의 사람이 있다고 하는 것이다. 세간에 사는 사람들은 모두 깨우쳐 알아야 한다.

그러므로 여러 비구들이여, 너희들은 반드시 소리도 좋고 모습도 좋은 것을 배워야 한다.

이와 같이 여러 비구들이여, 이렇게 배워야 한다."

그때 여러 비구들은 붇다의 말씀을 듣고 기뻐하며 받들어 행하였다.

• 증일아함 25 사제품(四諦品) 九

• 해설 •

소리는 좋은데 못생긴 새는 남을 위해 잘 설법하되 스스로 잘 받아 지니지 못하는 비구를 비유하고, 모습은 좋은데 소리가 좋지 못한 새는 스스로 잘 받아 지니는데 남을 위해 설법하지 못하는 비구를 나타낸다.

소리도 좋지 못하고 모습도 못생긴 새는 스스로 잘 받아 지니지도 못하고 남을 위해 잘 설법하지도 못하는 비구를 비유하고, 소리도 좋고 모습도 좋은 새는 스스로 잘 받아 지니고 남을 위해 잘 설법하는 비구를 나타낸다.

여래의 가르침을 스스로 잘 받아 지니는 자는 여래의 설법이 세계의 실상인 줄 아는 자이며, 여래의 법 설하는 소리를 들을 때 여래의 설법 소리가 자기 마음의 소리인 줄 잘 아는 자이다.

또한 남을 위해 잘 설하는 이는 지금 내가 법을 말할 때 나의 설법이 듣는 이의 삶의 진실이며, 나의 설법 소리가 저 듣는 이의 마음의 소리인 줄 알아 설법하는 자이다.

이와 같이 알고 설함 없이 설하는 자, 그가 스스로 잘 받아 지녀 설법하는 자이니, 그는 바로 선(禪)이 있고 교(敎)가 있으며 남의 말을 들음 없이 잘 듣고 남에게 말함 없이 잘 말하는 자이다.

늙은 따오기 빈 못 지키다 죽는 것같이

이와 같이 내가 들었다.

한때 붇다께서는 슈라바스티 국 제타 숲 '외로운 이 돕는 장자의 동산'에 계셨다.

그때에 세존께서는 이른 아침에 가사를 입고 발우를 가지고 슈라바스티 성에 들어가 밥을 비셨다. 존자 아난다는 세존의 뒤를 따랐다.

그때에 늙은 남녀가 있었는데, 그들은 부부로서 나이가 많이 들었고, 몸의 아는 뿌리는 허물어지고 등은 굽어 갈고리와 같았다.

그들은 마을 길목 누더기 사르는 곳에서 불을 향해 같이 쪼그리고 앉아 있었다.

세존께서는 늙은 부부가 그 나이는 많아 어리석게 늙어 등은 굽어 갈고리와 같으며, 불을 향해 쪼그리고 앉아 있는데, 마치 늙은 따오기가 욕심으로 서로 바라보는 것 같음을 보셨다.

보시고는 존자 아난다에게 말씀하셨다.

늙은 부부의 모습으로 젊어서 닦지 않음을 경책하심

"너는 저 늙은 부부가 나이는 많아 어리석게 늙어 등은 굽어 갈고리와 같으며, 불을 향해 쪼그리고 앉은 것이, 마치 늙은 따오기가 욕심으로 서로 바라보는 것 같음을 보는가."

아난다는 말씀드렸다.

"봅니다, 세존이시여."

붇다께서는 말씀하셨다.

"저 늙은 부부가 젊을 때 건강한 몸으로 부지런히 재물을 구하였더라면 슈라바스티 성에서 으뜸가는 부자 장자가 되었을 것이요, 만약 수염과 머리를 깎고 가사를 입고 바른 믿음으로 집이 아닌 데로 집을 나와 도를 배워 부지런히 닦아 익혔더라면 '아라한(arhat)의 으뜸가는 높은 과덕'을 얻었을 것이다.

둘째 시절 건강한 몸으로 부지런히 재물을 구하였더라면 슈라바스티 성에서 둘째가는 부자가 되었을 것이요, 만약 수염과 머리를 깎고 가사를 입고 바른 믿음으로 집 아닌 데로 집을 나와 도를 배웠더라면 '아나가민(anāgāmin)의 과덕'을 얻었을 것이다.

셋째 시절 중년의 몸으로 부지런히 재물을 구하였더라면 슈라바스티 성에서 셋째가는 부자가 되었을 것이요, 만약 수염과 머리를 깎고 가사를 입고 바른 믿음으로 집 아닌 데로 집을 나와 도를 배웠더라면 '사크리다가민(sakṛdāgāmin)의 과덕'을 얻었을 것이다.

그러나 그는 오늘 나이는 늙고 몸의 아는 뿌리는 허물어지고 재물도 없으며, 방편도 없고 견디어낼 수도 없으니, 만약 또한 재물을 구해도 남보다 뛰어나는 법을 얻을 수 없는 것이다."

따오기의 비유를 다시 들어 깨우치심

그때에 세존께서는 다시 게송으로 말씀하셨다.

범행을 행하지 않았기 때문에
젊어서 재물을 얻지 못하고

지나간 옛일을 사유하면서
땅에서 조는 모습 굽은 활 같네.
범행을 닦지 않았기 때문에
젊어서 재물을 얻지 못하고
마치 저 늙은 따오기가
빈 못을 지키다 죽는 것 같네.

붇다께서 이 경을 말씀하시자, 존자 아난다는 그 말씀을 듣고 기뻐하며 받들어 행하였다.

• 잡아함 1162 노부부경(老夫婦經)

• 해설 •

세간법이나 출세간법이나 방일하지 않는 행[不放逸行], 부지런히 정진하는 행[正勤]이 뿌리가 되어, 건강한 노동에 합당한 대가를 얻게 되고 바르게 닦아 행함으로 해탈의 과덕을 얻게 된다.

몸[身]에 대해서 몸이 실로 있다는 그릇된 견해[身見] 때문에 몸이 깨끗하지 않음[不淨]과 나 없음[無我]을 말하지만, 몸에서 실로 몸이 있다는 견해를 떠나면 이 몸이 법계의 처소이고 진리실현의 토대가 된다.

나이 젊어 건강할 때 이 몸에 몸 없는 실상을 바로 살피면 몸에 대한 애착과 갖가지 병환의 경계를 떠나 지혜의 흐름에 들어가고 더욱 앞으로 나아가, 다시 탐욕의 세계에 돌아옴 없이[anāgāmin, 不來] 아라한(arhat)의 배울 것 없는 과덕을 얻을 것이다.

나이 젊어 한창일 때 이 몸을 애착과 탐욕의 도구로 굴리고 애욕의 구렁텅이에 빠져 살다, 나이 늙어 회한의 한숨만 짓게 되면 어찌 장부의 크나큰 살림살이라 할 수 있는가.

세존은 나이 젊어 건강하게 일하지 않고 방일함이 없이 선정과 지혜를 닦지 않다 늙어서 뉘우침의 눈물 짓는 이들을, 늙은 따오기가 빈 못을 지키다 죽는 것과 같다고 경책하시니, 여래의 뼈아픈 깨우침을 어찌 소홀히 할 수 있겠는가.

『화엄경』(「이세간품」) 또한 이 험하고 거친 세간의 흐름 속에서 지혜와 선정 용맹한 정진으로 흐름을 헤쳐 더불어 사는 이들을 저 언덕에 건네주는 보디사트바의 행을 가루라(garuṛa)로 비유해 이렇게 노래한다.

보디사트바 가루라는
자재한 선정 굳센 발이 되고
방편은 용맹한 날개 되며
자비는 밝고 깨끗한 눈이 되네.

菩薩迦樓羅　如意爲堅足
方便勇猛翅　慈悲明淨眼

보디사트바 가루라는
일체지의 나무에 머물며
삼계의 큰 바다 살피고서
하늘과 사람의 용 붙잡아서
니르바나의 언덕에 두네.

住一切智樹　觀三有大海
搏撮天人龍　安置涅槃岸

스스로 노니는 곳 떠나면 큰 재난 만나는 새와 같이

이와 같이 내가 들었다.

한때 붇다께서는 슈라바스티 국 '외로운 이 돕는 장자의 동산'에 계시면서 여러 비구들에게 말씀하셨다.

"지난 옛날 한 새가 있었는데 라파(羅婆)라고 이름하였다. 그 새가 매에게 잡히어 허공으로 날아오르자 공중에서 부르짖었다.

'나는 스스로 깨닫지 못해 갑자기 이런 어려운 일을 당했구나. 나는 괜스레 부모의 구역을 버리고 떠나 다른 곳에서 노닐었기 때문에 이런 어려운 일을 당한 것이다. 오늘 이렇게 남한테 어려움을 겪어 자재를 얻지 못하니 어찌하겠는가.'

매는 라파에게 말하였다.

'너는 어느 곳에 네 스스로의 구역이 있어 자재를 얻었는가.'

'나는 밭 언덕 밑에 내 자신의 구역이 있어 모든 어려움을 면할 수 있었다. 이것이 내 집이요 부모의 경계다.'

매는 라파에게 교만한 생각을 내서 말하였다.

'너를 놓아 밭 언덕 밑으로 돌아가게 하겠다. 내게서 벗어날 수 있겠는가.'

이에 라파는 매의 발톱에서 벗어나게 되어 밭 언덕 큰 흙덩이 밑으로 돌아가 쉴 곳에 편히 머물렀다. 그런 뒤에 흙덩이 위에 나와 매와 싸우고자 하였다. 매는 크게 화를 내었다.

'이 조그만 새가 나와 싸우려고 한다.'

성냄이 심해지자 세차게 날아 곧장 내리쳤다.

그러자 라파는 흙덩이 밑으로 들어가고 매는 나는 힘에 몰려, 가슴이 단단한 흙덩이에 부딪쳐 몸이 부서져 곧 죽었다.

자기 경계 의지해 힘센 매를 이긴 라파가 노래로 기쁨을 보임

그때에 라파는 흙덩이 밑에 깊이 엎드려 우러러 게송으로 말하였다.

저 매가 힘을 써서 내려오므로
라파는 스스로의 경계 의지했네.
솟구쳐 오르는 성냄의 힘을 타고서
매는 그 몸 부수는 화를 입었네.

나는 환히 통달한 마음 갖추어
스스로의 노니는 경계 의지해
번뇌의 원수를 모두 눌러 이기고
마음이 자기 경계 따라 기뻐해
스스로 살펴 그 힘 기뻐했네.

비록 너에게 사납고 어리석은
백천 코끼리 왕의 힘이 있어도
내 지혜를 열여섯으로 나눈
그 하나에도 미치지 못하리니

나의 지혜 아주 빼어남을 볼지니
저 푸른 매 꺾어서 없애버렸네.

죽은 매를 비유로, 네 곳 살핌의 바른 구역에 노닐도록 깨우치심

"이와 같이 비구들이여, 그 매는 어둡고 어리석어 몸소 따르는 부모의 경계를 스스로 버리고 다른 곳에서 노닐다가 그러한 재난을 만났다.

너희 비구들 또한 이와 같이, 다녀야 할 자기 경계를 잘 지키고 남의 경계 떠나기를 배워야 한다.

비구들이여, 다른 곳과 남의 경계란 곧 다섯 가지 탐욕의 경계이니, 다음과 같다.

눈으로 느낌에 맞는 빛을 보면 그 묘한 빛을 사랑하여 욕심으로써 물들어 집착한다. 귀로 소리를 알고 코로 냄새를 알며 혀로 맛을 알고 몸으로 닿음을 알아, 느낌에 맞으면 그 묘한 닿음 등을 사랑하여 욕심으로써 물들어 집착하니, 이것을 비구의 다른 곳과 남의 경계라 한다.

비구들이여, '스스로 노니는 곳'과 '부모의 경계'란 곧 '네 곳 살핌'[四念處]이니 어떤 것을 넷이라 하는가.

곧 몸에서 몸을 살핌, 느낌 · 마음 · 법에서 법 등을 살핌이다.

그러므로 비구들이여, 스스로 노니는 곳과 부모의 경계에서 스스로 노닐어, 다른 곳과 남의 경계 떠나야 한다.

이렇게 반드시 배워야 한다."

붇다께서 이 경을 말씀하시자, 여러 비구들은 듣고 기뻐하며 받들어 행하였다.

• 잡아함 617 조경(鳥經)

• 해설 •

온갖 것이 본래 니르바나되어 있는 '집안일'[家裏事]로 보면 이 세상 온갖 곳이 진리의 경계 아님이 없다. 그러나 이제 범부의 집착과 망상을 돌이켜 보디에 나아가는 '길 가운데 일'[途中事]로 보면, 몸과 느낌, 마음과 법[身受心法]을 진실 그대로 살피는[如實觀] 실천의 경계를 떠나면, 남이 지배하는 남의 경계에 빠져 온갖 곳에 두루한 니르바나의 처소에 이를 수 없다.

바른 실천의 경계 떠나 길에서 헤매는 이는 마치 부모의 경계를 떠나 라파가 매에 잡혀가는 것과 같다.

자기가 지키고 보살펴야 할 바른 실천의 경계에 되돌아온 수행자는 마치 자기 구역에 되돌아와 하늘의 힘센 매를 이긴 라파 새와 같다.

자기 구역에서 자재히 노니는 라파를 잡으려다 매가 도리어 죽는 것과 같이, 잘 살피고 잘 행하는 수행자는 하늘의 힘센 마라[天魔]라 할지라도 무너뜨리거나 이기지 못하고 도리어 자기가 죽게 된다.

그러므로 스스로 노닐어 가야 할 곳을 잘 알아 바른 길을 걷는 이는 하늘 마라[天魔] 번뇌의 마라[煩惱魔]와 같은 온갖 훼방꾼과 방해 세력을 이기고, 끝내 머묾 없는 니르바나의 처소에 이르러 온갖 곳에 늘 자재한 삶을 살 것이다.

몸에 무늬 수놓은 저 공작새, 아름다운 소리를 내니

이와 같이 내가 들었다.

한때 붇다께서는 라자그리하 성 칼란다카 대나무동산에 계셨다.

때에 많은 비구들은 차이티야 산(Caitya-giri) 곁에 살았다. 그들은 다 아란야 비구로서 누더기 옷[糞掃衣]을 입고 늘 밥 빌기를 행했다.

때에 그 산을 의지해 살던 하늘신이 게송으로 말하였다.

몸에 무늬 수놓은 저 공작새
이 차이티야 산에 깃들고 있어
때 따라 아름다운 소리를 내어
밥 비는 비구들을 깨우쳐주네.

몸에 무늬 수놓은 저 공작새
이 차이티야 산에 깃들고 있어
때 따라 아름다운 소리를 내어
나무 밑에 앉은 이 깨우쳐주네.

때에 그 하늘신은 이 게송을 외우고는 곧 잠자코 머물렀다.

• 잡아함 1351 공작경(孔雀經)

• 해설 •

공작새는 그 소리가 아름다울 뿐 아니라 몸의 빛깔과 무늬 또한 아름답다. 공작새의 바탕에 아름다운 빛깔과 무늬가 갖추어진 것은 수행자의 사마디행과 밥 비는 이의 두타행을 비유한다.

공작새의 아름다운 소리는 스스로의 사마디행을 통해 남을 위해 설법하고 중생을 위해 인연 따라 방편을 세우는 행[方便隨緣行]이다.

무늬도 아름답고 목소리도 좋은 공작새가 밥 비는 비구 깨우치는 것은 스스로 잘 두타행을 닦되 남을 위해 설법하지 않는 허물을 깨우침이다. 다시 공작새가 때 따라 고운 목소리를 내 나무 밑에 앉은 이 깨우치는 것은 수행자가 산에 깃들어 사마디의 고요한 행에 다시 탐착함을 경계한 것이다. 그것은 곧 세간의 물듦을 멀리 여의되 세간을 버리지 않아야 여래가 가르치신 멀리 여읨의 행[遠離行]이 되고, 세간의 시끄러움에 머물지 않되 사마디의 고요함에도 머물지 않아야 여래가 가르치신 참된 선정이고 지혜이기 때문이다.

『비말라키르티수트라』는 연기법의 함이 없음[無爲]이 함이 있는 현실의 생활 가운데 함이 없음임을 이렇게 말한다.

“무엇을 보디사트바가 함이 없음[無爲]에 머물지 않음이라 하오.

공함[空]을 닦아 배워도 공함으로써 깨침을 삼지 않고, 모습 없음[無相] · 지음 없음[無作]을 닦아 배워도 모습 없음 · 지음 없음으로 깨침을 삼지 않으며, 일으킴 없음[無起]을 닦아 배워도 일으킴 없음으로 깨침을 삼지 않는 것이오.

덧없음을 살피되 착한 일의 근본을 싫어하지 않으며, 세간의 괴로움을 살피되 나고 죽음을 싫어하지 않으며, 나 없음[無我]을 살피되 사람 가르치는 것을 싫증내지 않으며, 고요함을 살피되 길이 고요해지지 않는 것이오.

멀리 떠남을 살피되 몸과 마음으로 착한 일을 닦으며, 돌아갈 곳 없음을 살피되 착한 법에 돌아가며, 남이 없음[無生]을 살피되 나는 법[生法]으로 온갖 것을 짊어지는 것이오.”

⑨ 원숭이의 비유

원숭이가 아교풀에 붙어 사냥꾼에 잡히듯

이와 같이 내가 들었다.

한때 붇다께서는 라자그리하 성 칼란다카 대나무동산에 계시면서 여러 비구들에게 말씀하셨다.

"큰 설산 가운데 찬 얼음이 있는 험한 곳에는 원숭이도 없는데 하물며 사람이 있겠는가.

다시 어떤 산이 있어 원숭이가 사는 곳인데 사람은 없고, 다시 어떤 산이 있어 사람과 짐승이 같이 산다.

원숭이 다니는 곳에 사냥꾼이 밀떡처럼 뭉친 아교를 그 풀 위에 발라두었는데, 지혜로운 원숭이는 그것을 피해갔지만, 어리석은 원숭이는 그것을 피하지 않고 손을 조금 대면 곧 손이 붙고, 다시 다른 손으로 그것을 떼려 하면 곧 두 손이 다 붙으며, 발로써 떼려 하면 다시 발이 붙고, 입으로 풀을 물면 곧 입이 붙는다.

다섯 곳이 함께 붙어 쓰러져 땅에 누웠으면, 사냥꾼은 와서 막대기로 꿰어 짊어지고 간다.

비구들이여, 알아야 한다. 어둡고 어리석은 그 원숭이는 스스로의 경계인 부모가 사는 곳을 버리고 남의 경계에 노닐다가 그런 고통을 겪게 된 것이다."

원숭이의 비유로 마라에 붙잡히는 이를 깨우치심

"이와 같이 비구들이여, 어둡고 어리석은 범부는 마을을 의지해 살면서, 이른 아침에 가사를 입고 발우를 가지고 마을에 들어가 밥을 빌 때에, 그 몸을 잘 보살피지 않고 아는 뿌리의 문[根門]을 지키지 않는다.

그래서 눈으로 빛깔을 보고는 물들어 집착함을 내고, 귀가 소리를 듣고 코가 냄새 맡으며 혀가 맛을 보고 몸이 닿음을 느낄 때, 모두 물들어 집착함을 낸다.

어둡고 어리석은 비구는 안의 앎의 뿌리[內根]와 바깥 경계[外境]에서 다섯 묶음에 묶이어 마라(māra, 魔)의 하고자 함을 따른다.

그러므로 비구들이여, 이렇게 배워야 한다.

'스스로 다니는 곳인 부모의 경계에 의지해 그치고, 다른 곳 다른 경계에 따라가지 말자.'

비구들이여, 어떤 것이 스스로 다니는 곳인 부모의 경계인가.

곧 네 곳 살핌[四念處]이니, 몸에서 몸을 살피는 생각에 머무르고 느낌 · 마음 · 법에서 법 등을 살피는 생각에 머무름이다."

붇다께서 이 경을 말씀하시자, 여러 비구들은 듣고 기뻐하며 받들어 행하였다.

• 잡아함 620 원후경(猿帳經)

• 해설 •

한 나뭇가지를 잡았다가 놓고 다시 다른 나뭇가지를 쥐고, 또 쥐었던 가지를 놓고 다른 나뭇가지를 쥐어 쉴 새 없는 원숭이는 아는 경계를 따라 끝없이 옮겨 다니는 중생의 망상을 비유한다.

과거의 마음이 끊어지고 새 마음이 나는 것이 아니고[不斷], 과거의 마음이 그대로 새 마음이 되는 것이 아니니[不常], 과거의 마음도 얻을 수 없고 현재의 마음도 얻을 수 없으며 미래의 마음도 얻을 수 없다.

그러므로 지금 경계를 알 때 앎에 앎이 없되 앎 없음에도 머물지 않을 때, 과거 · 현재 · 미래의 마음을 취하지 않되 공함에 머묾 없이 앎 없는 앎으로 과거 · 현재 · 미래에 걸림 없이 자재한 삶을 살 수 있다.

이 경의 원숭이 비유는 과거 · 현재 · 미래의 마음에 얻을 것을 두어 곳곳에 집착하고 생각생각 막히고 걸리는 범부의 삶을 나타낸다.

붇다는 그러한 범부에게 스스로 다녀야 할 곳에 다니고 부모의 경계에 노닐도록 가르치시니, 스스로 노닐 곳은 곧 '네 곳 살핌'의 행이다.

왜 네 곳 살핌을 스스로 노닐 곳이라 하는가. 네 곳 살핌은 자기가 자신의 삶을 되살피는 행이기 때문이다.

지금 스스로의 삶 속에서 마음에 알려지는바 물질법[身, 色]과 지어가는 법[法, 行]에 실로 알 것이 없고 지을 것이 없음을 바로 살피는 자는, 곧 지금 아는 마음과 느낌[心, 受]에 앎과 느낌 없음을 바로 살피게 되니, 이것이 부모의 구역에서 노니는 이의 삶의 모습이다.

네 곳[四處, 所觀境]을 진실대로 살펴, 네 곳에 실로 알 것이 없음을 바로 보는 자는 앎에서 앎을 떠나고, 앎에서 앎을 떠나는 자는 모습에서 모습을 떠날 수 있어 경계의 침탈을 받지 않게 되니, 네 곳 살핌이 수행자가 스스로 다녀야 할 곳이고, 다시 마라에 틈을 주지 않을 부모의 경계인 것이다.

7) 식물의 비유

① 파초의 비유

파초의 껍질을 벗겨보면
도무지 알맹이를 얻을 수 없듯

이와 같이 내가 들었다.

한때 붇다께서는 바이살리 국 원숭이 못가에 계셨다. 바이살리 국에 있는 니르그란타 즈냐타푸트라는 지혜가 아주 밝아 모든 이론을 잘 풀이하였고, 총명하다는 교만이 있었다.

그는 널리 모은 여러 이론으로 지혜가 미묘함에 들어가 대중을 위해 설법하면 모든 논사(論師)들을 뛰어넘었다.

그는 매번 이렇게 생각하였다.

'어떤 사문이나 브라마나도 나를 맞설 자는 없다. 나아가 여래와도 함께 토론할 수 있다.

모든 논사들은 내 이름만 들어도 이마에서는 진물이 나고 겨드랑이에서는 땀이 나며 털구멍은 물을 흘릴 것이다.

내 논의(論議)의 바람은 풀을 쓰러뜨리고 나무를 꺾으며, 쇠와 돌을 부수고, 모든 용이나 코끼리까지도 누를 것인데, 하물며 사람 사이의 여러 논사들이 나를 맞설 수 있겠는가.'

자만에 빠진 니르그란타가 아쓰바짓의 인도로 세존과 문답함

그때 아쓰바짓(Aśvajit)이라는 비구가 이른 아침에 가사를 입고 발우를 가지고 단정한 몸가짐으로 천천히 반듯한 시선과 편안한 걸음으로 성으로 들어가 밥을 빌었다.

그때 니르그란타 즈냐타푸트라는 조금 볼일이 있어 여러 마을을 들러 성문을 나오다가 멀리서 비구 아쓰바짓을 보고 곧 그곳으로 가서 물었다.

"사문 고타마는 제자들을 위해 어떻게 설법하며 어떤 법으로써 제자들을 가르쳐 닦아 익히게 하시오."

아쓰바짓은 말하였다.

"불씨 거사여, 세존께서는 이와 같이 설법하고 가르치시어 따라 배우게 하오. 다음과 같소.

'여러 비구들이여, 물질에는 〈나〉가 없다고 살피고, 느낌 · 모습 취함 · 지어감 · 앎에는 〈나〉가 없다고 살피라. 이 다섯 가지 받아들이는 〈쌓임〉에 대해 방편을 부지런히 하여, 병과 같고 종기와 같으며 가시와 같고 죽음과 같아 덧없고 괴로우며 공(空)이요 〈나〉가 아니라고 살피라.' "

니르그란타 즈냐타푸트라는 이 말을 듣고 마음이 불쾌하여 이렇게 말하였다.

"아쓰바짓이여, 그대는 반드시 잘못 들은 것이오. 사문 고타마는 끝내 그렇게 말하지 않았을 것이오. 만약 사문 고타마가 그렇게 말했다면 그것은 곧 삿된 견해요. 나는 이제 그에게 가서 따져 그만두게 하겠소."

(중략)

붇다께서는 니르그란타 즈냐타푸트라에게 말씀하셨다.

"천천히 사유한 뒤에 풀이해 말해보시오. 그대는 앞서 대중 가운데서 물질은 곧 '나'요, 느낌 · 모습 취함 · 지어감 · 앎도 곧 '나'라고 말하였는데, 이제는 아니라고 말하니 앞뒤가 서로 어긋나오.

그대는 앞에 물질은 곧 '나'요, 느낌 · 모습 취함 · 지어감 · 앎도 곧 '나'라고 말하였소. 그러면 불씨 거사여, 나는 이제 그대에게 묻겠소. 물질은 항상한 것이오, 덧없는 것이오."

"덧없습니다, 고타마시여."

다시 물으셨다.

"덧없는 것은 괴로운 것이오?"

"그것은 괴로운 것입니다, 고타마시여."

다시 물으셨다.

"덧없고 괴로운 것이라면 그것은 변하고 바뀌는 법이오. 그런데 많이 들은 거룩한 제자로서 과연 거기서 '나'[我]와 '나와 다름'[異我]과 '나와 나와 다름이 함께 있음'[相在]을 보겠소?"

"아닙니다, 고타마시여."

"느낌 · 모습 취함 · 지어감 · 앎에 있어서 또한 이와 같이 말하오."

붇다께서는 불씨 거사에게 말씀하셨다.

"그대는 잘 사유하고 그 뒤에 말하시오."

다시 불씨 거사에게 물으셨다.

"만약 물질에 대해서 아직 탐냄을 여의지 못하고 욕심을 여의지 못하며, 생각을 여의지 못하고 애착을 여의지 못하며, 목마름을 여의지 못하였는데, 만약 그 물질이 변하거나 달라지면 곧 근심과 슬픔 · 번민 · 괴로움을 내겠소?"

"그렇습니다, 고타마시여."

"느낌 · 모습 취함 · 지어감 · 앎에 있어서 또한 이와 같이 말하오."

다시 불씨 거사에게 물으셨다.

"물질에 대해서 탐냄을 여의고 욕심을 여의었으며, 생각을 여의고 애착을 여의었으며, 목마름을 여의었으면, 그 물질이 변하거나 달라지더라도 곧 근심과 슬픔 · 번민 · 괴로움을 내지 않겠지요?"

"그렇습니다, 고타마시여. 진실 그대로라 다름이 없습니다."

"느낌 · 모습 취함 · 지어감 · 앎에 있어서 또한 이와 같이 말하오.

불씨 거사여, 비유하면 어떤 사람이 여러 가지 고통을 몸에 지니고 늘 그 괴로움과 함께하고 있는데, 그 괴로움을 끊지 않고 버리지도 않으면 즐거움을 얻겠소?"

"아닙니다, 고타마시여."

"불씨 거사여, 이와 같이 몸에 여러 가지 고통을 지니고 늘 그 괴로움과 함께하고 있는데, 그 괴로움을 끊지도 않고 버리지도 않고서는 즐거움을 얻을 수 없소."

존재에 나가 있다는 니르그란타의 주장에 진실한 내용 없음을 파초에 알맹이 없음으로 비유하심

"불씨 거사여, 비유하면 어떤 사람이 도끼를 가지고 산에 들어가 단단한 알맹이 있는 재목을 찾다가, 크고 살찌고 곧은 파초를 보고 곧 뿌리와 잎을 끊어 껍질을 모조리 벗겨서 다 없어져도 단단한 알맹이는 도무지 없소.

불씨 거사여, 그대 또한 이와 같소. 그대는 스스로 논의의 실마리를 세웠지만, 내가 이제 그 진실한 뜻을 찾았으나 단단한 알맹이가 도무지 없는 것이 마치 파초와 같소. 그러고서 그대는 대중 가운데 감히 이렇게 말하였소.

'나는 어떤 사문이나 브라마나의 아는 바와 보는 바로, 여래 · 공양해야 할 분 · 바르게 깨친 이와 서로 논의해서 항복하지 않는 자를 보지 못했다.'

그리고 또 스스로 말하였소.

'내 논의의 바람은 풀을 쓰러뜨리고 나무를 꺾으며, 쇠와 돌을 부수고 용과 코끼리를 누르며, 또 반드시 그들로 하여금 이마에서 진물이 나고 겨드랑이에서 땀이 나며 털구멍에서 물이 흐르게 할 수 있다.'

그런데 그대는 지금 자기 뜻을 논의하다가 스스로 서지 못하고 있소. 그리고 앞서 뻐기며 말한 것으로는 저 모습을 조복할 수 있으나, 지금 스스로 취한 뜻을 다했으나 여래의 털 하나도 움직이지 못하오."

그때 세존께서는 대중 가운데서 웃타라상가(uttarāsaṅga)를 헤치고 가슴을 나타내 보이면서 말씀하셨다.

"너희들은 시험삼아 보라. 여래의 털 하나인들 움직일 수 있는가."

그때에 니르그란타 즈냐타푸트라는 잠자코 머리를 숙이고 부끄러워 낯빛을 잃었다.

그때에 대중 가운데 있던 '담무카'라는 리차비(Licchavi)가 자리에서 일어나 옷을 여민 뒤에 합장하고 붇다께 말씀드렸다.

"세존이시여, 제가 비유로 말하는 것을 들어주십시오."

붇다께서 담무카에게 말씀하셨다.

"때를 알아서 하라."

담무카가 붇다께 말씀드렸다.

"세존이시여, 비유하면 어떤 사람이 곡식 담는 말을 가지고, 큰 곡식 더미에서 두세 말의 곡식을 떠내는 것처럼 이제 이 니르그란타 즈냐타푸트라 또한 이와 같습니다.

세존이시여, 비유하면 부유하여 재물 많은 어떤 장자가 갑자기 죄를 지어 온갖 재물이 다 왕가에 들어간 것처럼, 니르그란타 즈냐타푸트라 또한 이와 같아서 그가 가진 말재주는 다 여래에게 거두어졌습니다.

비유하면 성읍이나 마을 가에 큰물이 있는데 남녀노소 누구나 그 물에 들어가 놀다가 물속에서 게를 잡아 그 발을 다 끊어 육지에 두면 게는 발이 없기 때문에 다시 큰물에 들어갈 수 없는 것과 같습니다. 니르그란타 즈냐타푸트라 또한 이와 같아서 그가 가진 모든 말재주는 다 여래에게 끊기어 잘렸습니다.

그래서 끝내 감히 여래에게 다시 와서 맞서 논의하지 못하게 되었습니다."

그때에 니르그란타 즈냐타푸트라는 화가 불꽃처럼 치솟아 담무카 리차비에게 욕했다.

"너 더럽고 못된 놈아, 제대로 알지도 못하면서 무엇을 떠들어대느냐. 내가 사문 고타마와 논의하는데 네 일이나 하지 무슨 짓이냐."

니르그란타 즈냐타푸트라는 담무카를 꾸짖은 뒤에 다시 붇다께 말씀드렸다.

"저 속된 무리의 더럽고 천한 말은 제쳐두고, 나는 이제 따로 물을 것이 있습니다."

붇다께서 니르그란타 즈냐타푸트라에게 말씀하셨다.

“마음대로 물으시오. 묻는 대로 대답하겠소.”

“어떻게 고타마께서는 제자들을 위하여 설법하시어 그 의혹을 떠나게 하십니까.”

“나는 여러 제자들을 위해 이렇게 말했소.

‘있는 모든 물질[色]은 과거든 미래든 현재든, 안이든 밖이든, 거칠든 가늘든, 곱든 밉든, 멀든 가깝든, 그 온갖 것은 모두 〈나〉가 아니요 〈나와 다름〉도 아니며, 〈나와 나와 다름이 함께 있음〉도 아니라고 진실 그대로 살피라.’

느낌 · 모습 취함 · 지어감 · 앎에 있어서 또한 이와 같이 말하오.

그들은 이렇게 배워서 반드시 도의 자취를 보아 끊어 무너뜨리지 않고 견디어 행해 성취하며, 싫어하고 여의어야 할 것을 알고 보아서 ‘단이슬의 문’[甘露門]을 지키오.

그래서 비록 온갖 법에서 마쳐 다함을 얻지는 못하지만, 우선 ‘니르바나’에로 향하게 되니, 이렇게 제자들은 내가 가르치는 법을 좇아 의혹을 떠나게 되오.”

다시 여쭈었다.

“고타마시여, 다시 어떻게 여러 제자들을 가르쳐, 붇다의 법 안에서 모든 흐름을 다하게 되어, 흐름이 없이 마음이 해탈하고 지혜가 해탈하여 현재의 법에서 스스로 알고 스스로 증득하여 ‘나의 태어남은 이미 다하고 범행은 이미 서고, 지을 바를 이미 지어 다시는 뒤의 있음 받지 않음’을 스스로 알게 됩니까.”

“바로 이 법으로 그렇게 됨이오. 곧 물질에 대해 다음과 같이 말하는 것이오.

‘있는 모든 물질은 과거든 미래든 현재든, 안이든 밖이든, 거칠든 가늘든, 곱든 밉든, 멀든 가깝든, 그 온갖 것은 모두 〈나〉가 아니요 〈나와 다름〉도 아니며, 〈나와 나와 다름이 함께 있음〉도 아니라고 진실 그대로 살피라.'

느낌 · 모습 취함 · 지어감 · 앎에 있어서 또한 이와 같이 말하오.

그들은 그때에 세 가지 위없음을 성취하니, 곧 '지혜의 위없음'과 '해탈의 위없음'과 '해탈지견의 위없음'이오. 이 세 가지 위없음을 성취한 뒤에는 그 스승을 공경하고 존중하며 공양하기를 붇다와 같이하오. 그들은 이렇게 말하오.

'세존은 온갖 법을 깨달았다. 그리고 그 법으로써 제자들을 조복하여 안온을 얻게 하고 두려움이 없게 하며, 조복하여 고요하게 하고 니르바나를 마쳐 다하게 한다.

세존은 이 니르바나를 위하여 여러 제자들에게 설법한다.'

불씨 거사여, 내 제자들은 이 법 안에서 모든 흐름을 다하게 되어 마음의 해탈을 얻고 지혜의 해탈을 얻는 것이오.

그래서 현재의 법에서 스스로 알고 스스로 증득하여 '나의 태어남은 이미 다하고 범행은 이미 서고, 지을 바를 이미 지어 다시는 뒤의 있음 받지 않음'을 스스로 아오."

니르그란타 즈냐타푸트라가 세존께 승복함

니르그란타 즈냐타푸트라는 붇다께 말씀드렸다.

"세존이시여, 장부의 칼날이 어지러이 내리치는 것은 오히려 면할 수 있지만, 고타마의 논의의 손에서는 벗어날 수가 없습니다.

또 그릇에 담긴 독한 뱀은 오히려 피할 수 있고, 빈들의 사나운 불길은 오히려 피할 수 있으며, 흉악한 술 취한 코끼리 또한 면할 수 있고 미치고 굶주린 사자도 다 면할 수 있지만, 사문 고타마의 논의의 손아귀에서는 벗어나기가 어렵습니다.

저는 범부로서 어리석고 가볍고 얄팍한 사람이지만, 이론을 갖추지 못하고서 논의해 따지기 위해 고타마에게 온 것은 아닙니다.

고타마시여, 이 바이살리는 풍요하고 즐거운 나라로서 차이티야(Caitya, 사리 없는 탑)들이 많이 있어 차파리 차이티야 · 검은 암라 나무 차이티야 · 많은 자식 기원하는 차이티야[多子塔] 들이 있습니다.

고타마께서는 구루타 차이티야 · 바라수의 차이티야 · 무거운 짐 버린 차이티야 · 힘센 장사의 보배관 차이티야에 머물러 계십시오.

그래서 세존이시여, 바이살리에 계시면서 모든 하늘과 마라와 브라흐만, 사문과 브라마나와 모든 세간을 안락하게 하십시오.

그래서 세존을 항상 공경하여 받들어 섬기고 공양함으로써 하늘과 마라와 브라흐만, 사문과 브라마나로 하여금 기나긴 밤에 안락을 얻게 하십시오.

여기 계시다가 내일 아침에 대중들과 함께 변변찮은 저의 공양이나마 받으시길 바랍니다."

그때에 세존께서는 잠자코 허락하셨다.

때에 니르그란타 즈냐타푸트라는 세존께서 잠자코 청을 받아주신 줄 알고, 기뻐하고 따라 기뻐하며 자리에서 일어나 물러갔다.

(후략)

• 잡아함 110 살차경(薩遮經) 부분

• 해설 •

니르그란타 즈냐타푸트라는 자이나(Jaina)의 한 스승인 듯하다. 경의 내

용 또한 그가 한 수행자 집단의 스승 노릇하고 있으므로 스스로 자만에 빠져 살다 아쓰바짓 존자의 인도로 세존과 대론하다 세존께 귀의하는 이야기를 담고 있다.

보통 파초의 비유는 온갖 법이 연기이므로 공하여 실체 없음을 나타내는 데 쓰인다. 이 경에서 파초의 비유는 겉치레의 말만 있고 진실한 내용이 없는 공허한 논의를 나타내는 데 쓰인다.

'다섯 쌓임[五蘊]에 나가 없다[無我]'는 여래의 가르침을 전한 아쓰바짓의 말을 듣고 니르그란타 즈냐타푸트라는 여래께 따지기 위해 세존 계신 곳에 찾아간다.

다섯 쌓임으로 존재가 있되 다섯 쌓임 또한 스스로 있는 것이 아니므로, 존재도 공하고 다섯 쌓임도 공하다. 그러나 다섯 쌓임이 존재를 일으키므로 다섯 쌓임이 실로 없는 것이 아니며[實非無], 존재를 일으키는 다섯 쌓임이 실로 있는 것이 아니므로 존재가 실로 없는 것이 아니다.

다섯 쌓임에 '나'가 없다는 여래의 가르침은 존재와 다섯 쌓임이 모두 공함을 보이는 교설이자, 나의 존재가 저 다섯 쌓임이 아니되 다섯 쌓임 떠남도 아님을 보인다.

자이나 교단은 존재의 근거에 지바(jīva)와 아지바(ajīva)의 실체적 요인이 있다고 주장하므로, 여래의 교설은 자이나의 주장을 그 근거에서 뒤흔드는 것이므로 그 주장을 깨기 위해 여래와 논쟁한 것이다.

여래는 그에게 '다섯 쌓임에 나가 있다'는 주장은 말만 있고 진실한 내용이 없음을 파초로 비유하신다.

곧 단단한 재목을 찾던 목수가 겉모습이 곧고 살찐 파초를 보고 재목으로 쓰려고 잘라 껍질을 벗기고 벗겨도 파초에는 단단한 알맹이가 없다. 그처럼 '나가 있다'는 말도 말만 번지레할 뿐 그 말에는 아무런 진실된 내용이 없는 것이다.

이러한 여래의 비유에 마음을 돌이킨 니르그란타 즈냐타푸트라는 여래께 귀의하여 바이살리의 거룩한 곳인 여러 차이티야(Caitya)에 여래께서 머물기를 청하고 세존과 따르는 상가들에 정성스런 공양을 바친다.

여래의 비유를 통한 논의는 온갖 삿된 견해를 칼날처럼 잘라내지만, 사견을 자르는 여래의 칼날은 서릿발 같은 부정을 통해 바른 법의 땅에 세워주는 긍정의 칼날이다.

또한 물든 견해 그릇된 세계관을 깨뜨리고 깨뜨리되, 번뇌에 얽매여 고통의 짐을 지고 있는 중생에게 고통의 짐을 부리게 해 안온과 기쁨을 얻게 하고 두려움 없음을 얻게 하는 자비의 칼날이다.

파초의 비유도 중생의 병 따라 달리 쓰이듯, 여래는 중생 따라 비유와 언어적 표현들을 굴려 교화하시되 끝내 그 교화의 언구에 집착하지 않으신다. 『화엄경』(「여래출현품」)은 여래의 교화를 다음과 같이 다시 비유로 가르친다.

> 비유하면 깊은 산 큰 골짜기 속에
> 소리 있음 따라 메아리가 다 응하여
> 남이 말하는 것 비록 따라주지만
> 메아리가 마쳐 다해 분별없음과 같네.
>
> 譬如深山大谷中 隨有音聲皆響應
> 雖能隨逐他言語 而響畢竟無分別
>
> 열 가지 힘 갖추신 세간의 인도자
> 법을 설하는 소리 또한 그러해
> 근기의 익음 따라 나타내 보여서
> 중생 조복해 기쁨을 내게 하지만
> 내가 지금 연설할 수 있다 생각지 않네.
>
> 十力言音亦復然 隨其根熟爲示現
> 令其調伏生歡喜 不念我今能演說

느낌은 물거품 같고 지어감은 파초와 같아 알맹이 없으니

이와 같이 들었다.

한때 붇다께서는 라자그리하 성의 칼란다카 대나무동산에서 큰 비구무리 오백 명과 함께 계셨다.

그때에 아난다와 방기사(Vaṅgīsa)는 때가 되어 가사를 입고 발우를 가지고 성에 들어가 밥을 빌었다. 때에 방기사는 한 거리에서 아주 단정하기로 세상에서 뛰어난 한 여인을 보았다.

그는 그것을 보고 마음이 어지러워 보통 때와 같지 않았다. 그는 아난다에게 다음 게송으로 말하였다.

방기사가 여인을 보고 흔들리는 마음을 아난다께 말함

탐욕의 불에 타게 되어
마음의 뜻 아주 타오르네.
불 꺼줄 뜻 말씀해주면
많은 요익됨 있게 되오리.

아난다도 게송으로 대답하였다.

애욕의 뒤바뀐 법으로

마음의 뜻 아주 타오름 알아
모습 취하는 생각 없애면
탐욕의 뜻 저절로 쉬리.

방기사는 다시 게송으로 말하였다.

마음은 형상의 바탕이고
눈은 바라봄의 근원이네.
누워 자며 붙잡아 안음 보니
몸은 어지러운 풀 시듦 같네.

그때에 아난다는 앞으로 나아가 오른손으로 방기사의 머리를 어루만지면서 다음 게송으로 말하였다.

붇다를 생각하면 탐욕 없어지네.
저 애욕 많은 난다를 건네주실 때
하늘 보이시고 지옥 나타내사
뜻을 눌러 다섯 길 떠나게 했네.

방기사가 다시 이 몸의 실상을 살펴 지혜를 얻음

방기사는 아난다 말을 듣고 이렇게 말하였다.

"그만합시다 그만합시다, 아난다시여. 함께 밥 빌기를 마치고 세존 계신 곳에 돌아갑시다."

그때에 그 단정한 여자는 멀리서 방기사를 보고 빙긋 웃었다. 그때 방기사는 멀리서 그 여인의 웃는 것을 보고 생각하였다.

'너의 지금 몸은 뼈를 세우고 가죽으로 싸서 마치 그림병 같다. 그 안에는 더러운 것을 가득 담아 세상 사람을 홀려 어지러운 생각 내게 한다.'

그때 존자 방기사는 그 여인의 머리에서 발에 이르기까지 이렇게 살폈다.

'저 몸 가운데 탐해야 할 무엇이 있는가. 서른여섯 가지 것은 모두 다 깨끗하지 않은 것이니, 지금 그 온갖 것은 다 어디서 생겼는가.'

그는 다시 생각하였다.

'내가 남의 몸을 살피는 것은 스스로 몸속을 살피는 것만 같지 않다. 이 탐욕은 어디서 생겼는가. 땅의 큰 요소에서 생겼는가. 물이나 불이나 바람의 큰 요소에서 생겼는가.

만약 땅의 큰 요소에서 생겼다면 땅 요소는 단단하고 강해 부술 수가 없다. 물의 큰 요소에서 생겼다면 물의 큰 요소는 아주 물러 얻어 지닐 수 없다. 불의 큰 요소에서 생겼다면 불의 큰 요소도 얻어 지닐 수가 없다. 바람의 큰 요소에서 생겼다면 바람의 큰 요소는 형상이 없어 얻어 지닐 수가 없다.'

그때 존자는 곧 생각하였다.

'이 탐욕은 모습 취해 지어감에서 생겼다.'

그는 곧 다음 게송을 읊었다.

> 탐욕아 나는 너의 근본을 안다.
> 모습 취해 지어감으로 생겼다.
> 내가 너를 모습 취해 짓지 않으면

너는 그때 곧 있지 않도다.

존자 방기사가 게송을 말하니, '깨끗하지 않다는 생각'을 사유함과 같았다. 곧 그곳에서 샘이 있는 마음[有漏心]의 해탈을 얻었다.

방기사가 세존께 돌아와 탐욕 떠나 깨달은 뜻을 말씀드림

그때 아난다와 방기사는 라자그리하 성을 나와 세존 계신 곳에 이르러 머리를 대 발에 절하고 세존께 말씀드렸다.

"저는 지금 시원스럽게 좋은 이익을 얻었고 깨달은 바가 있습니다."

세존께서는 말씀하셨다.

"너는 지금 어떻게 스스로 깨달았는가."

방기사가 붇다께 말씀드렸다.

"물질[色]은 단단하지 않고 또한 굳세지 않아 볼 수 없으며, 거짓되어 참되지 않습니다. 느낌[受]은 단단하지 않고 또한 굳세지 않아 볼 수 없으며, 거짓되어 참되지 않습니다.

모습 취함[想]은 단단하지 않고 또한 굳세지 않으며, 거짓되어 참되지 않고 또 아지랑이 같습니다. 지어감[行]은 단단하지 않고 또한 굳세지 않으며, 거짓되어 참되지 않고 또 파초와 같아 알맹이가 없습니다.

앎[識]은 단단하지 않고 또한 굳세지 않으며, 거짓되어 참되지 않습니다."

그는 거듭 말씀드렸다.

"이 다섯 쌓임은 단단하지 않고 또한 굳세지 않고 거짓되어 참되지 않습니다."

이때 존자 방기사는 곧 이 게송을 말하였다.

물질은 물거품의 무더기 같고
느낌은 떠 있는 거품 같으며
모습 취함 아지랑이 같고
지어감은 파초와 같으며
앎은 허깨비의 법과 같으니
가장 빼어난 분의 말씀이네.

이와 같음을 자세히 사유하여
온갖 지어감을 다 살펴보면
모두다 비어 고요하여서
참되고 바름이 있지 않나니
모두 이 몸 말미암은 것이라
잘 가신 이께서는 말씀하셨네.

마땅히 세 가지 법 없애고
물질이 깨끗하지 않다고 보면
이 몸도 이와 같아 허깨비이며
거짓이라 참되지 않은 것이니
이것을 해치는 법이라 하네.

다섯 쌓임은 단단치 않아
참됨이 아닌 줄을 이미 알고서

이제 높은 자취에 돌아왔네.

“이와 같이 세존이시여, 제가 이제 깨달은 것은 바로 이것을 말합니다.”

세존께서 방기사의 뜻을 인정해주심

세존께서는 말씀하셨다.

“잘 말했다, 방기사여. 너는 그 다섯 쌓임의 바탕을 잘 살폈다. 너는 이제 알아야 한다.

대개 수행하는 사람은 그 다섯 쌓임의 바탕을 굳세지 않다고 살펴야 한다. 왜냐하면 내가 그 다섯 쌓임을 살피고 보디 나무[菩提樹] 밑에서 위없고 바른 깨달음을 이루었을 때에도 네가 오늘 살핀 바와 같았기 때문이다.”

이 법을 말씀하실 때 그 자리의 예순 명 비구는 흐름이 다하고 뜻이 풀렸다. 그때에 존자 방기사는 붇다의 말씀을 듣고 기뻐하며 받들어 행하였다.

• 증일아함 35 사취품(邪聚品) 九

• 해설 •

앞의 경에서 주장하는 말이 전혀 진실과 맞지 않는 공허한 이론임을, 껍데기가 그럴싸하나 알맹이는 비어 있는 파초로 비유한 것이다.

그에 비해 이 경에서 파초는 앎과 지어감이 연기한 것이라 실체가 없어 붙잡을 수 없음을, 파초 껍데기를 까고 까면 그 속이 끝내 비어 없음에 비유한 것이다.

처음 방기사는 애욕으로 그 마음이 불타올라 괴로워하다 아난다의 설법으로 탐욕의 흐름을 끊고, 세존 계신 곳에 가서 자신이 깨달은 뜻을 말씀드린다.

그리하여 방기사는 물질과 앎이 인연으로 일어나 공함을 거품 무더기 · 떠있는 거품 · 아지랑이 · 파초 · 허깨비로 비유하니, 세존께서 찬탄하고 다섯 쌓임의 공한 진리가 바로 여래의 깨친 법임을 말씀한다.

다섯 쌓임이 공한 진리는 중생이 비록 번뇌 속에 있어도 본래 다섯 쌓임이 공한 것[衆生理卽]이라, 여래도 그 법을 깨달아 여래가 되신 것이다.

또한 새로 여래에게 가르침을 듣고 이제 믿음을 일으킨 자에도 본래 다섯 쌓임이 공한 것[文字卽]이며, 방기사처럼 가르침을 듣고 바르게 살펴 샘이 있는 해탈을 얻은 이에도 다섯 쌓임이 공한 것[觀行卽]이다.

나아가 샘이 없는 해탈에 나아가고 샘이 없는 해탈에 머물러도 본래 다섯 쌓임이 공한 것[相似卽 分證卽]이다.

마침내 여래처럼 온전한 니르바나를 얻어 그 니르바나에도 머묾이 없는 분에게도 본래 다섯 쌓임이 공한 것[究竟卽]이다.

이처럼 중생에서 여래까지 여섯 가지 지위[六位]가 분별되어도 그 차별은 물 가운데 물결과 같고, 못 깨친 중생에서부터 온전히 깨치신 여래까지 그 진리가 끝내 하나됨[卽]은 물결 속의 물과 같은 것이다.

그러니 실로 일어난 탐욕을 끊고 탐욕 없는 해탈의 땅에 이른다고 하면, 여래가 보인 해탈의 길 그 닦음 없는 닦음[無修之修]을 알지 못하고, 실로 얻을 것 없는 니르바나[不證涅槃]에 대해 알지 못하는 것이다.

세 줄기 갈대가 서로 의지해야 서 있을 수 있듯

이와 같이 내가 들었다.

한때 붇다께서는 라자그리하 성의 칼란다카 대나무동산에 계셨다. 그때에 존자 사리푸트라와 존자 마하코티카(Mahākoṭṭhika)는 그리드라쿠타 산에 있었다.

그때에 존자 사리푸트라는 해질녘 선정에서 깨어나 존자 마하코티카에게 가서 서로 인사하고 안부를 물은 뒤에 한쪽에 앉아 존자 마하코티카에게 말하였다.

"묻고 싶은 것이 있는데 한가하면 대답해주겠소?"

존자 마하코티카는 존자 사리푸트라에게 말하였다.

"존자께선 이제 물으십시오. 아는 대로 대답하겠습니다."

사리푸트라와 마하코티카 존자가 십이연기를 문답함

존자 사리푸트라는 존자 마하코티카에게 물었다.

"어떻소. 존자 마하코티카여, 늙음이 있소?"

존자 마하코티카는 대답하였다.

"있습니다, 존자 사리푸트라시여."

"죽음이 있소?"

"있습니다."

"어떻소. 늙음과 죽음은 스스로 지은 것[自作]이오, 남이 지은 것[他作]이오, 스스로와 남이 같이 지은 것[自他作]이오, 스스로도 아니요 남도 아니라 원인 없이 지어진 것[無因作]이오?"

존자 마하코티카는 대답하였다.

"존자 사리푸트라시여, 늙음과 죽음은 스스로가 지은 것도 아니요, 남이 지은 것도 아니며, 스스로와 남이 같이 지은 것도 아니요, 또한 스스로도 아니고 남도 아니라 원인 없이 지어진 것도 아닙니다. 그렇듯 그 태어남 때문에 늙음과 죽음이 있는 것입니다."

"이와 같이 태어남[生], 존재[有], 취함[取], 애착[愛], 느낌[受], 닿음[觸], 여섯 들임[六入], 마음·물질[名色]은 스스로 지은 것이오, 남이 지은 것이오, 스스로와 남이 같이 지은 것이오, 스스로도 아니요 남도 아니라 원인 없이 지어진 것이오?"

"존자 사리푸트라시여, 마음·물질은 스스로 지은 것도 아니요, 남이 지은 것도 아니며, 스스로와 남이 같이 지은 것도 아니요, 스스로도 아니고 남도 아니라 원인 없이 지어진 것도 아닙니다. 그렇듯 그 마음·물질은 앎[識] 때문에 생긴 것입니다."

다시 물었다.

"그러면 그 앎은 스스로 지은 것이오, 남이 지은 것이오, 스스로와 남이 같이 지은 것이오, 스스로도 아니요 남도 아니라 원인 없이 지어진 것이오?"

"존자 사리푸트라시여, 그 앎은 스스로 지은 것도 아니요, 남이 지은 것도 아니며, 스스로와 남이 같이 지은 것도 아니요, 스스로도 아니고 남도 아니라 원인 없이 지어진 것도 아닙니다. 그렇듯 그 앎은 마음 · 물질 때문에 생기는 것입니다."

존자 사리푸트라는 다시 물었다.

"존자 마하코티카여, 앞에서 이렇게 말했소.

'마음 · 물질은 스스로 지은 것도 아니요, 남이 지은 것도 아니며, 스스로와 남이 같이 지은 것도 아니요, 스스로도 아니고 남도 아니라 원인 없이 지어진 것도 아니다. 그렇듯 그 마음 · 물질은 앎 때문에 생기는 것이다.'

그런데도 지금은 다시 앎은 마음 · 물질 때문에 생긴다고 하셨소. 이 뜻이 어떠하오?"

앎과 마음 · 물질이 서로 의지함을 세 줄기 갈대가 서로 의지해 서는 것으로 비유함

존자 마하코티카는 대답하였다.

"이제 비유로 말하겠습니다. 지혜로운 사람이라면 비유로써 바른 뜻을 압니다.

비유하자면 세 줄기 갈대를 빈 땅에 세우면, 서로 더욱 의지해야 서게 되는 것과 같습니다. 만약 그 하나를 버려도 둘은 서지 못하고, 만약 둘을 버려도 하나는 또한 서지 못하여 서로 더욱 의지하여야 서게 되는 것입니다. 앎이 마음 · 물질을 의지하는 것 또한 이와 같아서 서로 더욱 의지하여야 나서 자라게 되는 것입니다."

존자 사리푸트라는 말하였다.

"좋고 좋소, 존자 마하코티카여! 세존의 성문(聲聞) 가운데서 지혜가 밝게 통달하고 스스로를 잘 길들여 두려움이 없으며 단이슬과 같은 법을 보고 단이슬과 같은 법을 두루 갖추어 몸으로 증득한 사람은 바로 존자 마하코티카요.

게다가 이와 같이 매우 깊은 뜻의 변론이 있어서 갖가지 어려운 물음을 모두 대답하시니, 값할 수 없는 보배구슬을 세상이 떠받드는 것과 같소.

내가 이제 존자 마하코티카를 머리에 이어 떠받드는 것 또한 이와 같소. 나는 이제 그대 있는 곳에서 시원스럽게 좋은 이익을 얻었소. 다른 모든 범행자들도 자주 그대 있는 곳에 오면 그 또한 좋은 이익을 얻을 것이니 존자는 법을 잘 설하시기 때문이오.

나는 이제 존자 마하코티카가 말씀한 법 때문에 반드시 서른 가지로 찬탄하고 드높여서 따라 기뻐하겠소."

사리푸트라 존자가 마하코티카 존자를 참된 법사로 찬탄함

"존자 마하코티카는 늙음과 죽음에서 그 걱정거리를 멀리하고 그 탐욕을 떠나 사라져 다함을 말씀하시니, 이것을 법사(法師)라 하오.

태어남, 존재, 취함, 애착, 느낌, 닿음, 여섯 들임, 마음·물질, 앎에서 그 걱정거리를 멀리하고 그 탐욕을 떠나 사라져 다함을 말씀하시니, 이것을 법사라고 하오.

만약 비구가 늙음과 죽음에서 그 걱정거리를 멀리하고 그 탐욕을 떠나 사라져 다함을 향하면, 이것을 법사라 하오. 나아가 앎에서 그 걱정거리를 멀리하고 그 탐욕을 떠나 사라져 다함을 향하면, 이것을 법사라고 하오.

만약 비구가 늙음과 죽음에서 그 걱정거리를 멀리하고 그 탐욕을 떠나 사라져 다하고, 모든 흐름을 일으키지 않고 마음이 잘 해탈하면[心善解脫], 이것을 법사라고 하오. 나아가 앎에서 그 걱정거리를 멀리하고 그 탐욕을 떠나 사라져 다하고, 모든 흐름을 일으키지 않고 마음이 잘 해탈하면 이것을 법사라고 하오."

마하코티카 존자도 사리푸트라의 지혜를 찬탄함

존자 마하코티카는 존자 사리푸트라에게 말하였다.

"좋고 좋습니다! 세존의 성문 가운데서 지혜가 밝게 통달하고 스스로를 잘 길들여 두려움이 없으며 단이슬과 같은 법을 보고 단이슬과 같은 법을 두루 갖추어 몸으로 증득한 사람은 바로 존자 사리푸트라이십니다.

이와 같은 갖가지 깊고 깊은 바른 지혜의 온갖 물음을 물으실 수 있으니, 이는 마치 세간의 값할 수 없는 보배구슬을 사람들이 다 떠받드는 것과 같습니다. 그대 존자께서도 이제 또한 이와 같아서 널리 온갖 범행자들이 머리에 이어 떠받들어 공경하고 섬길 것입니다.

나는 오늘 시원스럽게 좋은 이익을 얻었고 존자와 더불어 묘한 뜻을 함께 논의하였습니다."

그때 두 분 존자[正士]는 서로 따라 기뻐하면서 각기 머물던 곳으로 돌아갔다.

• 잡아함 288 노경(蘆經)

• 해설 •

앞 경에서 방기사의 게송은 물거품 · 아지랑이 · 파초로써 온갖 법이 연기한 것이라 공함을 비유하고 있다. 이 경에서 마하코티카 존자의 이야기는 세 줄기 갈대가 서로 의지해야 서 있을 수 있는 것으로 법과 법이 서로 의지해 일어남을 비유한다.

십이인연으로 보면 무명(無明)으로 인해 지어감[行]이 있고, 지어감으로 인해 앎[識]이 있고, 나아가 나고 늙고 죽음[生老死]이 있지만, 실로 남이 없는 남[無生之生]과 실로 죽음이 없는 죽음을, 실로 나고 사라짐으로 집착하는 것이 무명이므로 모든 법은 원인이자 결과이다.

곧 모든 법은 인연으로 난 결과이나 결과로서 난 법이 다시 다른 법의 인연이 되는 것이니, 연기법에서는 원인 · 조건 · 결과가 모두 공한 원인 · 조건 · 결과인 것이다.

마음 · 물질[名色]은 아는 마음과 알려지는 사물이 서로 의지해 있음을 보이는 범주이니, 경에서 다섯 쌓임[五蘊]이 바로 마음 · 물질이다. 아는 마음은 알려지는 사물로 인해 아는 마음이 되고, 알려지는 사물은 아는 마음의 대상이라 아는 마음의 내적 토대이니, 알려지는 사물 없는 아는 마음이 없고, 아는 마음 밖에 따로 있는 알려지는 사물이 없다.

십이연기설에서 앎[識]이란 무엇인가. 마음 · 물질에서 마음은 물질인 마음이고 물질이 곧 마음인 물질이므로 아는 마음[能緣心]과 알려지는 마음[所緣心]을 모두 거두어 앎이라 한 것이다. 곧 마음 · 물질은 아는 자와 알려지는 것을 차별성에서 가려보인 범주이고, 앎은 아는 자와 알려지는 것을 앎활동의 총체적인 장에서 기술한 것이니, 십이연기의 앎이 유식불교의 아라야식(ālaya-vijñāna)이다.

그러므로 앎[識]일 때 아는 자와 알려지는 것이 이미 그 안에 있고, 아는 자[根]와 알려지는 것[境]이 서로 의지해 여섯 앎[六識]이 나지만 앎 너머에 아는 자와 알려지는 것이 있지 않으니, 그 뜻을 마하코티카는 앎 때문에 마음 · 물질이 있고, 마음 · 물질 때문에 앎이 있다고 말한다.

사리푸트라 존자는 지혜가 으뜸인 성문제자이고 이미 그 뜻을 온전히 깨달아 아신 현성이나, 아직 미혹 속에 있는 중생을 위해 마하코티카 존자에게 그 뜻을 묻고서 마하코티카 존자가 바로 참된 법사라 찬탄한다.

마하코티카 존자 또한 사리푸트라 존자의 그 방편의 뜻을 알고 사리푸트라 존자야말로 단이슬 같은 법을 보아 세간 범행자들이 머리에 이어 공경하고 섬길 분이라 찬탄하는 것이다. 두 분 존자가 서로 따라 기뻐하니, 연기의 깊은 진리를 이와 같이 설해줌 듣고 그 법의 은혜 입는 뒷세상 제자들 또한 두 존자를 따라 기뻐하고 기뻐해야 할 것이다.

사리푸트라 존자와 마하코티카 존자 두 분 선지식이 서로의 높은 지혜의 성취를 찬탄하고, 세간이 떠받드는 보배구슬이 됨을 찬탄하고 세간의 법사 됨을 찬탄하니, 화엄회상에서 법을 구하기 위해온 선재 어린이와 스승 만주쓰리가 공경과 격려의 말을 주고받는 것과 같다.

구도자 선재는 만주쓰리께 다음과 같이 공경의 마음을 바친다.

묘한 지혜의 깨끗한 달
큰 사랑의 때 없는 바퀴는
온갖 중생에 편안함 베푸시니
이 제자를 비추어 살펴주소서.

妙智淸淨月　大慈無垢輪
一切悉施安　願垂照察我

온갖 법계의 왕이신 분
법의 보배가 앞에서 이끄시어
허공에 노니심 걸림 없으니
이 제자에게 가르침 내려주소서.

一切法界王　法寶爲先導
遊空無所礙　願垂敎勅我

그리고 만주쓰리보디사트바는 선재를 이렇게 격려한다.

착하다 공덕의 곳간이여
내가 있는 곳에 이렇게 와

큰 자비의 마음 일으키고
위없는 보디 부지런히 구하네.

善哉功德藏 能來至我所
發起大悲心 勤求無上覺

이미 넓고 큰 원을 일으켜
중생 고통 모두 없애주고
널리 모든 세간 위하여
보디사트바의 행 닦아 행하네.

已發廣大願 除滅衆生苦
普爲諸世間 修行菩薩行

만약 모든 보디사트바가
나고 죽는 괴로움 싫어하지 않고
세간 건질 넓고 큰 도를 갖추면
온갖 것이 무너뜨릴 수 없으리.

若有諸菩薩 不厭生死苦
則具普賢道 一切無能壞

복의 빛 복된 위력으로
복된 곳 복의 깨끗한 바다에서
모든 중생 위하여 세간 건질
넓고 큰 행 그대가 닦길 바라네.

福光福威力 福處福淨海
汝爲諸衆生 願修普賢行

③ 꽃의 비유

세상에서 바르쉬카 꽃이 으뜸이듯

이와 같이 들었다.

한때 붇다께서는 슈라바스티 국 제타 숲 '외로운 이 돕는 장자의 동산'에 계셨다.

그때 세존께서 여러 비구들에게 말씀하셨다.

"세상의 여러 꽃들로서 참파카(campaka) · 수마나(sumanas) 등이 있는데, 하늘위와 사람 세상 가운데 바르쉬카(vārṣika) 꽃이 으뜸인 것처럼, 이것 또한 이와 같아 여러 좋은 공덕의 서른일곱 실천법 가운데서는 방일함이 없는 행[放逸行]이 으뜸이다.

그러므로 방일함이 없는 비구는 네 가지 바른 끊음[四意斷]을 닦는다. 어떤 것이 그 네 가지인가?

곧 비구는 아직 생기지 않은 나쁜 법은 방편을 구해 생기지 못하게 하고, 이미 생긴 나쁜 법은 방편을 구해 사라지게 한다.

아직 생기지 않은 착한 법은 방편을 구해 생기게 하고, 이미 생긴 착한 법은 방편을 구해 더욱 늘려 많아지게 하며 끝내 잊거나 잃지 않게 해 갖추어 닦아 행해 마음에 잊지 않는다.

이와 같이 비구는 네 가지 바른 끊음을 닦는다.

그러므로 여러 비구들이여, 너희들은 반드시 네 가지 바른 끊음을 닦도록 해야 한다. 여러 비구들이여, 이렇게 배워야 한다."

그때 여러 비구들은 붇다의 말씀을 듣고 기뻐하며 받들어 행하였다.

• 증일아함 26 사의단품(四意斷品) 四

• 해설 •

세간의 아름다운 꽃이 고운 빛깔과 향기로운 냄새로 보는 이를 기쁘게 하고 주변을 아름답게 가꾸듯, 붇다가 가르치신 갖가지 실천법이 만행의 꽃[萬行華]이 되어 미망의 중생을 아름다운 법의 향기[法香]와 해탈의 맛[解脫味]으로 적시고 길러 보디의 열매[菩提果]를 맺게 한다.

이 경에서 세간의 아름다운 꽃들 가운데 빼어난 바르쉬카 꽃으로 방일함이 없는 행을 비유하니, 이는 아무리 좋은 가르침이나 좋은 실천행이라도 방일함이 없이 부지런히 행해야만 해탈의 열매가 이루어지기 때문이다.

『비말라키르티수트라』 또한 붇다의 갖가지 만행의 꽃이 중생에게 해탈과 지혜의 열매 맺게 함을 다음과 같이 노래한다.

다라니의 꽃동산 샘이 없는 법의 숲에
일곱 갈래 깨달음 법 뭇 묘한 꽃이 피어
얽힘 벗어난 해탈과 지혜의 열매 맺네.
여덟 가지 해탈의 물 시원한 목욕못에
선정의 물 맑고 맑아 가득히 넘치는데
일곱 가지 깨끗한 꽃 그 위에 펼치어서
이와 같이 때 없는 이 깨끗하게 씻어주네.

總持之園苑　無漏法林樹
覺意衆妙華　解脫智慧果
八解之浴池　定水湛然滿
布以七淨華　浴此無垢人

진흙탕의 연꽃이 티끌과 흙탕물에 물들지 않듯

이와 같이 들었다.

한때 붇다께서는 슈라바스티 국 제타 숲 '외로운 이 돕는 장자의 동산'에 계셨다.

그때 세존께서 여러 비구들에게 말씀하셨다.

"여래는 이 세간에 나오시어 이 세계에서 붇다의 도를 이루었다. 그러므로 비록 세간 속에 두루 돌지만 세간의 여덟 가지 법에 집착하지 않는다. 마치 진흙탕에서 피어난 연꽃이 아주 곱고 깨끗해 티끌이나 흙탕물에 물들지 않아 모든 하늘들이 사랑하고, 보는 이마다 그 마음이 기뻐하는 것처럼, 여래도 그와 같아서 태(胎)로 생겨 그 가운데서 크고 자랐지만 붇다의 몸을 이루었다.

또 마치 유리의 보배와 물을 맑히는 보배는 티끌과 때에 더럽혀지지 않는 것처럼, 여래도 그와 같아서 이 세간에 태어났지만 세상의 여덟 가지 법에 물들어 집착하지 않는다.

그러므로 비구들이여, 너희들은 부지런히 정진하여 이 여덟 가지에 물듦 없는 법을 닦아야 한다.

이와 같이 비구들이여, 반드시 이렇게 배워야 한다."

그때 여러 비구들은 붇다의 말씀을 듣고 기뻐하며 받들어 행하였다.

• 증일아함 43 마혈천자문팔정품(馬血天子問八政品) 九

• **해설** •

진흙탕의 연꽃이 흙탕물에 물들지 않는 것으로써 세간의 티끌과 때에 물들지 않는 여래의 범행을 나타낸다.

여래는 중생의 마음을 흔드는 세간의 여덟 바람이 공한 줄 알아, 세간의 이익되고 손해감, 기리고 헐뜯음 등 여덟 법[世八法]에 연꽃처럼 물들지 않는다. 세간의 여덟 법은 이로움과 시들게 함, 헐뜯음과 기림, 일컬음과 비방함, 괴로움과 즐거움의 여덟 가지 경계의 바람이다. 연꽃은 진흙탕에 물들지 않을 뿐 아니라, 꽃의 아름다운 빛깔과 향내로 진흙탕 더러운 곳을 아름다운 곳이 되게 하여 보는 이마다 기쁜 마음을 내도록 한다.

그러므로 여래는 성문제자뿐만 아니라 보디사트바 모든 수행자들에게 견해가 흐리고 목숨이 흐리고 때가 흐린 이 세간의 국토에서 연꽃의 행을 따라 행하도록 가르치시니, 『화엄경』(「이세간품」)에서는 보디사트바의 연꽃과 같은 행을 이렇게 노래한다.

보디사트바는 연꽃과 같아서
자비는 뿌리 안온함은 줄기가 되고
지혜는 뭇 아름다운 꽃술이 되니
갖가지 계행은 그 향내 깨끗하네.

菩薩如蓮華　慈根安隱莖
智慧爲衆蕊　戒品爲香潔

붇다께서 법의 밝은 빛 놓아
꽃이 활짝 피어나게 하시면
함이 있는 물에 젖지 않아서
보는 이들 모두 기뻐하리라.

佛放法光明　令彼得開敷
不著有爲水　見者皆欣樂

우트팔라 · 푼다리카 꽃들이 물속에서 나서 물을 따라 자라듯

이와 같이 내가 들었다.

한때 붇다께서는 슈라바스티 국 제타 숲 '외로운 이 돕는 장자의 동산'에 계셨다.

그때 붇다께서 여러 비구들에게 말씀하셨다.

"비유하면 나무 절구공이를 늘 쓰고 잠시도 놓아두지 않으면 밤낮으로 닳아 없어지는 것과 같다.

비구들이여, 만약 사문이나 브라마나가 본래부터 아는 뿌리의 문[根門]을 닫지 않고, 먹음에 양을 알지 못하고, 초저녁이나 새벽에도 깨어 있으면서 좋은 법을 부지런히 닦아 익히지 않으면, 그런 무리는 날이 다하도록 좋은 법이 자꾸 줄어들기만 하고 늘어나지 않아, 저 나무 절구공이와 같음을 알아야 한다."

정진하면 아름다운 연꽃들이 물을 따라 자라듯 선근이 늘어남을 보이심

"여러 비구들이여, 비유하면 우트팔라(utpala) · 파드마(padma) · 쿠무다(kumuda) · 푼다리카(puṇḍarīka) 꽃이 물속에서 나 물속에서 자라며, 물이 늘어나고 깊어짐에 따르는 것과 같다.

이와 같이 사문이나 브라마나가 아는 뿌리의 문을 잘 닫고, 마시고 먹음에 양을 알며, 초저녁이나 새벽에도 부지런히 정진해 깨어 있으면, 이러한 선근의 공덕이 밤낮으로 자꾸 늘어나고 자라나서 끝내 물러나 줄어들지 않음을 알아야 한다.

그러므로 이와 같이 배워야 한다.

곧 '아는 뿌리의 문을 잘 닫고, 마시고 먹음에 양을 잘 알며, 초저녁과 새벽에도 부지런히 정진해 늘 깨어 있으면, 공덕과 착한 법이 밤낮으로 늘어나고 자란다.'

반드시 이렇게 배워야 한다."

붇다께서 이 경을 말씀하시자, 여러 비구들은 붇다의 말씀을 듣고 기뻐하며 받들어 행하였다.

• 잡아함 1261 목저경(木杵經)

• 해설 •

물속에서 나서 물속에서 자라나 물의 많아짐을 따르는 연꽃으로써, 수행자가 아는 뿌리의 문을 잘 지키어 부지런히 정진하면 늘 고요하되 늘 깨어 있어서[常寂常照] 선근의 공덕이 더욱 늘어나 줄어들지 않음을 비유한다.

연꽃은 진흙 속에 자라나 진흙에 물들지 않고, 물의 많아짐을 잘 따라 물에 잠기지 않는다.

여래는 연꽃이 물속에 있되 물에 젖지 않으며 그 물의 늘어나고 많아짐을 따라 물속에 잠기거나 물과 떨어지지 않음으로, 세간에 살되 세간에 집착하거나 매몰되지 않는 수행자의 행을 가르치시고, 흐르고 흐르는 세간법의 흐름 속에서 고요하고, 고요하되 흐름 따르는 해탈의 행을 가르치신다.

연꽃으로 보인 여래의 가르침처럼 수행자가 낮에 보고 들을 때 보고 듣는 경계에 물듦 없이 늘 고요하고, 밤에 누워 쉴 때에도 어두움에 빠짐 없이 늘 밝다 하자.

그러면 그 수행자의 공덕은 경계의 동요를 따라 줄어듦이 없이 해탈의 공덕이 늘 원만하여 더욱 늘어나 자랄 것이며, 경계의 더러움을 따라 더러워지지 않고 언제나 맑고 깨끗할 것이다.

『비말라키르티수트라』에서도 연꽃으로 여래의 거룩한 공덕의 몸과, 물듦 없고 걸림 없는 여래의 지혜를 비유하여 다음과 같이 찬탄한다.

눈은 맑고 길고 넓어 푸른 연꽃과 같고
마음은 맑아 이미 모든 선정 건넜네.
깨끗한 업 오래 쌓아 일컬음 한량없어
고요함으로 뭇 삶들 이끌어주시오니
세존께 머리 숙여 지심으로 절합니다.

目淨修廣如靑蓮　心淨已度諸禪定
久積淨業稱無量　導衆以寂故稽首

(중략)

세간에 집착하지 않음 연꽃과 같아
언제나 잘 공적한 행에 들어가시고
법의 모습 통달하여 걸림이 없으시사
허공처럼 의지하는 바가 없으신 분
세존께 머리 숙여 지심으로 절합니다.

不着世間如蓮華　常善入於空寂行
了達法相無罣礙　稽首如空無所依

④ 향기의 비유

꽃향기가 곧 뿌리가 아니지만 뿌리와 다른 것도 아니며, 잎이 아니지만 잎과 다르지도 않듯

이와 같이 내가 들었다.

한때 많은 윗자리 비구들은 카우삼비 국 고실라라마 동산에 있었다.

그때 사마(Śamā) 비구는 카우삼비 국의 대추나무 동산에서 지내며 무거운 병을 앓고 있었는데, 다사카(巴 Dāsaka)라는 비구가 병자를 보살피고 있었다. 그때 다사카 비구는 여러 윗자리 비구들[上座比丘]에게 나아가 윗자리 비구들의 발에 절하고 한쪽에 섰다.

여러 윗자리 비구들은 다사카 비구에게 말하였다.

"그대는 사마 비구에게 가서 이렇게 물어보시오.

'여러 윗자리 비구들이 묻소. 몸은 좀 나아 안온합니까, 고통이 더 심해지진 않았습니까.' "

이때 다사카 비구는 여러 윗자리 비구들의 분부를 받고 사마 비구에게 가 말하였다.

"여러 윗자리 비구들께서 이렇게 문안하십니다.

'병고는 차츰 나아지시오, 고통이 더하지는 않소?' "

사마 비구는 다사카 비구에게 말하였다.

"내 병은 차도가 없어 몸을 안온하지 않게 하며, 여러 고통은 더욱 늘어나 손쓸 길이 없습니다. 만약 힘센 장사가 마르고 약한 사람을 붙잡아 줄로 머리를 매고 두 손으로 세게 조른다면 아주 크게 고통스러울 것입니다. 내가 지금 겪는 고통은 그보다 더합니다.

또 비유하면, 만약 소 잡는 사람이 날카로운 칼로 소의 배를 가르고 내장을 끄집어낸다면 소가 그 고통을 어떻게 견딜 수 있겠습니까? 내가 지금 겪는 배의 고통이 그 소보다 더합니다.

또 마치 두 힘센 장사가 한 약한 사람을 붙들어 불 위에 매달아놓고 두 발을 태우는 것과 같은데, 지금 내 두 발의 뜨거움은 그보다 더합니다."

사마 비구에게 문안하며 윗자리 비구들이 다섯 쌓임의 나 없음 살피는가를 물어봄

이때 다사카 비구는 여러 윗자리 비구들이 있는 곳으로 돌아가 사마 비구가 말한 병세를 여러 윗자리 비구들에게 갖추어 말씀드렸다.

여러 윗자리 비구들은 다시 다사카 비구를 사마 비구에게 보내 이렇게 말하게 하였다.

"세존께서 말씀하신 바에 다섯 가지 물든 쌓임[五受陰]이 있소. 어떤 것이 다섯 가지냐 하면, 물질의 쌓임[色受陰] · 느낌의 쌓임[受受陰] · 모습 취함의 쌓임[想受陰] · 지어감의 쌓임[行受陰] · 앎의 쌓임[識受陰]이오.

그대 사마는 이 다섯 가지 물든 쌓임에 대해 '나[我]도 아니요, 내 것[我所]도 아니다'라고 조금이라도 살펴볼 수 있소?"

그때 다사카 비구는 여러 윗자리 비구들의 분부를 받고 사마 비구에게 가서 말하였다.

"여러 윗자리 비구들께서 당신께 다음과 같이 말씀하였소.

'세존께서는 다섯 가지 물든 쌓임을 말씀하셨소. 그대는 조금이라도 〈그것은 나도 아니요, 내 것도 아니다〉라고 살펴볼 수 있소?' "

사마 비구는 다사카 비구에게 말하였다.

"나는 그 다섯 가지 물든 쌓임에 대해 '그것은 나도 아니요, 내 것도 아니다'라고 살필 수 있습니다."

다사카 비구는 여러 윗자리 비구들에게 돌아가 말했다.

"사마 비구는 '나는 다섯 가지 물든 쌓임에 대해서 〈그것은 나도 아니요, 내 것도 아니다〉라고 살필 수 있습니다'고 말하였습니다."

여러 윗자리 비구들은 다시 다사카 비구를 보내어 사마 비구에게 묻게 하였다.

"그대가 다섯 가지 물든 쌓임에 대해서 '그것은 나도 아니요, 내 것도 아니다'라고 살필 수 있다면, 그대는 흐름이 다한 아라한과 같습니까?"

이때 다사카 비구는 여러 윗자리 비구들의 분부를 받고 사마 비구에게 가서 말하였다.

"비구여, 다섯 가지 물든 쌓임에 대해 그와 같이 살필 수 있다면, 그대는 흐름이 다한 아라한과 같습니까?"

사마 비구는 다사카 비구에게 대답하였다.

"나는 다섯 가지 물든 쌓임에 대해 '그것은 나도 아니요, 내 것도 아니다'라고 살피지만, 흐름이 다한 아라한은 아닙니다."

이때 다사카 비구는 여러 윗자리 비구들 있는 곳으로 돌아가 말했다.

"사마 비구는 '나는 다섯 가지 물든 쌓임에 대해서 〈그것은 나도 아니요, 내 것도 아니다〉라고 살피지만, 번뇌가 다한 아라한은 아닙니다'라고 말하였습니다."

이때 여러 윗자리 비구들이 다사카 비구에게 말하였다.

"그대는 다시 사마 비구에게 가서 '그대가 〈나는 다섯 가지 물든 쌓임에 대해 나도 아니요 내 것도 아니라고 살피지만, 번뇌가 다한 아라한은 아니다〉라고 말한 것은 앞뒤가 서로 어긋납니다'라고 말하시오."

다사카 비구는 여러 윗자리 비구들의 분부를 받고 사마 비구에게 가 말하였다.

"당신께서 '나는 다섯 가지 물든 쌓임에 대해 나도 아니요 내 것도 아니라고 살피지만, 번뇌가 다한 아라한은 아니다'라고 말씀하신 것은 앞뒤가 서로 어긋납니다."

사마 비구는 다사카 비구에게 말하였다.

"내가 다섯 가지 물든 쌓임에 대해 '그것은 나도 아니요, 내 것도 아니다'라고 살피지만 번뇌가 다한 아라한은 아니라는 것은, 내가 아직은 나라는 교만[我慢]과 나라는 탐욕[我欲]과 나라는 번뇌[我使]를 끊지 못하고, 알지도 못하며, 떠나지도 못하고, 뱉어버리지도 못하였기 때문입니다."

다사카 비구는 여러 윗자리 비구들에게 돌아가 말했다.

"사마 비구는 이렇게 말했습니다.

'내가 다섯 가지 물든 쌓임에 대해 그것은 나도 아니요 내 것도 아니라고 살피지만 번뇌가 다한 아라한은 아니라고 말한 것은, 다섯 가지 물든 쌓임에서 나라는 교만과 나라는 탐욕과 나라는 번뇌를 아직 끊지 못하고, 알지도 못하며, 떠나지도 못하고, 뱉어버리지도 못하였기 때문입니다.'"

사마 비구에게 다섯 쌓임에 나 없음의 뜻을 다시 묻도록 함

여러 윗자리 비구들은 다시 다사카 비구를 보내 사마 비구에게 말하게 하였다.

"그대는 나[我]가 있다고 말했는데, 어느 곳에 나가 있습니까? 물질이 나입니까? 나는 물질과 다릅니까? 느낌 · 모습 취함 · 지어감과 앎이 나입니까? 나는 앎 등과 다릅니까?"

사마 비구는 다사카 비구에게 말하였다.

"나는 '물질이 나다, 나는 물질과 다르다, 느낌 · 모습 취함 · 지어감과 앎이 나다, 나는 앎 등과 다르다'고 말하지 않습니다.

그러나 다섯 가지 물든 쌓임에서 아직 나라는 교만과 나라는 탐욕과 나라는 번뇌를 아직 끊지 못하고, 알지도 못하며, 떠나지도 못하고, 뱉어버리지도 못했습니다."

사마 비구는 다시 다사카 비구에게 말하였다.

"어찌 번거롭게 그대를 바삐 오가게 하겠소? 그대는 지팡이를 가져다주오. 내 스스로 지팡이를 짚고 그 윗자리 비구들께 가보겠소. 지팡이를 가져다주길 바라오."

사마 비구가 병든 몸으로 윗자리 비구들에게 가 꽃향기의 비유로 나 없음의 뜻을 보임

사마 비구는 곧 스스로 지팡이를 짚고 여러 윗자리 비구들에게로 갔다.

이때 여러 윗자리 비구들은 멀리서 사마 비구가 지팡이 짚고 오는 것을 보고는 스스로 자리를 펴고 발걸이를 바로놓았고, 몸소 나가 그를 맞이하면서 가사와 발우를 받고 자리를 권해 앉게 하였다. 그러고는 서로 위로한 뒤에 사마 비구에게 말하였다.

"그대는 나라는 교만[我慢]을 말했는데, 어디서 나[我]를 봅니까? 물질이 나입니까? 나는 물질과 다릅니까? 느낌 · 모습 취함 · 지어감 · 앎이 나입니까? 나는 앎 등과 다릅니까?"

사마 비구는 말했다.

"물질이 나인 것도 아니요, 나는 물질과 다른 것도 아닙니다. 느낌 · 모습 취함 · 지어감 · 앎이 나인 것도 아니요, 나는 앎 등과 다른 것도 아닙니다. 그러나 다섯 가지 물든 쌓임에서 나라는 교만과 나라는 탐욕과 나라는 번뇌를 아직 끊지 못하고, 알지도 못하며, 떠나지도 못하고, 뱉어버리지도 못했습니다.

비유하면, 마치 우트팔라 · 파드마 · 쿠무다 · 푼다리카 꽃들의 향기와 같습니다. 뿌리가 곧 향기입니까? 향기는 뿌리와 다른 것입니까? 줄기와 잎, 꽃술의 가늘고 거침이 곧 향기입니까? 향기는 그것들의 가늘고 거침과 다른 것입니까? 이런 것들을 말할 수 있겠습니까?"

여러 윗자리 비구들은 대답하였다.

"아닙니다. 사마 비구여, 우트팔라 · 파드마 · 쿠무다 · 푼다리카 꽃들의 뿌리가 곧 향기인 것도 아니요, 그렇다고 향기가 뿌리와 다른 것도 아닙니다. 줄기와 잎, 꽃술의 가늘고 거침이 곧 향기인 것도 아니요, 그렇다고 향기가 그것들의 가늘고 거침과 다른 것도 아닙니다."

사마 비구가 다시 물었다.

"그러면 그것은 어떤 향기입니까?"

윗자리 비구들이 대답했다.

"그것은 꽃향기입니다."

사마 비구는 말하였다.

"나[我]라는 것 또한 그와 같소. 물질이 곧 나인 것도 아니요, 그렇다고 나는 물질을 떠난 것도 아니오.

느낌 · 모습 취함 · 지어감 · 앎이 곧 나인 것도 아니요, 그렇다고 나는 앎 등을 떠난 것도 아니오. 이처럼 나는 다섯 가지 물든 쌓임에서 그것은 나도 아니요 내 것도 아니라고 보지만, 아직 나라는 교만과 나라는 탐욕과 나라는 번뇌를 끊지 못하고, 알지도 못하며, 떠나지도 못하고, 뱉어버리지도 못했소.

여러 윗자리 비구들께서는 내가 말한 비유를 들으시오. 무릇 지혜로운 사람은 비유로 인해 이해하게 되오.

마치 옷을 빨래하는 집에 주면 여러 가지 잿물로 때를 씻고, 그러고도 오히려 남는 냄새가 있으면 여러 가지 향으로 옷에 냄새를 끼쳐 없애는 것과 같소.

이와 같이 많이 들은 거룩한 제자들도 다섯 가지 물든 쌓임을 떠나, '그것은 나가 아니요, 내 것도 아니다'라고 바르게 살피지만, 그 다섯 가지 물든 쌓임에서 아직은 나라는 교만과 나라는 탐욕과 나라는 번뇌를 끊지 못하고, 알지 못하며, 떠나지 못하고, 뱉어버리지 못하오.

그러나 뒤에 다시 다섯 가지 물든 쌓임에서 바른 사유를 더욱 늘리어, 나고 사라짐을 이렇게 살피오.

'이것은 물질이고, 이것은 물질의 모아냄이며, 이것은 물질의 사라짐이다. 이것은 느낌 · 모습 취함 · 지어감 · 앎이요, 이것은 앎 등의 모아냄이며, 이것은 앎 등의 사라짐이다.'

그래서 다섯 가지 물든 쌓임에서 이렇게 그 나고 사라짐을 살핀 뒤에 나라는 교만과 나라는 탐욕과 나라는 그 온갖 것을 다 없애니, 이것을 진실한 바른 살핌이라 하오."

사마 비구의 비유를 듣고 윗자리 비구들은 법의 눈이 깨끗해졌고 사마 비구는 병에서 해탈함

사마 비구가 이 법을 설명했을 때, 모든 윗자리 비구들은 티끌을 멀리하고 때를 여의어 법의 눈[法眼]이 깨끗해졌다.

그리고 사마 비구는 모든 흐름을 일으키지 않고 마음이 해탈하게 되었고, 법의 기쁨과 이익 때문에[法喜利故] 몸의 병이 모두 없어졌다.

이때 여러 윗자리 비구들은 사마 비구에게 말하였다.

"우리는 그대의 처음 말씀하신 것을 들었을 때 이미 이해하고 이미 즐거워하였으니, 하물며 거듭 들을 것이 있었겠습니까.

우리가 다시 물었던 것은 그대가 미묘한 변재를 내보이도록 하려 함이지, 그대를 어지럽게 하고 힘들게 하려는 것이 아니었습니다.

그대는 과연 여래 · 공양해야 할 분 · 바르게 깨친 분의 법을 널리 말씀하실 수 있으시오."

이때 윗자리 비구들은 사마 비구의 말한 것을 듣고 기뻐하며 받들어 행하였다.

• 잡아함 103 차마경(差摩經)

• 해설 •

경 가운데 사마 비구는 몸이 칼에 잘리고 불에 타는 듯한 깊은 병의 고통을 겪으며 도리어 병문안 온 여러 윗자리 비구들에게 연기법의 바른 지혜의 눈을 열어주고 스스로도 병고에서 벗어났다. 이는 마치 비말라키르티 거사가 병을 나투어 병문안 온 만주쓰리보디사트바[文殊菩薩]와 여러 보디사트바들에게 법을 설해 보인 것과 같다.

고통받는 사마 비구는 다사카 비구를 통해 윗자리 비구들로부터 물질 · 느낌 · 모습 취함 · 지어감 · 앎에 나도 없고 내 것도 없음을 살펴보라는 문안을 받는다. 사마 비구는 이미 다섯 쌓임에 '나와 내 것' 없음을 알지만, '나라는 교만'을 아직 다 뽑지 못했음을 말한다.

그리고 직접 아픈 몸을 이끌고 윗자리 비구들을 찾아가 다섯 쌓임이 나가 아니요[非我] 나와 다름도 아님[非異我]을 꽃향기의 비유로 다시 설해 윗자리 비구들이 티끌을 떠나 법의 눈이 깨끗해지도록 한다.

저 꽃향기가 뿌리가 아니지만 뿌리를 떠나지 않고, 줄기가 아니지만 줄기를 떠나지 않으며, 잎과 꽃술이 아니지만 잎과 꽃술을 떠나지 않은 것처럼 나[我]는 물질 · 느낌 · 모습 취함 · 지어감 · 앎의 여러 법들[諸法]이 아니지만 여러 법들을 떠나지도 않는다.

꽃향기는 연기로 성취된 존재의 자기동일성, 곧 나를 비유하고, 뿌리 · 줄기 · 잎은 나를 나이게 하는 여러 법, 곧 다섯 쌓임을 비유한다.

나[我]는 여러 법들을 떠나지 않으므로 공한 것[我空]이지만, 여러 법들 또한 공한 것[法空]이라 나가 없지 않다. 그러므로 나[我]와 여러 법(法)의 실체성을 함께 깨뜨리되[雙破] 나와 법의 있음 아닌 있음을 함께 살릴 줄 알아야[雙立] 연기법에 바른 믿음과 이해[信解]를 세울 수 있다.

비록 믿음과 이해가 섰더라도 뒤로 물러서거나 동요하는 마음이 있으면 바른 사유를 더욱 늘리어 나라는 탐욕과 교만의 뿌리를 온전히 없애야 진실한 살핌이 되고 마음의 해탈을 이룰 수 있다.

영가선사의 『선종집』(禪宗集) 또한 존재와 법이 함께 공하고 그 공함도 공한 뜻을 이렇게 보인다.

> 지혜 가운데 세 가지를 반드시 가려야 한다.

첫째는 존재가 공한 지혜[人空慧]이니, 다섯 쌓임이 나가 아니라[陰非我] 곧 다섯 쌓임 가운데 나 없음[陰中無我]이 거북털 토끼뿔과 같음을 밝게 아는 것을 말한다.

둘째는 법이 공한 지혜[法空慧]이니, 다섯 쌓임 등 모든 법이 연(緣)을 빌려 일어나 실체 아님이 거울의 모습, 물의 달과 같음을 밝게 아는 것을 말한다.

셋째는 공도 공한 지혜[空空慧]이니, 경계와 지혜가 함께 공하되 이 공함 또한 공함을 밝게 아는 것을 말한다.

사마 비구의 꽃향기의 비유로 보인 연기의 교설이 존재[我]와 존재를 이루는 다섯 쌓임[法]이 모두 공함[我法二空]을 보이고 있으니, 마하야나의 보디사트바의 수레[菩薩乘]를 주장하는 분들이 붇다의 연기교설 밖에 대승의 뜻을 따로 세워 말했다고 하면 안 된다.

마하야나의 깃발은 여래의 바른 뜻을 시대 속에 다시 천명한 것이다. 마하야나는 존재가 공하지만 존재를 이루는 법이 공함[法空]을 모르고 연기의 뜻을 왜곡하는 이들의 치우침을 깨뜨려 연기의 뜻[緣起義]이 공의 뜻[空義]이며 연기의 뜻이 중도의 뜻[中道義]임을 밝힌 것이니, 마하야나(mahāyāna)가 곧 붇다의 뜻이다.

꽃향기는 바람을 거슬러서 피우지 못하지만

이와 같이 내가 들었다.

한때 붇다께서는 슈라바스티 국 제타 숲 '외로운 이 돕는 장자의 동산'에 계셨다.

그때 존자 아난다는 홀로 한 고요한 곳에서 이렇게 사유하였다.

'세 가지 향기가 있어 바람을 따라서 향내를 피우지만, 바람을 거슬러서는 그 향내를 피우지 못한다. 어떤 것이 그 세 가지인가?

뿌리의 향기[根香] · 줄기의 향기[莖香] · 꽃의 향기[華香]다. 그런데 다시 어떤 향기가 있어 바람을 따라서도 향내를 피우고, 바람을 거슬러서도 향내를 피우며, 또 바람을 따르거나 거스르거나 늘 향내를 피울 수 있을까?'

이렇게 생각하고 나서 해질 무렵 선정에서 깨어나 붇다 계신 곳으로 가서 붇다의 발에 머리를 대 절하고 한쪽에 물러나 앉아 붇다께 말씀드렸다.

"세존이시여, 저는 홀로 고요한 곳에서 이렇게 사유하였습니다.

'세 가지 향기가 있어 바람을 따라서 향내를 피우지만, 바람을 거슬러서는 그 향내를 피우지 못한다. 어떤 것이 그 세 가지인가?

뿌리의 향기 · 줄기의 향기 · 꽃의 향기다. 그런데 다시 어떤 향기가 있어 바람을 따라서도 향내를 피우고, 바람을 거슬러서도 향내를 피우며, 또 바람을 따르거나 거스르거나 늘 향내를 피울 수 있을까?'"

바람 따르거나 거스르거나 늘 피우는 계의 향을 보이심

붇다께서 아난다에게 말씀하셨다.

"그렇다, 그렇다. 세 가지 향기가 있어 바람을 따라서 향내를 피우지만, 바람을 거슬러서는 그 향내를 피우지 못하니, 세 가지 향기는 곧 뿌리의 향기 · 줄기의 향기 · 꽃의 향기다.

그러나 아난다여, 또한 어떤 향이 있어 바람을 따라서도 향내를 피우고, 바람을 거슬러서도 향내를 피우며, 바람을 따르거나 거스르거나 늘 향내를 피운다.

아난다여, 바람을 따라서도 향내를 피우고, 바람을 거슬러서도 향내를 피우며, 바람을 따르거나 거스르거나 늘 향내를 피우는 것은 다음과 같다.

아난다여, 어떤 바르게 행하는 남자와 여인이 성읍이나 마을에 살며, 진실한 법을 성취하여 목숨을 다하도록 산목숨 죽이지 않고 도둑질하지 않으며, 음행하지 않고 거짓말하지 않으며, 술을 마시지 않으면, 그렇게 바르게 행하는 남자나 여인은 동서남북과 네 모서리, 위아래의 선행을 받드는 사람들이 이렇게 칭찬하지 않음이 없다.

'어느 곳 어느 마을의 바르게 행하는 남자와 여인은 계율을 지님이 청정하여, 진실한 법을 성취하여 목숨을 다하도록 산목숨 죽이지 않고 도둑질하지 않으며, 음행하지 않고 거짓말하지 않으며, 술을 마시지 않는다.'

아난다여, 이것을 어떤 향기는 바람을 따라서도 향내를 피우고, 바람을 거슬러서도 향내를 피우며, 바람을 따르거나 거스르거나 늘 향내를 피우는 것이라 한다."

계의 향을 노래로 보이심

그때 세존께서 곧 게송을 설하셨다.

뿌리와 줄기의 향 꽃의 향기는
바람 거슬러 향내 피우지 못한다.
오직 잘 행하는 남자와 여인의
계 지님이 청정한 진리의 향은
바람 거스르거나 따르거나
온갖 모든 곳에 그 향내음 가득해
널리 그 냄새 맡지 못하는 곳 없네.

다가라와 찬다나, 우발라와 말라
이와 같은 여러 향과 견주어보면
계 지님의 청정한 향 으뜸이라네.
찬다나 향 등 여러 가지 좋은 향들도
그 향내음 미치는 한계 적지만
오직 이 계덕의 청정한 향만은
흘러 끼치어 하늘에까지 오르네.

이와 같이 깨끗한 계의 향기는
방일하지 않는 사마디 들게 하고
바른 지혜로 평등히 해탈케 하니
마라의 삿된 길은 들어올 수 없어라.

이것을 안온한 길이라고 하니
이 길은 곧 때 없이 맑고 깨끗해
곧바로 묘한 선정으로 향하여
여러 마라의 묶음을 끊어버리네.

붇다께서 이 경을 말씀하시자, 존자 아난다는 붇다의 말씀을 듣고 기뻐하면서 절하고 물러갔다.

• 잡아함 1073 아난경(阿難經)

• 해설 •

세간의 아름다운 꽃향기는 바람을 거슬러서 피우지 못하고 맡는 이의 코와 냄새, 냄새를 아는 앎의 서로 어울려 만남[三事和合]이 이루어진 곳에서만 그 향기를 맡을 수 있다.

그러나 계의 향은 바람을 따르거나 거스르거나 언제나 피울 수 있고, 그 계덕의 향은 하늘에 미치고 땅에 미치어 끝 간 데 없다.

왜 그럴까. 계로 인해 선정과 지혜에 들어가지만 참된 계와 향은 선정과 지혜의 향이고 지혜의 향은 법계진리의 향이라 곳과 때에 막힘과 가림이 없기 때문이다.

이렇게 지혜의 향과 계의 향을 이해하면 지혜의 향은 지금 피어오르는 물질의 향, 꽃의 향기를 떠나지 않으니, '한 빛깔 한 냄새도 중도실상 아님이 없는 뜻'을 알면, 저 물질의 향을 맡는 자리가 지혜의 향이 시방에 두루한 자리이다.

그런 뜻을 『비말라키르티수트라』에서는 '먹을 것과 사는 집이 향기로 된 세계'[香積世界]에서는 '먹을 것의 향기가 시방의 한량없는 세계에 두루 흐른다'고 하고, '그 향기의 밥은 온갖 사람이 먹어도 다하지 않는다'고 말하고 있다.

그렇다면 지금 이곳에서 물질의 향이 향이 아니라 법계의 향[法界香]인 줄 알면, 그 지혜의 향을 갖춘 이가 여기 이곳에 앉아 향적국 향기의 밥[香積飯]을 같이 먹을 수 있을 것이다.

『화엄경』(「이세간품」) 또한 깨끗한 계의 향, 지혜의 향이 때와 곳을 넘어 삼계의 중생 세간에 널리 풍김을 이렇게 노래한다.

보디사트바는 깨끗한 계의 향
굳게 지녀 빠뜨려 범함이 없고
보디사트바는 지혜의 바르는 향
널리 삼계에 그 향 끼치어주네.

菩薩淨戒香 堅持無缺犯
菩薩智塗香 普熏於三界

보디사트바의 힘은 휘장과 같아
번뇌의 티끌 가려줄 수 있고
보디사트바의 지혜는 깃발과 같아
아만의 도적 꺾을 수 있네.

菩薩力如帳 能遮煩惱塵
菩薩智如幢 能摧我慢敵

여래의 길 잘 가는 보디사트바
묘한 행의 고운 비단 베는
지혜를 아름답게 꾸며주고
부끄러워함으로 옷을 지어서
여러 중생 널리 덮어주도다.

妙行爲繒綵 莊嚴於智慧
慚愧作衣服 普覆諸群生

번뇌의 마음도 다섯 가지 큰 나무처럼 자라나 우거지나니

이와 같이 내가 들었다.

한때 붇다께서는 슈라바스티 국 제타 숲 '외로운 이 돕는 장자의 동산'에 계셨다.

그때 세존께서 여러 비구들에게 말씀하셨다.

"만약 좋은 종족의 사람으로서 온갖 세상일을 버리고 집을 나와 도를 배우려면, 수염과 머리를 깎고 가사를 걸치고서 바른 믿음으로 집이 아닌 데로 집을 나와 도를 배워야 한다.

이와 같이 집을 나온 사람들 그 가운데, 어떤 어리석은 남자는 마을이나 성읍에 의지하여 머물면서, 이른 아침에 가사를 걸치고 발우를 지니고서 마을에 들어가 밥을 빌며, 몸을 잘 보살피지 않고 아는 뿌리의 문[根門]을 잘 지키지 않고 생각을 거두어들이지 않아, 젊고 아름다운 여인을 보면 곧 물들어 집착하는 마음을 낸다.

그리하여 사유를 바르게 하지 못하고, 마음이 그에게로 달려가 그 모습을 취하고 색욕(色欲)의 생각에 빠져들어, 탐욕의 마음이 불꽃처럼 일어나 마음을 태우고 몸을 태우다가, 세속에 돌아가 계(戒)를 버리고 스스로 물러나 세속에 빠진다.

세속 일을 싫어해 멀리하고 집을 나와 도를 배운다면서, 도리어 물들고 집착해 온갖 죄업만 늘려서 스스로 무너뜨리고 깊이 미혹에 가리고 빠져 가라앉는다."

다섯 덮음의 자람을 나무로 비유하시어 해탈의 법을 가르치심

"다섯 가지 큰 나무가 있다. 그 씨앗은 본래 아주 작았지만, 그 나무가 자라 크게 되면 여러 가지 작은 나무들을 그림자로 막고 그늘로 덮어, 여위고 시들어 자라나지 못하게 한다.

어떤 것이 그 다섯 가지인가?

곧 건차야 나무[揵遮耶樹]·카피타(kapittha) 나무·아쓰바타(aśvattha) 나무·우둠바라(udumbara) 나무·니그로다(nigrodha) 나무이다.

이와 같이 다섯 가지 마음의 나무도 그 씨앗은 아주 작지만 그것이 점점 자라나 크게 되면 모든 마디를 그늘로 덮고 그 그늘이 덮인 모든 마디들을 쓰러뜨려 눕게 한다.

어떤 것이 그 다섯 가지인가? 탐욕의 덮음[貪欲蓋]이 더욱 자라나고, 성냄의 덮음[瞋恚蓋]·잠과 졸음의 덮음[睡眠蓋]·들뜸과 뉘우침의 덮음[掉悔蓋]·의심의 덮음[疑蓋]이 더욱 자라나는 것이니, 그것이 더욱 자라나기 때문에 착한 마음을 그늘로 덮어 쓰러져 눕게 한다.

만약 일곱 갈래 깨달음 법[七覺支]을 닦아 익히고, 더욱 많이 닦아 익히면 더욱 물러나지 않음을 이루게 된다.

어떤 것이 그 일곱 가지인가?

곧 생각의 깨달음 법[念覺支]·법 가림의 깨달음 법[擇法覺支]·정진의 깨달음 법[精進覺支]·쉼의 깨달음 법[猗覺支]·기쁨의 깨달음 법[喜覺支]·선정의 깨달음 법[定覺支]·버림의 깨달음 법[捨覺支]이니, 이러한 일곱 갈래 깨달음 법을 닦아 익히고, 많이 닦아 익히고 나면 더욱 물러나지 않음[不退轉]을 이루게 된다."

붇다께서 이 경을 말씀하시자, 여러 비구들은 붇다의 말씀을 듣고 기뻐하며 받들어 행하였다.

• 잡아함 708 수경(樹經)

• 해설 •

처음 나무의 씨앗이 아주 작았지만 땅기운·물기운·바람기운·햇빛의 따스함을 받아 자라나 큰 나무가 되면, 그 가지와 잎사귀가 큰 그늘을 드리워 작은 나무와 풀을 자라지 못하게 한다.

그렇듯 번뇌의 씨앗은 비록 작았지만 몸과 마음을 잘 거두지 않고 물들어 집착하고 탐욕으로 더욱 키우면, 탐욕·성냄·잠과 졸음·들뜸과 뉘우침·의심의 다섯 덮음[五蓋]을 이루어 착한 마음의 나무들을 덮어 자라지 못하게 한다.

그러므로 큰 그늘을 이룬 덮음의 나무를 쓰러뜨리기 위해서는 덮음의 나무[果]를 우거지게 하는 여러 번뇌의 조건[緣]을 없애고 무명의 씨앗[因]을 없애야 한다.

일곱 갈래 깨달음 법이 번뇌의 씨앗과 번뇌의 조건들을 없애 다섯 덮음의 나무를 쓰러뜨리는 법이니, 이 일곱 법을 닦아 익히면 다시는 뒤로 물러나지 않음을 이룬다.

이를 과덕인 보디의 나무로 돌이켜 생각해보자. 번뇌가 본래 공한 곳에 그 공함도 공한 마음의 밭이 보디의 바른 원인[正因]이 되고, 일곱 갈래 깨달음 법의 실천법으로 그 마음의 밭에 감추어진 보디의 씨앗을 싹트게 하고 자라게 하는 것은 바른 원인을 돕는 조건[緣因]이 된다. 니르바나의 과덕을 이루고 보디의 나무를 이루는 것은 갖가지 실천행을 통해 본래 갖춘 보디의 씨앗을 깨달아 쓰는 것[了因]이다.

이처럼 연기법에서 해탈의 나무는 다른 곳에서 얻어지는 것이 아니라 번뇌의 나무에서 얻어지는 것이다. 번뇌의 나무 우거진 과정을 돌이켜 번뇌의 씨앗을 키우는 번뇌의 조건을 해탈의 조건으로 돌이켜, 번뇌 안에 갖춰진 보디의 씨앗을 깨달아 키우는 곳에 해탈행으로 보디의 나무가 우거지고 보디의 열매가 익는 길이 있는 것이다.

번뇌의 진실을 바로 보는 것이 보디의 길이고, 보디를 따로 구하는 것이 번뇌의 길을 따르는 것이다.

중생이 과거 · 현재 · 미래 세(世)를 이어 짓는 온갖 선악업의 진실 사무쳐 보는 곳이 보디의 문에 드는 첫걸음이니, 『화엄경』(「십주품」十住品) 또한 이렇게 말한다.

과거 미래 현재의 세상에
중생이 짓는 온갖 선악의 업
다하지 않음이 없음 밝게 알려 하니
보디사트바는 이로써 첫 마음 내네.

過去未來現在世 所有一切善惡業
欲悉了知無不盡 菩薩以此初發心

중생의 모든 영역 각기 차별되어
온갖 세간이 헤아릴 수 없는데
그 바탕의 성품 모두 밝게 알려 하니
보디사트바는 이로써 첫마음 내네.

衆生諸界各差別 一切世間無有量
欲悉了知其體性 菩薩以此初發心

세존이시여, 한 겁은 얼마나 길고 멉니까

이와 같이 내가 들었다.

한때 붇다께서는 슈라바스티 국 제타 숲 '외로운 이 돕는 장자의 동산'에 계셨다.

그때 세존께서 여러 비구들에게 말씀하셨다.

"중생들은 비롯 없이 나고 죽으며 기나긴 밤에 윤회하면서도 괴로움의 본바탕을 알지 못하고 있다."

그때 어떤 비구가 자리에서 일어나 옷을 여미고, 오른쪽 어깨를 드러내어 붇다께 절하고 오른쪽 무릎을 꿇고 합장하고 말씀드렸다.

"세존이시여, 겁의 길이는 얼마나 됩니까?"

붇다께서 비구에게 말씀하셨다.

"내가 너를 위해 말해줄 수는 있지만, 네가 알기는 어려울 것이다."

비구가 붇다께 말씀드렸다.

"비유를 말씀해주실 수 있겠습니까?"

기나긴 겁을 겨자씨로 비유하심

붇다께서 말씀하셨다.

"그럴 수 있다, 비구여. 비유하면 다음과 같다. 쇠로 된 성이 있는데 사방이 각기 한 요자나이고, 높이 또한 그렇다. 그 성안에 겨자씨를 가득 채워놓고, 어떤 사람이 백 년에 그 겨자씨를 한 알씩 집어내어 그 겨자씨가 다하여도 한 겁은 오히려 끝나지 않는다.

이와 같이 비구여, 그 겁이란 이렇게 길고 오래다.

이와 같이 기나긴 겁이 백천만억이 되도록 큰 괴로움이 계속 이어져, 해골이 산을 이루고 고름과 피가 바다를 이루는 지옥 · 축생 · 아귀의 나쁜 세계가 있다.

이것을 비구여, 중생들이 비롯 없이 나고 죽으며 기나긴 밤에 윤회하면서도 괴로움의 본바탕을 알지 못한다고 하는 것이다.

그러므로 비구들이여, 반드시 이와 같이 배워서 모든 있음[諸有]을 끊어 없애 늘어나 자라지 않게 해야 한다."

붇다께서 이 경을 말씀하시자, 여러 비구들은 붇다의 말씀을 듣고 기뻐하며 받들어 행하였다.

• 잡아함 948 성경(城經)

• 해설 •

사방 한 요자나인 성안에 가득 씨앗을 채우고 백 년에 한 알씩 꺼내 성안의 씨앗이 다해도 한 겁이 되지 않는다고 함은, 한 겁이 길고 긺을 비유로 말해 기나긴 겁의 윤회의 괴로움을 일깨우기 위함이다.

모든 있음[諸有]이 본래 공해[本空] 있음 아님을 바로 보지 못하면, 모든 있음이 났다 사라지는 윤회의 시간은 끝나지 않는다.

하나의 끝은 다른 존재의 새로운 시작이 되어 기나긴 겁의 윤회의 밤은 다하지 않는다. 오직 존재가 존재 아님을 바로 보는 곳에서만 존재의 질곡과 고통, 윤회의 시간이 다할 것이다.

그리하여 중생의 남[生]이 남 없는 남이고 중생의 죽음[死]이 죽음 없는 죽음인 줄 알면, 나고 죽음의 윤회는 이제 윤회의 시간이 다한 자의 해탈의 묘용이 될 것이다.

온갖 나무와 풀의 씨앗이 땅을 의지해 자라듯

나는 들었다, 이와 같이.

한때 붇다께서는 슈라바스티 국 제타 숲 '외로운 이 돕는 장자의 동산'에 계셨다.

그때에 세존께서는 여러 비구들에게 말씀하셨다.

"만약 한량없는 착한 법 얻을 수 있다면, 그 온갖 것은 방일하지 않음을 근본으로 하고, 방일하지 않음으로 익힘을 삼고, 방일하지 않음으로 인하여 생기고, 방일하지 않음을 머리로 하니, 방일하지 않음은 모든 착한 법에서 으뜸이 된다."

방일하지 않음이 온갖 착한 법의 뿌리가 됨을 여러 비유로 보이심

"이는 마치 밭일을 하는 것과 같으니, 그 온갖 것은 땅을 인하고 땅을 의지하며 땅에 섬으로 밭일을 할 수 있는 것이다.

이와 같이 한량없는 착한 법 얻을 수 있다면, 그 온갖 것은 방일하지 않음을 근본으로 하고, 방일하지 않음으로 익힘을 삼고, 방일하지 않음으로 인하여 생기고, 방일하지 않음을 머리로 하니, 방일하지 않음은 모든 착한 법에서 으뜸이 된다.

이는 마치 씨앗과 같으니, 마을과 귀신의 마을에서 온갖 곡식과 약나무가 나고 자랄 수 있다면, 그 온갖 것은 땅을 인하고 땅을 의지하며 땅에 섬으로 나고 자라게 된다.

이와 같이 한량없는 착한 법 얻을 수 있다면, 그 온갖 것은 방일하지 않음을 근본으로 하고, 방일하지 않음으로 익힘을 삼고, 방일하지 않음으로 인하여 생기고, 방일하지 않음을 머리로 하니, 방일하지 않음은 모든 착한 법에서 으뜸이 된다.

이는 마치 모든 뿌리향 가운데에서 침향을 으뜸으로 삼는 것과 같고, 모든 나무향 가운데에서 붉은 찬다나를 으뜸으로 삼는 것과 같으며, 모든 물꽃에서 푸른 연꽃을 으뜸으로 삼는 것과 같고, 모든 뭍의 꽃에서 수마나 꽃을 으뜸으로 삼는 것과 같다.

또한 이는 모든 짐승 발자국에서 그 온갖 것은 코끼리 발자국에 들어가고, 코끼리 발자국이 모든 발자국을 거두므로 저 코끼리 발자국을 으뜸으로 삼는 것과 같으니, 곧 넓고 크기 때문이다."

• 중아함 141 유경(喩經) 부분

• 해설 •

세존이 갖가지 실천법을 가르치시고 방일하지 않은 행을 강조하시는 것은 여래의 가르침을 듣고 이해하고서도 힘차게 실천의 수레를 몰아 니르바나의 저 언덕에 가지 않는 병폐를 깨기 위함이다.

방일함이 없이 부지런히 행함으로 온갖 착한 법을 얻을 수 있으니, 온갖 밭일이 땅을 인해 땅에 섬으로써 밭일을 할 수 있는 것과 같고, 온갖 씨앗이 땅을 의지해 자람과 같다.

방일하지 않음의 땅에서 온갖 실천의 씨앗은 보디의 열매를 맺을 수 있다. 그러므로 방일하지 않음이 으뜸되는 것은 뿌리향 가운데 침향과 같고, 물꽃 가운데 푸른 연꽃과 같으며, 짐승 발자국 가운데 코끼리 발자국 같으니, 방일하지 않음이 온갖 실천법에 생명력을 불어넣어 해탈의 저 언덕에 이끌기 때문이다.

8) 농사 · 목축 · 가축의 비유

① 밭과 씨앗, 농사일의 비유

씨앗이 물과 땅을 얻지 못하면 자라지 못하듯

이와 같이 내가 들었다.

한때 붇다께서는 슈라바스티 국 제타 숲 '외로운 이 돕는 장자의 동산'에 계셨다.

그때 세존께서 여러 비구들에게 말씀하셨다.

"다섯 가지 씨앗이 있어 나게 된다. 어떤 것들이 그 다섯인가?

곧 뿌리씨앗 · 줄기씨앗 · 마디씨앗 · 가지씨앗 · 씨씨앗을 말하는 것이다. 이 여러 가지 씨앗들이 끊어지지도 않고 부서지지도 않으며, 썩지도 않고 상하지도 않아 단단하여 구멍이 뚫리지 않고, 새로 땅[地界]을 얻어도 물[水界]을 얻지 못하면 저 모든 씨앗들은 싹이 터서 자라거나 더욱 늘어나고 뻗지 못할 것이다.

또 물은 얻었으나 땅을 얻지 못해도 그 씨앗들은 싹이 터서 자라거나 늘어나고 뻗지 못할 것이다. 반드시 땅과 물을 함께 얻어야 그 씨앗들은 싹이 트고 자라나며 늘어나고 뻗어나갈 수 있을 것이다.

이와 같이 업(業)도 번뇌(煩惱) · 존재[有] · 애착[愛] · 견해[見] · 교만[慢] · 무명(無明)으로 지어감[行]을 내는데, 업은 있어도 번뇌 · 애착 · 견해 · 교만 · 무명이 없으면 지어감은 곧 사라진다."

붇다께서 이 경을 말씀하시자, 여러 비구들은 붇다의 말씀을 듣고 기뻐하며 받들어 행하였다.

• 잡아함 893 오종씨앗경(五種種子經)

• **해설** •

연기법에서 결과는 인연으로 일어나지만 그 결과가 다시 다른 법의 원인이 되고 조건이 된다. 그러므로 인연으로 성취된 업의 결과는 다시 새로운 업의 씨앗이 되고 업을 짓는 세력[行]이 된다.

갖가지 튼튼한 씨앗을 땅에 심어도 물을 얻지 못하면 자라지 못하고 물이 있어도 땅을 얻지 못하면 씨앗이 싹트지 못하듯, 업의 씨앗[業因]도 번뇌 · 애착 · 견해 · 무명의 물과 땅기운이 함께하지 않으면 업의 씨앗이 새로운 업의 세력이 되지 못한다.

업(業)의 공성(空性)을 알면 업을 지어 받는 곳에 바로 업을 해탈하는 길이 있으니, 고통의 결과를 일으킬 팔만 사천 번뇌의 문을 해탈의 조건으로 돌이키면, 업의 씨앗으로 붇다의 일[佛事]을 지을 수 있다.

『비말라키르티수트라』는 이렇게 말한다.

"아난다여, 모든 붇다의 몸가짐과 나아가고 그침, 여러 가지 베풀어 하는 일이 붇다의 해탈의 일[佛事] 아님이 없다.

아난다여, 이 네 가지 마라[四魔]와 팔만 사천 여러 번뇌의 문이 있으면 여러 중생은 이를 귀찮고 괴로운 일로 삼지만, 모든 붇다는 이 법으로 붇다의 일을 짓는다. 이것을 '모든 붇다의 법문에 들어감'[入一切諸佛法門]이라 말한다.

보디사트바가 이 문에 들어선 이는 만약 온갖 깨끗하고 좋은 붇다의 땅을 보더라도 기쁨을 삼지 않고 탐내거나 높게 보지 않으며, 만약 온갖 깨끗하지 않은 붇다의 땅을 보더라도 근심을 삼지 않으며 걸리거나 빠진 것으로 보지 않는다."

농부가 때를 따라 밭을 갈고 물을 대고 씨앗 뿌리듯

이와 같이 내가 들었다.

한때 붇다께서는 슈라바스티 국 제타 숲 '외로운 이 돕는 장자의 동산'에 계셨다.

그때 세존께서 여러 비구들에게 말씀하셨다.

"비유하면 농부가 세 가지로써 밭갈이를 하는데 때를 따라야 잘 짓는 것과 같다. 어떤 것이 그 세 가지인가? 저 농부는 때를 따라 밭을 갈고, 때를 따라 물을 대며, 때를 따라 씨앗을 뿌린다.

저 농부는 때를 따라 밭을 갈고 물을 대며 씨앗을 뿌려놓고 나서 이렇게 생각하지 않는다.

'오늘 싹이 트고 자라서 오늘 열매를 맺고 오늘 익도록 하겠다. 내일이나 며칠 뒤라도 그렇게 되도록 하겠다.'

그러나 비구들이여, 저 장자가 밭을 갈고 물을 대고 씨앗을 뿌리고 나서 '오늘 싹이 터서 자라고 오늘 열매를 맺어 익고, 내일이나 며칠 뒤 그렇게 되었으면' 하고 생각하지 않더라도, 그 씨앗이 이미 땅에 들어갔으니 저절로 때를 따라 싹이 트고 자라서 열매를 맺고 익게 될 것이다.

이와 같이 비구들이여, 이 세 가지 배움[三學]을 때를 따라 잘 배워야 하니, 곧 계의 배움 · 선정의 배움 · 지혜의 배움을 잘하고 나면, 이렇게 생각하지 않아야 한다.

'내가 오늘 모든 흐름 일으키지 않고 마음이 잘 해탈하도록 하고, 내일이나 며칠 뒤라도 그렇게 하고 싶다.'

이런 생각 하지 않아도 저절로 신묘한 힘이 오늘이나 내일이나, 며칠 뒤라도 모든 흐름 일으키지 않고 마음이 잘 해탈하도록 할 것이다. 그가 이미 때를 따라 계의 배움을 더욱 늘려 행하고, 선정의 배움을 더욱 늘려 행하고, 지혜의 배움을 더욱 늘려 행하고 나면, 그 때와 철을 따라 저절로 모든 흐름 일으키지 않고, 마음이 잘 해탈하게 되는 것이다."

씨앗의 비유를 보이신 뒤
알을 품는 암탉을 비유로 다시 보이심

"비유하면 비구들이여, 암탉이 알을 품고 있을 때 열흘 나아가 열이틀 동안, 때를 따라 가만히 쉬며 차가움과 따뜻함으로 아끼고 보살피는 것과 같다.

그러면서도 저 알을 품는 어미 닭은 이렇게 생각하지 않는다.

'나는 오늘이나 내일, 며칠 뒤 입으로 쪼고 발톱으로 긁어서 병아리가 안온하게 나오도록 하겠다.'

그저 그 암탉이 알을 잘 품고 때를 따라 아끼고 보살피기만 하면, 병아리는 저절로 안온하게 나오게 될 것이다.

이와 같이 비구들이여, 세 가지 배움을 잘 배우면, 그 때와 철을 따라 저절로 모든 흐름 일으키지 않고 마음이 잘 해탈하게 된다."

붇다께서 이 경을 말씀하시자, 여러 비구들은 붇다의 말씀을 듣고 기뻐하며 받들어 행하였다.

• 잡아함 827 경마경(耕磨經)

• 해설 •

씨앗이 싹이 되는 것은 씨앗의 원인과 물과 땅, 햇빛의 조건이 서로 맞아야 하고 시절인연(時節因緣)이 무르익어야 한다. 씨앗을 떠나 싹이 없지만, 씨앗이 그대로 끊어지지 않고 싹이 되는 것이 아니다.

그러므로 씨앗이 싹이 되는 것은 혁명적인 비약의 과정이지만, 씨앗이 물과 땅과 햇빛과 어울려서 때가 이르러야 씨앗을 의지해 싹이 나오므로 씨앗이 싹이 되는 것은 인과적 점차를 어기지 않는 것이다.

계 · 정 · 혜 삼학을 배워 해탈에 이르는 과정 또한 마찬가지다. 계 · 정 · 혜 삼학으로 번뇌 속에 이미 있는 보디의 씨앗을 바로 알아 그 씨앗에 물을 대고, 닭이 알을 품듯 씨앗을 따뜻이 품어서 끊어지지 않게 해야 보디의 씨앗을 의지해 해탈의 열매를 맺을 수 있다.

그러므로 옛 조사들 또한 이 뜻을 '불성의 뜻을 알려거든 때와 철의 인연 살펴야 한다'[欲知佛性義 當觀時節因緣]고 가르치니, 시절인연을 잘 살피어 시절인연이 공한 줄 아는 자, 그가 단박 깨침의 뜻[頓悟義]을 아는 것이다.

『화엄경』(「범행품」梵行品) 또한 보디의 마음이 씨앗이 되고 갖가지 실천법이 조건이 되어 업과 번뇌를 떠나 해탈하게 됨을 다음과 같이 보인다.

보디사트바가 바른 마음을 내어
업과 번뇌 모두 떠날 수 있어
온갖 모든 여래를 공양하면
업과 미혹을 이미 떠나서
서로 이어짐이 끊어지므로
삼세에 널리 해탈을 얻게 되네.

發心能離業煩惱　供養一切諸如來
業惑旣離相續斷　普於三世得解脫

중생의 삿된 견해는 쓴 과일의 씨와 같나니

이와 같이 들었다.

한때 붇다께서는 슈라바스티 국 제타 숲 '외로운 이 돕는 장자의 동산'에 계셨다.

"삿된 견해의 중생이 생각하는 것과 나아가는 곳, 그 밖의 여러 행 그 온갖 것은 귀하게 여길 것이 없으며, 세간 사람들이 탐내고 즐기지 않아야 하는 것이다. 왜 그런가. 그 삿된 견해는 좋지 않기 때문이다.

그것은 마치 저 쓴 과일씨와 같다. 쓴 과일씨란, 쓴 삼(蔘)씨, 쓴 꽃다지씨, 쓴 필지반지(畢地槃持)씨 및 그 밖의 여러 쓴 씨들이다. 그것들은 아무리 좋은 땅에 여러 씨를 심어도 싹을 내면 그대로 쓰다.

왜 그런가. 그 씨가 본래 쓰기 때문이다.

이 삿된 견해의 중생 또한 다시 이와 같다. 그가 짓는 몸의 행과, 입과 뜻의 행과, 나아가고 생각하는 것과 모든 악한 행 그 온갖 것은 귀하게 여길 것이 없으며, 세상 사람들이 탐내고 즐기지 않아야 하는 것이다. 왜 그런가. 그 삿된 견해는 악하여 착하지 않기 때문이다.

그러므로 여러 비구들이여, 삿된 견해를 버리고 바른 견해를 익혀 행하여야 한다. 이와 같이 여러 비구들이여, 반드시 이렇게 배워야 한다."

그때에 비구들은 붇다의 말씀을 듣고 기뻐하며 받들어 행하였다.

• 증일아함 17 안반품(安般品) 五

중생의 바른 견해는 단 과일의 씨와 같나니

이와 같이 들었다.

한때 붇다께서는 슈라바스티 국 제타 숲 '외로운 이 돕는 장자의 동산'에 계셨다.

그때 세존께서 여러 비구들에게 말씀하셨다.

"바른 견해의 중생이 생각하는 것과 나아가는 곳, 그 밖의 여러 행 그 온갖 것은 귀하게 여기고 공경할 만하여 세간 사람들이 탐내고 즐길 만한 것이다. 왜 그런가. 그 바른 견해는 좋기 때문이다.

그것은 마치 여러 단 과일, 곧 감자나 포도, 온갖 여러 달고 맛난 과일과 같다. 어떤 사람이 좋은 땅을 일구어 씨를 뿌려서 그 뒤 열매를 내게 되면, 열매는 모두 달고 맛나 사람들이 탐내고 즐긴다.

왜 그런가. 그 과일의 씨가 본래 달고 맛나기 때문이다.

이 바른 견해의 중생 또한 다시 이와 같아서, 생각하는 것과 나아가는 곳, 그 밖의 모든 행 그 온갖 것은 탐내고 즐길 만하여 기뻐하지 않는 세간 사람이 없다.

왜 그런가. 그 바른 견해는 좋기 때문이다.

그러므로 여러 비구들이여, 바른 견해를 익혀 행하여야 한다.

이와 같이 여러 비구들이여, 반드시 이렇게 배워야 한다."

그때에 비구들은 붇다의 말씀을 듣고 기뻐하며 받들어 행하였다.

• 증일아함 17 안반품 六

• 해설 •

중생의 행위에서 원인과 과보의 관계는 농부가 땅에 심은 과일의 씨에서 열매가 맺는 것과 같다.

쓴 과일의 씨에서 쓴 열매가 맺고 단 과일의 씨에서 단 열매가 맺듯, 삿된 견해에서 삿된 삶의 과보가 이루어지고 바른 견해 바른 지혜에 의해서 바른 삶의 과보가 이루어진다.

그러나 씨앗으로 인해 열매가 이루어지지만 씨앗으로 인해 이루어진 열매에 처음 심은 씨앗이 없듯, 원인이 그대로 결과가 된다고 해도 옳지 않고 원인이 사라지고 결과가 나온다고 해도 맞지 않는다.

씨앗이 땅과 물과 햇빛과 바람과 어울려 그 열매가 이루어지지만, 열매에는 씨앗도 없고 땅과 물과 햇빛도 없다.

『중론』(中論)은 업의 씨앗과 업의 과보를 다음과 같이 밝힌다.

> 업이 머물러 갚음에 이른다면
> 이 업은 곧 늘 머물러 있음이 되고
> 만약 사라진다면 곧 업이 없으니
> 어떻게 그 과보를 낼 수 있겠는가.
>
> 業住至果報 是業卽爲常
> 若滅卽無業 云何生果報

씨앗이 공하므로 공한 조건을 만나 새로운 열매를 내지만 열매 또한 실로 이루어짐이 없는 결과이다.

그러므로 씨앗과 열매의 비유로 실체적인 업의 씨앗이 과보에로 서로 이어감[相續]을 증명하는 것은 옳지 못하다. 씨앗은 공하지만 사라짐이 아니고, 씨앗을 떠나 열매가 없지만 씨앗이 늘 머물러 열매가 되는 것이 아니다.

업의 씨앗과 열매 또한 그와 같으니, 『중론』은 말한다.

비록 공하지만 또한 끊어지지 않고
비록 있지만 또한 항상하지 않아
업의 과보를 잃지 않으니
이를 붇다의 말씀이라 하네.

雖空亦不斷 雖有亦不常
業果報不失 是名佛所說

단 과일의 씨앗이 단 과일의 열매 맺는다는 아함의 비유 그대로, 바른 생각 바른 견해의 씨앗으로 보디의 열매가 맺음을 『화엄경』(「야마궁중게찬품」) 또한 다음과 같이 가르친다.

만약 여래의 자재한 힘을
받아 들을 수 있게 되어
듣고서는 믿음을 낼 수 있으면
그는 반드시 붇다를 이루리.

若有當得聞 如來自在力
聞已能生信 彼亦當成佛

만약 바른 생각을 닦아 익히면
밝게 알아 바른 깨침 보게 되나니
모습이 없고 분별함이 없으므로
이 사람을 법왕의 아들이라 하네.

若修習正念 明了見正覺
無相無分別 是名法王子

여섯 힘센 일꾼이 보리묶음 두들기듯

이와 같이 내가 들었다.

한때 붇다께서는 카우삼비 국 고실라라마 동산에 계셨다.

그때 세존께서 여러 비구들에게 말씀하셨다.

"비유하면 보리를 네거리 길머리에 놓아두고, 여섯 명의 힘센 일꾼이 막대기로 함께 두드리면 잠깐 동안에 티끌처럼 부서지는데, 그것을 일곱 번째 사람이 막대기를 들고 거듭 두드리는 것과 같다.

비구들이여, 어떻게 생각하는가? 보리묶음을 여섯 사람이 함께 두드리고, 또 일곱 번째 사람이 거듭 두드린다면 아주 잘게 부서지겠느냐?"

비구들이 붇다께 말씀드렸다.

"그렇습니다, 세존이시여."

붇다께서 여러 비구들에게 말씀하셨다.

"비구들이여, 이와 같이 어리석은 사람은 여섯 닿아 들임[六觸入處]에 두드려 맞는다. 어떤 것이 그 여섯 가지인가?

눈의 닿아 들임[眼觸入處]에 늘 두드려 맞고, 귀의 닿아 들임[耳觸入處] · 코의 닿아 들임[鼻觸入處] · 혀의 닿아 들임[舌觸入處] · 몸의 닿아 들임[身觸入處] · 뜻의 닿아 들임[意觸入處]에 늘 두드려 맞는 것을 말한다.

저 어리석은 사람은 여섯 닿아 들임에 두드려 맞고도 다시 '앞으로 올 세상의 존재'[當來世有]를 생각해 구하니, 그것은 일곱 번째 사람이 거듭 두드려 부수는 것과 같다."

보리타작의 비유를 보이시고, 움직여 흔들리고 애착의 삶을 다시 보이심

"비구들이여, 만약 '이것은 곧 나다'라고 말한다면 이것은 움직여 흔들리는 것이요, '이것은 내 것이다'라고 말한다면 이것도 움직여 흔들리는 것이다.

'미래에 있게 될 것이다'라고 하면 이것도 움직여 흔들리는 것이요, '미래에 없게 될 것이다'라고 하면 이것도 움직여 흔들리는 것이다.

'다시 물질이 있을 것이다'라고 하면 이것도 움직여 흔들리는 것이요, '다시 물질이 없을 것이다'라고 하면 이것도 움직여 흔들리는 것이다.

'모습 취함이 있을 것이다'라고 하면 이것도 움직여 흔들리는 것이요, '모습 취함이 없을 것이다'라고 하면 이것도 움직여 흔들리는 것이며, '있지도 않을 것이요 없지도 않을 것이다'라고 하면 이것도 움직여 흔들리는 것이다. '다시 모습 취함 있지도 않고 없지도 않을 것이다'라고 하면 이것도 움직여 흔들리는 것이다.

움직여 흔들리기 때문에 병이 되고, 움직여 흔들리기 때문에 종기가 되며, 움직여 흔들리기 때문에 가시가 되고, 움직여 흔들리기 때문에 집착하게 된다.

움직여 흔들림을 바르게 살피기 때문에, 괴로워하던 사람도 움직여 흔들리지 않는 마음을 얻어 많이 닦아 익혀서 머물고, 생각을 잡아매어 앎을 바르게 한다. 움직여 흔들림과 같이 사량(思量)은 허망하여 거짓되니, 지어감이 있는 것은 애착을 인한다.

그래서 '나[我]다'라고 하면 이것은 곧 애착이요, '내 것[我所]이다'라고 해도 그것은 곧 애착이다. '미래에 있을 것이다'라고 하면 이것도 애착이요, '미래에 없을 것이다'라고 하면 이것도 애착이다. '물질이 있을 것이다'라고 하면 이것도 애착이요, '물질이 없을 것이다'라고 하면 이것도 애착이다.

'모습 취함이 있을 것이다'라고 하면 이것도 애착이요, '모습 취함이 없을 것이다'라고 하면 이것도 애착이며, '모습 취함이 있는 것도 아니요 모습 취함이 없는 것도 아니다'라고 하면 이것도 애착이다.

애착 때문에 병이 되고, 애착 때문에 종기가 되며, 애착 때문에 가시가 된다. 만약 애착이 괴로움을 낸다는 것을 잘 생각하고 살피면, 애착을 여읜 마음에 많이 머물러 있게 되어 생각을 바르게 하고 지혜를 바르게 한다."

인드라하늘왕에게 묶인 아수라왕의 비유로 묶임 없는 삶의 길을 보이심

"비구들이여, 과거세상에 아수라가 군사를 일으켜 인드라하늘과 싸웠다. 그때 인드라하늘은 서른세하늘에 알렸다.

'오늘 여러 하늘들과 아수라가 싸운다. 만약 여러 하늘이 이기고 아수라가 지거든 아수라를 사로잡아 다섯 매듭으로 묶어 하늘궁전으로 데리고 돌아오너라.'

아수라도 자신의 무리들에게 말하였다.

'지금 아수라 군사와 여러 하늘들이 싸운다. 만약 아수라가 이기고 여러 하늘들이 지거든 인드라하늘을 사로잡아 다섯 매듭으로 묶

어 아수라 궁전으로 돌아오너라.'

그 싸움에서 여러 하늘이 이기고 아수라가 졌다. 그때 서른세하늘은 비말라칫타(Vimalacitta) 아수라왕을 사로잡아 다섯 매듭으로 묶어 하늘궁전으로 돌아왔다. 비말라칫타 아수라왕은 다섯 매듭으로 묶인 채 바른 법의 전각[正法殿]에 있으면서도 갖가지 하늘의 다섯 가지 욕망의 즐거움을 누렸다.

비말라칫타 아수라왕은 이렇게 생각하였다.

'오직 아수라만이 어질고 착하며 총명하고 지혜롭다. 여러 하늘이 비록 좋다고 하지만 나는 이제 그만 아수라 궁전으로 돌아가리라.'

이렇게 생각했을 때 그는 곧 다섯 가지 매듭으로 몸이 묶인 것을 스스로 보았고, 여러 하늘의 다섯 가지 즐거움도 저절로 사라지고 말았다.

비말라칫타 아수라왕은 다시 이렇게 생각하였다.

'여러 하늘들은 어질고 착하며 지혜가 밝고 환하다. 아수라가 비록 좋다고는 하지만 나는 이제 우선 이 하늘궁전에 머물리라.'

이렇게 생각했을 때 몸이 다섯 가지 매듭에서 풀려난 것을 스스로 보았고, 여러 하늘들의 다섯 가지 즐거움도 저절로 도로 생겼다.

비말라칫타 아수라왕은 이러한 미세한 묶임이 있었다. 그러나 악한 마라 파피야스의 묶임은 더욱 미세하여 이 마음이 움직여 흔들릴 때 마라가 곧 따라 묶고, 마음이 움직여 흔들리지 않으면 마라는 곧 따라 풀어준다.

그러므로 비구들이여, 움직여 흔들리지 않는 마음에 많이 머물러 생각을 바르게 하고 지혜를 바르게 해, 반드시 이것을 배워야 한다."

붇다께서 이 경을 말씀하시자, 여러 비구들은 붇다의 말씀을 듣고 기뻐하며 받들어 행하였다.

• 잡아함 1168 황맥경(穬麥經)

• 해설 •

중생의 삶은 바깥 경계를 눈 · 귀 · 코 · 혀 · 몸 · 뜻으로 닿아 들여 경계에 맞아 다침이 있다. 바깥 경계를 보고 듣고 알되 볼 것이 없고 들을 것이 없고 알 것이 없는 줄 바로 보면, 닿아 들이는 곳에 닿아 들임이 없어 경계에 두들겨 맞음이 없다.

지금 경계를 닿아 들여 두들겨 맞음이 여섯 힘센 일꾼이 보리묶음 두들김과 같다면, 앞으로 올 존재를 구하는 것은 일곱 번째 힘센 일꾼이 보리묶음 두들기는 것과 같다.

과거의 존재로 지금 존재가 있고, 지금 존재로 인해 앞으로 올 존재가 연기한다면, 지금 존재도 공하고 뒤의 존재도 공하다. 지금 존재가 존재 아님을 보고 지금 아는 뿌리와 알려지는 것이 모두 있되 공함을 알면, 다시 존재의 두들김과 여섯 경계의 두들김에 얻어맞지 않을 것이다.

다시 미래의 존재가 '있을 것이다'라고 하거나 '없을 것이다'라고 하거나 '있기도 하고 없기도 하며, 있음도 아니고 없음도 아니다'라고 하지 않으면, 앞으로 올 존재를 취하지 않고 걱정하지 않으므로 존재의 묶음과 애착에서 벗어날 것이다.

아수라왕이 인드라하늘왕에게 붙잡혀 집착이 있는 아수라하늘의 즐거움을 구하지 않을 때 그 몸을 묶는 매듭이 풀리듯, 수행자도 금한 계를 지키고 여래의 말씀에 자신을 묶어 도리어 해탈의 삶에 나아간다.

그러므로 여래의 말씀 따라 수행자가 밖으로 구함이 없고 취함이 없어서 안으로 그 마음이 경계에 물들거나 흔들리지 않으면, 마라의 얽매임을 풀고 마음의 해탈을 얻어 니르바나 단이슬의 문에 나아갈 것이다.

② 소 · 말 · 나귀의 비유

검은 소와 흰 소를 한 멍에와 고삐에 매여놓았듯

이와 같이 내가 들었다.

한때 붇다께서는 라자그리하 성 칼란다카 대나무동산에 계셨다.

이때 존자 사리푸트라와 존자 마하카우스틸라(Mahākauṣṭhila)는 함께 그리드라쿠타(Gṛdhrakūṭa) 산[靈鷲山]에 있었다.

존자 마하카우스틸라는 해질 무렵 선정에서 깨어나 존자 사리푸트라가 있는 곳으로 가서 서로 같이 문안 인사한 뒤에, 한쪽에 물러나 앉아서 사리푸트라에게 말하였다.

"묻고 싶은 것이 있는데 한가하시면 대답해주시겠습니까?"

존자 사리푸트라가 마하카우스틸라에게 말하였다.

"그대의 물음을 따라 아는 것을 대답해주겠소."

존자 마하카우스틸라는 존자 사리푸트라에게 물었다.

"어떻습니까? 존자 사리푸트라시여, 눈이 빛깔을 얽어맵니까, 빛깔이 눈을 얽어맵니까?

귀와 소리 · 코와 냄새 · 혀와 맛 · 몸과 닿음, 그리고 뜻과 법에 있어서도 뜻이 법을 얽어맵니까, 법이 뜻을 얽어맵니까?"

눈과 빛깔, 주관·객관의 얽매임을 한 멍에에 묶인 두 소에 비유하심

존자 사리푸트라가 존자 마하카우스틸라에게 대답하였다.

"눈이 빛깔을 얽매는 것도 아니고 빛깔이 눈을 얽매는 것도 아니오. 나아가 뜻이 법을 얽매는 것도 아니고 법이 뜻을 얽매는 것도 아니오.

존자 마하카우스틸라여, 그 가운데서 만약 그가 욕탐이 있으면, 이것이 곧 얽어매는 것이오.

존자 마하카우스틸라여, 비유하면 두 마리 소가 있어 한 소는 검고 한 소는 흰데, 한 멍에와 굴레에 묶여 있을 때 어떤 사람이 다음처럼 묻는 것과 같소.

'검은 소가 흰 소를 묶었는가, 흰 소가 검은 소를 묶었는가.'

이것이 바른 물음이 되겠소?"

대답하였다.

"아닙니다. 존자 사리푸트라여, 검은 소가 흰 소를 묶은 것도 아니고, 흰 소가 검은 소를 묶은 것도 아닙니다.

그 가운데 멍에나 혹은 굴레를 씌우면 이것이 그 두 소를 묶는 것입니다."

"그와 같이 존자 마하카우스틸라여, 눈이 빛깔을 얽매는 것도 아니고 빛깔이 눈을 얽매는 것도 아니며, 귀와 소리, 코와 냄새, 혀와 맛, 몸과 닿음, 뜻과 법에서도 뜻이 법을 얽매는 것도 아니고 법이 뜻을 얽매는 것도 아니오.

그 가운데 욕탐이 있으면, 이것이 곧 얽어매는 것이오."

(후략)

• 잡아함 250 구치라경(拘絺羅經) ② 부분

흰 소와 검은 소가 한 멍에에 매여 떠나지 못하듯

이와 같이 들었다.

한때 붇다께서는 슈라바스티 국 제타 숲 '외로운 이 돕는 장자의 동산'에 계시면서 비구들에게 말씀하셨다.

"내 이제 일곱 가지 번뇌를 말해주겠으니 너희들은 잘 생각하라."

"그렇게 하겠습니다, 세존이시여."

이때 비구들이 붇다에게서 가르침을 받으니, 세존께서는 말씀하셨다.

"일곱 가지의 번뇌란 무엇인가. 첫째는 탐욕의 번뇌요, 둘째는 성냄의 번뇌며, 셋째는 교만의 번뇌요, 넷째는 어리석음의 번뇌며, 다섯째는 의심의 번뇌요, 여섯째는 견해의 번뇌며, 일곱째는 욕계와 색계의 번뇌이다.

이것을 비구들이여, 이 일곱 가지 번뇌가 있어 중생들로 하여금 길이 깊은 어두움 속에 있게 하고, 그 몸을 얽어 묶어 세간에 흘러 구르면서 쉼이 없게 하고, 또 나고 죽음의 근원을 알 수 없게 하는 것이라 한다."

무명 번뇌에 묶인 삶을 멍에에 묶여
떠나지 못하는 두 소에 비유하심

"마치 두 소가 있어 한 마리는 검고 한 마리는 흰데, 흰 소와 검은 소가 한 멍에에 매어 서로 함께 끌어도 서로 떠나지 못하는 것처럼, 중생들 또한 이와 같아서 탐욕의 번뇌와 무명의 번뇌에 얽혀 묶여 서로 떠나지 못한다. 그 밖의 다섯 가지 번뇌도 서로 따라 좇아, 다섯 가지 번뇌가 곧장 좇으니 일곱 가지 번뇌 또한 그러하다.

만약 범부가 이 일곱 가지 번뇌에 묶이면 나고 죽음에 흘러 구르며 벗어나지 못하고 괴로움의 근본을 알지 못한다.

비구들이여, 알아야 한다. 이 일곱 가지 번뇌로 말미암아 세 가지 나쁜 길, 곧 지옥 · 축생 · 아귀의 길이 있다.

또 일곱 가지 번뇌로 말미암아 마라의 경계를 건너지 못한다."

일곱 가지 번뇌에 일곱 가지 깨달음의 약이 있음을 보이심

"그런데 일곱 가지 번뇌에는 또 일곱 가지 약이 있다.

일곱 가지 약이란 무엇인가. 탐욕의 번뇌는 생각의 깨달음 법[念覺意]으로 다스리고, 성냄의 번뇌는 법 가림의 깨달음 법[法覺意]으로 다스리며, 삿된 견해의 번뇌는 정진의 깨달음 법[精進覺意]으로 다스린다.

욕계의 번뇌는 기쁨의 깨달음 법[喜覺意]으로 다스리며, 교만의 번뇌는 쉼의 깨달음 법[猗覺意]으로 다스리고, 의심의 번뇌는 선정의 깨달음 법[定覺意]으로 다스리고, 무명의 번뇌는 보살핌의 깨달음 법[護覺意]으로 다스린다.

비구들이여, 이것이 이른바 일곱 가지의 번뇌는 일곱 가지 깨달음 법으로 다스린다고 하는 것이다."

(후략)

• 증일아함 40 칠일품(七日品) 三 부분

• 해설 •

여섯 아는 뿌리[六根]와 여섯 알려지는 경계[六境]는 모두 다른 것을 의지해서 있는 모습[依他起相]이라 있되 공하다. 공하게 있는 모습이라 여섯 아는 뿌리와 알려지는 경계의 참모습은 서로 막힘없는 법계이고 걸림 없는 해탈의 세계이다.

다만 보고 듣는 경계에 실로 볼 것이 있고 들을 것이 있다는 집착으로 욕탐을 일으키므로, 보는 자와 보여지는 것이 얽매이게 되고 아는 자와 알려지는 것이 얽매이게 되는 것이다.

이 뜻을 붙다는 눈이 빛깔을 얽매는 것이 아니고 빛깔이 눈을 얽매는 것도 아니며, 뜻이 법을 얽매거나 법이 뜻을 얽매는 것이 아니라, 탐욕이 눈과 빛깔을 얽매는 것이라 가르치신다. 그리고 그것을 비유해 검은 소와 흰 소가 멍에에 묶인 것과 같다고 하신다.

검은 소가 흰 소를 얽매거나 흰 소가 검은 소를 얽매지 않고 두 소가 모두 원래 자유로우나, 멍에에 매임으로 두 소가 얽매이게 된 것이다.

아는 자와 알려지는 것 또한 본래 묶임 없이 자재한 곳에서 탐욕과 애착으로 인해 아는 자와 알려지는 것이 서로 얽매게 된 것이니, 탐욕과 애착이 다하면 괴로움의 끝을 다해 해탈의 법계에 다시 서게 되는 것이다.

여래가 가르치신 일곱 갈래 깨달음 법은 곧 아는 자와 알려지는 것을 묶어 얽매이게 하는 번뇌의 병을 다스리는 법의 약이다. 법의 약은 중생의 병 따라 세워진 것이니, 병이 없으면 약 또한 없는 것이다.

그러므로 일곱 갈래 깨달음 법으로 탐욕과 성냄, 삿된 견해, 의심과 무명의 어두움을 깨뜨려 번뇌의 병이 다하면, 여섯 가지 아는 뿌리와 여섯 가지 알려지는 경계는 본래의 진실 그대로 막힘없는 해탈의 법계가 될 것이다.

세상의 좋은 말이 세 가지 조건을 갖추듯

이와 같이 내가 들었다.

한때 붇다께서는 라자그리하 성 칼란다카 대나무동산에 계시면서 여러 비구들에게 말씀하셨다.

"세상에는 세 가지 좋은 말이 있는데 왕이 타는 것이다. 어떤 것이 셋인가. 곧 그 좋은 말이 빛깔을 갖추고 힘을 갖추고 빠르기 갖춘 것을 말한다. 이와 같이 바른 법과 율에도 세 가지 잘 행하는 이가 있어서, 세상이 받들어 섬기고 공양하며 공경하여 위없는 복밭[無上福田]이 된다. 어떤 것이 셋인가. 곧 그 잘 행하는 이가 빛깔을 갖추고 힘을 갖추고 빠르기 갖춘 것을 말한다."

말에 비유해 수행자가 갖추어야 할 세 가지를 보이심

"어떤 것이 빛깔을 갖춤인가. 그 잘 행하는 이는 깨끗한 계율인 프라티목샤(prātimokṣa)의 몸가짐과 바른 몸가짐의 행할 곳을 갖추어, 아주 작은 죄를 보아도 두려움을 내고 계를 받아 지니고 배운다. 이것을 빛깔을 갖춤이라 한다.

어떤 것이 힘을 갖춤인가. 잘 행하는 이는 이미 생긴 악하여 착하지 않은 법은 끊으려고 '하고자 함'[欲]을 내, 방편을 부지런히 하여 그것을 거두어들이고 늘리어 키운다.

아직 생기지 않은 악하여 착하지 않은 법은 일어나지 않게 하려고

'하고자 함'을 내, 방편을 부지런히 하여 그것을 거두어들이고 늘리어 키운다. 그는 이미 생긴 착한 법은 머물게 해서 잃어버리지 않으려고 '하고자 함'을 내, 방편을 부지런히 하여 그것을 거두어들이고 늘리어 키운다. 이것을 힘을 갖춤이라 한다.

어떤 것이 빠르기를 갖춤인가. 곧 잘 행하는 이는 이것은 괴로움의 거룩한 진리라고 진실 그대로 알고, 괴로움의 모아냄 · 괴로움의 사라짐 · 괴로움을 없애는 길의 진리라고 진실 그대로 알아, 나아가 뒤의 있음을 받지 않는다. 이것을 빠르기를 갖춤이라 한다.

그래서 이것을 잘 행하는 이의 빛깔을 갖춤, 힘을 갖춤, 빠르기를 갖춤이라 한다."

붇다께서 이 경을 말씀하시자, 여러 비구들은 그 말씀을 듣고 기뻐하며 받들어 행하였다.

• 잡아함 920 삼경(三經)

• 해설 •

빛깔과 힘과 빠르기를 갖추면 세간의 가장 높은 사람인 왕의 말이 된다. 여래의 법과 율에도 잘 행하는 이는 빛깔과 힘과 빠르기를 갖춘다.

빛깔을 갖춤은 계를 받아 지니어 그 생활을 깨끗이 함이요, 힘을 갖춤은 선정의 힘으로 악한 행을 늘 쉬어 그치고 착한 행은 늘 쉼없이 지어감이며, 빠르기를 갖춤은 지혜의 힘으로 연기법을 잘 살펴 뒤의 있음을 다시 받지 않는 것이다.

세간의 왕이 가장 좋은 말을 타듯, 여래 법왕의 자식들도 계 · 정 · 혜 삼학의 빛깔과 힘과 빠르기를 갖추어 세 가지 배움[三學]의 배로, 삼계 고통바다[三界苦海], 괴로움의 물결을 건너 해탈의 저 언덕에 나아가는 것이다.

세 가지 말이 빛깔과 빠르기와 형체를 갖추거나 갖추지 못하듯

이와 같이 내가 들었다.

한때 붇다께서는 슈라바스티 국 '외로운 이 돕는 장자의 동산'에 계시면서 여러 비구들에게 말씀하셨다.

"세상에는 세 가지 길든 말이 있다. 어떤 것이 셋인가.

어떤 말은 빠르기를 갖추었으나, 빛깔을 갖추지 못하고 형체를 갖추지 못하였다.

어떤 말은 빛깔을 갖추고 빠르기를 갖추었으나, 형체를 갖추지 못하였다.

어떤 말은 빠르기를 갖추고 빛깔을 갖추고 형체를 다 갖추었다.

이와 같이 길든 사람의 모습에도 세 가지가 있다.

어떤 것이 셋인가.

어떤 사람은 빠르기를 갖추었으나, 빛깔을 갖추지 못하고 형체를 갖추지 못하였다.

어떤 사람은 빠르기를 갖추고 빛깔을 갖추었으나, 형체는 갖추지 못하였다.

어떤 사람은 빠르기를 갖추고 빛깔을 갖추고 형체를 다 갖추었다."

빠르기를 갖추되 빛깔과 형체 갖추지 못한 이를 보이심

"비구들이여, 어떤 것이 잘 길들지 않은 사람으로서 빠르기를 갖추었으나 빛깔을 갖추지 못하고 형체를 갖추지 못한 것인가.

어떤 사람은, 이것은 괴로움이라고 진실 그대로 알고, 이것은 괴로움의 모아냄, 이것은 괴로움의 사라짐, 이것은 괴로움을 없애는 길이라고 진실 그대로 안다.

이와 같이 살피는 사람은 그릇된 몸의 견해, 그릇된 계의 견해, 그리고 의심의 이 세 가지 묶음을 끊는다.

이 세 가지 묶음을 끊으면 스로타판나(srotāpanna)가 되어 나쁜 길에 떨어지지 않고 반드시 바른 보디로 바로 가, 일곱 번 하늘과 사람에 가서 나고는 괴로움의 끝을 마쳐 다하니, 이것을 빠르기를 갖춤이라 한다.

어떤 것이 빛깔을 갖추지 못한 것인가. 만약 누가 아비다르마(abhidharma)와 비나야[vinaya]를 물을 때, 구절과 맛을 갖추어 차제를 따라 갖추어 풀이해 말하지 못하면, 이것을 빛깔을 갖추지 못함이라 한다.

어떤 것이 형체를 갖추지 못한 것인가. 이름 높은 큰 스승이 아니면서, 입을 옷 · 먹을 것 · 잠자리 · 의약품 등 뭇 공양거리를 받으면, 이것을 그 사람이 빠르기를 갖추었으나 빛깔과 형체를 갖추지 못함이라 한다."

빠르기와 빛깔 갖추되 형체 갖추지 못한 이를 보이심

"어떤 것이 빠르기와 빛깔은 갖추었으나 형체는 갖추지 못한 것인가.

곧 그 사람이, 이것은 괴로움이라고 진실 그대로 알고, 이것은 괴로움의 모아냄, 이것은 괴로움의 사라짐, 이것은 괴로움을 없애는 길이라고 진실 그대로 알고, 나아가 괴로움의 끝을 마쳐 다하면, 이것이 빠르기를 갖춤이다.

어떤 것이 빛깔을 갖춤인가. 만약 누가 아비다르마와 비나야를 물을 때 잘 풀이해 말해주면, 이것을 빛깔을 갖춤이라 한다.

어떤 것이 형체를 갖추지 못한 것인가. 이름 높은 큰 스승이 아니면서, 입을 옷 · 먹을 것 · 잠자리 · 의약품 등 뭇 공양거리를 받으면, 이것을 그 사람이 빠르기를 갖추고 빛깔을 갖추었으나 형체는 갖추지 못함이라 한다."

빠르기와 빛깔과 형체 모두 갖춘 이를 보이심

"어떤 것이 사람으로서 빠르기를 갖추고 빛깔을 갖추고 형체를 갖춘 것인가.

곧 그 사람이, 이것은 괴로움이라고 진실 그대로 알고, 이것은 괴로움의 모아냄, 이것은 괴로움의 사라짐, 이것은 괴로움을 없애는 길이라고 진실 그대로 알고, 나아가 괴로움의 끝을 마쳐 다하면, 이것이 빠르기를 갖춤이다.

어떤 것이 빛깔을 갖춤인가. 만약 누가 아비다르마와 비나야를 물을 때 잘 풀이해 말해주면, 이것을 빛깔을 갖춤이라 한다.

어떤 것이 형체를 갖춤인가. 큰 스승으로 이름이 높아 입을 옷 · 먹을 것 · 잠자리 · 의약품 등 뭇 공양거리를 받으면, 이것을 형체를 갖춤이라 한다.

이것을 사람으로서 빠르기를 갖추고 빛깔을 갖추고 형체를 갖춤이라 한다."

붇다께서 이 경을 말씀하시자, 여러 비구들은 그 말씀을 듣고 기뻐하며 받들어 행하였다.

• 잡아함 917 삼종조마경(三種調馬經)

• 해설 •

좋은 말이 갖추어야 할 조건에 빛깔과 빠르기와 형체가 있어서 어떤 말은 빠르기는 갖추고 빛깔과 형체를 못 갖추고, 어떤 말은 빠르기와 빛깔을 갖추고 형체를 갖추지 못하며, 어떤 말은 빠르기와 빛깔과 형체를 모두 갖추었다.

수행자에게 말의 빠르기는 지혜를 나타내고, 말의 빛깔은 아비다르마와 비나야를 말하며, 말의 형체는 공양 받을 덕을 말한다.

어떤 수행자는 지혜의 빠름은 있으나 비나야와 아비다르마를 잘 알지 못하고 공양 받을 덕이 없는 이가 있다.

어떤 수행자는 지혜의 빠름이 있고 비나야와 아비다르마를 잘 알아 지니고 남을 위해 설해주지만 공양 받을 덕이 없는 이가 있다.

어떤 수행자는 지혜의 빠름을 갖추고 비나야와 아비다르마를 잘 알아 남을 위해 설해서 수행자의 좋은 빛깔을 갖추며, 큰 스승으로서 이름이 높아 공양 받을 덕을 갖추었다.

이 세 가지 수행자 가운데 빠르기와 빛깔과 형체를 모두 갖춘 수행자를 계 · 정 · 혜 삼학을 두렷이 잘 닦아 행하는[圓修三學] 여래의 바른 제자라 할 것이다. 그가 여래의 방에 들어가 여래의 뜻을 받들어 여래의 일을 잘 행하는 법왕의 아들[法王子]이라 할 것이다.

나귀가 소 떼 따라가며
소 울음소리를 내지만 소가 아니듯

이와 같이 내가 들었다.

한때 붇다께서는 슈라바스티 국 제타 숲 '외로운 이 돕는 장자의 동산'에 계셨다.

그때 세존께서 여러 비구들에게 말씀하셨다.

"비유하면 나귀가 소 떼를 따라가면서 '나도 소 울음소리를 내어야겠다'라고 생각하는 것과 같다.

그러나 그 생김새 또한 소와 같지 않고 빛깔도 소와 같지 않으며, 소리내는 것도 비슷하지 않는데, 큰 무리의 소 떼를 따르면서 '나는 소다'라고 생각하고 소 울음을 내어보지만, 소에게 가기에는 실로 멀다.

그와 같이 어떤 어둡고 어리석은 사람은 율(律, vinaya)을 어기고 계(戒, śīla)를 범하고서 대중을 따르며 '나는 비구다, 나는 비구다'라고 말하면서, 계의 배움 · 선정의 배움 · 지혜의 배움에 더욱 하고자 하는 뜻을 내 배워 익히지 않는다.

그가 비록 대중들을 따르면서 '나는 비구다, 나는 비구다'라고 스스로 외친다 하더라도, 그는 실로 비구에게 가기 아주 멀다."

소와 나귀의 비유를 보여 비구의 행을 깨우쳐주심

그때 세존께서 곧 게송으로 말씀하셨다.

발굽은 같으나 뿔 없는 짐승이
네 발과 우는 소리는 갖추었기에
큰 무리의 소 떼를 쫓아 따르며
늘 같은 무리라고 스스로 생각하나
생김새 또한 소들과는 같지 않고
소의 울음소리도 내지 못하네.

이와 같이 저 어리석은 사람은
마음 매어 사유함을 따르지 않고
잘 가신 이의 가르쳐 깨우침 따라
방편을 부지런히 행하지 않고
게으른 마음으로 교만 피우니
위없는 보디의 도 얻지 못하리.

이는 마치 나귀가 소 떼에 있지만
소에 가기 늘 스스로 먼 것 같으니
그가 비록 비구대중 따라 살지만
안의 행은 늘 스스로 어긋나도다.

붇다께서 이 경을 말씀하시자, 여러 비구들은 붇다의 말씀을 듣고 기뻐하며 받들어 행하였다.

• 잡아함 828 여경(驢經)

• 해설 •

나귀가 소 떼를 따라가며 소울음을 내어도 소가 아니듯, 겉모습만 여래의 모습을 따라 행하고 겉치레만 수행자의 형색을 나타내도 안으로 바른 지혜가 없고 입으로 삿된 견해를 말하면 여래의 제자라 할 수 없다.

또한 비구대중을 따르면서 스스로 비구의 겉모습을 따라 행하지만, 잘 가신 이의 거룩한 가르침대로 따라 행하지 않으며, 늘 게을러 교만만을 피우면 그는 결코 여래 상가의 한 무리가 될 수 없다.

참으로 여래의 가르침을 잘 받아 행하고 여래 상가의 법과 율을 잘 받아 지니어, '잘 가신 이'[Sugata, 善逝]의 나아가는 길을 잘 밟아 나아가면, 그는 사자 새끼가 사자 울음을 내는 것과 같다.

영가선사의 「증도가」는 이렇게 노래한다.

용을 항복받은 발우 범을 뜯어 말린 석장이여
두 쇠공이 여섯 쇠고리 쩌렁쩌렁 울리는 것
모습을 나타내 헛된 일 지님이 아니요
여래의 보배 곳간 그 자취 몸소 밟아 감이로다.

降龍鉢 解虎錫 兩鈷金環鳴歷歷
不是標形處事持 如來寶藏親蹤跡

사자새끼 무리지어 어미 뒤를 따름이여
세 살이면 곧 크게 울부짖을 수 있도다.
만약 저 들여우가 법왕을 흉내낸다면
백년 묵은 요망한 것 헛되이 입 벌림이리.

獅子兒 衆隨後 三歲便能大哮吼
若是野干逐法王 百年妖怪虛開口

③ 소 치는 이의 비유

좋은 소 치는 이가 이쪽 언덕과 저쪽 언덕을 살피어 소를 건너게 하듯

이와 같이 내가 들었다.

한때 붇다께서는 라자그리하 성 칼란다카 대나무동산에 계셨다.

그때 세존께서 여러 비구들에게 말씀하셨다.

"과거세상에 마가다 국에 소 치는 사람이 있었다.

그는 미련하고 지혜가 없어서, 늦여름 초가을 무렵 어느 날 강가아 강물의 이쪽 언덕도 잘 살피지 않고 또 강가아 강물의 저쪽 언덕도 잘 살피지 않고서, 소 떼를 몰고 높은 언덕을 내려가 강을 건너 다시 높은 언덕으로 올라가려다가 그 가운데 소용돌이치는 물을 만나 많은 걱정거리와 어려움을 겪었다.

여러 비구들이여, 과거세상에 마가다 국에 어떤 소 치는 사람이 있었다.

그는 어리석지도 않고 방편과 지혜가 있어, 늦여름 초가을 무렵 어느 날 강가아 강물의 이쪽 언덕도 잘 살피고 또 강가아 강물의 저쪽 언덕도 잘 살핀 뒤에 그 소들을 잘 건네, 평평하고 넓은 산골짜기 좋은 풀이 많은 곳에 이르렀다.

그는 처음 강을 건널 때에는 먼저 소 떼들을 이끌 수 있는 큰 소를 건너게 하여 급한 흐름을 끊고, 다음에는 두 번째로 힘이 센 젊은 소를 몰아 뒤를 따라 건너게 하고, 세 번째는 약하고 작은 소를 몰아서, 강의 밑 흐름을 따라 건너게 하여 모두 차례대로 안온하게 건너가게 하였다. 갓난 송아지는 그 어미소를 그리워해 그 뒤를 따라 저쪽 언덕까지 건널 수 있었다."

어리석은 소 치는 이처럼 여섯 바깥길 스승이 지혜 없음을 보이심

"이와 같이 비구들이여, 내가 이런 비유를 말하였으니 그 뜻을 알아야 한다.

저 마가다 국의 소 치는 사람이 어리석고 지혜가 없었으니, 저 여섯 스승[六師]인 푸라나 카샤파(Pūraṇa kāśyapa) 등도 그와 같은 자들이다. 그들은 여러 삿된 견해만 익히고 삿된 길로 향한다.

비유하면 마치 저 어리석고 지혜 없는 소 치는 이가 늦여름 초가을 무렵 이쪽 언덕과 저쪽 언덕을 잘 살펴보지도 않고, 높고 험한 언덕을 내려가 강을 건너 높은 언덕으로 올라가려다가 그 가운데 소용돌이치는 물을 만나 많은 걱정거리와 어려움을 겪은 경우와 같다.

이와 같이 저 여섯 스승인 푸라나 카샤파 등은 어리석고 지혜가 없어, 이쪽 언덕인 이 세상도 살피지 못하고, 저쪽 언덕인 다른 세상도 살피지 않고 가운데의 소용돌이, 곧 여러 마라들[諸魔]을 겪으면서 가까이하여 스스로 괴로움과 어려움을 만난다.

그러한 견해를 가진 모든 이들도 배운 바를 익히면서 또한 걱정거리와 어려움을 겪는다."

지혜로운 소 치는 이처럼 여래의 방편도 그러함을 보이심

"또 저 마가다 국의 소를 잘 치는 사람이 어리석지도 않고 방편과 지혜가 있다고 한 것은 여래 · 공양해야 할 분 · 바르게 깨친 분을 말한 것이다.

마치 그렇게 소를 잘 치는 사람이 이쪽 언덕도 잘 살피고 저쪽 언덕도 잘 살펴 그 소들을 평평하고 넓은 산골짜기로 건네줄 때, 먼저 소 떼들을 이끌 수 있는 큰 소를 건너게 하여 급한 흐름을 끊고서 편안하게 저쪽 언덕으로 건너가게 하는 것과 같다.

이와 같이 우리 성문(聲聞)들은 모든 흐름을 다할 수 있어서, 나의 태어남은 이미 다하고 나아가 뒤의 있음 받지 않는 줄 스스로 알아, 악한 마라와 세간의 탐욕 흐름을 끊고, 나고 죽음의 저쪽 언덕에 안온하게 건널 수 있는 것이다.

다음은 마치 마가다 국의 소를 잘 치는 사람이 두 번째로 힘이 센 젊은 소를 건너게 하여, 흐름을 끊고 가로질러 건너는 것과 같이, 이와 같이 우리 성문들도 '다섯 가지 낮은 곳의 묶음'[五下分結]을 끊고 아나가민(anāgāmin)을 얻어, 거기에서 태어남을 받아 이 세상에 다시는 돌아오지 않는다.

그들 또한 악한 마라의 탐욕 흐름을 끊고, 나고 죽음의 저쪽 언덕에 안온하게 건널 수 있는 것이다.

마치 마가다 국의 소를 잘 치는 사람이 세 번째로 약하고 작고 어린 소를 몰아 강 밑의 흐름을 따라서 안온하게 건너게 한 것과 같이, 이와 같이 우리 성문들도 세 가지 묶음을 끊어, 탐욕과 성냄과 어리석음이 엷어져서 사크리다가민(sakṛdāgāmin)을 얻고는 이 세상에 한 번 와서 괴로움의 끝을 다한다.

그래서 저 악한 마라의 탐욕 흐름을 끊고, 나고 죽음의 저쪽 언덕에서 안온하게 건널 수 있다.

마치 마가다 국의 소를 잘 치는 사람이 갓난 송아지가 그 어미를 그리워해 어미 소를 따라 건너가게 한 것과 같이, 이와 같이 우리 성문들도 세 가지 묶음을 끊고 스로타판나(srotāpanna)를 얻고는, 나쁜 세계에 떨어지지 않고 반드시 바른 깨달음에로 바로 향한다.

그래서 일곱 번 하늘과 사람에 가서 나다가, 괴로움의 끝을 다하고 저 악한 마라의 탐욕 흐름을 끊고, 나고 죽음의 저쪽 언덕에서 안온하게 건널 수 있는 것이다."

온갖 마라의 흐름 끊으시는 여래의 지혜를 다시 노래하심

그때 세존께서 곧 게송을 말씀하셨다.

이 세상과 저 세상에서
밝은 지혜 잘 나타내사
여러 마라가 얻은 것과
아직 얻지 못한 것들과
나아가 죽음의 마라까지
온갖 마라의 일 아시는 이
삼약삼붇다의 지혜로
모든 마라의 흐름 끊어버리고
깨부수어 아주 없애버리네.

위없고 바른 지혜 갖추신 이
단이슬의 문을 열어 보이고
바르고 참된 도 드러내시사

마음은 늘 기쁨에 넘쳐
안온한 곳 이미 얻으셨도다.

붇다께서 이 경을 말씀하시자, 여러 비구들은 붇다의 말씀을 듣고 기뻐하며 받들어 행하였다.

• 잡아함 1248 목우자경(牧牛者經) ①

• 해설 •

진리를 올바로 깨닫지 못하고 남의 스승이 되고 남의 인도자가 되는 것은 마치 어리석고 어두운 소 치는 사람이 소 떼를 끌고 강을 건너가 소용돌이치는 물에 소를 빠뜨리는 것과 같다.

어리석은 소 치는 이는 잘못된 가르침으로 중생을 이끄는 저 바깥길 여섯 스승이나 브라마나들을 말한다.

방편이 있고 지혜가 있는 소 치는 이는 소 떼를 끌고 강을 건너며 이쪽 언덕 저쪽 언덕을 잘 살피고 강가아 강물의 흐름을 잘 알아 힘센 소를 먼저 저 언덕에 건네준다. 그 다음 두 번째 힘센 소를 몰아 뒤따라 건너게 하고, 끝으로 약한 소를 몰아 낮은 흐름을 따라 건너게 하고, 갓난 송아지가 어미 소를 따라 강을 건너게 한다.

그렇듯 여래도 이쪽 언덕 저쪽 언덕을 잘 살피고 물 흐름을 살피어 어리석은 중생을 저 언덕에 이끄신다.

그래서 여래는 먼저 근기가 뛰어나고 지혜가 밝은 아라한을 저 언덕에 건네주고, 그 다음 아나가민을 건네주며, 그 다음 사크리다가민을 건네준다. 그 다음 아직 바른 지혜의 흐름에 들어서지 못한 이들을 이끌어 스로타판나가 되게 하여 저 언덕에 건네주어 평평한 땅에 이끌어준다.

잘 소 치는 이가 소의 힘 세기와 물살의 빠르기, 이 언덕 저 언덕을 살피어 소를 이끌듯, 여래도 중생의 근기와 병통을 살펴 그 인연으로 법을 설해 중생을 니르바나의 저 언덕에 이끄신다.

비록 뭇 중생이 여래가 주신 각기 다른 방편의 배를 타고 저 언덕에 이르지만, 저 언덕에 이르고 보면 모든 중생에게 평평하고 안락한 해탈의 땅이 있을 뿐이다.

온갖 법의 진실을 온전히 깨친 여래의 지혜를 떠나 중생을 해탈의 땅에 이끄는 지혜와 인도자가 따로 있을 수 없으니, 『화엄경』(「수미정상게찬품」須彌頂上偈讚品)은 이렇게 말한다.

바르고 평등히 깨달아 덕을 갖춘
세간의 높은 인도자를 내놓고
온갖 모든 하늘과 사람들을
건져주실 수 있는 이 없네.

唯除正等覺　具德尊導師
一切諸天人　無能救護者

우리 중생 여래를 뵙게 되면
크나큰 이익을 얻게 되며
이같이 묘한 법 듣게 되면
붇다의 도 모두 이루게 되리.

我等見世尊　爲得大利益
聞如是妙法　悉當成佛道

④ 소젖과 제호의 비유

소젖 가운데서 제호가 으뜸이듯

이와 같이 들었다.

한때 존자 아니룻다(Aniruddha)는 네 붇다께서 머무시던 곳에 노닐었다. 이때 아니룻다는 한가하고 고요한 곳에서 이렇게 생각했다.

'여러 사카무니 붇다의 제자 가운데 계덕과 지혜를 성취한 사람은 다 계율을 의지해 바른 법 가운데서 잘 자라난다.

여러 성문 가운데 계율을 갖추지 못한 자, 이런 무리들은 다 바른 법을 떠나 계율과 서로 응하지 못한다.

지금 이 두 가지 법, 계와 들음에서 어떤 것이 빼어난가. 나는 지금 이 인연의 바탕으로 여래께 가서 이 일이 어떤가 여쭈어야겠다.'

(중략)

이때 아니룻다는 세존 앞에서 그 여덟 가지 큰 사람[八大人]의 생각을 말씀드렸다.

붇다께서 아니룻다에게 말씀하셨다.

"잘 말하고 잘 말했다. 아니룻다야, 네가 지금 생각하는 것이 바로 큰 사람의 사유하는 바이다.

욕심을 줄이어, 만족할 줄을 알고, 한적한 곳에서 지내며, 계율을 성취하고, 사마디를 성취하며, 지혜를 성취하고, 해탈을 성취하며,

많이 들음, 이 여덟 가지 큰 사람의 생각을 성취하라."

여덟 가지 큰 사람의 생각으로 모든 붇다가 보디 이룸을 보이심

"아니룻다야, 너는 이제 이 뜻을 세워 그 여덟 가지 큰 사람의 생각을 사유해야 하니, 여덟 가지란 무엇인가? 이 법은 정진하는 이가 행할 바로서 게으른 이가 행할 바가 아니다.

왜냐하면 마이트레야 보디사트바(Maitreya-bodhisattva, 彌勒菩薩)는 삼십 겁 동안 정진하여 위없이 바르고 참되고 평등한 깨달음을 이룰 것이요, 나도 정진의 힘으로 벗어나 붇다를 이루었기 때문이다.

아니룻다야, 알아야 한다. 모든 붇다 세존은 모두 같은 하나의 모습으로 그 계율과 해탈과 지혜를 같이하며, 또 공함[空]과 모습 없음[無相]과 바람 없는[無願] 사마디를 같이한다.

또 서른두 가지 모습[三十二相]과 여든 가지 좋은 상호[八十種好]로 그 몸을 장엄하여 아무리 보아도 싫증이 나지 않고 그 정수리를 볼 수 없는 것도 모두 같아 다르지 않다.

오직 정진에 같지 않음이 있으니, 과거와 미래의 모든 붇다 세존 가운데서 정진으로는 내가 가장 빼어나다."

정진을 소젖의 제호로 비유하심

"그러므로 아니룻다야, 이 여덟 번째 큰 사람의 생각, 이것이 가장 뛰어나고 높고 귀한 것으로서 비유할 수가 없다.

마치 소젖에서 삭힌 젖[酪]이 나오고 삭힌 젖에서 버터[酥]가 나오며 버터에서 제호(醍醐)가 나오는데, 그 가운데 제호가 가장 뛰어나 견줄 것이 없는 것처럼, 이것 또한 이와 같아 그 여덟 가지 큰 사람의 생각 가운데 정진의 생각이 가장 뛰어나 실로 견줄 것이 없다.

그러므로 아니룻다야, 그 여덟 가지 큰 사람의 생각을 받들고 사부대중에게 그 뜻을 분별해주라.

만약 그 여덟 가지 큰 사람의 생각을 세상에 널리 펴지게 한다면, 나의 제자들이 모두 스로타판나(srotāpanna, 入流)의 도, 사크리다가민(sakṛdāgāmin, 一來)의 도, 아나가민(anāgāmin, 不來)의 도, 아라한(arhat, 應供)의 도를 이루도록 할 것이다.

왜냐하면 나의 법은 욕심 줄이는 이[少欲者]가 행할 바로서 욕심이 많은 이가 행할 바가 아니며, 나의 법은 만족할 줄 아는 이[知足者]가 행할 바로서 만족할 줄 모르는 이가 행할 바가 아니다.

나의 법은 한가히 머무는 이가 행할 바로서 무리 가운데 물들어 사는 이가 행할 바가 아니며, 나의 법은 계율을 지키는 이가 행할 바로서 계율을 범하는 이가 행할 바가 아니다.

나의 법은 선정 닦는 이가 행할 바로서 어지러운 이가 행할 바가 아니며, 나의 법은 지혜로운 이가 행할 바로서 어리석은 이가 행할 바가 아니다.

나의 법은 많이 들은 이가 행할 바로서 들음 적은 이가 행할 바가 아니며, 나의 법은 정진하는 이가 행할 바로서 게으른 이가 행할 바가 아니기 때문이다.

그러므로 아니룻다야, 사부대중은 방편을 구해 이 여덟 가지 큰 사람의 생각을 행해야 한다.

이와 같이 아니룻다야, 반드시 이렇게 배워야 한다."

그때 아니룻다는 붇다의 말씀을 듣고 기뻐하며 받들어 행하였다.

• 증일아함 42 팔난품(八難品) 六

소젖의 제호처럼 여래가 중생 가운데 으뜸이니

나는 들었다, 이와 같이.

한때 붇다께서는 슈라바스티 국에 노니시면서 '외로운 이 돕는 장자의 동산'에 계셨다.

(중략)

그때에 세존께서는 여러 비구들에게 말씀하셨다.

"방일하지 않은 행이 모든 행 가운데 으뜸이 되는 것은 마치 모든 중생들 가운데 여래가 으뜸인 것과 같다.

곧 여래는 발이 없는 중생, 두 발, 네 발, 많은 발 가진 중생, 빛깔 있고 빛깔이 없는 것과 생각이 있고 생각이 없는 것, 나아가 생각이 있는 것도 아니요 생각이 없는 것도 아닌 모든 중생에서 그 가운데 으뜸이 되고, 큼이 되고 위가 되며, 빼어남이 되고 높음이 되고 묘함이 된다.

방일하지 않는 행이 모든 행 가운데 으뜸이 되는 것도 그와 같다.

마치 소[牛]로 인하여 젖[乳]이 있고, 젖으로 인하여 삭힌 젖[酪]이 있으며, 삭힌 젖으로 인하여 날버터[生酥]가 있고, 날버터로 인하여 삭힌 버터[熟酥]가 있으며, 삭힌 버터로 인하여 소정(酥精)이 있어 소정이 으뜸이 되고, 큼이 되고 위가 되며, 빼어남이 되고 높음이 되고 묘함이 됨과 같다.

이와 같이 만약 발이 없는 중생, 두 발, 네 발, 많은 발 가진 중생,

빛깔 있고 빛깔이 없는 것과 생각이 있고 생각이 없는 것, 나아가 생각이 있는 것도 아니요 생각이 없는 것도 아닌 모든 중생이 있으면 여래가 그 가운데 으뜸이 되고, 큼이 되고 위가 되며, 빼어남이 되고 높음이 되고 묘함이 된다."

• 중아함 141 유경(喩經) 부분

• 해설 •

소젖의 윗물인 삭힌 젖에서 날버터가 나오고 날버터에서 삭힌 버터가 나오며 삭힌 버터에서 소정인 제호가 나오는 것으로써 두 경은 모두 여래의 실천법 가운데 정진과 방일하지 않는 행이 으뜸됨을 비유한다.

또한 경은 소젖에서 제호가 으뜸이 됨으로 세간 온갖 무리 가운데 보디의 성취자 여래가 으뜸이 됨을 말한다.

큰 사람[大人]은 마하사트바(mahāsattva)이니 마음이 큰 중생[大心凡夫]이다. 마하사트바의 여덟 가지 생각은 욕심 줄임, 만족할 줄을 앎, 한적한 곳에서 지냄, 계율을 성취함, 사마디를 성취함, 지혜를 성취함, 많이 들음을 성취함, 정진함이다.

이 '여덟 가지 큰 사람의 생각'은 처음 배우는 이가 반드시 따라 사유해야 할 법인데, 그 가운데 방일하지 않고 정진하는 것이 으뜸이니, 소젖의 여러 맛 가운데 제호가 으뜸인 것과 같다.

이는 여래가 가르친 모든 실천법은 가르침을 듣는 이 스스로 삶 속에 부지런히 행함으로 그 공덕이 나기 때문이다.

중아함에서는 이 정진이 '방일하지 않는 행'[不放逸行]으로 표현되고, 방일하지 않는 행이 여래의 실천법 가운데 으뜸이 됨을 말한다. 경에서는 그것은 마치 한량없는 중생 가운데 여래가 으뜸이 되고 소젖의 여러 맛 가운데 제호의 맛이 으뜸인 것과 같다 말한다.

두 경의 비유대로 보면 소젖의 여러 맛 가운데 제호의 맛이 으뜸이듯 방일하지 않는 행이 으뜸이고, 소젖의 여러 맛 가운데 제호의 맛이 으뜸이듯 여래가 중생 가운데 으뜸이 되고 빼어남이 된다.

그러나 다시 경의 비유를 돌이켜보자. 젖의 맛 가운데 으뜸인 제호는 삭힌 버터에서 나오고, 삭힌 버터는 날버터에서 나오고, 날버터는 삭힌 젖에서 나오고, 삭힌 젖은 젖에서 나왔고, 젖은 소에서 나왔다.

그렇듯 중생 가운데 으뜸인 여래 또한 중생의 진실을 깨쳐 여래가 되었으니, 그것은 제호가 젖에서 나오고 젖은 소에서 나온 것과 같다.

제호의 맛의 뿌리인 소는 여래가 깨친 바 법계의 진리이고, 법계의 진리란 중생의 삶의 진실이다.

다시 소젖의 맛을 정제하여 얻은 가장 높은 맛인 제호의 맛은 법계의 진리를 온전히 실현한 여래의 위없는 보디[無上菩提]이고, 지금 여래가 중생을 위해 열어 보이고 있는 하나인 붇다의 수레[一佛乘]이다.

정제되지 않은 소젖이 제호가 아니지만 소젖 밖에 제호가 있다고 해도 안 되니, 번뇌를 실로 조복함과 조복하지 않음에 모두 머물지 않는 자[不住調伏不住不調伏]가 젖과 제호의 비유를 알아 여래를 따라 '제호의 맛'을 보게 될 것이다.

9) 여러 도구와 기구의 비유

① 수레의 비유

몸 살핌의 바퀴살로 지관(止觀)의 수레를 굴려 나아가니

이와 같이 내가 들었다.

한때 붇다께서는 암라 마을 암라 숲에서 많은 윗자리 비구들과 함께 계셨다.

때에 칫타(Citta) 장자는 여러 윗자리 비구들에게 나아가 발에 머리를 대 절하고 한쪽에 물러나 앉았다. 때에 여러 윗자리 비구들은 칫타 장자를 위해 갖가지로 설법하여, 가르쳐 보이고 기뻐하게 한 뒤에 잠자코 앉아 있었다.

때에 칫타 장자는 머리를 대 윗자리 비구들 발에 절하고, 비구의 방에 가서 머리를 대 나가닷타 비구의 발에 절하고 한쪽에 물러나 앉았다.

나가닷타 비구는 칫타 장자에게 물었다.

"말씀해주신 바대로라면 다음과 같소.

가지는 푸른데 흰 것으로 덮고
한 바퀴살로 굴리는 수레여
번뇌 묶음 떠남을 잘 살펴오면

흐름을 끊어 다시 묶지 못하리.

장자여, 이 게송에는 어떤 뜻이 있소."

칫타 장자는 말하였다.

"존자 나가닷타시여, 세존께서 이 게송을 말씀하셨습니까."

"그렇소."

"존자여, 잠깐 잠자코 계십시오. 제가 이 뜻을 사유해보겠습니다."

지관에 관한 세존의 게송을 칫타 장자가 풀이하니 나가닷타 존자가 찬탄함

잠깐 잠자코 사유한 뒤에, 존자 나가닷타에게 말하였다.

"푸르다는 것은 계(戒)를 말함이요, 흰 덮음은 해탈을 말한 것이며, 한 바퀴살이란 몸 살핌[身念]이요, 굴림은 굴러 나가는 것이며, 수레란 지관(止觀)입니다.

묶음을 떠난다는 것은 세 가지 묶음을 떠남이니, 곧 탐냄 · 성냄 · 어리석음입니다.

저 아라한은 모든 흐름이 이미 다하고 이미 사라졌으며, 이미 알아서 이미 뿌리를 끊었으니, 마치 타알라 나무 둥지를 잘라 다시는 나지 않는 것과 같아서 미래세상에서도 일어나지 않는 법을 이룹니다.

살핌이란 바로 보는 것을 말함이요, 온다는 것은 사람이며, 흐름을 끊음에서 흐름이란 애욕으로 나고 죽음에 흐르는 것입니다.

저 아라한 비구는 모든 흐름을 이미 다하고 이미 알아, 그 뿌리 끊기를 타알라 나무 둥지를 잘라 다시 나지 않는 것과 같아 미래세상에서도 일어나지 않는 법을 이루는 것입니다.

묶지 못함에서 묶는 것은 세 가지 묶음이니, 탐냄의 묶음 · 성냄의 묶음 · 어리석음의 묶음입니다.

저 아라한 비구는 모든 흐름을 이미 다하고 이미 끊고 이미 알아 그 뿌리 끊기를 타알라 나무 둥지를 끊어 다시는 나지 않는 것과 같아 미래세상에서 일어나지 않는 법[不起法]을 이룹니다.

그러므로 존자 나가닷타여, 세존께서는 다음 이 게송을 말씀하신 것입니다.

가지는 푸른데 흰 것으로 덮고
한 바퀴살로 굴리는 수레여
번뇌 묶음 떠남을 잘 살펴오면
흐름을 끊어 다시 묶지 못하리.

이것은 세존께서 말씀하신 게송인데 제가 이미 분별하였습니다."

존자 나가닷타는 칫타 장자에게 물었다.

"그 뜻을 그대는 앞에 들어보았소."

"듣지 못했습니다."

"장자여, 그대는 좋은 이익을 얻었소. 이 깊고 깊은 붇다의 법에서 현성의 지혜의 눈[賢聖慧眼]에 들어갈 수 있게 되었소."

때에 칫타 장자는 존자 나가닷타의 말을 듣고, 함께 기뻐하면서 절하고 떠나갔다.

• 잡아함 566 나가달다경(那伽達多經) ①

• 해설 •

깨끗하고 맑은 계는 푸른 가지인데, 때묻음 없는 흰 해탈의 옷[解脫衣]으로 덮으니 그것은 지음 없는 계[無作戒]이다.

몸 살핌[身念處]의 바퀴살로 굴리는 지관(止觀)의 수레를 타고, 온갖 묶음을 끊고 몸에 몸 없는 몸의 실상을 잘 살펴서 오는 이는, 끝내 나고 죽음의 흐름을 끊어 세 가지 묶음이 그를 다시 묶지 못한다.

세존이 말씀해준 게송의 뜻을 한 번도 들어보지 못한 칫타 장자가 그 뜻을 바로 풀이하니, 그는 비록 흰옷 입은 재가의 거사[白衣居士]이되 그가 아라한이며 붇다의 법 가운데서 현성의 지혜의 눈에 깊이 들어간 분이다.

어쩌면 칫타 장자의 이름이 저 비말라키르티[淨名] 거사의 다른 이름인가. '그대는 좋은 이익을 얻었소'라고 찬탄의 말을 바치고 칫타 장자와 존자 나가닷타가 함께 기뻐하니, 두 분 현성은 흰옷[白衣]과 가사[法衣]로 옷 빛깔은 달리하지만, 여래의 법의 기쁨[法喜]에 함께하여 해탈의 법로(法路)를 같이 걸어가는 것이다.

칫타 장자나 비말라키르티 거사처럼 비록 세속에 살되 때묻음 없이 해탈의 행을 지으며 온갖 중생을 거두되 애착 떠나는 참사람의 행을 『비말라키르티수트라』는 이렇게 말한다.

> "나고 죽음에 있되 물든 행을 하지 않으며 니르바나에 머물되 길이 사라짐에 건너가지 않음이 보디사트바의 행이고, 범부의 행도 아니고 성현의 행도 아님이 보디사트바의 행이며, 물든 행도 아니고 깨끗한 행도 아님이 보디사트바의 행입니다.
>
> 비록 마라의 행보다 지나치지만 뭇 마라 항복받음을 나투는 것이 보디사트바의 행이고, 온갖 지혜를 구하되 때 아님이 없이 구하는 것이 보디사트바의 행입니다. 비록 모든 법이 나지 않음을 살피지만 남 없는 바른 지위에 들어가지 않음이 보디사트바의 행이고, 비록 십이연기를 살피지만 모든 삿된 견해에 들어가는 것이 보디사트바의 행입니다."

② 거문고의 비유

거문고의 여러 기구가 모여 소리를 내듯 인연이 모여 몸과 느낌 생각이 일어나니

이와 같이 내가 들었다.

한때 붇다께서는 카우삼비 국 고실라라마 동산에 계셨다.

그때 세존께서 여러 비구들에게 말씀하셨다.

"만약 비구나 비구니가 눈과 빛깔, 눈의 앎의 인연으로 욕탐에 가까이함과 집착하는 곳을 내게 되면, 저 여러 마음을 잘 막아 보살피라. 왜 그런가. 이런 마음들은 다 두려운 길로서 걸림이 있고 어려움이 있다. 그리고 그런 것들은 나쁜 사람들이 의지하는 것이요, 착한 사람들은 의지할 것이 아니기 때문이다. 그러므로 스스로 막아 보살펴야 한다.

귀 · 코 · 혀 · 몸 · 뜻 또한 다시 이와 같다.

비유하면 농부가 좋은 밭에 모종을 심었어도 밭을 지키는 사람이 게으르고 방일하면 외양간의 소가 나와 그것을 다 뜯어먹고 마는 것과 같다.

어리석은 범부 또한 다시 이와 같아서, 여섯 가지 닿아 들이는 곳[觸入處]에서 게으르고 방일하게 지냄 또한 그렇다."

밭을 잘 지키는 농부의 비유로 방일함이 없는 행을 보이심

"만약 좋은 밭에 모종을 심었을 때 그 밭을 지키는 사람이 방일하지 않으면 외양간의 소가 사납게 날뛰지도 못하고, 설령 밭에 들어왔다 하더라도 다 쫓아내게 될 것이다.

곧 많이 들은 거룩한 제자가 마음[心, citta]과 뜻[意, manas], 앎[識, vijñāna]을 다섯 가지 욕망의 즐거움에서 스스로 거두어 보살피면, 마음이 다해 사라지도록 한다.

만약 좋은 밭에 모종을 심었을 때, 그 밭을 지키는 사람이 스스로 방일하지 않아서 외양간의 소가 밭 경계에 들어왔더라도 왼손으로는 코뚜레를 잡아끌고 오른손으로 막대기를 들고 온몸을 때리며 밭에서 몰아낸다 하자. 비구들이여 어떻게 생각하는가? 그 소가 고통을 겪은 뒤에도 마을에서 집으로 집에서 마을로 가면서 다시 예전처럼 그 밭의 모종을 뜯어먹겠느냐?"

대답하였다.

"아닙니다, 세존이시여. 왜냐하면 이전에 밭에 들어갔다가 매를 맞아 괴로웠던 일을 기억하고 있기 때문입니다."

"이와 같이 비구들이여, 마음과 뜻과 앎에 대해 많이 들은 거룩한 제자라면 여섯 가지 닿아 들이는 곳에서 아주 집착 떠나 여읠 뜻을 내고, 두려워하고 무서워하여 안의 마음이 편히 머무르게 하고[內心安住], 눌러서 뜻이 하나가 되게 한다[制令一意]."

거문고 소리를 비유로 온갖 것이 공해 그 자체가 없음을 보이심

"과거세상에 어떤 왕은 일찍이 없었던 거문고 타는 좋은 소리를 듣고 몹시 사랑하고 즐거워함을 내, 거기에 빠지고 집착한 끝에 여러 대신들에게 물었다.

'저것이 무슨 소리인가? 매우 사랑스럽고 즐길 만하구나!'

대신들이 대답하였다.

'저 소리는 거문고를 타는 소리입니다.'

왕이 대신들에게 말하였다.

'저 소리를 가져오너라.'

대신들은 분부를 받고 곧 가서 거문고를 가지고 와서 말씀드렸다.

'대왕이여, 이것이 거문고라는 악기인데 이것이 좋은 소리를 냅니다.'

왕이 대신들에게 말하였다.

'나는 거문고가 쓸데없다. 아까 듣던 그 사랑스럽고 즐길 만한 소리를 가지고 오라.'

대신들이 대답하였다.

'이 같은 거문고에는 여러 가지 도구가 있습니다. 곧 자루가 있고 몸통이 있으며, 걸이가 있고 줄이 있고 가죽도 있어서, 좋은 연주 능력이 있는 사람이 이것을 탈 때에는 여러 가지 도구의 인연을 얻어서 비로소 소리가 나오는 것입니다.

여러 가지 도구를 얻지 못하고서는 소리를 낼 수 없습니다. 아까 들으신 소리는 이미 지나가버린 지 오래이고 더욱 사라져 없어졌기 때문에 가지고 올 수가 없습니다.' "

거문고를 부숨으로 존재를 내는 법에도 자성 없음[法空]을 보이심

"그러자 대왕이 이렇게 말하였다.

'에잇! 이렇게 헛되고 거짓된 물건을 어디에 쓸 것인가! 세상의 거문고란 다 헛되고 거짓된 것이다. 그런데도 세상 사람들을 빠지게 하고 집착하게 하는구나! 너희들은 이것을 가지고 가서 조각조각 부수어 사방에 버려라.'

대신들은 분부를 받고 백 조각으로 부수어 여러 곳에 버렸다.

이와 같이 비구들이여, 저 물질[色] · 느낌[受] · 모습 취함[想] · 생각[思] · 욕망[欲] 등 이 모든 법은 덧없고 함이 있으며, 마음의 인연으로 난 것임을 알아야 한다.

그런데도 곧 '이것은 나요, 내 것이다'라고 말하지만, 그것들은 때를 달리하면 온갖 것이 다 없어진다. 비구들이여, 이와 같이 평등하고 바른 지혜를 지어 진실 그대로 살펴야 한다."

붇다께서 이 경을 말씀하시자, 여러 비구들은 붇다의 말씀을 듣고 기뻐하며 받들어 행하였다.

• 잡아함 1169 금경(琴經)

• 해설 •

연기법에서 아는 자는 알려지는 것의 아는 자이고 알려지는 것은 아는 자의 알려지는 것이다. 그러므로 아는 자와 알려지는 것은 둘이 아니니 아는 자와 알려지는 것이 둘이 아님을 마음[心, citta]이라 하고, 주체의 아는 뿌리[意根]를 뜻[意, manas]이라 하고, 주체의 아는 뿌리가 알려지는 것을 닿아 들여[觸入] 감성적이고 이성적인 구체적인 앎을 일으키는 것을 앎[識, vijñāna]이라 한다.

마음 · 뜻 · 앎은 모두 다른 것을 의지해서 있는 모습이니, 알려지는 것을 의지해 일어나는 앎활동에서, 알려지는 것에 대한 집착과 탐욕을 일으키면 앎이 늘 알려지는 것에 물들고 아는 경계의 침범을 받는다.

그것은 농부가 좋은 밭에 모종을 심었어도 그 주인이 게으르면 소가 와서 그 싹을 다 뜯어먹는 것과 같다.

지금 저 거문고 소리는 자루 · 몸통 · 결이 · 줄 · 사람의 손이 어울려서 그 소리가 나는 것이라 소리 자체가 공하다.

경의 비유에서, 왕이 거문고 소리를 듣고 그 소리를 가져오게 하나 소리를 가져올 수 없다고 하자 거문고를 깨부수라고 명령한다. 왕의 명령을 듣고 거문고의 여러 부품들을 모두 부수자 모두 깨뜨려져 없어졌다고 말하니, 그것은 소리가 공할 뿐 아니라 소리를 내는 여러 법들도 공한 것을 비유로 보인 것이다.

저 거문고 소리는 소리가 아니다. 소리에는 거문고의 자루도 없고 몸통, 줄, 거문고 타는 사람의 손도 없지만, 거문고의 부품이 함께 어울리고 연주가가 손으로 연주하면 소리가 나는 것이다.

소리는 다섯 쌓임[五蘊]이 어울려 난 존재[我]를 비유하고, 거문고의 여러 부품은 물질 · 느낌 · 모습 취함 · 지어감 · 앎 등 다섯 쌓임을 비유한 것이다. 그러므로 거문고의 여러 부품이 깨져 없어짐에서 알 수 있듯 다섯 쌓임에도 취할 것이 없으므로, 존재와 존재를 이루는 다섯 쌓임에서 나와 내 것의 집착과 분별을 떠나야 한다.

거문고의 여러 부품이 있되 공하므로 서로 어울려 거문고를 이루고, 거문고를 사람이 연주함으로써 아름다운 거문고 소리를 내니, 마음인 물질[色]과 물질인 마음[名]을 나타내는 다섯 쌓임[名 · 色]에서 모습 취하는 마음과 모습 버리는 마음을 함께 넘어서면, 고요하되 밝고[寂而照] 밝되 고요한[照而寂] 지혜가 늘 현전할 것이다.

거문고 줄이 너무 느슨하거나 팽팽하지 않아야 하듯

붇다께서 수로나에게 말씀하셨다.

"내가 이제 너에게 묻겠으니 너는 네 뜻대로 대답하여라. 수로나야, 너는 세속에 있을 때 거문고를 잘 탔었느냐?"

"그렇습니다, 세존이시여."

또 물으셨다.

"네 생각에는 어떠하냐? 네가 거문고를 탈 때에 만약 거문고 줄을 너무 조이면 미묘하고 부드럽고 맑은 소리를 낼 수 있더냐?"

"아닙니다, 세존이시여."

"어떠냐? 만약 거문고 줄을 느슨하게 하면 과연 미묘하고 부드럽고 맑은 소리를 낼 수 있더냐?"

"아닙니다, 세존이시여."

또 물으셨다.

"어떠냐? 거문고 줄을 고르게 하여 너무 늦추지도 않고 조이지도 않으면, 미묘하고 부드럽고 맑은 소리를 낼 수 있더냐?"

"그렇습니다, 세존이시여."

붇다께서 수로나에게 말씀하셨다.

"정진이 너무 조급하면 들뜸과 뉘우침[掉悔]만 늘어나고, 정진이 너무 느슨하면 사람을 게으르게 한다. 그러므로 너는 반드시 평등하게 닦아 익히고 거두어 받아, 집착하지도 말고 방일하지도 말며 모습을 취하지도 말라."

이때 존자 수로나는 붇다의 말씀을 듣고 그 말씀을 따라 기뻐하면서 절하고 물러갔다. 이때 존자 수로나는 세존께서 말씀하신 거문고 타는 비유를 늘 생각하면서 앞에서 말씀하신 것처럼 홀로 고요한 곳에서 선정으로 사유하였다. 그리하여 흐름이 다하고 마음이 해탈하여 아라한을 이루었다.

• 잡아함 254 이십억이경(二十億耳經) 부분

• 해설 •

이 거문고 줄의 비유는, 정진함에 너무 느슨함과 너무 급함이 없이 몸과 마음을 알맞게 거두어 선정과 지혜 닦도록 하는 가르침으로 널리 알려져 있다. 거문고 줄이 알맞게 고루어지지 않으면 아름다운 거문고 소리가 날 수 없다. 그처럼 수행자의 정진 또한 들뜸과 게으름을 넘어서야 참으로 물러섬이 없이 그 닦아 행함이 앞으로 나갈 수 있다.

어떻게 해야 들뜸과 게으름을 넘어설 수 있는가. 다시 거문고 소리로 살펴보자.

거문고 소리를 내는 여러 법이 공한 곳에서 보면 소리는 실로 남이 없되 공한 인연을 의지해 남이 없이 소리가 난다. 그러므로 거문고 소리가 나되 남이 없음[生而無生]을 아는 곳에서 조급해 들뜸을 넘어서고, 소리가 남이 없이 남[無生而生]을 알 때 게으름과 느슨함을 넘어서는 것이다.

저 수행자의 정진 또한 지혜의 눈이 함께할 때 실로 닦을 것 없되 닦지 않을 것도 없이 잘 닦아갈 수 있는 것이다.

옛 선사[知非子]는 다음과 같이 노래한다.

거문고 줄 늦추면 소리가 없고
줄이 너무 급하면 바빠지도다.

소리 알아주는 자기가 죽었다 하니
백아가 비록 슬프게 울었지만
줄 없는 거문고를 한 곡조 탐에
궁상각치우 아름다운 온갖 소리가
모두 갖춰 있음과 어찌 같으리.

緩卽無聲急卽促　子期云亡伯牙哭
爭似無絃彈一曲　宮商角微諸音足

『화엄경』(「십인품」) 또한 모습과 모습 없음, 함과 하지 않음, 게으름과 조급함을 넘어선 중도행을 이렇게 가르친다.

잘 행하는 보디사트바는
법이 연을 좇아 일어남을 알아
용맹하게 부지런히 닦아 익히지만
평등하게 모든 법을 살피어
자기성품의 진실 깨달아 아네.

知法從緣起　勇猛勤修習
平等觀諸法　了知其自性

움직이지 않음 수메루 산같이
한마음으로 바른 보디 구하고
정진의 뜻을 더욱 일으켜
다시 사마디의 도를 닦네.

不動如須彌　一心求正覺
以發精進意　復修三昧道

③ 생쇠와 풀무의 비유

능숙한 대장장이가 생쇠를 풀무질하고 또 물을 뿌려 담금질하듯

이와 같이 내가 들었다.

한때 붇다께서는 라자그리하 성 칼란다카 대나무동산에 계시면서 여러 비구들에게 말씀하셨다.

"방편에 마음을 오롯이 하여 때를 따라 세 가지 모습[三相]을 사유해야 한다.

어떤 것이 셋인가. 때를 따라 그치는 모습[止相]을 사유하고, 때를 따라 들어 올리는 모습[擧相]을 사유하고, 때를 따라 버리는 모습[捨相]을 사유하는 것이다.

만약 비구가 한결같이 그치는 모습만 사유하면 이곳에서는 그 마음이 못나 가라앉고, 한결같이 들어 올리는 모습만 사유하면 이곳에서는 들떠 어지러운 마음이 일어나며, 한결같이 버리는 모습만 사유하면 이곳에서는 바른 선정으로 모든 존재의 흐름을 다할 수 없다.

그 비구가 때를 따라 그치는 모습을 사유하고, 때를 따라 들어 올리는 모습을 사유하며, 때를 따라 버리는 모습을 사유하면, 그 마음은 바르게 안정되어[正定] 모든 존재의 흐름을 다하게 된다."

그침과 들어 올림이 평등한 수행을 대장장이 쇠 다룸으로 비유하심

"그것은 마치 대장장이나 대장장이의 제자가 생쇠를 용광로에 넣어 불을 더하고는 때를 따라 풀무질하고, 때를 따라 물을 뿌리며, 때를 따라 두 가지를 모두 버리는 것과 같다.

만약 한결같이 풀무만 불면 이곳에서는 생쇠가 타서 없어질 것이요, 한결같이 물만 뿌리면 이곳에서는 생쇠가 굳어 단단해질 것이요, 한결같이 모두 버려 그만두면 생쇠는 익지 않아 쓸 데가 없을 것이다.

그러므로 능숙한 대장장이나 대장장이의 제자는 그 생쇠를 때를 따라 풀무질하고, 때를 따라 물을 뿌리며, 때를 따라 두 가지를 다 버린다. 이와 같이 하면 생쇠가 알맞게 고루어져 일을 따라 쓰게 되는 것이다.

이와 같이 비구들이여, 방편에 마음을 오롯이 하여 때에 따라 세 가지 모습을 사유하고 기억하면, 흐름이 다하게 될 것이다."

붇다께서 이 경을 말씀하시자, 여러 비구들은 그 말씀을 듣고 기뻐하며 받들어 행하였다.

• 잡아함 1247 주금자경(鑄金者經) ②

• 해설 •

대장장이가 생쇠를 다룰 때 때로 풀무질하여 불을 더하고 때로 물을 뿌리며, 때로 두 가지를 모두 버린다. 이처럼 쇠를 잘 다루는 이는 풀무질하되 한결같이 풀무질함을 취하지 않고, 물을 뿌리되 한결같이 물뿌림만을 취하지 않으며, 두 가지를 모두 버리되 한결같이 버림만을 취하지 않는다.

곧 풀무질과 물뿌림을 모두 취하지 않되 둘을 모두 버림[捨]에도 머물지 않고, 때로 풀무질하고 때로 물 뿌리며 때로 둘을 버리니, 세 가지 모습이 공한 곳에서 세 모습을 잘 가리어 쓸 때 좋은 쇠를 얻을 수 있다.

그와 같이 수행자가 선정과 지혜를 닦아갈 때도 생각을 그치되 그침이 없고 생각을 들어 올리되 들어 올림이 없으며, 둘을 모두 버리되 모두 버린 평정함도 취하지 않아야, 그치되 들어 올리고 들어 올리되 그치며, 둘을 모두 버리되 둘을 모두 살릴 수 있다[雙遮雙照].

세 가지 모습이 모두 공한 곳에서, 그침 없이 그치고 들어 올림 없이 들어 올리는 행을 천태선사는 '그침과 살핌을 함께 행함'[止觀俱行]이라 말한다.

지관구행(止觀俱行)의 뜻을 도신선사(道信禪師)는 다음과 같이 말한다.

물었다.

"어떤 것이 선사(禪師)입니까."

도신선사가 말했다.

"고요함과 어지러움에 시달리지 않는 자가 곧 선정을 좋아하여 마음을 쓰는 사람이오.

늘 그침[止]에만 머물면 마음이 가라앉아 빠지고, 늘 살핌[觀]에만 머물면 마음이 흩어져 어지럽소.

『법화경』은 이렇게 말씀했소."

붇다께선 스스로 대승 머물러
그 깨달아 얻으신 법과도 같이
선정과 지혜의 힘으로 장엄해
이로써 중생을 건네주도다.

佛自住大乘　如其所得法
定慧力莊嚴　以此度衆生

④ 등불의 비유

탐냄 · 성냄 · 어리석음이 없어지면 등불의 밝음이니

이와 같이 들었다.

한때 붇다께서는 슈라바스티 국 제타 숲 '외로운 이 돕는 장자의 동산'에 계시면서 여러 비구들에게 말씀하셨다.

"나는 지금 등불의 법과 등불로 말미암아 바른 길에 나아가는 업을 말해주겠다. 자세히 듣고 자세히 들어 잘 생각하라."

비구들은 대답했다.

"그렇게 하겠습니다, 세존이시여."

세존께서는 말씀하셨다.

"어떤 것을 등불의 밝음이라 하는가.

곧 탐냄과 성냄과 어리석음이 다한 것이다.

어떤 것을 등불로 말미암아 바른 길에 나아가는 업이라 하는가.

곧 바른 견해 · 바른 뜻 · 바른 말 · 바른 행위 · 바른 생활 · 바른 방편 · 바른 생각 · 바른 사마디이다.

이것을 등불로 말미암아 바른 길에 나아가는 업이라 한다.

나는 이로써 이미 등불의 밝음을 말하였고 또 등불로 말미암아 바른 길에 나아가는 업을 말하였다. 여래가 해야 할 일을 이제 이미 두루 마쳤다. 잘 생각하고 읊고 외워 게을리하지 말라.

지금 행하지 않으면 뒤에 뉘우쳐도 미칠 수 없을 것이다.”

그때에 여러 비구들은 붇다의 말씀을 듣고 기뻐하며 받들어 행하였다.

• 증일아함 16 화멸품(火滅品) 七

• 해설 •

밝음과 어두움은 서로 바뀌어 사라짐의 뜻[代謝義]이다. 밝음이 오면 어두움이 사라지고 밝음이 가면 어두움이 생긴다. 밝음은 스스로 있는 밝음이 아니라 밝게 하는 법들이 있기 때문에 밝음이 생기니 밝음도 공하고 어두움도 공하다.

등불이 비추면 만상이 밝아져 눈이 있는 자 만상을 보듯, 지혜의 등불이 비추면 탐냄 · 성냄 · 어리석음이 사라져 바른 견해 나아가 바른 생각, 바른 사마디가 드러난다. 바른 생각이 드러나면 모습에 모습 없는 존재의 진실이 드러나니, 어두움이 사라지면 만상이 드러남과 같다.

경에서 밝음과 어두움이란 마음에 머묾이 있고 탐냄이 있으면 그것을 어두움이라 짐짓 이름하고, 마음에 머묾이 없고 탐냄이 없으면 그것을 밝음이라 짐짓 이름한 것이다.

그러므로 마음이 머물 때 실로 머물 것이 없음을 알아 머묾 없이 머물러 머묾 없이 마음을 쓰고 머묾 없이 갖가지 행을 일으키면, 그는 늘 어두워지지 않는 지혜의 밝음 속에 있는 자이다.

『금강경』은 위 증일아함의 뜻을 다음과 같이 다시 보인다.

수부티여, 만약 보디사트바가 마음이 법에 머물러 보시를 행하면 어떤 사람이 어두움에 들어가 볼 수 없는 것과 같다.

만약 보디사트바가 마음이 법에 머물지 않고 보시를 행하면, 어떤 사람이 눈이 있어서 햇빛이 밝게 비추면 갖가지 빛깔을 볼 수 있는 것과 같다.

⑤ 쇠구슬의 비유

불에 단 쇠구슬을 무명솜으로 싼다면

이와 같이 내가 들었다.

한때 붇다께서는 슈라바스티 국 제타 숲 '외로운 이 돕는 장자의 동산'에 계시면서 여러 비구들에게 말씀하셨다.

"비유하면 쇠구슬을 불 속에 던져 불과 한 빛이 된 것을, 무명 솜 속에 싸면 어떨까. 비구들이여, 빨리 타겠는가."

비구들은 말씀드렸다.

"그렇습니다, 세존이시여."

붇다께서는 말씀하셨다.

"어리석은 사람이 마을을 의지해 살면서, 이른 아침에 가사를 입고 발우를 가지고 마을에 들어가 밥을 빌 때, 몸을 잘 단속하지 않고 아는 뿌리를 지키지 않고 마음으로 생각을 묶지 않고서, 만약 젊은 여인을 보고 바르게 사유하지 않고 그 모습을 취하면, 탐욕의 마음을 일으킬 것이다.

탐욕은 그 마음을 태우고 그 몸을 태우니, 몸과 마음이 탄 뒤에는 계율을 버리고 물러나 선근이 줄어들 것이다. 그러면 그 어리석은 사람은 기나긴 밤에 바른 뜻의 요익됨이 아닌 일을 겪게 될 것이다.

그러므로 비구들이여, 반드시 이렇게 배워야 한다.

'그 몸을 잘 보살펴 모든 아는 뿌리의 문을 지키고 생각을 묶어 마을에 들어가 밥을 빌자.'"

붇다께서 이 경을 말씀하시자, 여러 비구들은 그 말씀을 듣고 기뻐하며 받들어 행하였다.

• 잡아함 1259 철환경(鐵丸經)

• 해설 •

불 속에 달구어진 쇠구슬이 무명솜에 닿으면 무명솜은 활활 타게 될 것이다. 그와 같이 어리석은 마음으로 경계의 모습을 취하면 탐욕의 불이 일어나 그 몸과 마음을 태울 것이다.

이 경에서 '아는 뿌리의 문을 지키고 생각을 묶으라'고 가르치시니, 아는 뿌리의 문을 지킴은 눈이 빛깔을 향해 치달리고 귀가 소리를 향해 치달리고 나아가 뜻이 법을 향해 치달림을 거두어들이는 것을 말한다.

생각을 묶음은 실로 알 것이 있는 경계를 향해 마음을 머물게 하지 않고, 알려지는 바에 실로 알 것이 없는 줄 알아 생각에 생각 없고 모습에 모습 없는 진리에 생각을 묶음이다. 비록 생각하되 생각함과 생각할 것이 없음[雖念無有能念可念]이 생각을 진여(眞如)에 묶음이니, 『금강경』은 이 뜻을 다음과 같이 가르친다.

"그러므로 수부티여, 보디사트바는 온갖 모습을 떠나 아누타라삼약삼보디의 마음을 내야 한다.

반드시 빛깔에 머물러 마음을 내지 말고, 소리 · 냄새 · 맛 · 닿음 · 법에 머물러 마음을 내지 말며, 머무는 바 없는 마음[無所住心]을 내야 한다.

만약 마음에 머묾이 있으면 곧 참된 머묾이 아니다. 그러므로 붇다는 '보디사트바의 마음은 빛깔에 머물지 않고 보시해야 한다'고 말씀하시는 것이다."

⑥ 뗏목의 비유

저 언덕에 이르면 타고 건넌 뗏목도 버려야 하듯

이와 같이 들었다.

한때 붇다께서는 슈라바스티 국 제타 숲 '외로운 이 돕는 장자의 동산'에 계셨다.

그때 세존께서 여러 비구들에게 말씀하셨다.

"내가 이제 뗏목의 비유를 말하겠다. 너희들은 잘 사유하고 생각해 마음에 새겨두라."

여러 비구들이 대답했다.

"그렇게 하겠습니다, 세존이시여."

여러 비구들이 붇다에게서 가르침을 받아들이자, 세존께서 말씀하셨다.

뗏목의 비유를 보이심

"그 무엇을 뗏목의 비유라 하는가? 너희들이 길을 가다가 도적에게 사로잡히더라도 마음의 뜻을 굳게 잡아 미워하는 생각을 내지 말고, 평정한 마음[護心]을 일으켜 모든 곳을 두루 채워서, 한량이 없어 이루 헤아릴 수 없게 하라.

마음을 땅처럼 지니어야 하니, 마치 이 땅이 깨끗한 것도 받아들이고 더러운 것도 받아들여 똥과 오줌처럼 더러운 것도 모두다 받아들이지만, 땅은 늘어나거나 줄어드는 마음을 내지 않고 '이것은 좋고 이것은 더럽다'고 말하지 않는 것처럼 하라.

너희들의 지금 행하는 바 또한 이와 같아야 하니, 설사 도적에게 사로잡히더라도 나쁜 생각을 내지 말고 늘어나고 줄어드는 마음을 일으키지 말라.

땅과 같이 또한 물 · 불 · 바람이 나쁜 것도 받아들이고 좋은 것도 받아들여 늘어나거나 줄어드는 마음이 없는 것처럼 하여, 사랑의 마음 · 슬피 여기는 마음 · 기뻐하는 마음 · 평정한 마음을 일으켜 온갖 중생을 대해야 한다.

무슨 까닭인가? 착함을 행하는 법도 오히려 버려야 하는데 하물며 나쁜 법을 즐겨 익힐 수 있겠는가?

이는 마치 어떤 사람이 무섭고 험난한 곳을 만나 그 위험한 곳을 건너 안온한 곳에 이르려고, 뜻을 따라 이리저리 내달리며 편안한 곳을 찾는 것과 같다. 그는 큰 강이 매우 깊고 넓은 것을 보았는데 저쪽 언덕으로 건너갈 수 있는 다리나 배가 없었다. 그리고 그가 서 있는 곳은 매우 두렵고 험난하였지만 저 언덕은 함이 없이 고요하였다.

그때 그 사람은 이렇게 방법을 생각해냈다.

'이 강물은 매우 깊고 넓다. 이제 나무와 풀잎을 주워 모아 뗏목을 엮어 건너가자. 뗏목을 의지하면 이쪽 언덕에서 저쪽 언덕으로 갈 수 있을 것이다.'

그는 곧 나무와 풀잎을 모아 뗏목을 엮어 이쪽 언덕에서 저쪽 언덕으로 건너갔다. 그는 저쪽 언덕에 이르러 다시 생각하였다.

'이 뗏목은 나에게 많은 이익을 주었다. 이 뗏목으로 말미암아 액

난에서 벗어날 수 있었고 두려운 곳에서 함이 없이 편안한 곳으로 이를 수 있었다. 나는 이제 이 뗏목을 버리지 않고 가지고 다니면서 쓰리라.'

어떤가? 비구들이여, 그 사람은 이르른 곳에서 그 뗏목을 스스로 따라 쓸 수 있겠느냐?"

비구들이 말씀드렸다.

"그럴 수 없습니다. 세존이시여, 그 사람의 바라는 바가 이미 이루어졌는데 그 뗏목을 다시 스스로 어디 쓰겠습니까?"

붇다께서 비구들에게 말씀하셨다.

"좋은 법조차 버려야 하거늘 하물며 그른 법이겠는가?"

• 증일아함 43 마혈천자문팔정품 五 전반부

• 해설 •

참으로 평정한 법을 깨달아 한량없는 마음을 성취하려면 악을 버리고 착함을 취하거나 물듦을 버리고 깨끗함을 취해서는 안 된다.

악을 버리고 착함을 행하되 착함을 행한다는 집착이 없고, 물듦을 버리고 깨끗함을 행하되 깨끗함을 취하는 생각도 일으키지 않아야, 참으로 평등한 마음이 되고 한량없는 마음이 된다.

뗏목을 타고 저 언덕에 건너간 이가 뗏목을 붙들고 있으면 저 언덕에 오르지 못하듯, 그른 법을 다스리기 위한 좋은 법도 버려야 하는 것이니, 하물며 그른 법에 집착할 수 있겠는가. 그러나 방편의 법을 취해도 실상에 이르지 못하지만 방편의 법을 버리고도 실상을 볼 수 없으니, 방편을 쓰되 방편이 공한 줄 알면 방편에서 바로 실상을 볼 것이다.

물은 흘러 개울물을 이루는 것[水到成渠]이고, 온갖 법은 있되 공해 진여의 바다[眞如海]에 흘러들어가는 것이다.

원수와 도적에 쫓기는 이가 뗏목을 엮어 저 언덕으로 건너가듯

이와 같이 들었다.

한때 붇다께서는 슈라바스티 국 '외로운 이 돕는 장자의 동산'에 계시면서 여러 비구들에게 말씀하셨다.

"매우 사나운 네 마리 크고 독한 뱀이 아주 사나운데, 모두 한 상자 가운데 둔 것과 같다.

만약 어떤 사람이 사방에서 왔는데 살려고 해 죽음을 구하지 않고, 즐거움을 구해 괴로움을 구하지 않으며, 어리석지도 않고 어둡지도 않으며 마음의 뜻이 어지럽지도 않고 얽매어 묶인 곳이 없었다.

이때 왕이나 왕의 큰 신하가 이 사람을 불러 말하였다.

'지금 여기 매우 사나운 네 마리 크고 독한 뱀이 있다. 때를 따라 길러 목욕시켜서 깨끗이 해주고, 때를 따라 먹을거리를 주어 모자람이 없게 하라. 지금이 바로 해야 할 때이니, 가서 베풀어주라.'

이때 그 사람은 마음에 매우 두려운 생각이 들어 곧장 앞으로 가지 못하고, 곧 그것을 버리고 내달려 어디로 갈지 몰랐다.

왕은 다시 그 사람에게 이렇게 말하였다.

'지금 다섯 사람을 시켜 칼을 들고 네 뒤를 따르게 하리라. 만약 그들이 너를 잡으면 곧 목숨을 끊을 것이니, 너는 어물거리지 말라.'

그 사람은 네 마리 크고 독한 뱀과 칼을 든 다섯 사람이 두려워서 이리저리 달리면서 어찌할 바를 몰랐다. 왕은 다시 그에게 말하였다.

'다시 너의 원수 여섯 사람을 시켜 네 뒤를 따르게 할 것이니, 만약 잡으면 곧 목숨을 끊을 것이다. 할 것이 있으면 바로 마련하도록 하라.'

그 사람은 네 마리 크고 독한 뱀과 칼을 든 다섯 사람과 여섯 사람 원수가 두려워 이쪽저쪽으로 내달렸다.

그는 빈 마을을 보면 그 안에 들어가 숨고자 하였으나, 빈 집을 만나거나 부서진 담장 사이를 보거나, 단단한 곳이 없었고, 빈 그릇을 보면 다 남아 있는 것이 없었다.

만약 다시 이 사람과 친한 벗이 있으면, 그를 건져주려고 곧 이렇게 말할 것이다.

'여기 비어 한가한 곳에는 온갖 도적과 원수가 많다. 무슨 할 수 있는 것이 있으면 마음대로 하라.'

그는 네 마리 크고 독한 뱀과 칼을 든 다섯 사람과 여섯 사람 원수와 또 빈 마을이 두려워 곧 내달려 이쪽저쪽으로 뛰었다."

독사와 원수와 도적에 쫓기다 큰 강을 만나 뗏목 만들어 건넘을 비유로 들어보이심

"그가 앞으로 나아가다가 만약 큰 강물이 매우 깊고 또 넓은 것을 보았는데, 사람도 없고 다리도 없어 저쪽 언덕으로 건너갈 수 없고, 그 사람이 서 있는 곳에는 온갖 나쁜 도둑이 많다고 하자.

그때에 그는 이렇게 생각할 것이다.

'이 강은 매우 깊고 넓은데 또 온갖 도둑이 많다. 나는 어떻게 저쪽 언덕으로 건너갈까. 나는 나무와 풀을 모아 뗏목을 만들고 그 뗏목을 타고 이쪽 언덕에서 저쪽 언덕으로 건너가자.'

그렇게 해서 그가 곧 나무와 풀을 모아 뗏목을 만들어 이쪽 언덕에서 저쪽 언덕에 이르르면 그 뜻이 움직임 없이 편안할 것이다."

비유의 뜻을 풀이하심

"비구들이여, 알아야 한다. 나는 이제 비유를 들었으니 생각해 풀이해보겠다. 이 말에는 어떤 뜻이 있는가.

네 마리 독한 뱀이란 곧 네 가지 큰 요소이다. 어떤 것이 네 가지 큰 요소인가. 곧 땅의 요소·물의 요소·불의 요소·바람의 요소이니, 이것을 네 가지 요소라 한다.

칼을 든 다섯의 사람이란 곧 다섯 가지 치성한 쌓임이다. 어떤 것이 다섯 가지인가. 곧 물질의 쌓임·느낌의 쌓임·모습 취함의 쌓임·지어감의 쌓임·앎의 쌓임이다.

여섯 사람의 원수[六怨家]란 애욕이다.

빈 마을[空村]은 안의 여섯 들임[內六入]이다. 어떤 것이 여섯인가. 곧 여섯 들임이란 눈의 들임·귀·코·혀·몸·뜻의 들임이다.

만약 지혜 있는 이로서 이 눈을 살필 때에는 그것은 모두 공해 있는 바가 없으며 또한 단단하지 않은 것이다.

또 귀·코·혀·몸·뜻을 살필 때에도 그것은 모두 공해 있는 바가 없고, 비어 고요하며 단단하지 않은 것이다.

물[水]이라 말한 것은 네 갈래 흐름[四流]이다. 어떤 것이 넷인가. 곧 탐욕의 흐름·존재의 흐름·무명의 흐름·견해의 흐름이다.

큰 뗏목이란 성현의 여덟 가지 거룩한 길이다.

어떤 것이 여덟인가. 곧 바른 견해[正見], 바른 말[正語], 바른 생각[正念], 바른 생활[正命], 바른 선정[正定], 바른 뜻[正思惟], 바른 행위[正業], 바른 정진[正精進]이다. 이것을 성현의 여덟 가지 길이라 한다.

물에서 건너기를 구하는 것은 좋은 수단과 방편으로 힘써 나아가는 힘이다.

이쪽 언덕이란 몸의 삿된 견해요, 저쪽 언덕이란 몸의 삿된 견해를 없앰이다. 또 이쪽 언덕이란 아자타사트루(Ajātaśatru) 왕의 나라요, 저쪽 언덕이란 빔비사라(Bimbisāra) 왕의 나라이다.

또 이쪽 언덕이란 파피야스의 나라요, 저쪽 언덕이란 여래의 경계이다."

이때에 비구들은 붇다의 말씀을 듣고 기뻐하며 받들어 행하였다.

• 증일아함 31 증상품(增上品) 六

• 해설 •

물질의 네 큰 요소와 마음과 물질이 서로 의지해 있는 다섯 쌓임이 본래 공한 줄 알아 집착이 없으면, 네 큰 요소와 다섯 쌓임의 이 언덕에서 니르바나의 저 언덕에 바로 이를 수 있다.

그러나 연기된 존재의 있되 공한 실상에서 실로 있음의 집착을 일으키면, 네 큰 요소가 독한 뱀이 되고 다섯 쌓임이 칼을 든 도적이 되고 여섯 들임의 빈 마을[六入空村]에 애욕의 여섯 원수가 쳐들어온다.

위험과 두려움이 가득한 이 언덕에서 세찬 강물의 흐름을 건너가게 하는 뗏목은 성현의 여덟 가지 거룩한 길이니, 뗏목을 타고 저 언덕에 이르러 뗏목을 버리고 언덕에 오르면 여래의 경계이다.

여덟 가지 바른 길로 이 언덕의 진실을 깨달아 쓰는 곳이 저 언덕이니, 네 큰 요소와 다섯 쌓임의 있음에 갇힌 이 언덕이 그대로 저 언덕이 아니지만, 이 언덕의 공한 실상이 저 언덕이므로 이 언덕을 떠나 저 언덕이 없다.

경의 끝에 아자타사트루 왕의 나라가 이 언덕이고 빔비사라 왕의 나라가 저 언덕이라 말하니, 이 경을 설할 때가 아자타사트루가 아버지를 죽이고 전쟁을 일으켜 코살라 국을 공격하여 셀 수 없는 사람들을 학살하고 데바닫타와 공모하여 상가를 분열시키고 여래를 죽이려 했던 패역의 시대였음을 나타낸다.

그러므로 경에서 붇다는 건너 떠나야 할 이 언덕[此岸]이라는 말로 당시 전쟁과 죽임의 시대악과 마가다 국의 폭압의 정치에 대한 비판의 뜻을 보이신 것이다.

모습과 모습의 마주함으로 주어지는 세간에서 모습 있음을 취해도 이 언덕이고 모습 없음에 떨어져도 마라의 궁전이니, 『화엄경』(「범행품」)은 해탈의 저 언덕을 이렇게 가르친다.

> 저 언덕에 잘 가는 보디사트바는
> 마라왕의 궁전 다 꺾어 깨뜨리고
> 중생 눈의 가림 모두 없애버리며
> 모든 분별 떠나 마음 움직이지 않고
> 여래의 경계 잘 깨달아 아네.
>
> 魔王宮殿悉摧破　衆生翳膜咸除滅
> 離諸分別心不動　善了如來之境界

10) 군사와 무기의 비유

① 활의 비유

목숨이 빠른 활과 허공신보다 빠르나니

이와 같이 내가 들었다.

한때 붇다께서는 바이살리 국 원숭이 못가에 있는 이층강당에 계셨다. 그때 세존께서 여러 비구들에게 말씀하셨다.

"온갖 행(行)은 덧없는 것이라 항상하지 않은 것이며, 편안하지 못한 것이니, 그것은 변하여 바뀌는 법(法)이다. 비구들이여, 늘 온갖 행을 살피어, 집착 떠나 여읨을 닦아 익히고 탐착해 즐기지 않는 해탈을 닦아 익혀라."

그때 어떤 비구가 자리에서 일어나 옷을 바르게 여미고 붇다께 절한 다음 오른쪽 무릎을 땅에 대고 합장하며 붇다께 말씀드렸다.

"목숨의 옮겨가 사라짐[壽命遷滅]은 느리고 빠름이 어떠합니까?"

붇다께서 비구에게 말씀하셨다.

"내가 곧 말해줄 수는 있지만, 네가 알려는 것은 어려울 것이다."

빠른 화살과 하늘신에 견주어 목숨의 덧없음을 보이심

비구가 붇다께 말씀드렸다.

"비유를 들어 말씀해주실 수 있겠습니까?"

붇다께서 말씀하셨다.

"말해줄 수 있다."

붇다께서 비구에게 말씀하셨다.

"네 장정이 손에 아주 센 활을 잡고 사방을 향해 한꺼번에 활을 쏘았다. 어떤 장정이 화살이 떨어지기 전에 그 네 화살을 한꺼번에 붙잡았다면, 어떤가 비구여, 이와 같은 장정이라면 빠르다고 할 수 있겠느냐?"

비구가 붇다께 말씀드렸다.

"빠르다고 할 수 있습니다, 세존이시여."

붇다께서 비구에게 말씀하셨다.

"그 화살을 잡은 장정이 빠르다고 하지만, 땅의 신 하늘신[地神天子]은 그보다 배나 더 빠르고, 허공신하늘[虛空神天]은 땅의 신보다 배나 더 빠르다. 네 하늘왕[四王天子]이 오가는 것은 허공신보다 배나 더 빠르고, 해와 달의 하늘신[日月天子]은 네 하늘왕보다 배나 더 빠르며, 해와 달을 이끄는 신[導日月神]은 해와 달의 하늘신보다 배나 더 빠르다.

여러 비구들이여, 목숨이 움직여서 옮겨 변하는 것은 저 해와 달을 이끄는 신보다 배나 더 빠르다. 그러므로 여러 비구들이여, 방편을 부지런히 하여 목숨의 행함이 덧없어 아주 빠름이 이와 같음을 살펴야 한다."

붇다께서 이 경을 말씀하시자, 여러 비구들은 붇다의 말씀을 듣고 기뻐하며 받들어 행하였다.

• 잡아함 1257 궁수경(弓手經)

• **해설** •

온갖 법은 인연으로 일어나니, 덧없이 변해 바뀜으로 보면 찰나 찰나 변하여 잠깐 머물러 있지 않다. 목숨이 정해진 기간에 머물러 있다는 생각은 존재에 실체가 있다는 사유가 시간적으로 변용된 것이다.

존재는 늘 움직여 변한다. 그러므로 아무리 빠른 시간을 관념 속에 상정하더라도 본래 머묾 없는 목숨의 옮겨가 사라짐보다 빠르지 않다. 목숨의 변함을 빠르기로 보면 저 빛의 속도를 앞서 달리는 하늘신의 발걸음보다 더욱 빠르다.

그러나 만법은 공하기 때문에 연기할뿐더러 연기하므로 공하다. 만법이 연기하므로 공한 측면에서 보면 만법은 늘 움직이되 늘 고요하다. 늘 변해 바뀐다고 말하지만 나되 남이 없고 사라지되 사라짐 없으므로 만 가지 법은 옮겨가지 않으며 움직여 사라지지 않는다.

움직이고 움직여서 잠깐도 멈춤 없는 저 세찬 강물의 운동이 곧 늘 고요한 뜻을 『화엄경』(「보살문명품」菩薩問明品)은 다음과 같이 노래한다.

모든 법은 지어 씀이 없고
또한 바탕의 성품이 없네.
그러므로 저 온갖 것들은
각기 서로 알지 못하네.

諸法無作用　亦無有體性
是故彼一切　各各不相知

비유하면 저 강 가운데 물이
쏟아져 흘러 다투어 가지만
각기 서로 알지 못함과 같아
모든 법 또한 이와 같아라.

譬如河中水　湍流競奔逝
各各不相知　諸法亦如是

독화살 맞은 이는 먼저 화살 빼고 치료해야 하듯

이에 세존께서는 말룽카푸트라(Māluṅkyaputra)를 몸소 꾸짖으신 뒤 여러 비구들에게 말씀하셨다.

"만약 어떤 어리석은 사람이 이렇게 생각한다 하자.

'만약 세존께서 나에게 한결같이 세상은 항상하다고 말씀하시지 않으신다면, 나는 세존을 좇아 범행을 배우지 않겠다.'

그렇게 하면 그 어리석은 사람은 끝내 그것을 알지 못한 채 그 중간에 목숨을 마치고 말 것이다.

이와 같이 '세상은 항상하지 않다, 세상은 끝이 있다, 세상은 끝이 없다, 목숨은 곧 몸이다, 목숨은 몸과 다르다, 여래는 마침이 있다, 여래는 마침이 없다, 여래는 마침이 있기도 하고 없기도 하다, 여래는 마침이 있지도 않고 없지도 않다'라는 이런 견해에 대해서도 만약 어떤 어리석은 사람이 이렇게 생각한다 하자.

'만약 세존께서 나를 위하여 한결같이 이것은 진실이요 다른 것은 다 허망한 말이라고 말씀하시지 않으신다면, 나는 세존을 좇아 범행을 배우지 않겠다.'

그렇게 하면 그 어리석은 사람은 끝내 그것을 알지 못하고 그 중간에 목숨을 마치고 말 것이다."

세계에 대한 견해의 길이 해탈이 아님을 독화살의 비유로 보이심

"이것을 비유로 말하겠다.

어떤 사람이 몸에 독화살을 맞아 그 때문에 아주 심한 고통을 받을 때에 그 친족들이 그를 가엾이 생각하고 불쌍히 여기며 그의 이익과 안온을 위해 곧 의사를 청하였다. 그러나 그 사람이 이렇게 생각했다 하자.

'아직 화살을 뽑아서는 안 된다. 나는 먼저 화살을 쏜 그 사람은 어떤 성 · 어떤 이름 · 어떤 신분이며, 키는 큰가 작은가, 살결은 거친가 고운가, 얼굴빛은 검은가 흰가, 검지도 않고 희지도 않은가, 크샤트리아족인가 브라마나 · 거사 · 공사(工師)의 종족인가, 동방 · 남방 · 서방 · 북방 어느 곳 출신인가를 알아야 하겠다.'

또 이렇게 생각했다 하자.

'아직 이 화살을 뽑아서는 안 된다. 나는 먼저 그 활이 산뽕나무로 되었는가, 뽕나무로 되었는가, 물푸레나무로 되었는가, 뿔로 되었는가를 알아야 하겠다.'

또 '아직 이 화살을 뽑아서는 안 된다. 나는 먼저 그 궁찰(弓札)이 소 힘줄로 되었는가, 노루나 사슴 힘줄로 되었는가, 실로 되었는가를 알아야 하겠다.'

또 '아직 이 화살을 뽑아서는 안 된다. 나는 그 활빛이 검은가, 흰가, 붉은가, 누른가를 알아야 하겠다.'

또 '아직 이 화살을 뽑아서는 안 된다. 나는 먼저 그 활줄이 힘줄로 되었는가, 실로 되었는가, 모시로 되었는가, 삼으로 되었는가를 알아야 하겠다.'

또 '아직 이 화살을 뽑아서는 안 된다. 나는 먼저 그 화살이 나무

로 되었는가, 대로 되었는가를 알아야 하겠다.'

또 '아직 이 화살을 뽑아서는 안 된다. 나는 그 화살통이 소 힘줄로 되었는가, 노루나 사슴 힘줄로 되었는가, 실로 되었는가를 알아야 하겠다.'

또 '아직 이 화살을 뽑아서는 안 된다. 나는 먼저 그 화살깃이 매의 털로 되었는가, 보라매나 독수리의 털로 되었는가, 고니나 닭의 털로 되었는가, 학의 털로 되었는가를 알아야 하겠다.'

또 '아직 이 화살을 뽑아서는 안 된다. 나는 먼저 그 화살촉이 살촉으로 되었는가, 창으로 되었는가, 창칼로 되었는가를 알아야 하겠다.'

또 '아직 이 화살을 뽑아서는 안 된다. 나는 먼저 화살촉을 만든 사람은 어떤 성 · 어떤 이름 · 어떤 신분이며, 키는 큰가 작은가, 살결은 거친가 고운가, 얼굴빛은 흰가 검은가, 검지도 않고 희지도 않은가, 동방 · 남방 · 서방 · 북방 어느 곳 출신인가를 알아야 한다.'

이와 같이 생각한다면, 그 사람은 끝내 그것을 알지 못한 채 그 중간에 목숨을 마치고 말 것이다."

(후략)

• 중아함 221 전유경(箭喩經) 부분

• 해설 •

연기되어 일어난 존재에 대해 있음을 있음으로 집착하는 견해가 뿌리가 되어 '저 세간이 항상한가 항상하지 않은가, 끝이 있는가 끝이 없는가'를 따져 헤아리는 것은 연기의 진실에 부합된 해탈의 길이 아니다.

오직 인연으로 일어난 존재의 있음에서 있음을 떠나고 없음에서 없음을 떠날 때만 존재의 집착을 떠나 해탈의 길을 걸을 수 있다.

있음이 실로 있다는 견해를 토대로 저 세간에 갖가지 견해를 일으켜 보디의 길에 나아가지 못하는 이들은 마치 독화살 맞은 이가 화살을 빼 독을 치료하지 않고 화살 쏜 자가 누구인가, 그 활은 어떤 것인가, 그 화살의 빛깔과 재료가 무엇인가를 따지다가 독이 온몸에 퍼져 죽는 것과 같다.

지금 봄[見]에서 봄을 떠나고[無見] 앎[知]에서 앎을 떠난[無知] 자만이 알되 앎 없이 알고 보되 봄이 없이 보아, 보고 듣고 아는 경험활동 안에서 니르바나의 삶을 살 수 있을 뿐이다.

『화엄경』(「광명각품」) 또한 존재에 대한 모든 허튼 논란 떠난 곳이 붇다의 보디의 처소임을 다음과 같이 가르친다.

만약 여래를 뵙게 되면
몸과 마음이 분별을 떠나
곧 온갖 법에 대하여
모든 의심과 막힌 생각
길이 벗어나게 되리라.

若有見如來 身心離分別
則於一切法 永出諸疑滯

그는 법에 의혹이 없이
모든 허튼 논란 길이 끊어
분별하는 마음을 내지 않으니
이것이 붇다의 보디 생각함이네.

於法無疑惑 永絶諸戲論
不生分別心 是念佛菩提

② 칼의 비유

손으로 칼날 쳐 부술 수 없듯

이와 같이 내가 들었다.

한때 붇다께서는 슈라바스티 국 제타 숲 '외로운 이 돕는 장자의 동산'에 계셨다.

그때 세존께서 여러 비구들에게 말씀하셨다.

"비유하면 어떤 사람이 그 칼날이 넓고 날카로운 비수(匕手)를 가지고 있는데, 어떤 건장한 장부가 '내가 이 손과 주먹으로 네 칼을 쳐서 부숴버리겠다'고 말한다 하자.

비구들이여, 그 건장한 장부가 과연 손과 주먹으로 그 칼을 쳐서 부술 수 있겠느냐?"

비구들이 붇다께 말씀드렸다.

"그렇게 할 수 없을 것입니다. 세존이시여, 그 비수는 칼날이 넓고 날카로워 그 장정이 손과 주먹으로는 쳐서 부술 수 없을 것입니다. 스스로 다치기만 할 것입니다."

"이와 같이 비구들이여, 만약 사문이나 브라마나가 소젖을 짜는 동안만큼이라도 온갖 중생들에 대해 사랑의 마음을 닦아 익히면, 온갖 나쁜 귀신이 가서 그의 잘못을 엿보아 구해도 그 틈을 얻지 못할 것이요, 도리어 스스로 다치고 말 것이다.

그러므로 여러 비구들이여, 이렇게 배워야 한다.

'자주자주 소젖을 짜는 동안이라도 사랑의 마음을 닦아 익히자.'"

붇다께서 이 경을 말씀하시자, 여러 비구들은 붇다의 말씀을 듣고 기뻐하며 받들어 행하였다.

• 잡아함 1255 비수검경(匕手劍經)

• 해설 •

이 경의 칼날의 비유는 사랑의 힘이 미움의 힘 꺾어 이김을 비유한다. 미움 없고 다툼 없는 사랑의 마음을 닦으면 사랑의 마음에 맞설 것이 없고, 미움이 없는 사랑의 힘 때문에 나쁜 귀신이 틈을 엿볼 수 없게 된다.

설사 나쁜 마음으로 그를 해코지하려 하면 손으로 칼날을 치는 사람이 제 손을 다치듯 해코지하는 자가 스스로 다칠 것이다.

세간의 힘 가운데 맞섬이 없고 미워함이 없는 사랑의 힘이 가장 강한 것이니, 사랑의 힘으로 돌이켜지지 않는 지혜는 참된 지혜가 아니며, 세간 거둠의 행으로 발현되지 않는 선정은 여래가 가르치는 참된 사마디(samādhi)가 아니다.

『화엄경』(「현수품」賢首品)은 보디의 길 가는 구도자의 선정은 반드시 중생 거두는 자비의 행이 되어야 함을, 이렇게 가르친다.

보디사트바가 사마디에 머물면
갖가지 자재함으로 중생을 거두니
스스로 지은 바 공덕의 법으로
한량없는 방편 열어 이끌어들이네.
때로 여래께 공양함으로 이끌고
사유할 수 없는 보시문으로 이끌며
때로 두타와 계 지님으로 이끌고

움직임 없는 참음의 문으로 이끄네.

菩薩住在三昧中 種種自在攝衆生
悉以所行功德法 無量方便而開誘
或以供養如來門 或以難思布施門
或以頭陀持戒門 或以不動堪忍門

「현수품」은 또한 자비의 마음이 있을 때 깊고 깊은 법을 즐기어 함이 있음의 허물 떠날 수 있음을 이렇게 말한다.

만약 가엾이 여겨 중생을 건네주면
곧 굳세고 굳센 대비의 마음을 얻고
만약 굳세고 굳센 대비의 마음 얻으면
깊고 깊은 법을 사랑해 즐기게 되리.

若能慈愍度衆生 則得堅固大悲心
若得堅固大悲心 則能愛樂甚深法

만약 깊고 깊은 법을 사랑해 즐기면
함이 있음의 허물 버려 떠나게 되고
만약 함이 있음의 허물 떠나면
교만과 방일함을 떠나게 되리.

若能愛樂甚深法 則能捨離有爲過
若能捨離有爲過 則離憍慢及放逸

중생의 괴로운 느낌, 날카로운 칼에 찔림 같으니

이와 같이 내가 들었다.

한때 붇다께서는 라자그리하 성 칼란다카 대나무동산에 계셨다. 그때에 존자 라훌라(Rāhula)는 붇다 계신 곳에 나아가 머리를 대 그 발에 절한 뒤에 한쪽에 물러앉아 붇다께 말씀드렸다.

"세존이시여, 어떻게 알고 어떻게 보아야 이 제 앎의 몸[識身]과 바깥 경계의 온갖 모습에서 '나'와 '내 것'이라는 견해, '나'라는 교만에 얽매인 번뇌가 없게 되겠습니까."

세 가지 느낌이 모두 괴로움임을 살피는 바른 견해를 보이심

붇다께서는 라훌라에게 말씀하셨다.

"세 가지 느낌이 있으니 괴로운 느낌 · 즐거운 느낌 · 괴롭지도 않고 즐겁지도 않은 느낌이다.

즐거운 느낌을 살펴서 무너지므로 괴롭다는 생각[壞苦]을 짓고, 괴로운 느낌을 살펴서는 칼에 찔림 같다는 생각[苦苦]을 지으며, 괴롭지도 않고 즐겁지도 않은 느낌을 살펴서는 덧없이 사라진다는 생각[行苦]을 지어야 한다.

만약 그 비구가 즐거운 느낌을 살펴서는 무너져 괴롭다는 생각을 짓고, 괴로운 느낌을 살펴서는 칼에 찔림 같다는 생각을 지으며, 괴롭지도 않고 즐겁지도 않은 느낌을 살펴서는 덧없이 사라진다는 생각을 지으면 이것을 바른 견해라 한다."

세 가지 느낌에 모두 취할 것이 없음을 노래하심

그때에 세존께서는 곧 게송으로 말씀하셨다.

즐거움 살피어 괴롭다는 생각 짓고
괴로움의 느낌 칼에 찔림 같다 보며
괴롭지도 즐겁지도 않은 느낌에
덧없이 사라진다는 생각 닦으면
이는 비구가 바른 견해 이룸이네.

그 비구는 고요하고 안락한 길로
괴로움의 맨 뒤 끝 머물러 있으며
길이 모든 번뇌를 멀리 떠나서
뭇 마라의 군대 꺾어 항복하리라.

붇다께서 이 경을 말씀해 마치시자, 존자 라훌라는 붇다의 말씀을 듣고 기뻐하며 받들어 행하였다.

• 잡아함 467 검자경(劍刺經)

• 해설 •

이 경에서 칼의 비유는 괴로운 느낌 · 즐거운 느낌 · 괴롭지 않고 즐겁지 않은 느낌 가운데 괴로움 느낌이 느낌 받는 이에게 칼로 베는 듯한 쓰라린 고통[苦苦] 안겨줌을 비유한다.

그에 비해 즐거운 느낌[樂受]은 지금 비록 즐겁지만 무너지는 괴로움[壞苦]이며, 괴롭지도 않고 즐겁지도 않은 느낌[不苦不樂受]은 덧없이 사라짐의 괴로움[行苦]이다.

그러므로 온갖 느낌에서 느낌의 진실 알지 못하면, 괴로운 느낌이든 즐거운 느낌이든 모두다 괴로움이라고 여래는 가르친다.

그러나 세 가지 느낌에 취할 것이 없음을 알아 경계의 모습을 감각적으로 받아들이되, 실로 느낌을 받지 않으면 느껴 알되 온갖 번뇌 길이 떠나, 느껴 앎 가운데 늘 고요하고 안락하게 니르바나의 참된 즐거움을 길이 누릴 것이다.

이때 니르바나의 고요함은 느낌이 아주 끊어진 적멸한 곳이 아니라, 괴로움 속에서 괴로움을 받지 않고 즐거움 속에서 즐거움을 취하지 않으며, 괴로움도 아니고 즐거움도 아닌 느낌에 머묾 없어 느낌을 받되 받음 없이 느낌 없는 느낌을 세워낸다.

그러나 중생은 느낌의 진실을 아는 지혜가 없어서 쓰라린 느낌은 버리고 즐거운 느낌을 취하므로 애욕의 칼에 다친다. 이에 보디사트바는 칼에 베인 듯한 중생의 고통 없애주기 위해 보디를 구하는 것이니, 『화엄경』(「광명각품」)은 이렇게 말한다.

중생은 지혜가 없어서
애욕의 칼에 베이어
쓰라린 독을 받는다.
보디사트바는 그들을 위해
위없는 보디의 법 구하나니
모든 붇다의 법 이와 같도다.

衆生無智慧　愛刺所傷毒
爲彼求菩提　諸佛法如是

③ 군사의 비유

갑옷 입고 무기 들고 싸움터에 나가는 사람에 다섯 차별이 있듯

이와 같이 들었다.

한때 붇다께서는 슈라바스티 국 '외로운 이 돕는 장자의 동산'에 계시면서 여러 비구들에게 말씀하셨다.

"세상에는 다섯 가지 전투하는 사람이 있어 세상에 나타나니, 어떤 것이 다섯인가.

어떤 사람은 갑옷을 입고 무기를 들고 군대에 들어가 싸운다. 그는 바람에 날리는 먼지를 보고는 곧 두려움을 품고 감히 그 큰 전쟁터로 들어가지 못한다.

이것을 첫 번째 사람이라 한다.

다시 두 번째 전투하는 사람은 갑옷을 입고 무기를 들고 군대에 들어가 싸운다. 그는 바람에 날리는 먼지를 보고도 두려워하지 않다가 북과 나팔 소리[鼓角之聲]를 듣고는 곧 두려움을 품는다.

이것을 두 번째 사람이라 한다.

다시 세 번째 전투하는 사람은 갑옷을 입고 무기를 들고 군대에 들어가 싸운다. 그는 바람에 날리는 먼지를 보고도 두려워하지 않고 북과 나팔 소리를 듣고도 두려움을 일으키지 않다가, 높은 깃발을 보고는 곧 두려움을 품고 감히 싸우지 못한다.

이것을 세 번째 사람이라 한다.

다시 네 번째 전투하는 사람은 갑옷을 입고 무기를 들고 군대에 들어가 싸운다. 그는 바람에 날리는 먼지를 보고도 두려워하지 않고 북과 나팔 소리를 듣거나 높은 깃발을 보고도 두려움을 일으키지 않다가, 만약 남에게 붙잡히면 목숨의 뿌리를 끊는다.

이것을 네 번째 사람이라 한다.

다시 다섯 번째 사람은 갑옷을 입고 무기를 들고 군대에 들어가 같이 싸운다. 그는 적을 모두 무너뜨리어 나라의 경계를 널리 접하게 한다.

이것을 다섯 번째 사람이 세상에 나타나는 것이라 한다."

다섯 싸우는 이의 비유로 다섯 수행자의 차별을 보이심

"비구들이여, 알아야 한다. 지금 비구 또한 다섯 가지 사람이 있어 세간에 나타난다. 어떤 것이 다섯인가."

첫째 수행자의 행을 보이심

"어떤 비구는 마을에 살며, 마을 가운데 어떤 여자가 단정하기 짝이 없고 복숭아꽃빛 같다는 말을 듣는다. 그는 때가 되어 가사를 입고 발우를 가지고 마을에 들어가 밥을 빌면서 아는 뿌리[根門]의 문을 지키지 않고 몸과 입과 뜻의 법[身口意法]을 보살피지 않는다.

그러다가 그는 여자를 보면 곧 욕심을 내어 금한 계를 버리고 흰 옷의 법[白衣法]을 익힌다.

이것은 저 첫 번째 싸우는 사람이 바람에 날리는 먼지의 소리를 듣고는 감히 싸우지 않고 곧 두려움을 품는 것과 같다. 나는 이로 말미암아 이런 사람을 말하는 것이다."

둘째 수행자의 행을 보이심

"다시 어떤 비구는 마을에 살며, 마을 가운데 어떤 여자가 단정하기 짝이 없고 복숭아꽃빛 같다는 말을 듣고 곧 금한 계를 버리고 흰옷의 법을 익힌다.

이것은 저 두 번째 싸우는 사람이 북과 나팔 소리를 듣고 감히 싸우지 못하는 것과 같으니, 이 또한 이와 같다."

셋째 수행자의 행을 보이심

"또 어떤 비구는 마을에 살며, 어떤 여인이 그 마을에 산다는 말을 듣고 탐욕의 뜻을 낸다. 그러나 그 여자를 보고는 욕심을 내지 않다가 그 여자와 같이 서로 노닥거리는 동안에 곧 금한 계를 버리고 흰옷의 법을 익힌다.

이것은 저 세 번째 싸우는 사람이 멀리서 깃발을 보고는 곧 두려움을 품고 감히 싸우지 못하는 것과 같다. 이로 말미암아 나는 이런 사람을 말하는 것이다. 이것을 세 번째 싸우는 사람이라 한다."

넷째 수행자의 행을 보이심

"다시 어떤 비구는 마을에 살며, 그 비구는 그 마을에 어떤 여자가 있다는 말을 듣고 가사를 입고 발우를 가지고 마을에 들어가 밥을 빌면서 몸과 입과 뜻을 보살피지 못한다.

그는 여인이 단정하기 짝이 없는 것을 보고는 곧 탐욕의 뜻을 내어 그 여자와 서로 손을 비틀기도 하고 주먹으로 때리기도 하다가 곧 금한 계를 버리고 도로 흰옷의 법을 익힌다.

이것은 저 네 번째 싸우는 사람이 군대에 들어갔다가 남에게 잡혀 목숨 뿌리를 잃는 것과 같다. 나는 이로 말미암아 이런 사람을 말하는 것이다.”

다섯째 수행자의 행을 보이심

“다시 어떤 비구는 그 마을에 어떤 여자가 있어 세상에 드물다는 말을 듣고도 탐욕의 뜻을 내지 않는다. 그러나 그는 때가 되어 가사를 입고 발우를 가지고 마을에 들어가 밥을 빌면서 몸과 입과 뜻을 보살피지 않는다.

그래서 그는 여자를 보아도 탐욕의 뜻을 내지 않고 삿된 생각이 없으며, 말을 주고받아도 탐욕의 생각을 내지 않고 삿된 생각이 없다가, 서로 손을 비틀기도 하고 주먹으로 때리기도 하는 동안에 곧 탐욕의 생각을 일으켜 몸과 입과 뜻이 불꽃처럼 일어난다.

그는 동산으로 돌아가 장로비구들 있는 곳에 가서 이 인연을 장로비구들에게 말씀드린다.

‘여러 어진 이들이여, 아셔야 합니다. 저는 지금 탐욕의 뜻이 불꽃처럼 일어나 스스로 억누르지 못하겠습니다. 설법해주시어 이 탐욕의 더러운 이슬을 벗어나게 해주시길 바랍니다.’

그때에 장로비구들은 말한다.

‘너는 지금 살펴보아야 한다. 그 탐욕이 어디에서 생기고 무엇을 따라 없어지는가. 여래께서 말씀하신 바로는, 탐욕을 버리려 하는 자는 깨끗하지 않다는 살핌[不淨觀]으로 그것을 없애고, 깨끗하지 않다는 살핌의 도를 닦아 행해야 하는 것이다.’

그때 장로비구는 곧 다음 게송으로 말한다.

만약 그릇 뒤바뀜을 안다고 해도
마음 더하면 불꽃처럼 타오른다.
타오르는 번뇌의 마음 없애야 하니
그러면 탐욕의 뜻 그치어 쉬리.

'여러 어진 이들이여, 알아야 한다. 탐욕은 모습 취함[想]을 따라 생긴다. 그러므로 모습 취하는 생각을 일으키면 곧 탐욕이 생기는 것이다. 그래서 스스로를 해치기도 하고 남을 해치며 여러 가지 재앙의 변고를 일으켜 현재의 법에서 괴로움의 걱정을 받고 또 뒤의 생에서도 괴로움 받음이 한량없을 것이다.

만약 탐욕의 뜻을 없애면 현재에서도 괴로움의 갚음을 받지 않는다. 그러므로 너는 지금 모습 취하는 생각을 버려야 한다. 모습 취하는 생각이 없으면 곧 탐욕의 마음이 없어지고 욕심이 없으면 곧 어지러운 생각이 없어질 것이다.'

그때에 그 비구는 이 가르침을 받아 듣고 곧 깨끗하지 않다는 생각[不淨之想]을 깊이 사유할 것이다. 깨끗하지 않다는 생각을 깊이 사유함으로써 그때 흐름이 있는 마음에서 해탈을 얻어 함이 없는 곳[無爲處]에 이르게 된다.

이것은 저 다섯 번째 싸우는 사람이 갑옷을 입고 무기를 가지고 군대에 들어가 싸우면서 아무리 많은 적을 보아도 두려움이 없고 비록 해치려는 사람이 오더라도 마음이 움직이지 않으며 바깥 적을 무찌르고 남의 영역[他界]을 차지해 그 가운데 사는 것과 같다.

이를 말미암아 나는 이 사람이 '마라의 무리를 부수고 온갖 어지러운 생각을 버리고 함이 없는 곳에 이른다'고 말하는 것이다.

이와 같음을 다섯 번째 사람이 세상에 나타나는 것이라고 하는 것이다."

바른 살핌 닦도록 당부하심

"그러므로 비구들이여, 세간에는 이런 다섯 사람이 있어 세간에 나타난다는 것을 알아야 한다.

그러므로 여러 비구들이여, '탐욕은 깨끗하지 않다는 생각'[欲不淨想]을 사유해 닦아 행해야 한다.

이와 같이 비구들이여, 반드시 이렇게 배워야 한다."

그때에 비구들은 붇다의 말씀을 듣고 기뻐하며 받들어 행하였다.

• 증일아함 33 오왕품(五王品) 四

• 해설 •

애욕의 경계가 이기기 힘들므로 애욕의 경계를 싸워 이겨야 할 적으로 빗대어 적을 상대하는 다섯 가지 군인의 차별로 수행자의 차별을 보이신다.

어떤 군인은 전쟁터의 먼지만 보고도 두려움을 품고 물러나고, 어떤 군인은 북치는 소리를 듣고서는 두려워 물러선다.

어떤 군인은 전쟁터에서 적의 깃발을 보고서 두려움을 품고 물러나며, 어떤 군인은 적에게 붙잡히면 스스로 목숨을 끊는다.

어떤 군인은 전쟁터에서 용감하게 싸워 적을 무찌르고 적의 영토를 차지한다.

군인에 다섯 가지 차별이 있듯 수행자도 다섯 가지 차별이 있다.

어떤 비구는 마을 가운데 아름다운 여인을 보고서 흰옷의 법에 돌아가고, 어떤 비구는 아름다운 여인에 대한 이야기를 듣고 흰옷의 법을 익힌다.

어떤 비구는 아름다운 여인과 서로 노닥거리면서 흰옷의 법을 익히며, 어떤 비구는 아름다운 여인과 서로 몸으로 접촉하며 흰옷의 법에 돌아간다.

어떤 비구는 아름다운 여인에 마음이 흔들리면 장로비구들에게 물어서 탐욕의 불 끄는 바른 살핌을 받아 탐욕은 깨끗하지 않다는 살핌으로 애욕의 불을 끄고 함이 없는 곳[無爲處]에 이른다.

이처럼 깨끗하지 않다는 살핌은, 탐욕의 경계에 대한 깨끗하고 아름답다는 집착 때문에, 그 집착을 상대해 세워진 것이다.

탐욕의 대상에 원래 취할 모습이 없는 줄 알면 탐욕을 실로 끊을 것이 없다. 탐욕의 경계에 취할 모습이 없는 줄 알면 탐욕이 곧 보디사트바의 마음 없는 크나큰 마음[大心]이 되고 바람 없는 크나큰 바람[大願]이 되는 것이니, 『비말라키르티수트라』의 '중생 살피는 장'[觀衆生品]은 이렇게 말한다.

> 사리푸트라가 하늘여인에게 말했다.
>
> "다시 탐냄 · 성냄 · 어리석음 떠나는 것으로 해탈을 삼지 않으시오?"
>
> 하늘여인이 말했다.
>
> "붇다께서는 교만 더욱 늘리는 사람을 위해서 탐냄 · 성냄 · 어리석음을 떠나야 해탈이라고 말씀하셨을 뿐입니다.
>
> 만약 교만 더욱 늘림이 없는 사람이라면 붇다께서는 탐냄 · 성냄 · 어리석음이 곧바로 해탈이라고 말씀하십니다."
>
> 사리푸트라가 말했다.
>
> "참 잘 말하고 잘 말했소. 하늘여인이여, 그대는 무엇을 얻었고 무엇을 깨쳤기에 말재간이 이와 같소?"
>
> 하늘여인이 말했다.
>
> "나는 얻음이 없고 깨침이 없으므로 말재간이 이와 같습니다.
>
> 만약 얻음이 있고 깨침이 있으면 곧 붇다의 법에서 교만 늘리는 자가 되는 것입니다."

『화엄경』(「현수품」) 또한 탐욕의 경계가 공한 줄 알아 두려움 없이 모든 마라를 무찌르고 니르바나의 성[涅槃城]에 나아가는 보디사트바의 길을 이렇게 말한다.

만약 빼어난 지혜의 방편 갖추면
용맹스럽게 위없는 도 머물게 되고
만약 보디사트바가 용맹스럽게
위없는 보디의 도에 머물게 되면
모든 마라의 힘 꺾어 없앨 수 있으리.

若具最勝智方便　則住勇猛無上道
若住勇猛無上道　則能摧殄諸魔力

만약 마라의 힘 꺾어 없앨 수 있으면
네 마라의 경계 벗어날 수 있으며
네 마라의 경계 벗어날 수 있으면
물러섬 없는 지위에 이르게 되리.

若能摧殄諸魔力　則能超出四魔境
若能超出四魔境　則得至於不退地

11) 보배의 비유

전륜왕의 일곱 가지 보배가 세상에 나오듯

이와 같이 내가 들었다.

한때 붇다께서는 슈라바스티 국 제타 숲 '외로운 이 돕는 장자의 동산'에 계셨다.

그때 세존께서 여러 비구들에게 말씀하셨다.

"전륜왕(轉輪王)이 세간에 나올 때 일곱 가지 보배가 세간에 함께 나타난다.

일곱 가지 보배는 금바퀴보배[金輪寶] · 코끼리보배[象寶] · 말보배[馬寶] · 신령한 구슬보배[神珠寶] · 옥 같은 여인보배[玉女寶] · 곳간 신하의 보배[主藏臣寶] · 군대 신하의 보배[主兵臣寶]이다.

이와 같이 여래가 세간에 나오실 때에 또한 '일곱 갈래 깨달음의 보배'[七覺分寶]가 나타난다."

전륜왕의 금바퀴보배가 있는 곳에 작은 왕들이 항복함을 보이심

"왕이 '계로써 몸을 깨끗이 하는 곳'[齋戒處]은 누각 위이다. 왕이 누각 위에서 대신들에게 둘러싸여 있으면, 금바퀴보배가 동방에서 오는데, 바퀴에는 천 개의 바퀴살이 있고, 가지런한 바퀴통과 둥근 겉 바퀴로 바퀴 모양을 갖추었다. 그때 이렇게 생각한다.

'이런 좋은 상서가 있으면 반드시 전륜왕인데, 나는 지금 반드시 전륜왕이 되리라.'

그러고는 곧 두 손으로 금바퀴보배를 받들어 왼손에 잡고 오른손으로 돌리면서 이렇게 말한다.

'만약 이것이 전륜왕의 금바퀴보배면 반드시 다시 전륜왕의 옛길로 갈 것이다.'

이에 금바퀴보배가 곧 출발해 작은 왕들이 앞에서 모셔 따르면, 동쪽에서 허공을 타고 동쪽을 향해 가, 옛 성왕이 가던 곧은 길에 노닌다.

왕은 그 바퀴보배[輪寶]를 따르고 네 종류의 군사[四兵]도 그 뒤를 따른다. 만약 바퀴보배가 머무는 곳이면 왕도 거기서 머물고 네 종류의 군사도 거기서 머문다. 동쪽 나라 곳곳의 작은 왕들은 성왕이 오는 것을 보고 모두 와서 항복한다."

여래가 출현하면 일곱 갈래 깨달음 법이 세간 출현함을 보이심

"여래가 세간에 나오시면 일곱 갈래 깨달음 법이 세간에 함께 나타난다.

그것은 곧 생각의 깨달음 법[念覺分] · 법 가림의 깨달음 법[擇法覺分] · 정진의 깨달음 법[精進覺分] · 기뻐함의 깨달음 법[喜覺分] · 쉼의 깨달음 법[猗覺分] · 선정의 깨달음 법[定覺分] · 버림의 깨달음 법[捨覺分]이다."

붇다께서 이 경을 말씀하시자, 여러 비구들은 붇다의 말씀을 듣고 기뻐하며 받들어 행하였다.

• 잡아함 721 전륜왕경(轉輪王經) ①

• 해설 •

일곱 가지 보배가 세간에 나오면 그것은 전륜왕이 세간에 출현했음의 징표이다. 전륜왕의 일곱 가지 보배는 세간의 사람들이 갖고자 하는 복덕의 성취를 나타낸다.

금수레는 가장 높은 신분의 상징이고, 코끼리 말은 가장 힘센 운반수단을 나타내고, 구슬보배는 재화를 나타내고, 여인보배는 아름다운 여인을 나타내며, 곳간을 관장하는 신하보배와 군대를 관장하는 신하보배는 재정 담당 신하와 군대를 지휘하는 신하이다.

금수레바퀴로 상징되는 현재의 전륜왕의 권세는, 앞 전륜왕의 권위로부터 이어진 힘이고, 지금 주변의 작은 권세 가진 이들과 군대들이 복종하는 권위이다.

전륜왕의 일곱 가지 보배가 세간의 복덕과 권세 가운데 가장 높은 힘을 나타낸다면, 여래의 일곱 가지 보배는 기나긴 윤회로부터 해탈을 상징하는 법의 보배이다.

여래가 이 세간에 나오셨다는 것은 일곱 갈래 깨달음 법[七覺支法] 그 법의 보배가 세간에 출현하는 것으로 증험된다.

일곱 가지 보배는 앞 붇다의 깨달음의 길이자 지금 붇다의 깨달음 길이다. 일곱 가지 보배는 하늘과 사람 뭇 삶들이 공경하는 보배이고, 뭇 마라들이 두려워 항복하는 보배이다.

그리고 이 보배는 지금의 보배일 뿐 아니라 미래세상 뭇 삶들이 이어 받들어야 할 보배이다.

일곱 가지 보배는 중생 번뇌의 티끌 속에 본래 갖추어진 것이므로 결코 잃어버릴 수 없는 보배이며, 중생 여래장의 곳간에 가득한 다함없는 보배이다.

전륜왕의 일곱 가지 보배가 무슨 쓸 데가 있겠는가

이와 같이 들었다.

한때 붇다께서는 슈라바스티 국 '외로운 이 돕는 장자의 동산'에 계시면서 비구들에게 말씀하셨다.

"만약 전륜왕이 세간에 나타나면 그는 곧 좋은 땅을 가려 성을 일으켜 세울 것이다. 그 성의 동서는 십이 요자나요, 남북은 칠 요자나며, 토지는 풍족하여 즐겁기 말할 수 없을 것이다.

그 성은 바깥에 일곱 겹으로 성을 둘러쌓고 일곱 가지 보배로 그 사이를 꾸밀 것이니, 금 · 은 · 수정 · 유리 · 호박 · 마노 · 자거니, 이것을 일곱 가지 보배라 한다."

(중략)

전륜왕의 뛰어난 신통의 복업을 말씀하심

이때 그 비구가 세존께 말씀드렸다.

"전륜왕은 어떻게 네 가지 신통을 성취하여 좋은 이익을 시원스럽게 얻습니까."

세존께서는 말씀하셨다.

"전륜왕은 얼굴 모습이 단정하여 세상에 드물고 세상 사람을 뛰어나서 마치 저 하늘사람이 아무도 따를 수 있는 이가 없는 것과 같다. 이것을 그 전륜왕이 성취한 첫째 신통이라 한다.

다시 전륜왕은 총명이 세상을 덮어 다루지 못할 일이 없어서, 사람 가운데 가장 용맹스럽다. 이때 그 지혜의 풍부하기는 이 전륜왕을 넘을 이 없다. 이것을 전륜왕이 성취한 둘째 신통이라 한다.

비구여, 또 전륜왕은 병이 없고 몸이 건강하여 먹고 마시는 것은 저절로 삭히어 대소변의 괴로움이 없다. 이것을 그가 성취한 셋째 신통이라 한다.

비구여, 또 전륜왕은 그 목숨 받음이 아주 길어 이루 헤아릴 수 없으니, 그때 사람들의 수명으로는 전륜왕의 수명을 넘는 이 없다. 비구여, 이것을 그가 성취한 넷째 신통이라 한다.

비구여, 전륜왕은 이런 네 가지 신통이 있다."

비구는 다시 말씀드렸다.

"전륜왕은 목숨 마친 뒤에는 어느 곳에 태어납니까."

세존께서는 말씀하셨다.

"전륜왕은 목숨 마친 뒤에는 서른세하늘에 나고, 그 받는 목숨은 천 세다. 왜 그런가. 그는 스스로도 산목숨 죽이지 않고 남을 시켜서도 산목숨 죽이지 않으며, 스스로도 도둑질하지 않고 남을 시켜서도 도둑질하지 않으며, 스스로도 음탕하지 않고 남을 시켜서도 음탕하지 않으며, 스스로도 거짓말하지 않고 남을 시켜서도 거짓말을 하지 않는다.

그래서 스스로도 열 가지 착한 법을 행하고 남을 시켜서도 열 가지 착한 법을 행한다. 비구여, 알아야 한다. 그는 이런 공덕 때문에 목숨 마친 뒤에는 서른세하늘에 난다."

그때에 비구는 곧 이렇게 생각하였다.

'전륜왕이란 매우 탐내 그리워할 만한 것이다. 사람이라 말하려니

다시 사람이 아니요, 그렇다고 실은 하늘이 아니면서 하늘 일을 행해 온갖 좋은 즐거움을 누리고 세 갈래 나쁜 길에 떨어지지 않는다.

만약 내가 오늘날 계율을 지어 용맹스럽게 행해 생긴 복으로, 앞으로 전륜왕이 된다면, 또한 즐겁지 않겠는가.'

전륜왕의 함이 있는 복의 세계 집착하는 비구를 깨우치심

세존께서는 그 비구의 마음속 생각을 아시고 그에게 말씀하셨다.

"지금 여래 앞에서 그런 생각을 말라.

왜 그런가. 전륜왕이 비록 일곱 가지 보배와 네 가지 신통을 성취하여 아무도 따를 이가 없다고 하지만, 그는 아직 지옥 · 아귀 · 축생의 세 갈래의 나쁜 길을 면하지 못하였다.

왜 그런가. 전륜왕은 네 가지 선정[四禪]과 네 가지 신통[四神足]과 네 가지 진리[四諦]를 얻지 못하였다. 이 인연으로 말미암아 다시 세 갈래 나쁜 길에 떨어질 것이기 때문이다.

사람 몸을 얻기는 매우 어렵고, 여덟 가지 어려움을 만나 벗어나기도 매우 어려우며, 바른 나라에 태어나기도 쉽지 않고, 좋은 벗을 구하기도 쉽지 않으며, 선지식을 만나기도 쉽지 않고, 여래 법을 따라 도를 배우려는 것은 또한 다시 어렵다.

여래가 세상에 나오심을 만나기도 어렵고, 말씀하신 법의 가르침을 만나기 어려우며, 해탈과 네 가지 진리와 네 가지 덧없음의 설법은 실로 듣기 어렵다.

저 전륜왕은 이 네 가지 법에 마쳐 다함을 얻지 못하였다.

비구여, 여래가 세상에 나오면 곧 일곱 가지 보배가 세상에 나타난다. 여래의 '일곱 갈래 깨달음 법'[七覺支]이라는 보배는 마쳐 다함에 이르른 것으로, 하늘과 사람이 기리는 것이다.

비구들이여, 지금 범행을 잘 닦아 현재의 몸으로 괴로움의 끝을 다하는 것이니, 저 전륜왕의 일곱 가지 보배를 어디 쓰겠느냐."

그때 이 비구는 여래의 이와 같은 말씀을 듣고 한가하고 고요한 곳에서 도의 가르침을 깊이 사유하였다.

곧 좋은 종족의 사람이 수염과 머리를 깎고 집을 나와 도를 배움은 위없는 바른 업을 닦기 위한 것이다. 그래서 '나고 죽음이 이미 다하고, 범행이 이미 서고, 지을 바를 이미 지어 다시는 뒤의 있음 받지 않음'을 진실 그대로 알았다. 그때 그 비구는 곧 아라한을 이루었다.

그때에 그 비구는 붇다의 말씀을 듣고 기뻐하며 받들어 행하였다.

• 증일아함 39 등법품(等法品) 八

• 해설 •

전륜왕은 이 세간 권세와 부귀의 상징이다. 전륜왕으로서 사람 세상에서 세간의 네 가지 신통을 갖추어 열 가지 착한 법을 행하면 그는 그 복된 업으로 사람의 몸을 마치면 서른세하늘에 태어나고, 나아가 더 높은 하늘에 태어날 것이다.

그러나 전륜왕의 복은 함이 있고[有爲] 지음 있는[有作] 복의 세계라 그 복된 업의 과보가 다하면 다시 그가 짓는 행위에 따라 사람 세상에 떨어지고 지옥 · 아귀 · 축생에 떨어질 것이다.

그에 비해 여래의 일곱 갈래 깨달음 법의 보배는 가진 것의 가짐에 실로 가짐이 없음을 깨닫게 함으로 갖지 못함이 없고, 앎에 실로 앎이 없음을 깨닫게 함으로 알지 못함이 없는 보배이다. 또한 태어남에 실로 태어남이 없고 죽음에 실로 사라짐이 없음을 깨닫게 하므로 그 보배는 길이 나고 죽음을 벗어나게 하는 해탈의 보배이다.

이 함이 없으므로 하지 않음이 없고 가짐이 없으므로 갖지 못함이 없는 '값할 길 없는 보배'[無價寶]를 내놓고, 어찌 세간의 지음 있고 함이 있는 보배를 추구할 것인가. 위없는 보디의 보배 앞에 전륜왕의 일곱 가지 보배인들 어디 쓸 것인가.

중생과 세계의 진실인 여래장의 보배, 법계장의 보배는 이루 값할 수 없고 깨뜨릴 수 없는 위없는 보배이니, 『화엄경』(「아승지품」阿僧祇品)은 이렇게 찬탄한다.

지혜의 보배 성취하심 이루 말할 수 없고
법계에 깊이 들어감 이루 말할 수 없으며
보디사트바의 다라니가 이루 말할 수 없고
잘 닦아 배울 수 있음이 이루 말할 수 없네.

成就智寶不可說 深入法界不可說
菩薩總持不可說 善能修學不可說

지혜로운 이 음성이 이루 말할 수 없고
음성의 청정함이 이루 말할 수 없으며
바른 생각 진실함이 이루 말할 수 없고
중생을 열어 깨우침도 이루 말할 수 없네.

智者音聲不可說 音聲淸淨不可說
正念眞實不可說 開悟衆生不可說

12) 병과 의사의 비유

온몸이 부스럼으로 헌 환자가 억새밭으로 들어가면

이와 같이 내가 들었다.

한때 붇다께서는 카우삼비 국 고실라라마 동산에 계셨다.

그때 세존께서 여러 비구들에게 말씀하셨다.

"마치 부스럼병으로 온몸에 부스럼이 나 문드러지는 사람이 띠나 억새밭 가운데로 들어간다면 여러 가시나 바늘 같은 잎사귀가 찔러서 그 고통을 몇 곱이나 더하게 하는 것처럼, 어리석은 범부의 여섯 가지 닿아 들이는 곳[六觸入處]이 온갖 고통을 받는 것 또한 다시 이와 같다.

저 부스럼병에 걸린 사람이 바늘이나 가시 같은 풀잎사귀에 다쳐 고름과 피가 흘러나오는 것처럼, 이와 같이 어리석은 범부는 그 성질이 모질고 사나워서 여섯 가지 닿아 들이는 곳이 닿는 것에 성냄을 일으키고 나쁜 소리가 흘러나오는 것이 저 부스럼병에 걸린 사람과 같다.

왜냐하면, 어리석어 들음 없는 범부의 마음은 부스럼병의 부스럼과 같기 때문이다."

닿음의 가시에 찔림을 보이시고 바른 몸가짐을 말씀하심

"내 이제 바른 몸가짐[律儀]과 바른 몸가짐 아닌 것[不律儀]에 대하여 말해주겠다.

어떤 것이 바른 몸가짐이며, 어떤 것이 바른 몸가짐 아닌가?

어리석어 들음 없는 범부가 눈으로 빛깔을 보고 마음에 드는 빛깔에는 탐착을 일으키고, 마음에 들지 않는 빛깔에는 성냄을 일으킨다.

거기에서 차례로 여러 느낌, 모습 취함을 따라 내어 서로 잇지만, 그 허물과 근심을 보지 못한다. 다시 그 허물과 근심을 보더라도 그것을 없애버리지 못한다.

귀 · 코 · 혀 · 몸 · 뜻에 있어서도 또한 다시 이와 같다.

비구들이여, 이것을 바른 몸가짐 아니라고 한다.

어떤 것이 바른 몸가짐인가?

많이 들은 거룩한 제자는 눈으로 빛깔을 보아 마음에 드는 빛깔에도 탐욕을 일으키지 않고, 마음에 들지 않는 빛깔에도 성냄을 일으키지 않는다. 그래서 차례로 여러 느낌, 모습 취함을 일으켜 서로 이어 머물지 않는다.

빛깔의 허물과 근심을 보고 허물과 근심을 보기 때문에 그것을 버려 떠날 수 있다.

귀 · 코 · 혀 · 몸 · 뜻에 있어서도 또한 이와 같으니, 이것을 바른 몸가짐이라고 한다."

붇다께서 이 경을 말씀하시자, 여러 비구들은 붇다의 말씀을 듣고 기뻐하며 받들어 행하였다.

• 잡아함 1170 나창경(癩瘡經)

• 해설 •

앎에 실로 아는 자가 있고 실로 아는 바가 있어서 닿아 들임[觸入]에 실로 닿는 것이 있으면, 마치 온몸의 살갗에 부스럼병 든 환자가 억새밭에 들어가 살갗이 가시에 찔리는 것과 같다.

아는 자와 아는 대상이 있되 공하여 아는 것에 실로 알 것이 없음을 깨달아 앎에 앎이 없으면, 눈이 빛깔을 보되 보는 것에 걸리지 않고 귀가 소리를 듣되 듣는 것에 막히지 않는다.

이와 같이 바르게 살피는 이는 마음에 드는 것에도 탐욕을 내지 않고 마음에 들지 않는 것에도 성냄을 일으키지 않으니, 그는 보고 듣고 느껴 아는 곳[見聞覺知]에서 실로 보고 들음이 없되 보고 듣고 느껴 앎을 버리지 않고 해탈의 길에 나아간다.

여섯 가지 닿아 들이는 곳에서 닿아 들임이 없어서 경계의 가시와 갈대의 쓰라림을 벗어난 보디사트바의 삶을, 『화엄경』(「십인품」)은 이렇게 보인다.

이 공한 지혜를 얻으면
길이 모든 취해 집착함 떠나
허공에 갖가지가 없는 것 같이
세간에서 걸림이 없네.

獲此如空智　永離諸取著
如空無種種　於世無所礙

공한 참음의 힘을 이루면
허공처럼 다함이 없네.
지혜의 경계가 허공과 같지만
공하다는 분별을 짓지 않네.

成就空忍力　如空無有盡
境界如虛空　不作空分別

부스럼병 환자의 예로 병 없는 니르바나의 길과 괴로움을 더욱 키우는 길을 보이심

세존께서 말씀하셨다.

"마간디야(巴 Māgandiya)여, 그것은 마치 부스럼병을 앓는 사람이 몸이 썩어 문드러지고 벌레에게 먹힐 때, 손톱으로 부스럼을 긁어 헤집고 불구덩이에다 그슬리는 것과 같다.

마간디야여, 네 생각에는 어떠하냐? 만약 부스럼병을 앓는 사람이 몸이 썩어 문드러지고 벌레에게 먹힐 때, 손톱으로 부스럼을 긁어 헤집고 불구덩이에다 그슬린다 하자.

이렇게 하고도 과연 병을 없애고 힘을 얻어, 모든 아는 뿌리를 무너뜨리지 않고, 부스럼병을 벗어나 몸이 건강해지고 옛날처럼 회복되어 본래 살던 곳[本所]으로 돌아갈 수 있겠는가?"

마간디야가 세존께 대답했다.

"아닙니다. 고타마시여, 왜냐하면 만약 부스럼병을 앓는 사람이 몸이 썩어 문드러지고 벌레에게 먹힐 때, 손톱으로 부스럼을 긁어 헤집고 불구덩이에다 그슬리면 다시 부스럼을 내 부스럼이 더욱 많아지고, 본래 부스럼이 더욱 커질 것이기 때문입니다. 그런데도 그는 도리어 부스럼병으로 즐거움을 삼고 있습니다."

부스럼을 그슬리듯 다섯 욕망의 애착이 다섯 욕망 키움을 보이심

"마간디야여, 부스럼병 앓는 사람이 몸이 썩어 문드러지고 벌레에게 먹힐 때, 손톱으로 부스럼을 긁어 헤집고 불구덩이에다 그슬리면 다시 부스럼을 내 부스럼이 더욱 많아지고 본래 부스럼이 더욱 커지건만, 그래도 그는 도리어 부스럼병을 즐거움으로 삼는다.

마간디야여, 이와 같이 중생은 다섯 욕망을 여의지 못하여, 다섯 욕망의 애착에 먹히게 되고, 다섯 욕망의 뜨거움에 뜨거워지면서도 다섯 욕망을 행한다.

마간디야여, 이와 같이 중생은 다섯 욕망을 여의지 못하여, 다섯 욕망의 애착에 먹히게 되고, 다섯 욕망의 뜨거움에 뜨거워지면서도 다섯 욕망을 행한다. 이와 같이 하면 다섯 욕망은 더욱 늘어나 많아지고, 다섯 욕망의 애착은 더욱 넓어진다.

그래도 그는 도리어 다섯 욕망에 대한 애착을 즐거움으로 삼는다. 그들이 만약 다섯 욕망을 끊지 못하고, 다섯 욕망에 대한 애착을 여의지 못하고서, 안으로 마음 쉬기를 이미 행했거나 지금 행하거나 앞으로 행하려 한다면 끝내 그럴 수 없다.

왜냐하면 이것은 다섯 욕망을 끊고, 다섯 욕망에 대한 애착을 여의게 하는 바른 도리가 아니라, 다섯 욕망을 행하는 것이기 때문이다."

세존께서 말씀하셨다.

"마간디야여, 마치 왕과 대신이 다섯 욕망을 얻기가 어렵지 않은 것과 같나니, 그들이 만약 다섯 욕망을 끊지 못하고, 다섯 욕망에 대한 애착을 여의지 못하고서, 안으로 마음 쉬기를 이미 행했거나 지금 행하거나 앞으로 행하려 한다면 끝내 그럴 수 없다.

왜냐하면 이것은 다섯 욕망을 끊고 다섯 욕망에 대한 애착을 여의게 하는 바른 도리가 아니라, 다섯 욕망을 행하는 것이기 때문이다.

이와 같이 마간디야여, 중생들은 아직 다섯 욕망을 여의지 못하여 다섯 욕망의 애착에 먹히게 되고, 다섯 욕망의 뜨거움에 뜨거워지면서도 다섯 욕망을 행한다.

마간디야여, 만약 중생이 다섯 욕망을 여의지 못하여, 다섯 욕망의 애착에 먹히게 되고, 다섯 욕망의 뜨거움에 뜨거워지면서도 다섯 욕망을 행하는 자가 이와 같이 하면, 다섯 욕망은 더욱 늘어나 많아지고, 다섯 욕망에 대한 애착은 더욱 넓어진다. 그래도 그들은 도리어 다섯 욕망을 즐거움으로 삼는다.

그들이 만약 다섯 욕망을 끊지 못하고, 다섯 욕망에 대한 애착을 여의지 못하고서, 안으로 마음 쉬기를 이미 행했거나 지금 행하거나 앞으로 행하려 한다면 끝내 그럴 수 없다.

왜냐하면 이것은 다섯 욕망을 끊고 다섯 욕망에 대한 애착을 여의게 하는 바른 도리가 아니라, 다섯 욕망을 행하는 것이기 때문이다."

약을 써서 부스럼병 나은 이가 다시 아플 때의 뒤바뀐 즐거움에 돌아가지 않음을 물으심

"마간디야여, 마치 이 일은 다음과 같다.

부스럼병을 앓는 사람이 몸이 썩어 문드러지고 벌레에게 먹히자 손톱으로 부스럼을 긁어 헤집고 불구덩이에다 그슬릴 때, 어떤 사람이 그를 가엾게 생각하고 불쌍히 여겨, 이익됨과 요익을 구하고, 안온함과 즐거움을 구하여 그 증세에 꼭 맞는 좋은 약을 주었다 하자.

그래서 그 증세에 꼭 맞는 좋은 약을 준 뒤에 병을 없애 힘을 얻어 모든 아는 뿌리[根]를 무너뜨리지 않고 이미 부스럼병을 벗어나, 몸이 건강해지고 옛날처럼 회복되어 본래 살던 곳으로 돌아갔다고 하자.

그런 그가 만약 어떤 부스럼병을 앓는 사람이 몸이 썩어 문드러지고 벌레에게 먹힐 때, 손톱으로 부스럼을 긁어 헤집고 불구덩이에다 그슬리는 것을 본다고 하자.

마간디야여, 그 사람이 그것을 본 뒤에 뜻으로 즐거워하고 칭찬해 기뻐하겠는가?"

마간디야가 세존께 대답했다.

"아닙니다. 고타마시여, 왜냐하면 병이 있다면 반드시 약을 써야 하겠지만 병이 없으면 반드시 그럴 것이 없기 때문입니다."

"마간디야여, 네 생각에는 어떠하냐? 만약 그 부스럼병을 앓던 사람이 병을 없애 힘을 얻어 모든 아는 뿌리를 무너뜨리지 않고 이미 부스럼병을 벗어나, 몸이 건강해지고 옛날처럼 회복되어 본래 살던 곳으로 돌아갔다 하자.

그때 두 힘센 장사가 억지로 그 사람을 붙잡아 불구덩이에다 그슬린다면, 그는 그 속에서 놀라고 두려워 불을 피하면서, 몸에서 심한 뜨거움을 느낄 것이다.

마간디야여, 네 생각에는 어떠하냐? 그 불구덩이가 지금 더욱 뜨거워지고 걱정과 큰 괴로움이 예전보다 심해서이겠는가?"

마간디야가 세존께 대답했다.

"아닙니다. 고타마시여, 그는 전에 부스럼병을 앓아 몸이 썩어 문드러지고 벌레에게 먹힐 때, 손톱으로 부스럼을 긁어 헤집고 불구덩이에다 그슬리며 그 괴로움에 대해 크게 즐겁다는 닿음[大樂更樂想]을 일으켰는데, 그것은 그 마음이 헤매고 어지러워 뒤바뀐 생각이 있었기 때문입니다.

고타마시여, 그 사람은 지금 병을 없애 힘을 얻어 모든 아는 뿌리를 무너뜨리지 않고 이미 부스럼병을 벗어나, 몸이 건강해지고 옛날 처럼 회복되어 본래 살던 곳으로 돌아갔습니다.

그래서 그가 그 불에 굽는 괴로움에 대해 크게 괴롭다는 닿음을 내는 것은 그 마음이 편안하여 뒤바뀐 생각이 없기 때문입니다."

"마간디야여, 부스럼병을 앓는 사람이 몸이 썩어 문드러지고 벌레에게 먹힐 때, 손톱으로 부스럼을 긁어 헤집고 불구덩이에다 그슬리며 그 불에 굽는 괴로움에 대해 크게 괴롭다는 닿음을 내는 것은 그 마음이 편안하여 뒤바뀐 생각이 없기 때문이다.

마간디야여, 이와 같이 중생은 다섯 욕망을 여의지 못하여 다섯 욕망의 애착에 먹히게 되고, 다섯 욕망의 뜨거움에 뜨거워지면서도 다섯 욕망을 행한다.

그들이 고통스런 욕망에 대해 '욕망을 즐겁다 여기는 생각'[樂欲想]을 가지는 것은, 그 마음이 헤매고 어지러워 뒤바뀐 생각이 있었기 때문이다."

병이 나으면 본래 병 없는 사람이듯, 뒤바뀜을 떠나 진실을 보면 곧 니르바나의 기쁨 이루게 됨을 보이심

"마간디야여, 마치 그 사람이 병을 없애고 기력이 회복함을 얻어 모든 아는 뿌리를 무너뜨리지 않고 이미 부스럼병을 벗어나, 몸이 건강해지고 옛날처럼 회복되어 다시 본래 살던 곳으로 돌아간 것과 같다.

그는 괴로움에 대해 크게 괴롭다는 닿음을 내고, 그 마음이 편안하여 뒤바뀐 생각이 없다.

이와 같이 마간디야여, 나는 고통스런 욕망에 대해 욕망을 괴롭게 여기는 생각이 있으니, 이는 진실을 얻어 뒤바뀐 생각이 없는 것이다.

왜냐하면 마간디야여, 과거의 욕망도 깨끗하지 못해 냄새나는 곳이니, 그 뜻은 매우 더럽고 악하여 향할 수 없고, 미워하고 다투어 괴로운 닿음이다. 미래와 현재의 욕망 또한 깨끗하지 못한 냄새나는 곳이고, 그 뜻은 매우 더럽고 악하여 향할 수 없고, 미워하고 다투어 괴로운 닿음이다.

마간디야여, 여래 · 집착 없는 이 · 바르게 깨친 이는 '병이 없는 것'이 '으뜸가는 이익'이요, 니르바나가 '으뜸가는 즐거움'이라고 말한다."

마간디야에게 병 없음과 니르바나의 뜻을,
장님의 비유로 다시 보이심

배움 다른 마간디야가 세존께 말씀드렸다.

"고타마시여, 저 또한 일찍이 나이 많고 덕이 높은 장로와 오래 배운 범행자들의 처소에서 '병이 없는 것이 으뜸가는 이익이요, 니르바나가 으뜸가는 즐거움이다'라고 들었습니다."

세존께서 물으셨다.

"마간디야여, 만약 네가 일찍이 나이 많고 덕이 높은 장로와 오래 배운 범행자들의 처소에서 '병이 없는 것이 으뜸가는 이익이요, 니르바나가 으뜸가는 즐거움이다'라고 들었다면, 어떤 것이 병이 없는 것이며, 어떤 것이 니르바나인가?"

이에 배움 다른 마간디야는 자신의 몸이 곧 병이요 종기[癰]이며, 화살이요 뱀이며, 덧없음이고 괴로움이고 공함이라 신묘함이 아닌데, 두 손으로 문지르며[抆摸] 이렇게 말하였다.

"고타마시여, 이것이 병이 없는 것이며, 이것이 니르바나입니다."

세존께서 말씀하셨다.

"마간디야여, 이는 마치 다음과 같다. 타고난 장님[生盲]이 눈이 있는 사람에게서 이런 말을 들었다 하자.

'희고 깨끗하여 때가 없구나, 희고 깨끗하여 때가 없구나.'

그 말을 듣고서, 그는 곧 희고 깨끗한 것을 찾았다.

그때 어떤 속이는 자가 그 사람에게 이익됨과 요익됨을 구하지 않고, 그를 위해 안온한 즐거움을 구하지 않고, 때가 묻어 더러운 옷을 가지고 그에게 가서 말하였다.

'너는 알아야 한다. 이것은 희고 깨끗하여 때가 없는 옷이다. 너는 두 손으로 공경스럽게 받아 몸에 입히라.'

그러자 그 장님은 기뻐하면서 곧 두 손으로 공경스럽게 받아 몸에 입히고는 이렇게 말하였다.

'희고 깨끗하여 때가 없구나, 희고 깨끗하여 때가 없구나.'

마간디야여, 이렇게 하면 그 사람이 스스로 알아 말한 것이냐, 알지 못하고 말한 것이냐, 스스로 보고 말한 것이냐, 스스로 보지 못하고 말한 것이냐?"

"고타마시여, 그렇게 말한 것은 실로 알지도 보지도 못한 것입니다."

세존께서 말씀하셨다.

"이와 같이 마간디야여, 장님이 눈이 없는 것처럼 몸이 곧 병이요 종기며, 화살이요 뱀이며, 덧없음이요 괴로움이고 공함이라 신묘함이 아닌데도 너는 두 손으로 문지르며 '고타마시여, 이것이 병이 없는 것이요, 이것이 니르바나입니다'라고 말하였다.

마간디야여, 너는 오히려 병이 없는 것도 알지 못하는데, 하물며 어찌 니르바나를 알고 보겠는가?

알고 본다고 말한다 해도 끝내 그럴 수 없다.

마간디야여, 여래 · 집착 없는 이 · 바르게 깨친 이는 말한다."

병 없음이 으뜸가는 이익이요
니르바나는 으뜸가는 즐거움이네.
모든 도 가운데 여덟 가지 바른 길로
안온한 단이슬에 머물게 되리.

그 많은 사람들이 함께 이 말씀을 들었고, 많은 배움 달리하는 이들은 이 게송을 들은 뒤에 더욱 펼쳐 서로 전하였으나 그 뜻은 알지 못하였다.

그들은 이미 듣고는 가르침을 구하고자 하였으나, 그들은 모두 어둡고 어리석어 도리어 서로 속였다.

그들 스스로의 현재의 몸의 네 큰 요소[四大種]는 부모를 좇아 나서 먹을거리로 자라나며, 늘 덮어주고 문지르며 목욕시키고 억지로 참지만, 깨뜨려지고 갈리어 없어지며 나뉘어 흩어지는 법이다.

그렇게 중음(中陰)을 보고 중음을 받으며, 받음 때문에 곧 있고[有], 있음 때문에 나며[生], 남 때문에 곧 늙고 죽으며[老死], 늙고 죽음 때문에 곧 근심하고 슬퍼해 울며, 걱정하여 괴로워하고 번뇌하였으니, 이와 같이 이 생은 순전한 큰 괴로움의 무더기가 되었다.

이에 배움 다른 마간디야는 곧 자리에서 일어나, 가사 한쪽을 벗어 메고, 두 손을 맞잡고 붇다를 향하여 말씀드렸다.

"고타마시여, 저는 이제 사문 고타마를 지극히 믿습니다.

고타마께서는 잘 설법하시어 저로 하여금 '이것이 병이 없는 것이요, 이것이 니르바나임'을 알도록 해주시길 바랍니다."

지혜의 눈이 청정해질 때 병 없음과
니르바나의 기쁨 스스로 알게 됨을 보이심

세존께서 말씀하셨다.

"마간디야여, 만약 너의 거룩한 지혜의 눈[聖慧眼]이 아직 깨끗해지지 못하였다면, 내가 너를 위하여 병 없음과 니르바나를 말하더라도 끝내 알지 못하고, 한낱 나를 번거롭게 하고 힘들게만 할 것이다.

마간디야여, 마치 나서부터 장님인 사람에게 남이 찾아가서 '너는 알아야 한다. 이것은 푸른빛이요, 노란빛 붉은빛 흰빛이다'라고 하면, 마간디야여, 날 때부터 장님인 사람이 남의 말로 인해, 그 푸른빛 노란빛 붉은빛 흰빛을 알겠는가?"

"아닙니다, 고타마시여."

"그와 같이 마간디야여, 만약 너의 거룩한 지혜의 눈이 아직 깨끗해지지 못하였다면, 내가 너를 위하여 병 없음과 니르바나를 말하더라도 끝내 알지 못하고, 한낱 나를 번거롭게 하고 힘들게만 할 것이다.

마간디야여, 내가 너를 위하여 너의 증세에 꼭 맞는 묘한 약을 말하여 아직 청정하지 못한 거룩한 지혜의 눈을 청정하도록 해주겠다.

마간디야여, 만약 너의 거룩한 지혜의 눈이 청정해지면, 너는 곧 스스로 '이것이 병이 없는 것이요, 이것이 니르바나이다'라고 알게 될 것이다.

마간디야여, 마치 날 때부터 장님인 사람에게 여러 친족들이 있어, 그들이 그를 사랑하고 가엾게 여겨, 그에게 이익됨과 요익됨을 구하고, 안온과 즐거움을 구하기 때문에, 그를 위하여 눈을 치료하는 의사를 구하는 것과 같다.

그 눈을 치료하는 의사는 여러 가지 치료법을 주는데, 때로 뱉어내게 하고, 때로 내리게 하며, 때로 코에 물을 붓고, 때로 다시 씻어 내리기도 하며, 때로 기맥을 찌르기도 하고, 때로 눈물을 흘리게 하기도 한다.

마간디야여, 어쩌다 이런 처방이 있게 되면 깨끗한 두 눈을 얻게 될 것이다. 마간디야여, 만약 그의 두 눈이 청정해지면, 곧 스스로 '이것은 푸른빛 노란빛 붉은빛 흰빛이다'라고 볼 것이다. 그러면 그는 때묻고 더러운 옷을 보고 곧 이렇게 생각할 것이다.

'저 사람은 나의 원수이다. 기나긴 밤 동안 때묻은 옷으로써 나를 속이다니.'

그래서 그는 미워하는 마음을 가질 것이다. 마간디야여, 이 사람은 어쩌면 그를 죽일 수도 있을 것이다.

이와 같이 마간디야여, 나는 너를 위해 너의 증세에 꼭 맞는 묘한 약을 말하여, 아직 깨끗해지지 못한 거룩한 지혜의 눈을 청정하도록 해주겠다.

마간디야여, 만약 너의 거룩한 지혜의 눈이 청정해지면, 너는 곧 '이것이 병이 없는 것이요, 이것이 니르바나이다'라고 스스로 알게 될 것이다."

네 가지 법을 행하면 니르바나의 땅에 이르게 됨을 보이심

"마간디야여, 아직 깨끗하지 못한 거룩한 지혜의 눈을 청정하게 하는 네 가지 법이 있다. 어떤 것이 네 가지인가?

첫째, 선지식을 가까이하여 공경하고 받들어 섬기는 것[親近善知識]이다.

둘째, 좋은 법을 듣는 것[聞善法]이다.

셋째, 잘 사유하는 것[善思惟]이다.

넷째, 법과 다음 법을 향해 나아가는 것[趣向法次法]이다.

마간디야여, 너는 이와 같음을 배워 선지식을 가까이하여 공경하고 받들어 섬기며, 좋은 법을 듣고, 그 법을 잘 생각하여, 법과 다음 법을 향해 나아가야 한다.

마간디야여, 너는 반드시 이와 같음을 배워야 한다.

마간디야여, 너는 선지식을 가까이하여 공경하고 받들어 섬기고 나서는, 곧 좋은 법을 듣고, 좋은 법을 들은 뒤에는 잘 사유하고, 잘 사유한 뒤에는 곧 법과 다음 법을 향해 나아가라.

법과 다음 법을 향해 나아간 뒤에는 곧 이 괴로움[苦]에 대하여 진실 그대로 알고, 이 괴로움 모아냄[苦集]을 알며, 이 괴로움 사라짐[苦滅]을 알고, 이 괴로움 없애는 길[苦滅道]에 대하여 진실 그대로 알아야 한다.

어떻게 괴로움을 진실 그대로 아는가?

곧 괴로움이란 '나는 괴로움, 늙는 괴로움, 병듦의 괴로움, 죽는 괴로움, 미워하는 사람과 만나는 괴로움, 사랑하는 사람과 헤어지는 괴로움, 구하되 얻지 못하는 괴로움, 간략히 하면 다섯 쌓임이 치성한 괴로움이니, 이와 같이 괴로움을 진실 그대로 아는 것이다.

어떻게 괴로움 모아냄을 진실 그대로 아는가? 곧 '이 애욕으로 미래의 존재[未來有]를 받게 되고 탐욕 기뻐함[喜欲]과 함께해 이런저런 존재를 바라는 것이니, 이와 같이 괴로움 모아냄을 진실 그대로 아는 것이다.

어떻게 괴로움 사라짐을 진실 그대로 아는가? 곧 '이 애욕으로 미래의 존재를 받게 되고, 탐욕 기뻐함과 함께해 이런저런 존재를 바라지만, 그것은 사라져 나머지가 없어진다. 또 끊을 수 있고 버릴 수 있으며, 뱉어낼 수 있고 다할 수 있게 된다. 그리하여 탐욕 없음이 되고 없어지며 쉬어 그치게 되니, 이와 같이 괴로움의 사라짐을 진실 그대로 아는 것이다.

어떻게 괴로움 없애는 길을 진실 그대로 아는가? 곧 '여덟 가지 바른 길[八支聖道]인 바른 견해[正見]와 나아가 바른 선정[正定]이다.

이것을 여덟 가지라 하니, 이와 같이 괴로움 없애는 길을 진실 그대로 아는 것이다."

마간디야가 법의 눈을 청정하게 하고 집을 나와 비구가 되어 해탈의 길에 들어섬

이 법을 말씀해 마치시자, 배움 다른 마간디야는 티끌을 멀리하고 때를 떠나, 모든 법에 법의 눈[法眼]이 생겼다.

이에 배움 다른 마간디야는 법을 보고, 법을 얻고, 희고 깨끗한 법을 깨달아 의심을 끊고 미혹을 건너, 다시는 다른 높일 이가 없어 남을 좇지 않고, 망설임 없이 이미 깨달음의 과덕[果證]에 머물러 세존의 법에서 두려움 없음을 얻었다.

그는 곧 자리에서 일어나 붇다의 발에 머리를 대 절하고 말씀드렸다.

"세존이시여, 제가 집을 나와 도를 배우도록 해주시고, 구족계(具

足戒)를 받고 비구가 되게 해주시길 바랍니다."

세존께서 말씀하셨다.

"잘 왔구나. 비구여, 범행을 닦아 행하라."

그래서 배움 다른 마간디야는 곧 집을 나와 도를 배우고, 구족계를 받고 비구가 되었다.

배움 다른 마간디야는 집을 나와 도를 배우고, 구족계를 받고 법을 안 뒤에는 아라한이 되었다.

붇다께서 이렇게 말씀하시자, 존자 마간디야는 붇다의 말씀을 듣고 기뻐하며 받들어 행하였다.

• 중아함 153 수한제경(鬚閑提經) 후반부

• 해설 •

부스럼병 환자가 병 나음에 나아가는 길을 보인 경의 비유처럼, 몸의 병으로 여래의 해탈의 길을 생각해보자.

본디 병 없는 건강한 몸은 중생이 본디 보디[菩提]이며 니르바나[涅槃]인 실상을 말하니, 이 실상에서 보면 중생은 실로 다시 고요하게 할 것이 없는 것이다.

다섯 욕망에 빠져 사는 중생은 온몸에 부스럼병 든 환자가 몸의 부스럼이 낫도록 불에 상처를 그을러 잠깐 고통을 잊으나 부스럼이 부스럼을 키워 병이 낫지 않는 것과 같다.

환자가 병을 낫기 위해서는 상처를 키우는 그을음을 그치고 병에 맞는 약을 먹어야 한다. 그렇게 해서 병이 낫게 되면, 몸의 아는 뿌리를 무너뜨리지 않고 옛날의 건강을 되찾아 본래 살던 곳으로 돌아가게 될 것이다.

그러나 중생은 부스럼병 환자가 몸을 그을려서 잠깐 고통을 잊어도 그을음으로 더욱 고통 커지는 것을 모르고 그것을 즐거움이라 여기듯, 다섯 욕망을 버리지 않고 욕망을 탐착하며 그것으로 즐거움을 삼는다.

병 나음의 길은 병이 생기고 병이 도짐을 거스르는 과정이다.

병 낫기 위해 도리어 병 키우는 뒤바뀐 생활을 바꾸어야 하듯, 니르바나의 옛집에 다시 돌아가는 길은 먼저 뒤바뀜을 뒤바뀜으로 알고 괴로움에 대해서 괴롭다는 생각을 내고 괴로움을 키우는 뒤바뀐 생활, 다섯 욕망의 탐착을 버려야 한다.

그래야 본래 니르바나되어 있어 나고 죽음의 병이 없는 본 곳에 돌아가게 되니, 병 없음이 으뜸가는 이익이고 니르바나가 으뜸가는 즐거움이기 때문이다.

다섯 욕망에 탐착하는 뒤바뀐 삶을 돌이켜 니르바나의 옛집에 돌아가게 하는 실천이 여덟 가지 바른 길이다.

여덟 가지 바른 길로 고통의 이 언덕에서 해탈의 저 언덕에 이르기 위해서는 지혜의 눈을 청정하게 하는 네 가지 법을 받아 지니어야 한다.

첫째 선지식을 받들어 섬김이요, 둘째 선지식으로부터 좋은 법을 들음이요, 셋째 잘 사유함이요, 넷째 법을 향해 나아가고 다시 더 높은 법을 닦아 행함이다.

저 부스럼병 환자가 더욱 병을 도지게 하는 옛 습관을 모두 버리고, 이미 스스로 병이 없고 병 낫게 해주는 온갖 방편을 갖춘 큰 의왕[大醫王]의 지도를 따를 때 병 나을 수 있는 길이 열리듯, 선지식을 받들어 섬기고 선지식의 가르침을 들을 때 해탈의 길에 나아갈 수 있다.

환자는 의사의 처방 따라 약을 먹고 몸과 마음을 잘 고루어야 옛날의 병 없음을 회복하여 옛집에 돌아가게 된다. 그렇듯 중생 또한 병 없는 니르바나의 으뜸가는 즐거움에 서 계신 선지식의 가르침을 잘 받아듣고, 스스로 사유하여 실천해야 병 없는 니르바나의 땅에 돌아갈 것이다.

배움 다른 수행자가 병과 치료로 보인 여래의 비유의 가르침을 듣고 지혜의 눈을 열어 집을 나와 그 자리에서 구족계를 성취하여 범행을 닦아 아라한이 되었다.

여래께서 저 삿된 견해와 번뇌의 병이 깊은 마간디야를 병 없는 니르바나에 이끌었을 뿐 아니라, 여래의 가르침을 듣고 번뇌의 병이 나아 니르바나의 본집에 돌아간 저 마간디야가, 여래를 이 세간의 참된 스승, 해탈의 땅에 이끄는 큰 의왕으로 증험하였다.

『화엄경』(「세주묘엄품」)에서도 세간의 큰 의왕이신 붇다의 자비행을 다음과 같이 찬탄한다.

> 세간에 있는 넓고 큰 자비라 해도
> 여래의 한 털 만큼도 미치지 못하네.
> 붇다의 자비 허공 같아 다할 수 없으니
> 이는 묘한 소리 하늘신이 얻은 바이네.
>
> 世間所有廣大慈　不及如來一毫分
> 佛慈如空不可盡　此妙音天之所得

> 나고 늙고 병들어 죽음의 괴로움과
> 근심하고 슬퍼하는 괴로움이
> 세간을 내몰아 잠깐도 쉼이 없지만
> 크신 스승 중생을 가엾이 여기시어
> 그 괴로움 모두 없애주길 다짐하니
> 여래의 이와 같은 자비의 행을
> 다함없는 지혜의 빛 하늘신이 깨달았네.
>
> 生老病死憂悲苦　逼迫世間無暫歇
> 大師哀愍誓悉除　無盡慧光能覺了

> 여래는 아주 드무신 큰 자비로
> 고통받는 중생을 이롭게 하기 위해
> 널리 모든 존재의 세계에 들어가
> 법을 설해 착함을 권해 성취케 하니

이는 달빛 하늘신이 깨달아 안 것이네.

如來希有大慈悲　爲利衆生入諸有
說法勸善令成就　此目光天所了知

붇다께선 허공처럼 자기성품 없으나
중생 이익 위하시사 세간에 나투시어
상호를 장엄하심 그림자의 모습 같으니
맑은 깨달음의 하늘왕은 이같이 보네.

佛如虛空無自性　爲利衆生現世間
相好莊嚴如影像　淨覺天王如是見

2 주요 교설에 관한 갖가지 비유

• 이끄는 글 •

자기 생각과 관성화된 생활의 틀에 갇혀 있는 보통의 범부들은 눈으로 직접 보거나 자기 느낌으로 확인되지 않는 일에 대해서는 믿음을 잘 갖지 못한다.

논리적 사고나 이성적 인식능력이 깊어진 사람은 직접 보거나 듣지 않더라도 바른 사유를 통해 미루어 알 수 있는 것에 대해서는 크게 의심하지 않는다.

감성적으로 대상을 수용하는 눈을 육체의 눈[肉眼]이라 하고, 막혀 있는 것, 떨어져 있는 것을 알 수 있고 볼 수 있는 발달된 이성적 사유의 눈을 하늘의 눈[天眼]이라 한다.

육체의 눈과 하늘의 눈은 아직 생겨난 것, 있는 것을 떠나지 못하므로 세간의 모습을 벗어난 눈은 아니다.

온갖 법이 연기한 것이므로 공함을 통달하여 있음에서 있음을 벗어난 눈을 '지혜의 눈'[慧眼]이라 하고, 있음이 곧 공하여 공에도 머물 공이 없으므로 공에서 공을 벗어난 눈을 '법의 눈'[法眼]이라 한다.

있음과 공함에 치우침 없이 지혜의 눈과 법의 눈을 둘이 없이 함께 쓰는 중도의 눈을 '붇다의 눈'[佛眼]이라 한다.

여래는 미망 속에 빠져 지혜의 눈과 법의 눈을 열지 못하고 자신의 감각과 관성화된 사유에 의해 검증된 세계만을 믿으려는 뭇 중생을 위해, 어떤 사람이나 눈으로 직접 확인할 수 있어서 부인할 수 없는 구체적 사례를 들어 법을 설하신다.

그리고 들어 보이는 구체적인 사례에 논리적 설명을 곁들여 연기법을 살피는 지혜의 눈, 법의 눈을 열어 해탈의 길에 이끈다.

비유의 법문은 크게 세 갈래 방향으로 제시된다.

첫째, 온갖 법이 인연으로 일어남을 밝히는 비유와 인연으로 일어나기 때문에 공함을 깨우치는 비유이다. 이는 유식불교(唯識佛敎)의 표현으로 하면 '다른 것을 의지해 일어나는 모습'[依他起相]에 대한 비유이다.

둘째, 온갖 법은 인연으로 일어난 모습이라 실로 취할 것이 없는데 연기의 진리를 모르는 중생은 취할 것 없는 데서 갖가지 취함과 탐욕을 일으켜 집착한다. 여래는 중생의 무명과 탐욕에 물들고 집착된 모습을 갖가지 사례로 비유해 그 집착을 깨뜨리게 하시니, 유식불교의 표현으로 하면 '두루 헤아려 집착된 모습'[遍計所執相]에 대한 비유이다.

셋째, 집착과 번뇌는 본래 취할 것 없는 곳에서 취함과 탐욕을 일으킨 것이니, 집착과 집착된 모습은 본래 공한 것[遍計所執無性]이다. 또 깨달아야 할 진리는 연기된 현실을 초월한 진리가 아니라 연기된 현실의 공한 진실상을 말한다.

그러므로 여래는 번뇌를 돌이켜 해탈에 나아가게 하는 여러 실천법을 비유로 보이시고, 실천의 수레를 타고 이르른 니르바나의 세계를 비유로 보이신다.

이를 유식불교의 표현으로 보면 '원만히 성취된 진실한 모습'[圓成實相]에 대한 비유이다.

'원성실상'은 '변계소집상'에 빠져 지혜의 눈이 없는 중생의 자기 진실이다. 그러므로 변계소집상을 돌이켜 원성실상에 나아가는 중생의 구도의 길 보디의 여정은 본래 니르바나되어 있는 진리의 땅에 서서 다시 니르바나의 저 언덕에 이르러 가는 길, 곧 가되 감이 없고 닦되 닦음 없는 닦음의 여정인 것이다.

이미 여래의 땅에 앉아 여래의 집에 들어가는 해탈을 길을, 『화엄경』(「범행품」)은 이렇게 말한다.

> 이미 여래의 평등한 성품에 머물러서
> 미묘한 방편의 도를 닦음 없이 잘 닦아
> 붇다의 경계에 믿음의 마음 일으키니
> 붇다께서 정수리에 물 뿌려주셔도
> 실로 얻음 없으므로 마음에 집착 없네.
>
> 已住如來平等性　善修微妙方便道
> 於佛境界起信心　得佛灌頂心無著

1) 중생의 집착으로 물든 현실에 관한 비유

여섯 가지 악한 마라의 갈고리

이와 같이 내가 들었다.

한때 붇다께서는 바이살리의 원숭이 못가에 있는 이층강당에 계셨다. 그때 세존께서 여러 비구들에게 말씀하셨다.

"여섯 가지 마라의 갈고리[魔鉤]가 있다.

어떤 것이 그 여섯 가지인가?

눈이 빛깔에 맛들여 집착하는 것이 곧 마라의 갈고리이고, 귀가 소리에 맛들여 집착하는 것이 곧 마라의 갈고리이다.

코가 냄새에 맛들여 집착하는 것이 곧 마라의 갈고리이고, 혀가 맛에 맛들여 집착하는 것이 곧 마라의 갈고리이다.

몸이 닿음에 맛들여 집착하는 것이 곧 마라의 갈고리이고, 뜻이 법에 맛들여 집착하는 것이 곧 마라의 갈고리이다.

만약 사문 · 브라마나가 눈으로 빛깔에 맛들여 집착한다면, 알아야 한다. 그 사문 · 브라마나는 마라의 갈고리가 그 목을 걸어 마라에게서 자재하지 못하게 된다."

붇다께서 이와 같이 말씀하시자, 여러 비구들은 이 말씀을 듣고 기뻐하며 받들어 행하였다.

• 잡아함 244 마구경(魔鉤經)

탐욕에 물든 몸과 입과 뜻의 업을 바다라 하니

이와 같이 내가 들었다.

한때 붇다께서는 슈라바스티 국 제타 숲 '외로운 이 돕는 장자의 동산'에 계셨다.

그때 세존께서 여러 비구들에게 말씀하셨다.

"큰 바다라고들 말하지만 그것은 어리석은 사람들이 하는 말이지 성인이 하는 말은 아니다. 이것은 물이 많고 적은 것일 뿐이다.

어떤 것이 성인이 말하는 바다인가?

곧 눈이 빛깔을 알고서 뒤에 애착해 생각하고 깊이 집착하여 탐내고 즐기는 몸과 입과 뜻의 업이니, 이것을 바다라 한다.

온갖 세간의 아수라 무리들과 나아가 하늘과 사람들도 다 그 가운데에서 탐내고 즐기며 깊이 빠지는 것이 개의 창자와 같고 어지러운 풀 무더기와 같나니, 이 세상과 다른 세상에서 얽혀 묶이고 갇히는 것 또한 다시 이와 같다.

귀가 소리를 알고, 코가 냄새를 알며, 혀가 맛을 알고, 몸이 닿음을 알아, 이 세상과 다른 세상에서 얽혀 묶이고 갇히는 것 또한 다시 이와 같다."

붇다께서 이 경을 말씀하시자, 여러 비구들은 붇다의 말씀을 듣고 기뻐하며 받들어 행하였다.

• 잡아함 216 대해경(大海經) ①

• 해설 •

중생의 집착과 탐욕이 두 경에서 마라의 갈고리[魔鉤]와 바다로 비유된다. 마라의 갈고리는 집착으로 인해 얽혀 묶여 자재하지 못함을 나타내고, 바다는 집착과 탐욕이 끝없이 펼쳐져 세간을 온통 물들이고 가두는 것을 비유한다.

연기법에서 눈 · 귀 · 코 · 혀 · 몸 · 뜻 이 여섯 아는 뿌리[六根]가 여기 있고, 알려지는 여섯 경계 곧 빛깔 · 소리 · 냄새 · 맛 · 닿음 · 법이 저기 밖에 실로 있는 것이 아니다.

여섯 아는 뿌리는 있되 공하므로 알려지는 것을 받아들여 앎을 이루는 것이며, 알려지는 여섯 경계는 공하되 없지 않으므로 앎의 토대가 되어 앎인 세계로 드러나는 것이다.

알려지는 것에 실로 알 것이 없고 아는 자가 실로 있는 것이 아니므로 앎에도 실로 앎이 없다. 그런데 중생은 실로 아는 자와 아는 것을 세워 알려지는 것을 내 것으로 취하고, 알려지는 것이 내 뜻에 맞으면 탐착해 즐기고 내 뜻에 맞지 않으면 미워해 싫어하여 끝없는 다툼을 일으킨다.

그러나 저 알려지는 것이 본래 있되 공하다면 알려지는 것을 탐착하여 얽어매는 마라의 갈고리와 탐욕의 바다는 그 어떤 것인가.

끝내 아는 자 · 알려지는 것 · 앎에 모두 얻을 것이 없음을 깨달으면 끊어 없앨 마라의 갈고리는 어디 있으며 탐욕의 바다는 어디 있는가.

『비말라키르티수트라』에서 비말라키르티 거사는 '보디사트바가 어떻게 병을 앓는 보디사트바를 위로해야 하는가'라는 만주쓰리보디사트바[文殊舍利菩薩]의 물음에 이렇게 답한다.

"몸의 덧없음을 말하되 몸을 싫어해 떠나라고 말하지 않으며, 몸에 괴로움이 있다고 말하나 니르바나를 즐기라고 말하지 않습니다.

몸에 나 없음을 말하되 중생을 가르쳐 이끌어주라 말하며, 몸이 비어 고요함을 말하되 마쳐 다해 고요함을 말하지 않습니다.

앞의 죄를 뉘우치라 말하지만 과거에 들어가라 말하지 않습니다."

비말라키르티의 대답처럼, 몸에 대한 탐착이 미혹의 근본이지만 몸이 곧 실로 있는 몸이 아니라면 미혹 밖에 해탈의 길이 있는 것이 아니다. 그러므로 비말라키르티는 몸의 덧없음과 공함을 말하되 몸을 싫어해 떠나라 말하지 않는다 하고, 몸을 떠나 따로 니르바나를 즐기라 말하지 않는다 한다.

눈이 보고 귀가 들을 때 실로 봄이 있고 실로 들음이 있으면 중생의 나고 죽음이 업의 바다이고 마라의 갈고리이지만, 보되 봄이 없이 보고 알되 앎이 없이 알면 탐욕의 현장 속에서 나고 죽음의 바다 건넘이고 마라의 갈고리를 벗어남이다.

그러므로 『화엄경』(「입법계품」)은 마라의 갈고리인 안과 밖의 법 가운데서 여래의 보디를 깨달으면 존재의 세계 떠나지 않고 중생 건네줄 수 있음을 다음과 같이 말한다.

> 안과 밖의 법에 집착하지 않고
> 이미 나고 죽음의 바다 건넜으나
> 갖가지 세간의 몸을 나타내어
> 모든 존재의 세계에 머물도다.
>
> 不著內外法　已度生死海
> 而現種種身　住於諸有界
>
> 모든 분별을 멀리 떠나면
> 허튼 논란에 움직이지 않고서
> 망상에 집착하는 이들을 위해
> 열 가지 힘 갖춘 법 널리 펼치리.
>
> 遠離諸分別　戱論所不動
> 爲著妄想者　弘宣十力法

마치 손이 있으므로 잡고 놓으며, 배가 있으므로 배고픔과 목마름을 알듯

이와 같이 내가 들었다.

한때 붇다께서는 카우삼비 국 고실라라마 동산에 계셨다.

그때 세존께서 여러 비구들에게 말씀하셨다.

"손이 있기 때문에 잡고 놓을 수 있다는 것을 알고, 발이 있기 때문에 가고 올 수 있다는 것을 알며, 뼈마디가 있기 때문에 굽히고 펼 수 있다는 것을 알고, 배가 있기 때문에 배고프고 목마름이 있다는 것을 안다.

이와 같이 비구들이여, 눈이 있기 때문에 눈의 닿음의 인연으로 느낌을 내니, 곧 안의 느낌인 괴로움이거나 즐거움이거나, 괴롭지도 않고 즐겁지도 않은 느낌이다.

귀 · 코 · 혀 · 몸 · 뜻에서도 또한 다시 이와 같다."

아는 뿌리가 공해지면 닿음과 느낌이 따라 공해짐을 보이심

"비구들이여, 만약 손이 없으면 취하고 버림을 알지 못하고, 발이 없으면 가고 옴을 알지 못하며, 뼈마디가 없으면 굽히고 폄을 알지 못하고, 배가 없으면 배고프고 목마름을 알지 못한다.

이와 같이 비구들이여, 만약 눈이 없으면 눈의 닿음의 인연으로 느낌을 내지 못하니, 곧 안의 느낌인 괴로움이거나 즐거움이거나, 괴롭지도 않고 즐겁지도 않은 느낌이 없을 것이다.

귀 · 코 · 혀 · 몸 · 뜻에서도 또한 다시 이와 같다."

붇다께서 이 경을 말씀하시자, 여러 비구들은 붇다의 말씀을 듣고 기뻐하며 받들어 행하였다.

• 잡아함 1166 수족유경(手足喩經)

• 해설 •

이 경은 느낌과 앎이 모두 인연으로 생겼으므로 공한 줄 알아야 괴로움에서 벗어날 수 있음을 비유로 보인다.

느낌은 스스로 내면에 있는 것이 아니라 닿음을 따라 나고, 닿음은 안의 아는 뿌리와 바깥 경계가 만나 앎이 날 때 안[內] · 밖[外] · 가운데[中]가 어울려 합함[和合]을 말한다. 그러므로 지금 일어난 느낌과 모습 취함, 앎은 안이 아니나 안 아님도 아니고 밖이 아니나 밖 아님도 아니라, 눈이 빛깔을 보아 눈과 빛깔과 앎이 서로 모아 닿음[觸, sparśa]으로 일어나는 것이니, 손이 있으므로 잡고 놓을 수 있으며 발이 있기 때문에 가고 올 수 있음과 같고, 배가 있으므로 배고픔을 아는 것과 같다.

이처럼 괴롭고 즐거운 느낌과 괴롭지도 즐겁지도 않은 느낌이, 여섯 아는 뿌리가 여섯 티끌경계에 닿는 인연으로 나는 것이라 공한 줄 알면 괴로움과 즐거움의 느낌을 취하지 않게 된다.

그러나 범부는 저 물질에 얽매이고, 아는 뿌리와 알려지는 경계가 닿아 나는 느낌 · 모습 취함 · 지어감 · 앎을 집착해 얽매이므로 그를 중생이라 한다.

중생을 중생이게 하는 미망과 집착이 허깨비의 변화라 중생[sattva]이 또한 중생이 아니라 그 이름이 중생이니, 집착이 사라지면 중생이 깨친 중생 보디사트바(bodhi-sattva)가 되는 것이다.

애착하던 흙덩이를 발로 차 허물면 흩어지듯

이와 같이 내가 들었다.

한때 붇다께서는 마구라 산에 계셨다. 때에 시자 비구가 있었는데 라다라고 하였다.

"세존이시여, 중생이란 어떤 것을 중생이라 합니까."

붇다께서는 라다에게 말씀하셨다.

"물질에 물들어 집착해 얽매이는 것을 중생이라 부르며, 느낌 · 모습 취함 · 지어감 · 앎에 물들어 집착해 얽매이는 것을 중생이라 한다."

붇다께서는 다시 말씀하셨다.

"라다여, 물질의 경계는 흩어져 무너지고 사라져 없어지게 된다고 나는 말하고, 느낌 · 모습 취함 · 지어감 · 앎의 경계는 흩어져 무너지고 사라져 없어지게 된다고 나는 말한다.

그래서 애욕을 끊어 애욕이 다하면 괴로움이 곧 다할 것이니, 괴로움이 다한 사람을 괴로움의 끝을 보았다고 나는 말한다."

마음과 경계에 취할 것 없음을 흙무더기 흩어짐으로 보이심

"비유하면 마을의 남자아이 여자아이들이 소꿉놀이하며 흙을 쌓아 성과 집을 만들고 마음으로 사랑하고 즐겨 집착함과 같다.

애착이 다하지 않으면 탐욕이 다하지 않고, 생각이 다하지 않으며, 목마름이 다하지 않아서 마음으로 늘 사랑하고 즐거워하며 보살펴 지켜 이렇게 말한다.

'이것은 내 성이다. 이것은 내 집이다.'

그러다가 만약 그 흙무더기에 애착이 다하고 탐욕이 다하며 생각이 다하고 목마름이 다하면 곧 손으로 헤쳐버리고 발로 차서 그것을 흩어버린다.

이와 같이 라다여, 물질을 흩어버리고 무너뜨리고 없애버리면 사랑이 다할 것이니, 사랑이 다하므로 괴로움이 다하고, 괴로움이 다하므로 괴로움의 끝을 보았다고 나는 말한다."

붇다께서 이 경을 말씀하시자 라다 비구는 붇다의 말씀을 듣고 기뻐하며 받들어 행하였다.

• 잡아함 122 중생경(衆生經)

• 해설 •

어린아이가 소꿉놀이할 때 가지고 놀던 흙덩이에 싫증이 나 손으로 헤치거나 발로 차면 홀연히 흩어지니, 흙덩이가 있을 때는 어떻게 있었고 지금 사라질 때는 어떻게 없는가.

손으로 쌓은 흙성과 집이 있되 실로 있음이 아니므로 발로 차 홀연히 사라진 것이다. 그 있음이 있음 아니므로 사라짐 또한 실로 사라짐이 아닌데, 중생은 있음을 실로 있음이라 하고 없어짐을 실로 사라짐이라 하므로 중생이라는 이름을 얻었다.

있고 없음의 진실을 알아 있음에 있음을 취하지 않고 없음에 없음을 취하지 않으면, 중생에도 중생의 모습이 없고 중생의 이름을 세울 수 없다.

여래의 소꿉놀이 흙덩이의 비유와, 중국불교에서 향엄선사(香嚴禪師)가 기왓조각이 대나무에 맞는 소리[擊竹聲]를 듣고 깨친 이야기가 많이 닮아 있으니, 이제 그 뜻이 서로 같은가 다른가 살펴보자.

여래의 비유에서 흙덩이는 발로 차 홀연히 사라졌고, 향엄에게 대나무 소리는 기왓조각이 대[竹]에 맞는 순간 홀연히 생겨났으니, 여래의 비유는 인연으로 있기 때문에 있지 않음을 보이고, 향엄이 듣는 소리는 대와 기와의 인연으로 나기 때문에, 소리가 공하고 그 공도 공함을 보인 것인가.

기와와 대가 부딪히는 소리를 들을 때 듣는 나와 그 소리와 소리인 앎이 공한 줄 깨달아, 앎에서 아는 자와 아는 바를 잊어야 곧 여래의 비유의 뜻에 하나되리라.

어떤 이들은 향엄선사가 대나무 소리를 들을 때, 중생이 알 수 없는 깊은 도리를 얻었다고 말한다. 그러나 향엄은 홀연히 돌이 대나무 치는 소리를 듣고서 온갖 법에 얻을 것이 없음을 깨친 것이다.

그러므로 인연으로 소리나는 것을 통해 소리내는 것과 소리가 모두 공함을 알아, 들음에 들음과 듣는 바가 공해지고[聞所聞空] 앎[知]에서 아는 바가 사라져야[亡所知] 향엄의 뜻을 알고 여래의 은혜를 아는 사람이다.

향엄이 대나무 소리 듣고 홀연히 깨닫고서, 읊은 노래를 살펴보자.

돌이 한 번 대나무 때림을 듣고
아는 바를 모두다 잊어버림에
다시는 닦아 익힘 빌지 않았나니
움직임 속 옛길을 늘 드날려서
슬픈 경계에 떨어지지 않도다.
가는 곳곳마다 발자취 없어서
소리와 빛깔 밖에 몸짓 나투니
여러 곳의 도를 통달한 사람들이
모두다 가장 높은 근기라 하네.

一擊忘所知　更不假修治
動容揚古路　不墮悄然機
處處無蹤跡　聲色外威儀
諸方達道者　咸言上上機

향엄의 이 노래에 취암종(翠岩宗)선사는 이렇게 노래했다.

죽과 밥으로 인연 따라 병든 몸을 요양하니
본래 그를 막을 미혹함과 깨달음이 없네.
까닭 없이 암자 앞의 대를 쳤으나
곧장 지금에 이르도록 길 가운데 있도다.

粥飯隨緣養病軀 本無迷悟可關渠
無端擊着庵前竹 直至如今在半途

취암종선사의 노래처럼 향엄의 도 깨침이 오직 있는 법의 진실을 깨친 것일 뿐 거기에 얻을 신묘한 도리가 없으니, 중생이 알 수 없는 도리를 깨쳤다는 이들은 그 어떤 사람들인가.

여래의 뜻을 바르게 깨쳐 붇다의 마음 도장을 전한 이[傳佛心印]가 조사(祖師)라면, 향엄의 뜻이 어찌 여래의 뜻과 둘이 될 것인가.

여래의 가르침과 향엄이 노래한 뜻을 모아 옛 선사[大慧]의 다음 한 구절로 답해보리라.

바람 없어도 연꽃잎이 움직이면
분명히 물고기가 헤엄쳐 다님이네.

無風荷葉動 決定有魚行

2) 다섯 쌓임 · 열두 들임 · 열여덟 법의 영역의 참모습에 관한 비유

① 다섯 쌓임 등 온갖 법이 자기실체 없음을 비유함

다섯 쌓임은 물방울 · 거품 · 아지랑이 · 파초 · 허깨비와 같나니

이와 같이 내가 들었다.

한때 붇다께서는 아요다(Ayodhyā) 국의 강가아 강 옆에 계셨다.

그때 세존께서 여러 비구들에게 말씀하셨다.

"비유하면 강가아 강의 큰물이 사납게 일어나 흐름을 따라 물거품을 모으면 눈이 밝은 사람이 자세히 살펴 분별하는 것과 같다.

자세히 살펴 사유하고 분별할 때 거기에는 있는 바가 없고, 단단함이 없고, 알맹이가 없고, 굳셈도 없다.

왜 그런가. 그 모인 물거품 가운데에는 단단한 알맹이가 없기 때문이다."

다섯 쌓임이 자기실체 없음을 갖가지 비유로 보이심

물질을 거품으로 비유하심

"이와 같이 비구들이여, 있는바 모든 물질[色]은 과거든 미래든 현재든, 안이든 밖이든, 거칠든 가늘든, 곱든 밉든, 멀든 가깝든 비구들이여, 자세히 살펴 사유하고 분별하면 거기에는 있는 바가 없고, 단단함이 없으며, 알맹이가 없고, 굳셈도 없다.

그것은 병과 같고 종기와 같으며 가시와 같고 죽임의 기운과 같아서, 덧없고 괴로운 것이며 공한 것이고 '나 아님'[非我]이다.

왜 그런가. 물질에는 단단한 알맹이가 없기 때문이다.

비구들이여, 비유하면 큰비가 내려 물거품이 한 번 일어났다 한 번 사라지는 것을 눈이 밝은 사람이 자세히 살펴 사유하고 분별하는 것과 같다.

자세히 살펴 사유하고 분별할 때 거기에는 있는 바가 없고, 단단함이 없으며, 알맹이가 없고, 굳셈도 없다.

왜 그런가. 저 물거품은 단단한 알맹이가 없기 때문이다."

느낌을 아지랑이로 비유하심

"이와 같이 비구들이여, 있는바 모든 느낌[受]은 과거든 미래든 현재든, 안이든 밖이든, 거칠든 가늘든, 곱든 밉든, 멀든 가깝든 비구들이여, 자세히 살펴 사유하고 분별하면 거기에는 있는 바가 없고, 단단함이 없으며, 알맹이가 없고, 굳셈도 없다.

그것은 병과 같고 종기와 같으며 가시와 같고 죽임의 기운과 같아서, 덧없고 괴로운 것이며 공한 것이고 '나 아님'이다.

왜 그런가. 느낌에는 단단한 알맹이가 없기 때문이다.

여러 비구들이여, 비유하면 늦은 봄 초여름에 구름도 없고 비도 없는 따가운 한낮에 아지랑이가 아른거리는 것을 눈이 밝은 사람이 자세히 살펴 사유하고 분별하는 것과 같다.

자세히 살펴 사유하고 분별할 때 거기에는 있는 바가 없고, 단단함이 없으며, 알맹이가 없고, 굳셈도 없다.

왜 그런가. 저 아지랑이는 단단한 알맹이가 없기 때문이다."

모습 취함을 파초로 비유하심

"이와 같이 비구들이여, 있는바 모든 모습 취함[想]은 과거든 미래든 현재든, 안이든 밖이든, 거칠든 가늘든, 곱든 밉든, 멀든 가깝든 비구들이여, 자세히 살펴 사유하고 분별하면 거기에는 있는 바가 없고, 단단함이 없으며, 알맹이가 없고, 굳셈도 없다.

그것은 병과 같고 종기와 같으며 가시와 같고 죽임의 기운과 같아서, 덧없고 괴로운 것이며 공한 것이고 '나 아님'이다.

왜 그런가. 모습 취함에는 단단한 알맹이가 없기 때문이다.

비구들이여, 비유하면 눈이 밝은 사람이 단단한 재목을 구하려고 날카로운 도끼를 가지고 산숲으로 들어갔다가 큰 파초나무가 통통하고 곧고 길고 큰 것을 보고 곧 그 부리를 치고 그 윗봉우리를 베어 자르고 잎사귀를 차례로 벗겨보고는, 도무지 단단한 알맹이가 없다는 것을 자세히 살펴 사유하고 분별하는 것과 같다.

자세히 살펴 사유하고 분별할 때 거기에는 있는 바가 없고, 단단함이 없으며, 알맹이가 없고, 굳셈도 없다.

왜 그런가. 그 파초에는 단단한 알맹이가 없기 때문이다."

지어감과 앎을 허깨비로 비유하심

"이와 같이 비구들이여, 있는바 모든 지어감[行]은 과거든 미래든 현재든, 안이든 밖이든, 거칠든 가늘든, 곱든 밉든, 멀든 가깝든 비구들이여, 자세히 살펴 사유하고 분별하면 거기에는 있는 바가 없고, 단단함이 없으며, 알맹이가 없고, 굳셈도 없다.

그것은 병과 같고 종기와 같으며 가시와 같고 죽임의 기운과 같아서, 덧없고 괴로운 것이며 공한 것이고 '나 아님'이다.

왜 그런가. 모든 지어감에는 단단한 알맹이가 없기 때문이다.

여러 비구들이여, 비유하면 환술쟁이나 환술쟁이의 제자가 네거리에서 허깨비로 코끼리 병사[象兵] · 말 병사[馬兵] · 수레 병사[車兵] · 걷는 병사[步兵]를 만들어 보이는 것을 지혜롭고 눈이 밝은 사람이 자세히 살펴 사유하고 분별하는 것과 같다.

자세히 살펴 사유하고 분별할 때 거기에는 있는 바가 없고, 단단함이 없으며, 알맹이가 없고, 굳셈도 없다.

왜 그런가. 그 허깨비에는 단단한 알맹이가 없기 때문이다.

이와 같이 비구들이여, 있는바 모든 앎[識]은 과거든 미래든 현재든, 안이든 밖이든, 거칠든 가늘든, 곱든 밉든, 멀든 가깝든 비구들이여, 자세히 살펴 사유하고 분별하면 거기에는 있는 바가 없고, 단단함이 없으며, 알맹이가 없고, 굳셈도 없다.

그것은 병과 같고 종기와 같으며 가시와 같고 죽임의 기운과 같아서, 덧없고 괴로운 것이며 공한 것이고 '나 아님'이다.

왜 그런가. 모든 앎에는 단단한 알맹이가 없기 때문이다."

다섯 쌓임에 자기실체 없음을 노래로 다시 보이심

그때 세존께서 이 뜻을 거듭 펴기 위하여 게송으로 말씀하셨다.

물질 살피면 거품의 무더기와 같고
느낌은 물 위의 거품 같으며
모습 취함 봄날의 아지랑이 같고
모든 지어감 큰 파초나무와 같고
모든 앎의 법은 허깨비 같으니

해 종족 세존은 이 법 말해주도다.
두루두루 자세히 사유하여서
바른 생각으로 잘 살펴본다면
알맹이 없고 굳세지 않아서
나도 없고 내 것 또한 없도다.

이 괴로움의 덩어리인 몸에 대해
큰 지혜로 분별해 말해주리니
세 가지 법 몸에서 떠나버리면
몸은 바로 버리는 물건 이루네.
세 가지 법이란 숨 쉬는 목숨과
따뜻한 기와 모든 앎들이니
이것들이 떠나고 남은 몸뚱이
무덤 사이에 길이 버려지나니
나무에 앎과 모습 취함 없음 같네.

이 몸은 언제나 이와 같지만
허깨비가 어리석은 사람 꾀니
죽임의 기운 같고 독한 가시 같아
거기에는 굳센 것이 전혀 없도다.
비구들이여 부지런히 닦아 익혀서
이 물질의 쌓임인 몸을 잘 살피라.
밤낮으로 늘 마음 오롯이 하여
바른 지혜로 생각 묶어 머물면

함이 있는 모든 행 길이 쉬고서
맑고 시원한 곳 길이 얻게 되리라.

이때 여러 비구들은 붇다의 말씀을 듣고 기뻐하며 받들어 행하였다.

• 잡아함 265 포말경(泡沫經)

• 해설 •

인연으로 일어난 다섯 쌓임[五蘊]에 대해서도 집착의 방향은 조금씩 다르다. 빛깔과 형상이 있는 물질에 대해서는 중생은 취할 것이 있는 덩어리로서의 실체, 확정된 물질의 자기기반이 있다고 사유하며, 물질에 대한 느낌과 앎에서는 무언가 내면에 사라지지 않는 관념의 기반이 있으리라 사유한다.

붇다는 다섯 쌓임에 대한 집착을 깨기 위해, 구체적 사물 가운데 분명히 눈에 보이고 존재성이 확실히 느껴지되, 홀연히 사라지고 붙잡아 쥘 알맹이 없는 것을 보기로 들어서 다섯 쌓임의 연기이므로 공한 실상[五蘊實相]을 밝힌다.

물질은 강물 위의 거품 같고, 느낌은 큰비의 거품 같으며, 모습 취함은 아지랑이 같고, 지어감은 파초와 같으며, 앎은 환술사가 만든 허깨비의 사물과 같아, 있되 공하고 일어나 있되 거두어 얻을 수 없다.

특히 물질에 대한 집착 가운데 몸[身]에 대한 집착은 깊고 무겁다.

몸은 물질이지만 앎의 내적 토대가 되는 물질이니, 몸에 숨 쉼[息]이 함께하고 따뜻한 기운[暖]이 함께하고 앎활동[識]이 함께해야 목숨[命]의 이름을 얻지만, 숨[息, 壽]과 따뜻함[暖]과 앎[諸識]이 몸을 떠나면 몸은 나무토막과 같은 사물이 된다.

몸은 조건을 빌려서 일어난 것이므로 애욕의 도구로 탐착해서도 안 되지만, 몸이 앎의 토대이므로 몸을 부정하고 몸을 버리려 해서도 안 된다.

몸이 몸 아닌 몸임을 잘 살필 수 있을 때, 여래께서 몸이 물거품 같다는 비유를 통해 열어 보이는 지혜의 눈[慧眼]을 떠서 몸을 버리지 않고 법의 몸[法身]을 얻으며 번뇌의 뜨거운 불이 타는 곳에서 맑고 시원한 해탈의 처소를 얻게 될 것이다.

'번뇌를 끊지 않고 여섯 아는 뿌리를 깨끗이 한다'는 마하야나의 가르침이, 몸이 물거품 같고 파초와 같다는 아가마의 뜻과 어찌 둘이 될 것인가.

② 온갖 법이 원인과 조건이 어울려 남이 없이 일어남을 비유함

기름과 심지가 없으면 불이 없고 뿌리와 줄기가 없으면 나무 그림자가 없듯

이와 같이 내가 들었다.

한때 붇다께서는 슈라바스티 국 제타 숲 '외로운 이 돕는 장자의 동산'에 계셨다.

세존께서 비구니대중을 위해 윗자리 비구들이 설법하도록 분부하시니, 난다 존자의 차례가 되어 난다 존자가 여러 비구니들에게 이렇게 말했다.

(중략)

존자 난다가 여러 비구니들에게 말하였다.

"잘 말하고 잘 말했소, 비구니들이여. 여러분은 이 뜻을 이와 같이 살펴야 하오.

'이 여섯 가지 모습 취함의 몸[六想身]에는 진실 그대로 나가 없다.'

눈[眼]과 빛깔[色]을 인연하여 눈의 앎[眼識]을 내니, 이 세 가지가 어울려 합함이 닿음이며, 닿음 때문에 지어감[思]이 있으니, 이 지어감[思]이 나[我]이거나 나와 다름[異我]이거나 나와 나와 다름이 함께 있음[相在]인가요?"

대답하였다.

"아닙니다, 존자 난다여."

“귀 · 코 · 혀 · 몸 · 뜻과 법 등을 인연하여 뜻의 앎 등을 내니, 이 세 가지가 어울려 합함이 닿음이며, 닿음 때문에 지어감이 있으니 이 지어감은 나이거나 나와 다름이거나 나와 나와 다름이 함께 있음인가요?”

대답하였다.

“아닙니다, 존자 난다여. 왜냐하면 저희들은 일찍이 이 여섯 가지 지어감의 몸[六思身]에서 진실 그대로 나 없음을 살폈기 때문입니다. 저희들은 늘 ‘이 여섯 가지 지어감의 몸에는 진실 그대로 나가 없다’고 이렇게 이해하고 있습니다.”

(중략)

존자 난다가 여러 비구니들에게 말하였다.

“잘 말하고 잘 말했소, 비구니들이여. 여러분은 이 뜻을 이와 같이 살펴야 하오.

‘이 여섯 가지 지어감의 몸[六思身]에는 진실 그대로 나가 없다.’

눈과 빛깔을 인연하여 눈의 앎을 내니, 이 세 가지가 어울려 합함이 닿음이며, 닿음 때문에 애착[愛]이 있으니, 이 지어감이 나이거나 나와 다름이거나 나와 나와 다름이 함께 있음인가요?”

그들이 대답하였다.

“아닙니다, 존자 난다여.”

“귀 · 코 · 혀 · 몸 · 뜻과 법 등을 인연하여 눈의 앎 등을 내니, 이 세 가지가 어울려 합함이 닿음이며, 닿음 때문에 애착이 있으니 이 애착은 나이거나 나와 다름이거나 나와 나와 다름이 함께 있음인가요?”

“아닙니다, 존자 난다여. 왜냐하면 저희들은 일찍이 이 여섯 가지 애착의 몸[六愛身]에서 진실 그대로 나 없음을 살폈기 때문입니다.

저희들은 늘 '이 여섯 가지 애착의 몸에는 진실 그대로 나가 없다'고 이렇게 이해하고 있습니다."

존자 난다는 여러 비구니들에게 말하였다.

"여러분은 이 뜻에 대해서 이렇게 살펴야 하오.

'이 여섯 애착의 몸에는 진실 그대로 나가 없다.'"

인연으로 이루어진 것에 실체 없음을
불의 비유와 나무 그림자의 비유로 보임

"누이들이여, 비유하면 기름을 인하고 심지를 인하여 등불이 탈 수 있는 것과 같소. 그 기름은 덧없는[無常] 것이고 심지도 덧없는 것이며, 불 또한 덧없는 것이고 그릇 또한 덧없는 것이오.

그런데 만약 어떤 사람이 '기름도 없고 심지도 없으며, 불도 없고 그릇도 없어도, 그것을 의지하여 일어난 등불의 빛이 늘 머물러 변하거나 바뀌지 않는다'고 말한다면, 이 말을 바른 말이라 하겠소?"

대답하였다.

"아닙니다, 존자 난다여. 왜냐하면 기름과 심지와 그릇 때문에 등불은 타오르는데, 그 기름과 심지와 그릇은 덧없는 것이기 때문입니다. 만약 기름도 없고 심지도 없으며 그릇도 없다면, 그것을 의지한 등불의 빛 또한 다시 따라서 사라지고, 그쳐 없어집니다.

그리하여 사라지면 청량하고 진실하게 됩니다."

"이와 같이 누이들이여, 이 여섯 가지 안의 들이는 곳[六內入處]은 덧없는 것이오. 그런데 만약 어떤 사람이 '이 여섯 가지 안의 들이는 곳의 인연으로 생기는 기쁨과 즐거움이 늘 머물러 변하거나 바뀌지 않으며 안온하다'고 말한다면, 이것을 바른 말이라 하겠소?"

대답하였다.

"아닙니다. 존자 난다여, 왜냐하면 저희들은 일찍이 이렇게 살폈기 때문입니다.

'이런저런 법의 인연으로 이런저런 법을 내면, 이런저런 인연의 법이 사라지면 이런저런 법 또한 따라서 사라지고 그쳐 없어지며, 청량하고 진실하게 된다.'"

존자 난다가 여러 비구니들에게 말하였다.

"잘 말하고 잘 말했소, 비구니들이여. 여러분은 이 뜻을 반드시 이와 같이 살펴야 하오.

'이런저런 법의 인연으로 이런저런 법을 내면, 이런저런 인연의 법이 사라지면 이런저런 법 또한 따라서 사라지고 그쳐 없어지며, 청량하고 진실하게 된다.'

모든 누이들이여, 비유하면 큰 나무의 뿌리 · 줄기 · 가지 · 잎사귀와 같아 뿌리도 덧없는 것이고, 줄기 · 가지 · 잎사귀도 다 덧없는 것이오.

그런데 만약 어떤 사람이 '그 나무의 뿌리 · 줄기 · 가지 · 잎사귀는 없고 오직 그 그림자만 있어서 늘 머물러 변하거나 바뀌지 않으며 안온하다'고 말한다면 바른 말이라 하겠소?"

대답하였다.

"아닙니다. 존자 난다여, 왜냐하면 그 큰 나무의 뿌리 · 줄기 · 가지 · 잎사귀에서, 그 뿌리도 덧없는 것이고 줄기 · 가지 · 잎사귀 또한 덧없는 것이라면, 뿌리도 없고 줄기도 없고 가지도 없고 잎사귀도 없으면, 그것을 의지한 나무 그림자 그 온갖 것이 다 없기 때문입니다."

• 잡아함 276 난타설법경(難陀說法經) 부분

• 해설 •

앞 경에서 말한 물거품과 파초의 비유가 다섯 쌓임[五蘊]이 인연으로 일어난 것이라 취할 것이 없음을 보인 것이라면, 이 경의 기름과 불의 비유, 그림자의 비유는 모든 법이 서로 의지해 남을 보이고 있다.

곧 앞 물거품의 비유가 연기이므로 공함[緣起卽空]을 비유로 보이고 있다면, 이 경은 공하므로 연기함[空卽緣起]을 비유로 보이고 있다.

다섯 쌓임으로 '나'[我]가 있으므로 다섯 쌓임 그대로 '나'가 아니고 다섯 쌓임을 떠나서도 '나'가 아니므로, 경은 다섯 쌓임이 '나'가 아니고 '나와 다름'도 아니고, '나와 나와 다름이 함께 있음'도 아니라고 가르친다.

다섯 쌓임의 교설을 난다 존자의 설법처럼 아는 뿌리와 경계로 바꾸어 살펴보자. 여섯 아는 뿌리가 여섯 알려지는 경계를 의지해 여섯 앎[六識]을 내고, 여섯 앎이 아는 뿌리, 알려지는 경계와 함께 어울림으로 닿음[觸]이 있고, 닿음으로 여섯 모습 취함[六想身], 여섯 지어감[六思身], 여섯 애착[六愛身]이 있으니, 마치 기름과 심지를 인해 등불이 있는 것과 같고 나무의 뿌리와 줄기와 가지로 인해 나무 그림자가 있는 것과 같다.

여래의 비유를 통해 등불이 공하고 그림자가 공할 뿐 아니라 등불을 등불이게 하는 기름과 심지의 인연과 그림자를 그림자이게 하는 뿌리와 줄기의 인연도 공한 인연인 줄 알면, 원인과 조건과 결과가 모두 공함을 깨치게 된다. 연기하는 현실법에서 원인 · 조건 · 결과가 모두 공한 줄 알면 보고 들음 가운데서 모든 번뇌가 사라져 그친 시원하고 진실한 곳을 얻을 수 있다.

옛 선사가 '몸은 사라지나 그림자는 사라지지 않는다'[身滅影不滅]고 했으니, 선사가 말하는 뜻과 여래의 비유가 같은가 다른가.

옛 선사가 말한 뜻이 여래의 말씀과 다르다면 그 선사를 어떻게 붇다의 진리문 가운데 조사라 할 것인가. 눈을 대고 보아야 할 것이다[着眼看].

마치 손거울을 잡고 얼굴을 비치면 그림자가 나타났다 사라지듯

이와 같이 내가 들었다.

한때 존자 아난다는 카우삼비 국의 고실라라마 동산에 있었다.

이때 존자 아난다가 여러 비구들에게 말하였다.

"존자 푸르나 마이트라이니우트라(Pūrṇa-maitrāyṇṇīutra)는 내가 어린 나이로 처음 집을 나왔을 때, 늘 깊은 법을 설하시며 이렇게 말씀했소.

'아난다여, 나는 법[生法]을 〈이것은 나[我]다〉라고 헤아리는 것이지, 나지 않는 것을 헤아리는 것은 아니오. 아난다여, 〈나는 법을 나라고 헤아리는 것이지 나지 않는 것을 헤아리는 것은 아니다〉라는 말은 무슨 뜻이오?

물질은 생겨나는 것이오. 나기 때문에 〈이것은 나다〉라고 헤아리는 것이지, 나지 않는 것을 헤아리는 것이 아니오.

느낌 · 모습 취함 · 지어감 · 앎도 생겨나는 것이오. 나는 것을 나[我]라고 생각하고, 나지 않는 것을 헤아리는 것이 아니오.' "

인연으로 생긴 법이 거울에 비친 얼굴 모습과 같음을 말함

" '비유하면 어떤 사람이 손에 밝은 거울을 들거나 맑은 물을 거울로 삼으면 스스로 얼굴이 나타나는 것을 보는 것과 같이, 나기 때문에 보는 것이지 나지 않는 것을 보는 것이 아니오.

그러므로 아난다여, 물질은 생겨나는 것이오. 생겨나기 때문에 〈이것은 나다〉라고 헤아리는 것이지, 나지 않는 것을 헤아리는 것이 아니오. 이와 같이 느낌 · 모습 취함 · 지어감 · 앎도 생겨나는 것이오. 나는 것을 〈이것은 나다〉라고 헤아리는 것이지, 나지 않는 것을 헤아리는 것이 아니오.

어떻소, 아난다여. 물질은 항상한 것이오, 덧없는 것이오?'

아난다가 대답하였소.

'덧없는 것입니다.'

또 물었소.

'덧없는 것은 괴로운 것이오?'

'그것은 괴로운 것입니다.'

또 물었소.

'만약 덧없고 괴로운 것이라면 그것은 변하고 바뀌는 법이오. 그런데 많이 들은 거룩한 제자가 그 가운데서 〈이것은 나다, 나와 다르다, 나와 나와 다름이 함께 있는 것이다〉라고 헤아리겠소?'

'아닙니다.'

'이와 같이 느낌 · 모습 취함 · 지어감 · 앎은 항상하오, 덧없소?'

'덧없는 것입니다.'

'만약 덧없는 것이라면 그것은 괴로운 것이오?'

'그것은 괴로운 것입니다.'

'만약 덧없고 괴로운 것이라면 그것은 변하고 바뀌는 법이오. 그런데 많이 들은 거룩한 제자가 그 가운데 다시 〈이것은 나다, 나와 다르다, 나와 나와 다름이 함께 있는 것이다〉라고 헤아리겠소?'

'아닙니다.'

'아난다여, 그러므로 물질[色]은 과거든 미래든 현재든, 안이든 밖이든, 거칠든 가늘든, 곱든 밉든, 멀든 가깝든, 그 온갖 것은 다 나가 아니요, 나와 다름도 아니며, 나와 나와 다름이 함께 있는 것도 아니오.

이와 같이 느낌 · 모습 취함 · 지어감 · 앎도 과거든 미래든 현재든, 안이든 밖이든, 거칠든 가늘든, 곱든 밉든, 멀든 가깝든, 그 온갖 것은 다 나가 아니요, 나와 다름도 아니며, 나와 나와 다름이 함께 있는 것도 아니오. 이와 같음을 진실 그대로 알고 진실 그대로 살피오?

이와 같이 살피는 거룩한 제자들은 물질에 대해서 즐겨하지 않는 마음을 내어 탐욕을 여의고 해탈하오. 그리하여 '나의 태어남은 이미 다하고 범행은 이미 서고, 지을 바를 이미 지어 다시는 뒤의 있음을 받지 않는다'는 것을 스스로 아오.

이와 같이 느낌 · 모습 취함 · 지어감 · 앎에 대해서도 즐겨하지 않는 마음을 내어 탐욕을 여의고 해탈하여 '나의 태어남은 이미 다하고 범행은 이미 서고, 지을 바를 이미 지어 다시는 뒤의 있음을 받지 않는다'는 것을 스스로 아오.'

여러 비구들이여, 알아야 하오. 그 존자께서는 내게 큰 이익을 주셨소. 나는 그 존자 계신 곳에서 법을 듣고서는 티끌을 멀리하고 때를 여의어 법의 눈[法眼]이 깨끗해졌소.

나는 그때부터 늘 이 법으로써 사부대중을 위해 말해주었소. 그러나 다른 바깥길의 사문이나 브라마나로서 집을 나온 이에게는 말해주지 않았소."

• 잡아함 261 부류나경(富留那經)

• 해설 •

이 경에서 아난다 존자는 장로인 푸르나 마이트라이니우트라에게서 연기되어 일어나는 다섯 쌓임의 실상에 대한 가르침을 듣고 법의 눈 열게 되었음을 다른 비구들에게 술회하고 있다.

장로는 나이 어린 아난다에게 비유로 친절하게 연기법을 가르친다.

저 거울에 비친 얼굴이 거울을 잡은 손에 있는 것도 아니고, 거울의 밝은 바탕에 있는 것도 아니고, 밖의 얼굴에 있는 것도 아니지만, 거울의 밝은 바탕과 거울의 대와 밖의 사물을 좇아 나타나는 것처럼 온갖 사물과 앎 또한 그와 같다.

물질과 앎이 이미 지난 것이든 아직 오지 않은 것이든 지금 있는 것이든 모든 것은 인연으로 생겨난 것이고, 인연으로 난 여러 법으로 인해 다시 존재[我]가 있으니, 다섯 쌓임의 여러 법은 '나'[我]가 아니요 '나와 다름'[異我]도 아니며, '나와 나와 다름이 함께 있는'[相在] 것도 아니다.

아난다 존자는 지혜의 눈과 변재가 뛰어난 푸르나 존자가 말해준바, '존재[我]에도 스스로 있는 나가 없고[人無我] 존재를 존재이게 하는 여러 법에도 스스로 있는 나가 없어서[法無我] 생겨나는 법[生法]에 실로 생겨남이 없다[實無生]'는 한 마디에 법의 눈[法眼]이 깨끗해져 태어남을 다하고 뒤의 있음을 받지 않게 되었다.

장로 푸르나 마이트라이니우트라의 말씀에 법의 눈을 열고 아난다가 비로소 여래의 참된 성문제자가 되었고, 사부대중에 또 법의 눈을 열어주는 법사가 되었으니, 여래가 켜신 한 법의 등불[法燈]이 다함없는 등불[無盡燈]이 되어 온 세간을 밝히는 소식이다.

③ 중생의 앎과 마음작용이 찰나에 인연으로 일어남을 비유함

원숭이가 한 나뭇가지를 잡으면 다른 가지를 놓듯

이와 같이 내가 들었다.

한때 붇다께서는 라자그리하 성 칼란다카 대나무동산에 계셨다.

그때 세존께서 여러 비구들에게 말씀하셨다.

"어리석고 들음 없는 범부들[無聞凡夫]은 네 가지 큰 요소[四大]로 된 몸에 대해서 싫어하고 근심하며 탐욕을 여의고 등져버리지만 앎[識]에 대해서는 그렇지 않다.

왜냐하면 네 가지 큰 요소로 된 몸에서는 더함이 있고 줄어듦이 있으며 취함이 있고 버림이 있음을 보지만, 마음[心]과 뜻[意]과 앎[識]에 대해서 어리석고 들음 없는 범부들은 싫어하는 마음을 내 탐욕을 여의지 못하고 해탈하지 못하기 때문이다.

왜 그런가. 그들은 기나긴 밤에 마음을 보살펴 아끼면서 나[我]에 얽매여, 얻거나 취하여 '이것은 나[我]다, 이것은 내 것[我所]이다, 둘이 함께 있는 것[相在]이다'라고 말하기 때문이다.

그러므로 어리석고 들음 없는 범부들은 그것에 대해서 즐겨하지 않는 마음을 내[生厭], 탐욕을 여의지 못하고 등져버리지 못한다.

어리석고 들음 없는 범부들은 네 가지 큰 요소로 된 몸에 대해서 나와 내 것에 얽매임을 알지언정, 앎에서는 나와 내 것에 얽매임을

알지 못한다.

왜 그런가. 네 가지 큰 요소로 된 몸에서는 십 년을 머무르고 이십 년 · 삼십 년 나아가 백 년 동안 머무르다가도 결국 사라지는 것을 보기도 하고, 만약 잘만 삭히고 쉬면 그보다 조금 더 많이 머물기도 한다. 그러나 마음과 뜻과 앎은 밤과 낮, 아주 잠깐 때에도 굴러 변해, 달리 나고 달리 사라지기 때문이다.

마치 원숭이가 숲속 나무 사이에서 노닐 때, 잠깐 사이에 곳곳에서 나뭇가지를 움켜잡아 하나를 놓으면 하나를 잡는 것과 같으니, 그 마음과 뜻과 앎 또한 이와 같아서, 달리 생기고 달리 사라진다."

연기법의 진실 살펴야 해탈과 해탈지견이 생김을 보이심

"많이 들은 거룩한 제자는 모든 연기(緣起)에 대해서 잘 사유하여 다음처럼 살핀다. 즐거운 닿음의 인연으로 즐거운 느낌을 내, 즐거운 느낌을 느껴 알 때 진실 그대로 그 즐거운 느낌을 느껴 안다.

곧 그 즐거운 닿음이 사라지면 즐거운 닿음의 인연으로 생긴 즐거운 느낌 또한 사라져 그치고 맑고 시원하게 쉬어 사라진다.

즐거운 느낌처럼 괴로운 닿음 · 기쁜 닿음 · 근심스런 닿음 · 평정한 닿음의 인연으로 평정한 느낌을 내, 평정한 느낌을 느껴 알 때에도 진실 그대로 평정한 느낌을 느껴 안다.

곧 그 평정한 닿음이 사라지면 평정한 닿음의 인연으로 생긴 평정한 느낌 또한 사라져 그치고 맑고 시원하게 쉬어 사라진다.

그는 이와 같이 사유한다.

'이 느낌은 닿음으로 생겨나니, 닿음이 즐거우면 닿음에 얽매인다. 이런저런 닿음이 즐거우므로 이런저런 느낌이 즐겁고, 이런저런

닿음의 즐거움이 사라지면 이런저런 느낌의 즐거움 또한 사라져 그치고 청량하게 쉬어 사라진다.'

이와 같이 많이 들은 거룩한 제자는 물질[色]에 대해서 즐겨하지 않는 마음을 내고, 느낌[受]·모습 취함[想]·지어감[行]·앎[識]에 대해서도 즐겨하지 않는 마음을 낸다. 탐착 없기 때문에 즐겨하지 않고, 즐겨하지 않기 때문에 해탈하며, 해탈지견(解脫知見)이 생겨 '나의 태어남은 이미 다하고 범행은 이미 서고, 지을 바를 이미 지어 다시는 뒤의 있음을 받지 않는다'라고 진실 그대로 안다."

붇다께서 이 경을 말씀하시자, 여러 비구들은 붇다의 말씀을 듣고 기뻐하며 받들어 행하였다.

• 잡아함 289 무문경(無聞經) ①

• 해설 •

연기되어 일어난 온갖 법에서 나와 내 것이라 할 존재의 실체는 없다. 내적 물질인 몸과 외적 물질인 저 세계는 모두 일정하게 자기동일성이 유지되는 시간이 있으므로 나와 내 것의 집착이 분명하고 집착에 대한 버림의 가르침 또한 뚜렷하게 설정된다.

그러나 마음은 찰나찰나 달리 변화해 머물지 않음이 저 원숭이가 한 가지를 쥐었다 놓으면 다른 가지를 잡아 날뛰는 것과 같아서 나와 내 것의 집착이 뚜렷이 분별되지 않지만, 마음의 항상함에 대한 집착과 마음에 대한 주관주의적 집착은 그 뿌리를 뽑기 힘들다.

아는 뜻 뿌리[內根]는 늘 알려지는 것[外境]을 의지해 찰나찰나 구체적인 앎활동[識]으로 드러나므로 앎은 늘 잠깐 사이에 달리 나고 달리 사라진다. 아는 자와 알려지는 것이 모두 공하므로 서로 어울려서 앎이 나는 것이니 안의 있되 공한 뜻뿌리[意根]를 경은 뜻[意, manas]이라 하고, 아는 자밖에 알려지는 것이 없어 둘이 아님을 마음[心, citta]이라 한다.

아는 자와 알려지는 것이 둘이 없이 공한 마음의 바탕에서 아는 자와 알려지는 것이 어울려 찰나찰나 앎이 일어나지만, 쉼이 없는 앎의 물결이 끊어지지 않고 마음의 바다[藏識海]를 이루니, 마음과 뜻과 앎은 덧없이 나고 사라지되 남이 없고 사라짐이 없다.

그러므로 붇다께서 마음이 항상하지 않음을 원숭이로 비유하여 보이심에 대해, 옛 선사[大慧]는 마음이 달리 나고 달리 사라지되 끊어지지 않고, 마음이 항상하지 않되 나고 사라짐이 아님[無有常住 亦無起滅]을 호랑이로 비유해 보인다. 대혜선사의 호랑이 비유는 서암(瑞巖) 화상의 공안에 붙인 말이다. 곧 서암(瑞巖) 화상은 늘 스스로를 향해 '주인공아 정신차리라'[主人公 惺惺着]고 하였다. 대혜는 이에 대해 이렇게 말한다.

> "서암의 가풍은 주인공을 부름[瑞巖家風喚主人公]이니, 어젯밤 남산에서 호랑이가 호랑이를 깨물었도다[昨夜南山 虎咬大蟲]."

여래와 조사의 가르침대로 찰나에도 머묾 없이, 달리 나고 달리 사라짐 속에서 나되 남이 없는 연기법의 진실을 사유하여 앎에서 앎을 떠나면, 앎을 따라 일어난 닿음·느낌이 사라져 맑고 시원하여 함이 없는 곳에 이른다.

이처럼 앎활동 속에서 저 보여지는 물질의 모습을 뛰어넘고 느낌 · 모습 취함 · 지어감 · 앎에 대한 탐착이 사라지면, 알되 앎이 없어지게 되어 해탈하고, 앎 없되 앎 없음도 없으므로 앎 없음에 머물지 않는 해탈의 지견[解脫知見]이 생긴다.

이것이 아라한의 길이고 이미 저 언덕에 잘 가신 이[Sugata]의 가르침이다. 그러므로 잘 가신 이의 가르침을 잘 받아들여 잘 행하는 많이 들은 거룩한 제자 또한 앎에서 앎을 바로 여의게 되면, 잘 가신 이를 따라 지금 다섯 쌓임의 이곳[此岸]을 떠나지 않고 니르바나의 맑고 시원한 저곳[彼岸]에 이르게 될 것이다.

두 나무를 서로 비비면 어울려 불이 나고 떨어지면 불이 사라지듯

이와 같이 내가 들었다.

한때 붇다께서는 라자그리하 성 칼란다카 대나무동산에 계셨다.

그때 세존께서 여러 비구들에게 말씀하셨다.

"어리석고 들음 없는 범부들[無聞凡夫]은 네 가지 큰 요소[四大]로 된 몸에 대해서 싫어하고 근심하며 탐욕을 여의고 등져버리지만 앎[識]에 대해서는 그렇지 않다.

왜냐하면 네 가지 큰 요소로 된 몸에서는 더함이 있고 줄어듦이 있으며 취함이 있고 버림이 있음을 보지만, 마음[心]과 뜻[意]과 앎[識]에 대해서 어리석고 들음 없는 범부들은 싫어하는 마음을 내 탐욕을 여의지 못하고 해탈하지 못하기 때문이다.

왜 그런가. 그들은 기나긴 밤에 마음을 보살펴 아끼면서 나[我]에 얽매여, 얻거나 취하여 '이것은 나[我]다, 이것은 내 것[我所]이다, 둘이 함께 있는 것[相在]이다'라고 말하기 때문이다.

그러므로 어리석고 들음 없는 범부들은 그것에 대해서 즐겨하지 않는 마음을 내[生厭] 탐욕을 여의지 못하고 등져버리지 못한다.

어리석고 들음 없는 범부들은 네 가지 큰 요소로 된 몸에 대해서 나와 내 것에 얽매임을 알지만, 앎에서는 나와 내 것에 얽매임을 알지 못한다."

마음이 찰나찰나 나고 사라짐을 원숭이의 비유로 보이심

"왜 그런가. 네 가지 큰 요소로 된 몸에서는 십 년을 머무르고 이십 년·삼십 년 나아가 백 년 동안 머무르다가도 결국 사라지는 것을 보기도 하고, 만약 잘만 삭히고 쉬면 그보다 조금 더 많이 머물기도 한다. 그러나 마음과 뜻과 앎은 밤과 낮, 아주 잠깐 때에도 굴러 변해, 달리 나고 달리 사라지기 때문이다.

마치 원숭이가 숲속 나무 사이에서 노닐 때, 잠깐 사이에 곳곳에서 나뭇가지를 움켜잡아 하나를 놓으면 하나를 잡는 것과 같으니, 그 마음과 뜻과 앎 또한 이와 같아서, 달리 생기고 달리 사라진다.

많이 들은 거룩한 제자는 모든 연기(緣起)에 대해서 잘 사유하여 다음처럼 살핀다. 즐거운 닿음의 인연으로 즐거운 느낌을 내, 즐거운 느낌을 느껴 알 때 진실 그대로 그 즐거운 느낌을 느껴 안다.

곧 그 즐거운 닿음이 사라지면 즐거운 닿음의 인연으로 생긴 즐거운 느낌 또한 사라져 그치고 맑고 시원하게 쉬어 사라진다.

즐거운 느낌처럼 괴로운 닿음·기쁜 닿음·근심스런 닿음·평정한 닿음의 인연으로 평정한 느낌을 내, 평정한 느낌을 느껴 알 때에도 진실 그대로 평정한 느낌을 느껴 안다.

곧 그 평정한 닿음이 사라지면 평정한 닿음의 인연으로 생긴 평정한 느낌 또한 사라져 그치고 맑고 시원하게 쉬어 사라진다."

법이 나고 사라짐을 두 나무를 비비어 불이 남으로 비유하심

"비유하면, 두 나무를 서로 비비면 어울려 합해 불을 내지만, 만약 두 나무가 서로 떨어지면 불 또한 따라서 사라지는 것과 같다.

이와 같이, 모든 느낌은 닿음의 인연으로 모여나니, 닿음이 일으키고 닿음이 모아낸다. 만약 이러저러한 닿음이 모아나면 이러저러한 느낌 또한 모아나며, 이러저러한 닿음이 사라지면 이러저러한 느낌 또한 사라지고 그치며, 맑고 시원하게 쉬어 사라진다.

많이 들은 거룩한 제자로서 이와 같이 살피는 자는 물질에서 해탈하고, 느낌 · 모습 취함 · 지어감 · 앎에서 해탈한다. 그리하여 태어남 · 늙음 · 병듦 · 죽음과 근심 · 슬픔 · 번민 · 괴로움에서 해탈하니, 나는 그가 괴로움에서 해탈하였다고 말한다."

붇다께서 이 경을 말씀하시자, 여러 비구들은 붇다의 말씀을 듣고 기뻐하며 받들어 행하였다.

• 잡아함 290 무문경 ②

• 해설 •

이 경은 앞의 경과 그 내용을 같이한다. 다만 앎과 느낌 · 모습 취함이 인연으로 일어나 인연으로 사라지는 것이 마치 두 나무를 비비어 불을 냄과 같다는 비유가 첨가된다.

잠깐 사이 생기고 사라짐은 가지를 옮겨다니는 원숭이로 비유하셨다면, 인연이 합해 생겨나는 모습은 두 나무를 비비어 불이 나는 것으로 비유하신다. 두 나무를 서로 비비어 때가 되면 불이 생기니, 불은 이쪽 나무에 있는 것도 아니고 저쪽 나무에 있는 것도 아니며 두 나무를 떠난 것도 아니다. 인연이 합해 불이 생긴 것이므로 불은 실로 옴이 없고, 두 나무가 떨어지면 불이 사라지니 불은 실로 감이 없다.

앎이 인연으로 난 것이라 공하다면 앎을 따라 난 느낌 · 모습 취함 또한 나되 남이 없는 것[生而無生]이니, 앎과 알려지는 물질이 모두 남이 없음[無生]을 깨달으면 다섯 쌓임에 해탈하여 태어남과 죽음과 괴로움에서 해탈하는 것이다. 온갖 법이 나되 남 없음[生而無生]을 바로 보는 자, 그를 여래가 괴로움에서 해탈한 여래의 제자라 인가하시는 것이다.

지혜로운 이는 찰나찰나 덧없다는 가르침을 통해 공의 뜻을 알아 온갖 모습을 떠나게 되니, 『화엄경』(「광명각품」)은 이렇게 가르친다.

세간에서 보는 모든 법은
다만 마음이 주인되어
앎을 따라 뭇 모습 취해
뒤바뀌어 진실과 같지 않네.

世間所見法 但以心爲主
隨解取衆相 顚倒不如實

지혜로운 이는 온갖 법에
항상함이 있지 않고
모든 법이 공해 나 없음을 살펴
길이 온갖 모습을 여의네.

智者能觀察 一切有無常
諸法空無我 永離一切相

두 손뼉이 어울려 소리가 나듯

이와 같이 내가 들었다.

한때 붇다께서는 슈라바스티 국 제타 숲 '외로운 이 돕는 장자의 동산'에 계셨다.

이때 어떤 비구가 홀로 고요히 이렇게 사유하고 있었다.

'무엇을 나라고 하는가? 나는 어떤 것을 해야 하는가? 어떤 것이 나인가? 나는 어디에 있는가?'

그는 선정에서 깨어나 붇다 계신 곳에 나아가 발에 머리를 대 절하고 한쪽에 물러나 앉아서 붇다께 말씀드렸다.

"세존이시여, 저는 홀로 한 고요한 곳에서 이렇게 사유했습니다.

'무엇을 나라고 하는가? 나는 어떤 것을 해야 하는가? 어떤 것이 나인가? 나는 어디에 있는가.' "

'무엇이 나인가'를 묻는 비구에게 서로 의지해 있는 두 법을 보이심

붇다께서 비구들에게 말씀하셨다.

"내 이제 너를 위해 두 가지 법에 대해 말해주겠으니 자세히 듣고 잘 생각하라.

어떤 것이 두 가지인가? 눈과 빛깔이 둘이요, 귀와 소리 · 코와 냄새 · 혀와 맛 · 몸과 닿음 · 뜻과 법이 둘이니, 이것을 두 가지 법이라고 한다.

비구여, 만약 어떤 이가 '사문 고타마가 말하는 두 가지 법은 둘이 아니다. 내가 이제 그것을 버리고 다시 두 가지 법을 세우겠다'고 말한다면, 그것은 말만 있을 뿐이다.

자주 묻게 되면 알지 못하고 그 의혹만 더하게 될 것이니, 그것은 진실한 경계가 아니기 때문이다.

왜 그런가. 눈[眼]과 빛깔[色]을 인연하여 눈의 앎[眼識]을 내기 때문이다.

비구여, 저 눈이란 살덩어리이고, 안[內]이며, 인연(因緣)이고, 단단한 것이며, 느끼는 것이다. 이것을 이름하여 눈이라는 살덩어리 '안의 땅의 영역'[內地界]이라고 한다.

비구여, 만약 눈이라는 살덩어리가 안이요 인연이며, 촉촉한 것으로 이것이 느끼는 것이면, 이것을 눈이라는 살덩어리 '안의 물의 영역'[內水界]이라고 한다.

비구여, 만약 저 눈이라는 살덩이가 안이요 인연이며, 밝아 따뜻한 것으로 이것이 느끼는 것이면, 이것을 눈이라는 살덩어리 '안의 불의 영역'[內火界]라고 한다.

비구여, 만약 눈이라는 살덩어리가 안이요 인연이며, 가볍게 움직이는 것으로 이것이 느끼는 것이면, 이것을 눈이라는 살덩어리 '안의 바람의 영역'[內風界]이라고 한다."

손뼉의 비유로 주관 · 객관이 어울려 앎활동 일으킴을 보이심

"비구여, 비유하면 두 손이 합해서 서로 마주쳐 소리를 내는 것과 같다. 이와 같이 눈과 빛깔을 인연하여 눈의 앎을 낸다.

이 세 가지 일이 어울려 합함이 닿음[觸]이니, 닿음이 함께하면 느낌[受] · 모습 취함[想] · 지어감[思]을 낸다. 그러나 이러한 모든 법은 내가 아니요, 항상함이 아니다. 이것은 덧없는 나요, 항상하지 않고 안온하지 않으며 변하고 바뀌는 나이다.

왜 그런가. 비구여, 그것은 나고 늙고 죽고 사라지며 태어남을 받는 법이기 때문이다.

비구여, 모든 행은 허깨비와 같고 불꽃과 같으며 잠깐 동안에 다 썩는 것으로서 실로 오고 실로 가는 것이 아니다.

그러므로 비구여, 공한 모든 행에 대해서 알아야 하고, 기뻐해야 하며, 기억해야 한다. 공한 모든 행은 항상하여 늘 머무르고, 변하거나 바뀌는 법이 아니다. 공함에는 나[我]도 없고 내 것[我所]도 없다."

빈 방에 등불 비춤으로 비유하여 주관 · 객관 · 앎활동이 공한 줄 살피게 하심

"비유하면, 눈이 밝은 어떤 사람[士夫]이 손에 밝은 등불을 들고 빈 방에 들어가서 그 빈 방을 살피는 것과 같다.

이와 같이 비구여, '온갖 공한 행'[一切空行]을 '공한 마음'으로 살펴서 공한 법과 행이 늘 머물러서, 변하거나 바뀌는 법이 아니며, '공함에 나와 내 것이 없는 것'에 대해 기뻐해야 된다.

눈[眼]에서와 같이 귀[耳] · 코[鼻] · 혀[舌] · 몸[身] · 뜻[意]이 법(法) 등을 인연하여 뜻의 앎[意識] 등을 낸다.

이 세 가지 일이 어울려 합함이 닿음[觸]이니, 닿음이 함께하면 느낌 · 모습 취함 · 지어감을 낸다. 이 모든 법에는 나가 없고 덧없으며 나아가서는 나와 내 것이 다 공하다.

비구여, 어떻게 생각하느냐? 눈은 항상한가, 항상하지 않은가?"

대답하였다.

"덧없는 것입니다, 세존이시여."

또 물었다.

"만약 덧없는 것이라면 그것은 괴로운 것인가?"

대답하였다.

"그것은 괴로운 것입니다, 세존이시여."

또 물었다.

"만약 덧없고 괴로운 것이라면 그것은 변하고 바뀌는 법이다. 많이 들은 거룩한 제자들이 과연 그 가운데서 '나[我]와 나와 다름[異我], 나와 나와 다름이 함께 있음[相在]'을 보겠는가?"

대답하였다.

"아닙니다, 세존이시여."

주관 · 객관 · 앎에 탐착 없으면 해탈하게 됨을 보이심

"귀 · 코 · 혀 · 몸 · 뜻 또한 다시 이와 같다. 그러므로 많이 들은 거룩한 제자는 눈에 대해서 탐착하지 않는 마음을 내고, 탐착하지 않기 때문에 좋아하지 않으며, 좋아하지 않기 때문에 해탈하고, 해탈지견(解脫知見)이 생겨 '나의 태어남은 이미 다하고 범행은 이미 서며, 지을 바를 이미 지어 다시는 뒤의 있음 받지 않음'을 스스로 안다.

귀 · 코 · 혀 · 몸 · 뜻 또한 다시 이와 같다."

이때 그 비구는 붇다께서 말씀하신 '손뼉 소리의 비유로 보인 경'[合手聲譬經]의 가르침을 듣고 홀로 한 고요한 곳에서 생각을 오롯이 해 사유하면서 방일하지 않으며 지냈다.

그리하여 마침내 뒤의 있음 받지 않음을 스스로 알아 아라한을 이루었다.

• 잡아함 273 수성유경(手聲喩經)

• **해설** •

손뼉의 소리로 앎활동이 아는 뿌리와 알려지는 경계를 의지해서 나는 것을 보인 이 경의 비유는 비유한 일을 직접 보고 들을 수 있을 뿐 아니라 바로 그 비유를 두 손으로 실행해 볼 수 있으므로 여래의 비유의 법문 가운데서도 가장 친절한 가르침이다.

경의 첫머리 비구가 '무엇을 나라고 하는가, 나는 어디에 있는가'를 묻는 것은 실체적 자아를 상정하고 그 자아의 모습을 묻고 있는 것이다.

이 물음에 여래께서 '열두 들이는 곳'[十二處]으로 답변하시니, 자아는 여기 어떤 곳에 머물러 있는 자아가 아니라 세계를 의지해서만 자아일 수 있는 '나 아닌 나'임을 보인 것이다.

그리고 손뼉의 비유는 자아는 바로 앎활동으로 주어지는 자아이고, 저 세계는 앎활동 밖의 자아가 아니라 앎의 토대이자 앎활동으로 주어지는 세계임을 보인다.

손뼉이 마주쳐 소리가 날 때 그 소리는 왼손에 있는 것도 아니고 오른손에 있는 것도 아니며 왼손·오른손을 떠난 것도 아니다.

지금 주체의 아는 뿌리[六根]가 앎[識]을 일으킬 때 그 앎활동은 아는 뿌리[根]가 아니고 바깥 경계[境]가 아니지만 안의 뿌리와 바깥 경계를 떠난 것도 아니다.

지금 눈으로 저 빛깔을 알 때 눈의 앎은 눈과 빛깔이 아니지만 눈과 빛깔을 떠나지 않는다. 눈도 공한 눈이고 빛깔도 공한 빛깔이라 아는 뿌리와 알려지는 빛깔이 만나 앎을 이루니, 눈의 아는 뿌리[眼根]·알려지는 빛깔[色

境]·눈의 앎[眼識]이 만나는 것을 닿음[觸, 三事和合]이라 한다.

설사 눈과 빛깔이 마주해도 아는 뜻뿌리[意根]가 거기 함께해 빛깔에 대한 의식의 지향이 빛깔과 함께하지 않으면, 눈의 앎[眼識]이 구체적으로 드러나지 않아서 빛깔에 대한 느낌[受]을 내지 못한다.

눈으로 빛깔을 보아도 다른 것을 깊이 생각하고 있으면 눈의 앎이 일어나지 않는 것과 같다.

경에서 '모든 법은 항상하지 않다'고 하고서 모든 행은 허깨비 같고 불꽃 같아 실로 오고 가는 것이 아니며 '공한 행은 항상하다'고 한 뜻은 무엇인가. 앞의 '항상하지 않다'고 함은 인연으로 생겨 인연으로 사라지므로 '늘 머물러 있음이 없음'[無有常住]을 보이고, 뒤의 실로 오고 가는 것이 아니고 변해 바뀌지 않는다 함은 '실로 일어나고 사라짐이 없음'[亦無起滅]을 나타낸다.

곧 이 뜻은 '온갖 법이 나되 남이 없고 남이 없되 인연으로 남'을 보임이니, 항상함 없는 항상함과 흘러가 사라짐 없는 덧없음의 뜻[無常而無無常]을 알아야 여래의 비유의 뜻을 알 것이다.

다시 경에서 온갖 공한 행과 공한 법 살피는 것을 눈 밝은 사람이 등불을 들고 빈 방에 들어가 빈 방을 보는 것과 같다는 비유의 뜻은 무엇일까. 그리고 어두웠던 빈 방에 등불을 비추면 빈 방의 사물이 바로 드러난다는 비유는 무엇을 나타내는가.

방이 비어 있으므로 불빛을 따라 사물을 볼 수 있다는 것은 '아는 뿌리'와 '알려지는 경계'가 공하므로 사물을 아는 앎이 나는 것을 비유한다.

앎은 경계를 의지해 나는 앎이므로 지금 경계를 알 때 앎은 알려지는 경계인 앎이다. 그러므로 여기 아는 뿌리와 공한 모습을 살피는 지혜가 있고 저기 살피는바 공한 행과 공한 모습이 있는 것이 아니라, 살피는바 보되 볼 것이 없는 공한 세계의 모습[所觀境]이 공한 지혜 자체[能觀智]로 주어짐을 나타낸다.

그 뜻을 경은 '온갖 공한 행을 공한 마음으로 살펴서 공한 법과 행이 변해 바뀜이 아니다'라고 말한다.

곧 빈 방에 등불을 들고 가 사물을 환히 본다는 이 비유는 저 세계의 공한 실상이 공한 지혜의 경계 자체로 주어짐을 비유로 보이심이니, 아는 지혜는 알되 앎이 없으므로 비추되 고요하고[照而寂], 알려지는 세계는 앎 자체인 세계이므로 고요하되 비추는[寂而照] 지혜의 모습이 되는 것이다.

그러므로 보고 들음을 떠나 진여의 마음이 있는 것이 아니고, 보고 봄에 보되 봄이 없으면 이것이 봄[見]을 떠나지 않고 진여의 항상한 뜻이 있는 것이고, 나고 사라짐을 떠나지 않고 법계의 남이 없고 사라짐 없는 뜻이 있는 것이다.

간화선(看話禪)을 한다고 화두 봄을 통해 모습 밖의 절대성품을 찾거나 '이 몸을 끌고 다니는 주인공'을 찾는 이들은, 이 경의 비유를 통해 연기법의 바른 법로(法路)를 밝힌 뒤 산 말귀[活句]를 보는 참된 간화행자가 되어야 할 것이다.

옛 선사[大慧]의 다음 한 노래로 수트라에서 보인 여래의 뜻을 되살펴 보기로 한다.

비 흩어지고 구름 걷힌 뒤에
몇 십 봉우리 산 아스라이 드러나네.
난간에 기대 자주 돌아 쳐다보나
머리 돌림에 그 누구와 같이하리.

雨散雲收後　崔嵬數十峯
倚欄頻顧望　回首與誰同

3) 사제 · 십이연기의 교설에 관한 비유

연꽃을 따서 그릇 삼으면 물을 담을 수 있듯

이와 같이 내가 들었다.

한때 붇다께서는 슈라바스티 국 제타 숲 '외로운 이 돕는 장자의 동산'에 계셨다.

그때에 수닫타(Sudatta) 장자는 붇다 계신 곳에 나아가 붇다의 발에 머리를 대 절하고 한쪽에 앉아 붇다께 말씀드렸다.

"세존이시여, 이 네 가지 거룩한 진리는 차츰 사이 없는 평등함[漸次無間等]이 됩니까, 한번에 단박 사이 없는 평등함[一頓無間等]이 됩니까."

붇다께서는 장자에게 말씀하셨다.

"이 네 가지 거룩한 진리는 차츰 사이 없는 평등함이 되고, 한번에 단박 사이 없는 평등함이 되는 것이 아니다."

붇다께서는 장자에게 말씀하셨다.

"만약 어떤 사람이 '괴로움의 진리에 대하여 아직 사이 없는 평등한 살핌을 이루지 못하고, 저 괴로움 모아냄의 진리 · 괴로움 사라짐의 진리 · 괴로움 없애는 길의 진리에 사이 없는 평등한 살핌을 이루었다'고 말한다면 그 말은 맞지 않다.

왜 그런가. 만약 괴로움의 진리에 사이 없는 평등함을 이루지 못하고, 괴로움 모아냄의 진리 · 괴로움 사라짐의 진리 · 괴로움 없애는 길의 진리에 사이 없는 평등함을 이루고자 하면 그럴 수가 없기 때문이다."

평등한 지혜 이룸을 가는 잎과 연꽃잎의 그릇으로 비유하심

"마치 어떤 사람이 가는 나뭇잎 두 개를 이어 붙여 그릇을 만들어 물을 담아가지고 가려 하면 그리 될 수 없는 것과 같다.

그와 같이 괴로움의 진리에 사이 없는 평등함을 이루지 못하고, 괴로움 모아냄의 진리 · 괴로움 사라짐의 진리 · 괴로움 없애는 길의 진리에 사이 없는 평등함을 이루고자 하면 그럴 수가 없다.

비유하면 어떤 사람이 연꽃잎을 따서 이어 붙여 그릇을 만들어, 물을 담아가지고 가려면 그것은 그리될 수 있는 것과 같다.

그와 같이 장자여, 괴로움의 진리에 사이 없는 평등함이 된 뒤에 괴로움 모아냄의 진리 · 괴로움 사라짐의 진리 · 괴로움 없애는 길의 진리에 사이 없는 평등함을 이루고자 하면 그럴 수 있는 것이다.

그러므로 장자여, 네 가지 진리에 대하여 사이 없는 평등함을 이루지 못했으면 방편을 부지런히 하여 더욱 하고자 함을 일으켜 사이 없는 평등함을 배워야 한다."

붇다께서 이 경을 말씀해 마치시자, 여러 비구들은 붇다의 말씀을 듣고 기뻐하며 받들어 행하였다.

• 잡아함 435 수달경(須達經)

• 해설 •

두 개의 나뭇잎으로 그릇을 만들어 물을 담지 못하고 연꽃잎 그릇에는 물을 담아갈 수 있듯, 튼튼하고 올바른 실천의 인과적 과정이 없이 인과가 공한 평등한 지혜의 성취, 보디(Bodhi)의 비약적 달성은 있을 수 없다.

괴로움의 진리에 대해 평등한 살핌을 이루지 못하고 니르바나의 평등한 지혜 이루지 못한다는 말씀과 같이, 괴로움의 발생에 대한 비연기론적 사고를 버리지 못한 이가, 어찌 번뇌가 본래 공하므로 다시 닦아 얻을 것 없는 니르바나를 돈오(頓悟)할 수 있겠는가.

단박 깨침은 현실의 인과적 차제가 있기 때문에 말한 것이니, 단박 깨침을 현실의 초월적 비상과 같은 것으로 받아들여서는 안 된다.

단박 깨침은 존재의 생성과 해탈을 향한 연기적 실천과정이 연기이므로 공함을 바로 체득함에 붙인 이름이다.

그러므로 연기의 진실을 돈오하게 되면 비로소 인연으로 있는 삶의 모든 인과적 과정은 '공한 연기적 과정' '나되 남이 없고 닦되 닦음 없는 과정'으로 전환되는 것이며 니르바나의 성품[滅諦]이 닦음을 빼앗고[以性奪修] 니르바나의 성품이 온전히 닦음이 되는 것[全性起修]이다.

구덩이의 불과 숲의 가시덤불을 멀리 떠나 강가아 강물이 바다로 흘러가듯

이와 같이 내가 들었다.

한때 붇다께서는 카우삼비 국 고실라라마 동산에 계셨다.

그때 세존께서 여러 비구들에게 말씀하셨다.

"많이 들은 거룩한 제자는 온갖 괴로움의 법과 괴로움의 모아냄 · 사라짐 · 맛들임 · 걱정거리 · 벗어남을 진실 그대로 알고 본다.

그래서 다섯 가지 욕망을 마치 불구덩이처럼 본다.

이와 같이 다섯 가지 욕망을 살피고 나서는, 다섯 가지 욕망의 탐냄 · 욕망의 애착 · 욕망의 생각 · 욕망의 집착에 의해서 길이 마음을 덮지 않는다.

그는 그 탐욕의 마음이 가는 곳, 머무는 곳을 알고 스스로 막아 닫는다.

가는 곳이나 머무는 곳에서 거슬러 막아 닫고서는, 가고 머무는 곳을 따라 세간의 탐욕과 근심과 악하여 착하지 않은 법이 그 마음을 새게 하지 않는다.

어떤 것을 많이 들은 거룩한 제자가 온갖 괴로움의 법과 그 모아냄 · 사라짐 · 맛들임 · 걱정거리 · 벗어남을 진실 그대로 알고 보는 것이라고 하는가?

많이 들은 거룩한 제자는 '이것은 괴로움의 거룩한 진리이다'라고 함에 대해서 진실 그대로 알고, '이것은 괴로움 모아냄, 이것은 괴로움 사라짐, 이것은 괴로움 없애는 길의 거룩한 진리이다'라고 함에 대해서 진실 그대로 안다.

이것을 많이 들은 거룩한 제자가 온갖 괴로움의 법과 그 모아냄 · 사라짐 · 맛들임 · 걱정거리 · 벗어남을 진실 그대로 알고 보는 것이라고 한다."

중생의 탐욕을 불구덩이로 비유하여 지혜로운 이의 나아감을 보이심

"어떤 것을 많이 들은 거룩한 제자가 다섯 가지 욕망을 불구덩이처럼 보게 되면, 세상의 탐욕과 근심과 악하고 착하지 않은 법이 그 마음을 덮지 않는 것이라고 하는가?

비유하면 가까운 한 마을 끝에 깊은 구덩이가 있고, 그 구덩이 속에 타오르는 불이 가득히 담겨져 있으나 연기나 불꽃이 없는 것과 같다. 그때 어둡지 않고 어리석지 않아 총명하고 지혜로우며, 즐거움을 좋아하고 괴로움을 싫어하며, 사는 것을 좋아하고 죽음을 싫어하는 어떤 사람이 있다 하자.

그는 이렇게 생각할 것이다.

'여기에는 불구덩이가 있고 그 가운데 타오르는 불이 있다. 만약 내가 저 속에 떨어지면 죽을 것은 의심할 것이 없다.'

그래서 그는 그곳에서 멀리하려는 마음을 내고, 멀리하기를 생각하고 멀리하기를 원한다.

이와 같이 많이 들은 거룩한 제자도 다섯 가지 욕망을 불구덩이처럼 보아서, 세상의 탐욕과 근심과 악하여 착하지 않은 법이 길이 그 마음을 덮지 않는다. 만약 탐욕의 마음이 가는 곳이나 머무는 곳에서는 그는 거슬러 막고 거슬러 알아 세상의 탐욕과 근심과 악하여 착하지 않은 법이 그 마음을 새게 하지 않는다."

탐욕과 괴로움의 세계를 가시덤불 덮인 큰 숲으로 비유하심

"비유하면 마을 끝에 큰 숲이 있어서 가시덤불이 덮인 것과 같다. 어떤 사람이 일거리가 있어서 그 숲속에 들어갔는데, 앞뒤 · 좌우 · 위아래에 모두 가시뿐이었다.

그때 그 사람은 바른 생각으로 다니고 바른 생각으로 오고 가며, 눈을 밝게 뜨고 바른 생각으로 단정히 보며 바른 생각으로 몸을 굽힌다. 왜냐하면, 날카로운 가시가 몸을 다쳐 무너뜨리지 않게 하기 위해서이다.

많이 들은 거룩한 제자 또한 다시 이와 같다.

마을이나 성읍을 의지해 살면서, 이른 아침에 가사를 입고 발우를 가지고 마을에 들어가 밥을 빌면, 그 몸을 잘 보살피고 그 마음을 잘 다잡아, 바른 생각으로 편안히 머물고 바른 생각으로 다니며, 바른 생각으로 눈을 뜨고 바른 생각으로 살핀다.

왜 그런가. 날카로운 가시가 거룩한 법과 율을 다치지 않게 하기 위해서이다. 어떤 것을 날카로운 가시가 거룩한 법과 율을 다치게 하는 것이라고 하는가?

곧 마음에 들고 사랑스러운 생각이 드는 빛깔을 말하니, 이것을 날카로운 가시가 거룩한 법과 율을 다치게 하는 것이라고 한다.

어떤 것을 마음에 들고 사랑스러운 생각이 드는 빛깔이 거룩한 법과 율을 다치게 하는 것이라고 하는가?

곧 다섯 가지 욕망의 공덕[五欲功德]을 말하니, 눈이 빛깔을 알며 애착의 생각을 내, 탐욕의 즐거움[欲樂]을 자라게 하는 것이다.

또 귀가 소리를 알고, 코가 냄새를 알며, 혀가 맛을 알고, 몸이 닿음을 알며 애착의 생각을 내 탐욕의 즐거움을 자라게 하는 것이다.

이것을 사랑스러운 생각이 드는 빛깔이 거룩한 법과 율을 다치게 하는 것이라고 한다.

또 이것을 많이 들은 거룩한 제자가 탐욕의 마음이 가는 곳이나 머무는 곳에서 거슬러 막고 거슬러 알아 세상의 탐욕과 근심과 착하지 않은 법이 그 마음을 새지 않도록 하는 것이라 한다."

지혜의 길을 불에 단 쇠구슬에 물을 뿌림으로 비유하심

"어떤 때 많이 들은 거룩한 제자도 바른 생각을 냈다가 악하여 착하지 않은 생각을 일으켜 탐욕을 키우고 성냄과 어리석음을 키우기도 하니, 그들은 무딘 근기이다.

많이 들은 거룩한 제자가 비록 괴로움 모아냈다 사라짐을 일으켜 탐욕이 마음을 덮는다 하자.

마치 쇠구슬을 불에 달구어 아주 뜨겁게 한 뒤에 물을 조금 뿌리면 물이 이내 말라 없어지는 것처럼, 많이 들은 거룩한 제자로서 근기 무딘 이가 악한 생각을 내지만 곧장 사라짐도 이와 같다.

많이 들은 거룩한 제자가 이와 같이 행하고 이와 같이 머무르는데, 만약 왕이나 대신이나 친족이 그가 있는 곳으로 찾아가 보수[俸祿]를 주겠노라고 청하며 이렇게 말한다 하자.

'장부여, 무엇하러 머리를 깎고 발우를 들고 몸에는 가사를 입고 집집마다 돌아다니면서 밥을 비는가? 편안하게 다섯 가지 욕망의 즐거움을 누리면서 보시를 행해 복을 짓는 것만 못하다.'

어떤가? 비구들이여, 많이 들은 거룩한 제자가 국왕이나 대신이나 여러 친족이나 시주가 보수를 빌미로 청한다고 해서 계를 물리고 계에서 물러나 선근(善根)을 줄이겠는가?"

대답하였다.

"아닙니다. 세존이시여, 왜냐하면 많이 들은 거룩한 제자는 온갖 괴로운 법과 그 모아냄 · 사라짐 · 맛들임 · 걱정거리 · 벗어남을 진실 그대로 알고 보기 때문입니다.

불구덩이로 다섯 가지 욕망 비유함을 보고 나면, 세상의 탐욕과 근심과 악하여 착하지 않은 법이 다시는 길이 마음을 덮지 못할 것입니다. 탐욕의 가는 곳, 머무는 곳에서 거슬러 막고 거슬러 알고서는 나아가 세상의 탐욕과 근심과 악하여 착하지 않은 법이 그 마음을 새게 하지 못할 것입니다.

그러니 설사 국왕이나 대신이나 친족이 높은 보수를 내세워 청한다고 해도 계를 물리고 계에서 물러나 선근을 줄이지 않을 것입니다."

붇다께서 여러 비구들에게 말씀하셨다.

"잘 말하고 잘 말했다. 많이 들은 거룩한 제자는 그 마음이 기나긴 밤에 여러 세계에 나아가 흘러 들어가고 떠돌아 다니면서도 멀리 여윔을 향하고 탐욕 떠남을 향하여, 니르바나에 의해서 고요하게 버리고 떠나, 니르바나를 즐거워하여 샘이 있는 곳[有漏處]에서 고요하여 맑고 시원해진다.

그러므로 국왕이나 장자나 친족이 청한다고 해도 계를 물리고 계에서 물러나 선근을 줄이는 것은 있을 수 없다.

그렇게 하려는 다른 사람들만 큰 괴로움을 얻을 것이다."

바다에 이르는 강가아 강으로 비유하여, 해탈의 바다에 이르름을 보이심

"비유하면 강가아 강의 물은 기나긴 밤에 흘러 나아가 동방으로 쏟아져 흘러든다. 그런데 많은 사람들이 그것을 끊어 서방으로 쏟아져 흘러들게 하려고 한다면 과연 그렇게 될 수 있겠느냐?"

대답하였다.

"그럴 수 없습니다, 세존이시여. 왜냐하면, 강가아 강의 물은 기나긴 밤에 동방으로 흘렀으므로 갑자기 서쪽으로 흐르게 한다는 것은 있을 수 없는 일이기 때문입니다.

그렇게 하려는 여러 무리들은 부질없이 고달프기만 할 뿐입니다."

"그렇다. 이와 같이 많이 들은 거룩한 제자도 기나긴 밤에 탐욕의 마음이 흘러 쏟아지는 곳에서 멀리 떠남을 향하였기 때문에, 계를 물리고 물러나 선근을 줄이려 해도 그럴 수 없는 것이다.

그렇게 하려는 다른 사람들만 부질없이 고달프기만 할 뿐이다."

붇다께서 이 경을 말씀하시자, 여러 비구들은 붇다의 말씀을 듣고 기뻐하며 받들어 행하였다.

• 잡아함 1173 고법경(苦法經)

• 해설 •

빠지면 죽는 타오르는 불구덩이를 알고서 지혜로운 사람이라면 누가 그 불구덩이에 빠질 것인가.

함부로 내달리면 날카로운 가시에 찔리는 가시덤불 숲을 알고서 어떤 바보가 그리로 내달릴 것인가.

여래는 바로 미혹에 빠진 중생의 다섯 욕망을 타오르는 불구덩이로, 날카로운 가시덤풀 숲으로 비유하신다.

그러므로 여래의 가르침을 많이 들은 거룩한 제자라면 이와 같은 비유를 듣고서 애착의 날카로운 가시가 거룩한 여래의 법과 율을 찔러 다치게 하지 않을 것이며, 탐욕과 근심의 불과 연기가 그 마음을 덮지 못하도록 할 것이다.

지금 비록 탐욕의 세찬 물결이 채 고요해지지 않았다 해도 니르바나의 바다를 향해 나아가려는 수행자의 뜻이 굳세다면 바다를 향해 나가는 흐름을 돌리지는 못할 것이다.

또한 근기 무딘 이에게 그 마음을 흔드는 탐욕이 채 다 가라앉지 않았다 해도, 많이 들어 믿음이 굳센 이는 달구어진 쇠구슬에 물을 조금 뿌리면 열기가 사그라지듯 탐욕의 흐름이 곧장 사라질 것이다.

아무리 뜨거운 쇠구슬도 차가운 물을 부으면 곧 그 뜨거움이 식는다는 것은, 중생 번뇌의 불꽃이 본래 공함을 보여 지금 번뇌의 불꽃에 활활 타고 있는 중생도, 여래의 단이슬의 시원한 법의 비[法雨]를 맞으면 시원하고 안락한 해탈의 법맛[解脫法味] 얻을 수 있음을 보이신 것이다.

이처럼 비록 근기 무디고 그 마음에 동요와 갈등이 있다 해도 깨끗한 믿음을 낸 이에게는 이미 니르바나의 값할 길 없는 보배[無價眞寶]가 언약되어 있는데, 그가 어찌 끝내 무너질 세간의 화려함과 세간의 높은 지위와 높은 보수에 그 마음이 흔들릴 것인가.

첫마음[初心]에 마쳐 다한 과덕이 있어 첫마음과 마쳐 다함에 다름이 없으나 처음과 끝 두 마음 가운데 앞의 마음을 내기가 어려운 것이다.

십이연기의 모든 법은 마치 기름과 심지로 인해 등불이 타오름과 같나니

이와 같이 내가 들었다.

한때 붇다께서는 슈라바스티 국 제타 숲 '외로운 이 돕는 장자의 동산'에 계셨다.

그때 세존께서 여러 비구들에게 말씀하셨다.

"나는 지난 오랜 목숨의 때, 아직 바른 깨달음[正覺]을 이루지 못하였을 때를 다음과 같이 기억하고 있다.

나는 홀로 한 고요한 곳에서 선정의 사유[禪思]에 오롯이 정진하며 이렇게 생각하였다.

'이 세간은 들어가기 어렵다. 그것은 곧 태어남과 늙음, 병듦과 죽음과 옮겨감과 태어남을 받음이니, 그렇게 여러 중생은 나고 늙고 죽음 위에서도 그것들이 의지하는 바를 진실 그대로 알지 못한다.' "

십이연기를 사유하여 서로 의지하고 서로 조건이 되어 법이 남을 사유하심

"나는 다시 이렇게 생각하였다.

'어떤 법이 있기 때문에 태어남[生]이 있으며, 어떤 법 때문에 태어남이 있는가?'

곧 바르게 생각하여 이렇게 사이 없는 평등한 지혜를 일으켰다.

'존재[有]가 있기 때문에 남이 있고, 존재 때문에 남이 있다.'

그리고 다시 생각하였다.

'어떤 법이 있기 때문에 존재가 있으며, 어떤 법 때문에 존재가 있는가?'

곧 바르게 생각하여 이렇게 진실 그대로 사이 없는 평등한 지혜를 일으켰다.

'취함[取]이 있기 때문에 존재가 있으며, 취함 때문에 존재가 있다'

그리고 다시 이렇게 생각하였다.

'취함에는 또 어떤 인연과 법이 있기 때문에 취함이 있으며, 어떤 법 때문에 취함이 있는가?'

곧 바르게 생각하여 이렇게 진실 그대로 사이 없는 평등한 지혜를 일으켰다.

'법을 취해 맛들여 집착하고, 돌아보아 생각하고 마음이 얽매여 애착이 늘어나 자라남이니, 그 애착이 있기 때문에 취함이 있고, 애착 때문에 취함이 있다.

취함 때문에 존재가 있고, 존재 때문에 남이 있으며, 남 때문에 늙음 · 병듦 · 죽음과 근심 · 슬픔 · 번민 · 괴로움이 있다.

이와 같이 이렇게 순수한 큰 괴로움의 무더기가 모인다.'

여러 비구들이여, 어떻게 생각하느냐.

비유하면 기름과 심지 때문에 등불이 탈 수 있는 것과 같으니, 자주 자주 기름과 심지를 더해준다면 그 등불은 오래 머물 수 있겠느냐?"

비구들은 대답하였다.

"그렇습니다, 세존이시여."

"그와 같이 여러 비구들이여, 물질[色]을 취하고, 맛들여 집착하며, 돌아보고 생각하여 애착의 묶음이 늘어나고 자라난다.

애착 때문에 취함이 있고, 취함 때문에 존재가 있으며, 존재 때문에 남이 있고, 남 때문에 늙음 · 병듦 · 죽음과 근심 · 슬픔 · 번민 · 괴로움이 있다.

이와 같이 이렇게 하여 순수한 괴로움의 큰 무더기가 모인다."

기름과 심지 더하지 않으면 등불이 사라지듯 법이 사라짐을 보이심

그때 나는 다시 이렇게 생각하였다.

'어떤 법이 없기 때문에 이 늙음 · 병듦 · 죽음이 없으며, 어떤 법이 사라지기 때문에 늙음 · 병듦 · 죽음이 사라지는가?'

곧 바르게 생각하여 이렇게 진실 그대로 사이 없는 평등한 지혜를 일으켰다.

'남이 없으면 늙음 · 병듦 · 죽음이 없고, 남이 사라지면 늙음 · 병듦 · 죽음이 사라진다.'

다시 이렇게 생각하였다.

'어떤 법이 없기 때문에 남이 없으며, 어떤 법이 사라지기 때문에 남이 사라지는가?'

곧 바르게 생각하여 이렇게 진실 그대로 사이 없는 평등한 지혜를 일으켰다.

'존재가 없기 때문에 남이 없고, 존재가 사라지기 때문에 남이 사라진다.'

다시 또 생각하였다.

'어떤 법이 없기 때문에 존재가 없으며, 어떤 법이 사라지기 때문에 존재가 사라지는가?'

곧 바르게 생각하여 이렇게 진실 그대로 사이 없는 평등한 지혜를 일으켰다.

'취함이 없기 때문에 존재가 없으며, 취함이 사라지기 때문에 존재가 사라진다.'

또 이렇게 생각하였다.

'어떤 법이 없기 때문에 취함이 없으며, 어떤 법이 사라지기 때문에 취함이 사라지는가?'

곧 바르게 생각하여 이렇게 진실 그대로 사이 없는 평등한 지혜를 일으켰다.

'취하는바 법은 덧없어 나고 사라지는 것이다. 그러므로 탐욕 떠나 사라져 다하며, 버리고 떠나 마음으로 돌아보아 생각하지 않고 마음이 묶이지 않으면 애착이 사라진다. 저 애착이 사라지므로 취함이 사라지고, 취함이 사라지기 때문에 존재가 사라지며, 존재가 사라지기 때문에 남이 사라지고, 남이 사라지기 때문에 늙음 · 병듦 · 죽음과 근심 · 슬픔 · 번민 · 괴로움이 사라진다.

이와 같이 이렇게 하여 순수한 큰 괴로움의 무더기가 사라진다.'

여러 비구들이여, 어떻게 생각하느냐.

비유하면 기름과 심지 때문에 등불이 탈 수 있는 것과 같다.

만약 기름을 더하지 않고 심지를 돋우지 않는다면, 그 등불의 빛은 앞으로 더 이상 나지 않고 사라져 닳아 없어지지 않겠느냐?"

비구들이 붇다께 말씀드렸다.

"그렇습니다, 세존이시여."

"이와 같이 비구들이여, 취하는 법에 대해서 덧없는 것이며 나고 사라지는 것이라고 살피어, 탐욕 떠나 사라져 다해, 버리고 떠나 마음으로 돌아보아 생각하지 않고, 마음이 묶여 집착하지 않으면 애착이 곧 사라진다.

애착이 사라지면 취함이 사라지고, 나아가 순수한 큰 괴로움의 무더기가 사라진다.”

붇다께서 이 경을 말씀하시자, 여러 비구들은 붇다의 말씀을 듣고 기뻐하며 받들어 행하였다.

• 잡아함 285 불박경(佛縛經)

• 해설 •

등불은 심지가 있고 기름이 있고 알맞은 바람이 있어야 타오른다. 불이 꺼지려 할 때 심지를 돋우지 않고 기름을 더하지 않으면 타지 않고 사그라진다.

이와 같이 십이연기의 모든 법은 서로 다른 법을 의지해 비로소 있으니, 십이연기의 모든 법은 있되 공하고 나되 남이 없다.

서로 의지해서 나므로 항상함이 아니지만[不常], 도와주는 조건이 있으면 늘 이어져 나니 끊어짐도 아니다[不斷].

십이연기의 모든 법이 있되 있음 아닌 줄 알면 탐착과 애착을 다해 지혜와 선정의 힘을 일으킬 수 있으니, 십이연기를 다하되 실로 다할 것 없는 줄 아는 이가 십이연기의 속박을 해탈의 활력으로 쓸 수 있는 사람이다.

곧 『반야심경』의 가르침처럼 공함 가운데 십이연기의 실체도 없고 십이연기를 마쳐 다할 것도 없는 줄 아는 이가, 십이연기의 사슬과 묶임 가운데서 불성의 뜻[佛性義]을 볼 수 있는 사람이다.

큰 나무를 뿌리 자르고 조각내 불사르면 다시 나지 않듯

이와 같이 내가 들었다.

한때 붇다께서는 슈라바스티 국 제타 숲 '외로운 이 돕는 장자의 동산'에 계시면서 여러 비구들에게 말씀하셨다.

"만약 취하는 바 법에서 맛들여 집착함을 따라 돌아보아 생각하고 마음을 묶으면, 그 마음이 치달리며 마음 · 물질을 좇는다.

마음 · 물질 때문에 여섯 들이는 곳이 있고, 여섯 들이는 곳 때문에 닿음이 있고, 닿음 때문에 느낌이 있고, 느낌 때문에 애착이 있다.

애착 때문에 취함이 있고, 취함 때문에 존재가 있고, 존재 때문에 남이 있다.

남 때문에 늙음 · 병듦 · 죽음과 근심 · 슬픔 · 번민 · 괴로움이 있어 이와 같이 이러한 순전한 큰 괴로움의 무더기가 모인다."

법이 일어남을 뿌리 잘 내린 나무에 물을 주고 기름진 흙을 덮어줌으로 비유하심

"비유하면 큰 나무의 뿌리와 줄기, 가지와 잎, 꽃과 열매들은 뿌리 내림이 깊고 단단해 기름진 흙으로 채워주고 물을 부어주면 나무가 굳세 긴 세월에 썩지 않음과 같다.

이와 같이 비구들이여, 취하는 바 법에서 맛들여 집착함을 따라 돌아보아 생각하고 마음을 묶으면, 그 마음이 치달리며 마음 · 물질을 좇는다.

마음 · 물질 때문에 여섯 들이는 곳이 있고, 여섯 들이는 곳 때문에 닿음이 있고, 닿음 때문에 느낌이 있고, 느낌 때문에 애착이 있다.

애착 때문에 취함이 있고, 취함 때문에 존재가 있고, 존재 때문에 남이 있다.

남 때문에 늙음 · 병듦 · 죽음과 근심 · 슬픔 · 번민 · 괴로움이 있어 이와 같이 이러한 순전한 큰 괴로움의 무더기가 모인다."

법이 사라짐을 큰 나무의 뿌리를 자르고 물을 주지 않으면 죽는 것으로 비유하심

"만약 취하는 법에서 '덧없다는 살핌'을 따라 '나고 사라진다는 살핌', '탐욕할 것 없다는 살핌', '사라져 다한다는 살핌', '싫어해야 한다는 살핌'에 머물러, 마음으로 돌아보아 생각하지 않고 묶이어 집착하는 일이 없으면, 앎은 치달려가지 않아 마음 · 물질이 사라진다.

마음 · 물질이 사라지면 여섯 들임이 사라지고, 여섯 들임이 사라지면 닿음이 사라지며, 닿음이 사라지면 느낌이 사라진다.

느낌이 사라지면 애착이 사라지고, 애착이 사라지면 취함이 사라지고, 취함이 사라지면 존재가 사라진다.

존재[有]가 사라지면 남[生]이 사라지고, 남이 사라지면 늙음 · 병듦 · 죽음과 근심 · 슬픔 · 번민 · 괴로움이 사라진다.

이와 같이 이렇게 하여 순수한 큰 괴로움의 무더기가 사라진다.

마치 나무를 심을 때에 때를 따라 사랑해 보살펴서 안온하게 하지 않고 기름진 흙으로 채워주지 않으며 때를 따라 물 부어주지 않고 차가움과 따뜻함을 맞추어주지 않으면 그것이 자라 크지 못하는 것과 같다.

만약 다시 뿌리를 끊고 가지를 꺾어 조각조각 베어 자르고 가늘게 나누어 썰어서 바람에 바래고 햇볕에 쪼이며 불로 태워서 가루를 만들어 빠른 바람에 날리거나, 흐르는 물에 던지면 비구들이여, 어떻게 생각하느냐.

그 나무의 뿌리를 잘라 끊고 나아가 불태워 없애면, 미래세상에 나지 않는 법을 이루겠는가."

비구들은 대답하였다.

"그렇습니다, 세존이시여."

"이와 같이 비구들이여, 취하는 법에서 '덧없다는 살핌'을 따라 '나고 사라진다는 살핌', '탐욕할 것 없다는 살핌', '사라져 다한다는 살핌', '싫어해야 한다는 살핌'에 머물러, 마음으로 돌아보아 생각하지 않고 묶이어 집착하는 일이 없으면, 앎은 치달려가지 않아 마음 · 물질이 사라진다.

마음 · 물질이 사라지면 여섯 들임이 사라지고, 여섯 들임이 사라지면 닿음이 사라지며, 닿음이 사라지면 느낌이 사라진다.

느낌이 사라지면 애착이 사라지고, 애착이 사라지면 취함이 사라지고, 취함이 사라지면 존재가 사라진다.

존재가 사라지면 남이 사라지고, 남이 사라지면 늙음 · 병듦 · 죽음과 근심 · 슬픔 · 번민 · 괴로움이 사라진다.

이와 같이 이렇게 하여 순수한 큰 괴로움의 무더기가 사라진다."

붇다께서 이 경을 말씀하시자 여러 비구들은 붇다의 말씀을 듣고 기뻐하며 받들어 행하였다.

• 잡아함 284 대수경(大樹經)

• 해설 •

앞의 경에 이어 이 경 또한 십이연기의 모든 법이 인연의 힘으로 나서 자라고 사라짐을 보이고 있다.

그것은 마치 기름과 심지로 인해 등불이 타다 기름을 더해주지 않고 심지를 돋워주지 않으면 불이 꺼짐과 같다. 또한 나무를 심은 뒤 물을 주고 흙으로 덮어주면 잘 자라지만, 물을 주지 않고 뿌리를 잘라 가루로 만들거나 흐르는 물에 던지면 곧 죽는 것과 같다.

십이연기의 모든 법은 스스로 있는 자기 모습이 없고 서로 의지해 일어나 자라고 서로 의지해 있으므로 공하다.

마음 · 물질[名色, nāma-rūpa]에서 마음은 물질인 마음이고 물질은 마음인 물질인데, 여기 아는 마음이 있고 저기 알려지는 물질이 있다고 집착함으로 여섯 아는 뿌리[六根, 六入]가 실체화된다.

다시 아는 뿌리가 실체화되므로 알려지는바 경계를 닿아 취하고, 취해 애착하므로 공한 존재가 실체로서의 존재가 되고, 존재가 실체화되므로 나고 죽음이 있게 된다.

그러므로 십이연기의 어떤 한 법이라도 연기이므로 공한 줄 알면 존재에서 존재를 벗어나 나고 죽음에서 나고 죽음이 사라지게 된다.

그것은 마치 저 물과 흙으로 자라는 나무의 뿌리나 줄기, 가지 어느 곳이라도 잘라 끊어서 불에 태우고 가루로 만들어 내던지면, 나무가 죽는 것과 같다.

그러나 없어진다고 함은 있다고 하는 집착을 상대해 그 병을 다스리기 위해 그렇다고 한 것이니, 있음이 원래 공하다면 있음을 무너뜨리고 공해지는 것이 아니라 있음이 스스로 공한 것이다.

그러므로 있음에 있다는 집착이 철저히 끊어지면 비로소 그 있음은 있음 아니되 있음 아님도 아닌 진실상(眞實相)을 실현하게 되는 것이다.

4) 해탈의 실천과 니르바나의 비유

큰 나무가 뿌리를 베어버리면 반드시 넘어져 구르듯

이와 같이 내가 들었다.

한때 붇다께서는 슈라바스티 국 제타 숲 '외로운 이 돕는 장자의 동산'에 계셨다. 그때에 존자 아니룻다는 슈라바스티 국 소나무숲정사에 있으면서 여러 비구들에게 말하였다.

"비유하면 큰 나무가 나면 아래를 따라 내려가, 깊이 쳐냄을 따르고 옮김을 따르다가, 만약 그 뿌리를 베어버리면 나무가 반드시 넘어져, 넘어지는 곳을 따라 아래를 따라 구르게 되는 것과 같다.

만약 비구가 네 곳 살핌[四念處]을 닦으면, 기나긴 밤에 깊이 쳐냄과 옮김을 따라 멀리 여읨[遠離]을 향하고, 깊이 쳐냄과 옮김을 따라 벗어남[出要]을 향하며, 쳐냄과 옮김을 따라 니르바나로 향할 것이다."

존자 아니룻다가 이 경을 말해 마치자, 여러 비구들은 그 말을 듣고 기뻐하며 받들어 행하였다.

• 잡아함 545 향열반경(向涅槃經)

• 해설 •

큰 나무는 스스로 나무이지 못하고 땅에 뿌리를 내려야만 나무로 자란다. 나무는 나무가 아니다. 그러므로 나무는 쳐낼 수도 있고 다른 곳에 옮길 수도 있으며, 그 뿌리를 자르면 넘어져 아래로 구르게 된다.

번뇌의 나무도 애착의 땅에 뿌리를 두고 있으니, 네 곳 살핌을 닦아가면 번뇌의 나무를 차츰 쳐낼 수 있고 옮길 수 있으며, 끝내 애착의 경계가 공한 줄 알면 그 뿌리가 잘려 넘어져서 니르바나에로 향하는 것이다.

네 곳 살핌에서 살피는바 경계는 몸과 느낌 · 마음 · 법[身 · 受 · 心 · 法]이다. 이 네 곳을 돌이켜 살펴 있되 공한 줄 알면 살피는 마음이 곧 앎에 앎 없는 마음이 되니, 살핌이 깊어져 살피는 바에 얻을 것이 없음을 통달하면 그때 열두 연기의 고리가 공하게 된다.

열두 연기가 공함을 체달하면 쉬어 그침이 이루어지고 쉬어 그침이 이루어지면[體眞止] 멀리 여읨으로 향하고 니르바나로 향해 십이연기를 해탈의 업으로 쓸 수 있는 것이다.

다음 옛 선사[白雲端]의 한 노래로 여래의 뜻을 다시 돌이켜보자.

> 한 주먹에 황학루를 때려 넘기고
> 한 발에 앵무섬을 밟아 엎는다.
> 뜻과 기운 있는 곳에 뜻과 기운 더하고
> 풍류하지 않는 곳에 풍류하도다.
>
> 一拳拳倒黃鶴樓　一趯趯飜鸚鵡洲
> 有意氣時添意氣　不風流處也風流

잠부드비파의 모든 강물이 바다로 가면 큰 바다가 모두 거두어들이듯

이와 같이 내가 들었다.

한때 붇다께서는 슈라바스티 국 제타 숲 '외로운 이 돕는 장자의 동산'에 계시면서 비구들에게 말씀하셨다.

"덧없다는 생각을 닦아 익히고 많이 닦아 익히면, 온갖 욕계의 애착[欲愛]과 색계의 애착[色愛]과 무색계의 애착[無色愛], 들뜸 · 교만 · 무명을 끊을 수 있다."

덧없음의 살핌이 온갖 애착과 무명 끊음을 여러 비유로 보이심

"비유하면 농부가 늦여름 첫가을에 그 땅을 깊이 갈고 풀뿌리를 뽑고 풀을 매는 것과 같다.

이와 같이 비구들이여, 덧없다는 생각[無常想]을 닦아 익히고 많이 닦아 익히면, 온갖 욕계의 애착과 색계의 애착과 무색계의 애착, 들뜸 · 교만 · 무명을 끊을 수 있다.

비유하면 비구들이여, 사람이 풀을 벨 때에 손으로 그 끝을 잡아 들고 털어서, 마른 것은 다 떨어뜨리고 그 긴 것만을 취하는 것과 같다.

이와 같이 비구들이여, 덧없다는 생각을 닦아 익히고 많이 닦아 익히면, 온갖 욕계의 애착과 색계의 애착과 무색계의 애착, 들뜸 · 교만 · 무명을 끊을 수 있다.

비유하면 암바 열매가 나무에 붙어 있을 때 사나운 바람이 가지를 흔들면 열매가 다 떨어지는 것과 같다.

이와 같이 덧없다는 생각을 닦아 익히고 많이 닦아 익히면, 온갖 욕계의 애착과 색계의 애착과 무색계의 애착, 들뜸 · 교만 · 무명을 끊을 수 있다."

다시 바른 살핌이 온갖 흐름을 거두는 진여의 바다가 되고 지혜의 해가 됨을 갖가지 비유로 보이심

"비유하면 누각의 중심이 굳세고 단단하면 여러 재목의 의지하는 곳이 되어, 거두어 받아 흩어지지 않게 하는 것과 같다.

이와 같이 덧없다는 생각을 닦아 익히고 많이 닦아 익히면, 온갖 욕계의 애착과 색계의 애착과 무색계의 애착, 들뜸 · 교만 · 무명을 끊을 수 있다.

비유하면 온갖 중생의 발 가운데 코끼리 발이 가장 큰 것과 같으니, 다른 것들을 거두어 받을 수 있기 때문이다.

이와 같이 덧없다는 생각을 닦아 익히고 많이 닦아 익히면, 온갖 욕계의 애착과 색계의 애착과 무색계의 애착, 들뜸 · 교만 · 무명을 끊을 수 있다.

비유하면 잠부드비파의 온갖 강물이 다 큰 바다로 달리는 것과 같으니, 그 큰 바다가 가장 으뜸이 되어 다 거두어 받기 때문이다.

이와 같이 덧없다는 생각을 닦아 익히고 많이 닦아 익히면, 온갖 욕계의 애착과 색계의 애착과 무색계의 애착, 들뜸 · 교만 · 무명을 끊을 수 있다.

비유하면 해가 뜨면 온갖 세간의 어두움이 없어지는 것과 같으니,

이와 같이 덧없다는 생각을 닦아 익히고 많이 닦아 익히면, 온갖 욕계의 애착과 색계의 애착과 무색계의 애착, 들뜸 · 교만 · 무명을 끊을 수 있다.

비유하면 전륜왕이 모든 작은 왕들 가운데 가장 높고 가장 으뜸이고 가장 빼어난 것과 같다.

이와 같이 덧없다는 생각을 닦아 익히고 많이 닦아 익히면, 온갖 욕계의 애착과 색계의 애착과 무색계의 애착, 들뜸 · 교만 · 무명을 끊을 수 있다."

다섯 쌓임의 덧없음을 살피는 것이 니르바나 얻는 길임을 보이심

"여러 비구들이여, 어떻게 덧없다는 생각을 닦아 익히고 많이 닦아 익히면, 온갖 욕계의 애착과 색계의 애착과 무색계의 애착, 들뜸 · 교만 · 무명을 끊을 수 있는가.

비구들이여, 사유를 잘 바르게 하여 '물질은 덧없는 것이다. 느낌 · 모습 취함 · 지어감 · 앎은 덧없는 것이다'라고 잘 바르게 사유하고 살피면, 온갖 욕계의 애착과 색계의 애착과 무색계의 애착, 들뜸 · 교만 · 무명을 끊을 수 있을 것이다.

왜 그런가. 덧없다는 생각은 '나'가 없다[無我]는 생각을 세워줄 수 있기 때문이다.

거룩한 제자는 '나' 없다는 생각에 머물러[住無我想] 마음에서 아만을 여의고[心離我慢] 니르바나를 따라 얻을 수 있다."

붇다께서 이 경을 말씀하시자 여러 비구들은 붇다의 말씀을 듣고 기뻐하며 받들어 행하였다.

• 잡아함 270 수경(樹經)

• 해설 •

바른 살핌, 바른 지혜는 온갖 애착의 뿌리를 끊고 교만과 무명을 끊을 수 있으니, 애착과 무명은 스스로 있지 못하고 애착의 경계로 인해 애착이 되기 때문이다.

애착의 경계가 덧없고 나 없다고 살피면, 애착의 경계에 실로 취할 것이 없음을 알므로 경계 따라 일어나는 애착이 사라지고 무명이 사라진다. 그것은 마치 농부가 풀뿌리를 뽑고 낫으로 풀을 베는 것과 같고 바람이 가지의 열매를 떨어뜨리는 것과 같다.

다시 바른 살핌은 가장 높고 가장 깊으며 가장 커서 모든 것을 다 받아들이고 다른 것들의 의지처가 될 수 있으니, 집착하는바 경계와 집착하는 마음이 공한 줄 알면 온갖 법의 공한 실상이 현전하기 때문이고 온갖 공덕을 갖춘 니르바나가 구현되기 때문이다.

이는 마치 누각의 중심기둥이 다른 재목의 의지처 됨과 같고, 코끼리 발이 뭇 짐승 발 가운데 가장 커서 다른 짐승의 발자국을 그 안에 거두는 것과 같다. 또 바다가 모든 강물을 다 거두는 것과 같으며, 해가 뜨면 만상을 모두 비추어 드러내는 것과 같다.

온갖 법이 덧없으므로[無常故] 나 없음[無我]을 알고, 나 없되 그 공함에도 머물 것이 없음을 알면, 덧없는 세간법 가운데서 나지 않고 사라지지 않는 니르바나를 얻을 수 있다.

나무의 뿌리가 무너지지 않으면 가지 · 잎 · 열매가 이루어지듯

이와 같이 내가 들었다.

한때 붇다께서는 라자그리하 성 칼란다카 대나무동산에 계셨다. 때에 존자 사리푸트라는 그리드라쿠타 산에 있었다. 그때에 존자 사리푸트라는 여러 비구들에게 말하였다.

"그 계를 범한 자는 계를 깨뜨렸으므로 의지하는 바가 물러나 줄어들고 마음이 즐겁게 머물지 못하게 되오.

마음이 즐겁게 머무르지 못하면 기쁨 · 쉼 · 즐거움 · 고요한 사마디 · 진실 그대로 알고 봄 · 싫어하여 떠남 · 욕심 떠남 · 해탈을 잃게 되어, 길이 남음 없는 니르바나를 얻지 못하오."

계 범한 이를 뿌리가 무너진 나무로 비유하심

"마치 나무 뿌리가 무너지면 가지 · 잎 · 꽃 · 열매가 다 이루어지지 못하는 것처럼 계를 범한 비구 또한 그와 같소.

곧 공덕이 물러나 줄어들고 마음이 즐겁게 머무르지 못하면, 믿음으로 즐겁지 못하여 기쁨 · 쉼 · 즐거움 · 고요한 사마디 · 진실 그대로 알고 봄 · 싫어하여 떠남 · 욕심 떠남 · 해탈을 잃게 되고, 해탈을 잃은 뒤에는 길이 남음 없는 니르바나를 얻지 못하오.

계를 지니는 비구는 근본을 갖추고 의지할 바를 갖추어 마음에 믿음과 즐거움을 얻고, 마음에 믿음과 즐거움을 얻은 뒤에는 마음에 기쁨 · 쉼 · 즐거움 · 고요한 사마디 · 진실 그대로 알고 봄 · 싫어하여 떠남 · 욕심 떠남 · 해탈을 얻고, 해탈을 얻은 뒤에는 모두 빨리 남음 없는 니르바나를 얻게 되오."

계 지니고 선정 갖춘 비구를 열매 이루는 나무로 비유하심

"비유하면 나무 뿌리가 무너지지 않으면 가지 · 잎 · 꽃 · 열매가 다 이루어지는 것처럼 계를 가지는 비구 또한 다시 이와 같아서, 근본을 갖추고 의지할 바를 이루어 마음에 믿음과 즐거움을 얻소.

믿음과 즐거움을 얻은 뒤에는 기쁨 · 쉼 · 즐거움 · 고요한 사마디 · 진실 그대로 알고 봄 · 싫어하여 떠남 · 욕심 떠남 · 해탈을 얻고, 해탈을 얻은 뒤에는 모두 빨리 남음 없는 니르바나를 얻게 되오."

존자 사리푸트라가 이 경을 말해 마치자, 모든 비구들은 그 말을 듣고 기뻐하며 받들어 행하였다.

• 잡아함 495 계경(戒經)

• 해설 •

법왕의 아들의 가르침이 그대로 법왕의 가르침이다. 계는 선정의 물을 담는 그릇과 같아 계의 그릇이 깨지면 고요한 사마디를 이룰 수 없고, 사마디를 이루지 못하므로 진실 그대로 보는 지혜를 이룰 수 없다. 또한 계는 나무의 뿌리와 같아 그 뿌리가 튼튼해야 가지와 잎, 꽃과 열매가 이루어지듯 계의 뿌리에서 선정과 지혜의 열매가 열릴 수 있다.

계의 나무 뿌리가 무너지지 않아야 해탈을 얻고 니르바나를 얻을 수 있으니, 계로 인해 선정과 지혜가 날 뿐 아니라 선정과 지혜로 인해 지음 없는 계[無作戒]가 바로 설 수 있기 때문이다.

튀는 불똥이 타오르다 끝내 사라져 다함과 같이

나는 들었다, 이와 같이.

한때 붇다께서 슈라바스티 국을 노니실 적에 제타 숲 '외로운 이 돕는 장자의 동산'에 계셨다.

그때 세존께서 여러 비구들에게 말씀하셨다.

"내 너희들을 위하여, '일곱 착한 사람'[七善人]이 가서 이르는 곳과 '남음 없는 니르바나'[無餘涅槃]에 대해 말해주겠다. 자세히 듣고 자세히 들어 잘 생각하라."

그때 여러 비구들이 가르침을 받아들으니, 붇다께서 말씀하셨다.

나머지가 있는 일곱 니르바나를 비유로 보이시는데
먼저 첫 번째·두 번째 착한 사람이 가서 이르는 곳을 보이심

"어떤 것이 일곱 가지인가? 비구라면 이와 같음을 행해야 한다.

나[我]라는 것은 나도 없고[無我] 또한 내 것[我所]이라는 것도 없다. 앞으로도 나도 없고 또한 내 것이라는 것도 없을 것이니, 이미 있음을 곧 끊어버려야 한다.

이미 끊어서 버릴 수 있다면 있음의 즐김[有樂]에도 물들지 않고 합해 모임[合會]에도 집착하지 않을 것이다.

이와 같이 행하는 자의 '위없는 쉼의 자취'[無上息迹]는 지혜로 보는 것이다. 그러나 그것은 아직 증득한 것은 아니다.

비구의 행이 이와 같으면 그는 어느 곳으로 가서 이르는가?

비유하면 밀 껍질을 태우면 조금 타다가 곧 꺼지는 것과 같다.

비구 또한 이와 같음을 알아야 하니, 작은 교만은 아직 다하지 않았지만 다섯 가지 낮은 곳의 묶음[五下分結]은 이미 끊어져 '가운데의 파리니르바나'를 얻는다. 이것을 '첫 번째 착한 사람'이 가서 이르는 곳[善人所往至處]이라 하니 세간의 진리와 같다.

다시 비구는 이와 같이 수행해야 한다. 나라는 것은 나도 없고 또한 내 것이라는 것도 없다. 앞으로도 나도 없고 또한 내 것이라는 것도 없을 것이니, 이미 있음을 곧 끊어버려야 한다. 이미 끊어서 버릴 수 있다면 있음의 즐김에도 물들지 않고 합해 모임에도 집착하지 않을 것이다.

이와 같이 행하는 자의 위없는 쉼의 자취는 지혜로 보는 것이다. 그러나 그것은 아직 증득한 것은 아니다.

비구의 행이 이와 같으면 그는 어느 곳으로 가서 이르는가?

비유하면 시뻘겋게 달군 쇠를 쇠망치로 치면 불똥이 튀어 허공으로 날아오르다가 곧 꺼져버리는 것과 같다.

비구 또한 이와 같음을 알아야 하니, 작은 교만은 아직 다하지 않았지만 다섯 가지 낮은 곳의 묶음은 이미 끊어져 '가운데의 파리니르바나'를 얻는다. 이것을 '두 번째 착한 사람'이 가서 이르는 곳이라 하니, 세간의 진리와 같다."

세 번째 · 네 번째 착한 사람이 가서 이르는 곳을 보이심

"또 비구는 이와 같이 수행해야 한다. 나라는 것은 나도 없고 또한 내 것이라는 것도 없다. 앞으로도 나도 없고 또한 내 것이라는 것도 없을 것이니, 이미 있음을 곧 끊어버려야 한다. 이미 끊어서 버릴 수 있다면 있음의 즐김에도 물들지 않고 합해 모임에도 집착하지 않을 것이다.

이와 같이 행하는 자의 위없는 쉼의 자취는 지혜로 보는 것이다. 그러나 그것은 아직 증득한 것은 아니다.

비구의 행이 이와 같으면 그는 어느 곳으로 가서 이르는가?

비유하면 시뻘겋게 달군 쇠를 쇠망치로 치면 불똥이 튀어 허공으로 날아오르다가 땅에 닿기 전에 꺼져버리는 것과 같다.

비구 또한 이와 같음을 알아야 하니, 작은 교만은 아직 다하지 않았지만 다섯 가지 낮은 곳의 묶음은 이미 끊어져 '가운데의 파리니르바나'를 얻는다. 이것을 '세 번째 착한 사람'이 가서 이르는 곳이라 하니, 세간의 진리와 같다.

또 비구는 이와 같이 수행해야 한다. 나라는 것은 나도 없고 또한 내 것이라는 것도 없다. 앞으로도 나도 없고 또한 내 것이라는 것도 없을 것이니, 이미 있음을 곧 끊어버려야 한다. 이미 끊어서 버릴 수 있다면 있음의 즐김에도 물들지 않고 합하여 모임에도 집착하지 않을 것이다.

이와 같이 행하는 자의 위없는 쉼의 자취는 지혜로 보는 것이다. 그러나 그것은 아직 증득한 것은 아니다.

비구의 행이 이와 같으면 그는 어느 곳으로 가서 이르는가?

비유하면 시뻘겋게 달군 쇠를 쇠망치로 치면 불똥이 튀어 허공으로 날아오르다가 땅에 떨어져 꺼져버리는 것과 같다.

비구 또한 이와 같음을 알아야 하니, 작은 교만은 아직 다하지 않았지만 다섯 가지 낮은 곳의 묶음은 이미 끊어져 '가운데의 파리니르바나'를 얻는다. 이것을 '네 번째 착한 사람'이 가서 이르는 곳이라 하니, 세간의 진리와 같다."

다섯 번째 · 여섯 번째 착한 사람이 가서 이르는 곳을 보이심

"또 비구는 이와 같이 수행해야 한다. 나라는 것은 나도 없고 또한 내 것이라는 것도 없다. 앞으로도 나도 없고 또한 내 것이라는 것도 없을 것이니, 이미 있음을 곧 끊어버려야 한다. 이미 끊어서 버릴 수 있다면 있음의 즐김에도 물들지 않고 합해 모임에도 집착하지 않을 것이다.

이와 같이 행하는 자의 위없는 쉼의 자취는 지혜로 보는 것이다. 그러나 그것은 아직 증득한 것은 아니다.

비구의 행이 이와 같으면 그는 어느 곳으로 가서 이르는가?

비유하면 시뻘겋게 달군 쇠를 쇠망치로 치면 불똥이 튀어 허공으로 날아오르다가 작은 섶, 풀 위에 떨어져 연기내거나 타다가 타고서는 꺼져버리는 것과 같다.

비구 또한 이와 같음을 알아야 하니, 작은 교만은 아직 다하지 않았지만 다섯 가지 낮은 곳의 묶음은 이미 끊어져 '색계에서 닦아 행하는 파리니르바나'를 얻는다.

이것을 '다섯 번째 착한 사람'이 가서 이르는 곳이라 하니, 세간의 진리와 같다.

또 비구는 이와 같이 수행해야 한다. 나라는 것은 나도 없고 또한 내 것이라는 것도 없다. 앞으로도 나도 없고 또한 내 것이라는 것도 없을 것이니, 이미 있음을 곧 끊어버려야 한다. 이미 끊어서 버릴 수 있다면 있음의 즐김에도 물들지 않고 합해 모임에도 집착하지 않을 것이다.

이와 같이 행하는 자의 위없는 쉼의 자취는 지혜로 보는 것이다. 그러나 그것은 아직 증득한 것은 아니다.

비구의 행이 이와 같으면 그는 어느 곳으로 가서 이르는가?

비유하면 시뻘겋게 달군 쇠를 쇠망치로 치면 불똥이 튀어 허공으로 날아오르다가 많이 쌓인 섶과 풀 위에 떨어져 연기를 내거나 타다가 다 타고서는 꺼지는 것과 같다.

비구 또한 이와 같음을 알아야 하니, 작은 교만은 아직 다하지 않았지만 다섯 가지 낮은 곳의 묶음은 이미 끊어져 '행함이 없는 파리니르바나'를 얻는다. 이것을 '여섯 번째 착한 사람'이 가서 이르는 곳이라 하니, 세간의 진리와 같다."

일곱 번째 착한 사람이 가서 이르는 곳을 보이심

"또 비구는 이와 같이 수행해야 한다. 나라는 것은 나도 없고 또한 내 것이라는 것도 없다. 앞으로도 나도 없고 또한 내 것이라는 것도 없을 것이니, 이미 있음을 곧 끊어버려야 한다. 이미 끊어서 버릴 수 있다면 있음의 즐김에도 물들지 않고 합해 모임에도 집착하지 않을 것이다.

이와 같이 행하는 자의 위없는 쉼의 자취는 지혜로 보는 것이다. 그러나 그것은 아직 증득한 것은 아니다.

비구의 행이 이와 같으면 그는 어느 곳으로 가서 이르는가?

비유하면 다음과 같다. 시뻘겋게 달군 쇠를 쇠망치로 치면 불똥이 튀어 허공으로 날아오르다가 많이 쌓인 섶, 풀 위에 연기를 내거나 타다가, 타고서는 마을과 성읍 성곽 산숲 넓은 들을 불사르게 된다. 마을 성곽 산숲 넓은 들을 불사른 뒤에는 길이나 물이나 평지에 이르러서 꺼진다.

비구 또한 이와 같음을 알아야 하니, 작은 교만은 아직 다하지 않았지만 다섯 가지 낮은 곳의 묶음은 이미 끊어져 가장 높은 흐름인 '아카니스타하늘의 파리니르바나'(Akaniṣṭha parinirvāṇa)를 얻는다.

이것을 '일곱 번째 착한 사람'이 가서 이르는 곳이라 하니, 세간의 진리와 같다."

이르는 곳 없고 남음 없는 니르바나를 보이심

"어떤 것이 남음 없는 니르바나[無餘涅槃]인가? 비구는 이와 같이 수행해야 한다. 나라는 것은 나도 없고 또한 내 것이라는 것도 없다. 앞으로도 나도 없고 또한 내 것이라는 것도 없을 것이니, 이미 있음을 곧 끊어버려야 한다. 이미 끊어서 버릴 수 있다면 있음의 즐김에도 물들지 않고 합해 모임에도 집착하지 않을 것이다.

이와 같이 행하는 자의 '위없는 쉼의 자취'는 지혜로 보는 것이니, 이는 이미 증득한 것이다.

나는 그 비구가 동방(東方)으로도 가지 않고, 서방 · 남방 · 북방과 네 모서리[維] 위아래로도 가지 않는다고 말하니, 곧 현재법 가운데서 쉬는 니르바나이다.

내가 앞에서 말한 '일곱 착한 사람'이 가서 이르는 곳과 남음 없는 니르바나는 이 때문에 일부러 말해준 것이다."

붇다께서 이렇게 말씀하시자, 여러 비구들은 붇다의 말씀을 듣고 기뻐하며 받들어 행하였다.

• 중아함 6 선인왕경(善人往經)

• 해설 •

욕계(欲界) · 색계(色界) · 무색계(無色界)는 탐욕에 얽힌 세계, 탐욕이 없어졌으나 물질의 장애가 있는 하늘세계, 물질의 장애가 없으나 관념의 장애가 있는 하늘세계의 뜻이다.

이러한 실재론적 표현을 통해 붇다는 실천에서 다섯 가지 낮은 곳의 번뇌[五下分結]가 있는 세계, 탐욕의 번뇌가 사라진 네 가지 선정의 세계[四禪], 물질의 장애가 없는 네 가지 공한 선정[四空定]으로 향상하는 길을 보여주신다.

다섯 가지 낮은 곳의 번뇌에서 지혜의 흐름에 믿음을 내 들어간 이를 스로타판나라 하고, 지혜의 흐름에 들어가 진리의 길에 향상하다 다시 번뇌의 세계에 동요함이 있는 이를 사크리다가민이라 하며, 다시 지혜의 흐름에서 다시 번뇌의 땅에 돌아옴이 없이 다만 앞으로 나아가는 이를 아나가민이라 한다.

이 경의 일곱 가지 니르바나는 앞으로 나아갈 곳이 있는 불완전한 니르바나로서 아나가민(Anāgāmin)의 니르바나를 말하고 있다.

아나가민은 실재론적 표현으로 보면 욕계를 벗어나 색계의 하늘로 올라가 다시 욕계에 되돌아오지 않는 이를 말하니, 이는 가장 거친 탐욕의 번뇌에 다시 물들지 않는 선정의 성취를 뜻한다.

이처럼 선정의 향상을 하늘세계에 올라가는 차제로 설명하니, 첫 번째 · 두 번째 · 세 번째 · 네 번째 착한 사람의 '가운데의 파리니르바나'는 욕계에서 색계에 올라가는 중간의 몸[中身]에서 얻는 니르바나이다.

다섯 번째 착한 사람의 '색계에서 닦아 행하는 니르바나'는 색계하늘에 이미 들어선 이의 니르바나이고, 여섯 번째 착한 사람의 '행함이 없는 파리

니르바나'는 색계하늘에서 이미 욕계의 번뇌가 저절로 다해 다시 행할 것이 없는 니르바나이다.

일곱 번째 착한 사람의 '아카니스타하늘의 파리니르바나'는 색계하늘의 가장 높은 흐름에 든 이의 니르바나이다.

일곱 가지 니르바나는 욕계의 낮은 곳에서 색계의 가장 높은 하늘로 향상하는 구조로 설명되고 있으나, 경의 비유로 보면 그것은 선정의 향상을 실재론적으로 표현한 것일 뿐이다.

이를 불꽃의 힘으로 비유하면 첫 번째 착한 사람은 밀껍질을 조금 태우다 꺼짐이고, 두 번째는 달구어진 쇠를 망치로 치면 불똥이 허공에서 타다 바로 꺼짐이고, 세 번째는 땅에 떨어지다 중간에서 꺼짐이며, 네 번째는 땅에 떨어져 꺼짐이고, 다섯 번째는 땅의 풀섶에서 타다 꺼짐이며, 여섯 번째는 풀섶 위에 타다 풀섶을 다 태우고 꺼짐이고, 일곱 번째는 풀섶을 태우고 마을과 숲을 태우고 꺼짐이니, 이는 불꽃의 태우는 힘이 차츰 강해진 것과 같이 번뇌를 조복하는 선정의 힘이 강해짐을 나타낸다.

그러나 선정의 불꽃이 아무리 강해서 위로 올라간다 해도 끊고서 올라감이 있는 니르바나는 실상 그대로의 참된 니르바나가 아니다.

온갖 있음이 있음 아님을 깨달으면 합해 모임[合會]에 모임이 없으므로 합해 모임에도 집착하지 않고, 흩어져 사라짐[散滅]에 사라짐이 없으므로 흩어져 사라짐에도 집착하지 않는다.

법이 모임과 법이 흩어짐에 집착 없으면 가고 옴도 없고[無去來] 머묾도 없어서[無住] 불꽃처럼 일어나는 현재법 그 가운데서 니르바나의 쉼을 얻으니, 이 니르바나가 바로 '남음 없는 니르바나'이고 '위없는 쉼의 니르바나'이다.

큰 바다가 큰 강 때문에 있고
큰 강은 작은 강, 나아가 비 때문에 있듯이

나는 들었다, 이와 같이.

한때 붇다께서는 슈라바스티 국에 노니시면서 제타 숲 '외로운 이 돕는 장자의 동산'에 계셨다.

그때에 세존께서는 여러 비구들에게 말씀하셨다.

"있음의 애착[有愛]은 본래 없었다가 지금 있음의 애착을 내니, 그 본바탕을 알 수 없다.

있음의 애착에는 까닭이 있음을 알 수 있으니, 있음의 애착은 곧 먹음이 있고 먹음 없음이 아니다. 무엇을 있음의 애착의 먹음이라 하는가. 무명(無明)이 먹음이 된다.

무명 또한 먹음이 있고 먹음 없음이 아니다. 무엇을 무명의 먹음이라 하는가. 다섯 덮음[五蓋]이 먹음이 된다.

다섯 덮음 또한 먹음이 있고 먹음 없음이 아니다. 무엇을 다섯 덮음의 먹음이라 하는가. 답해 말하면 세 가지 악한 행[三惡行]이 먹음이 된다.

세 가지 악한 행 또한 먹음이 있고 먹음 없음이 아니다. 무엇을 세 가지 악한 행의 먹음이라 하는가. 모든 아는 뿌리를 보살피지 않음[不護諸根]이 먹음이 된다.

모든 아는 뿌리를 보살피지 않음 또한 먹음이 있고 먹음 없음이 아니다. 무엇을 모든 아는 뿌리를 보살피지 않음의 먹음이라 하는

가. 바르지 않은 생각[不正念]과 바르지 않은 지혜[不正智]가 먹음이 된다.

바르지 않은 생각과 바르지 않은 지혜 또한 먹음이 있고 먹음 없음이 아니다. 무엇을 바르지 않은 생각과 바르지 않은 지혜의 먹음이라 하는가. 바르지 않은 사유[不正思惟]가 먹음이 된다.

바르지 않은 사유 또한 먹음이 있고 먹음 없음이 아니다. 무엇을 바르지 않은 사유의 먹음이라 하는가. 믿지 않음[不信]이 먹음이 된다.

믿지 않음 또한 먹음이 있고 먹음 없음이 아니다. 무엇을 믿지 않음의 먹음이라 하는가. 나쁜 법 들음[聞惡法]이 먹음이 된다.

나쁜 법 들음 또한 먹음이 있고 먹음 없음이 아니다. 무엇을 나쁜 법 들음의 먹음이라 하는가. 나쁜 스승을 가까이함[親近惡知識]이 먹음이 된다.

나쁜 스승을 가까이함 또한 먹음이 있고 먹음 없음이 아니다. 무엇을 나쁜 스승을 가까이함의 먹음이라 하는가. 나쁜 사람[惡人]이 곧 먹음이 된다."

있음의 애착이 나쁜 사람 가까이함이 씨앗이 되어 무명 때문에 일어남을 보이심

"이것이 나쁜 사람과 함께하면 곧 나쁜 스승을 가까이하게 되고, 나쁜 스승을 가까이하게 되면 나쁜 법을 듣게 되고, 나쁜 법을 듣게 되면 믿지 않음을 내게 됨이다.

믿지 않음을 내게 되면 곧 바르지 않은 사유를 가지게 되고, 바르지 않은 사유를 가지게 되면 바르지 않은 생각과 바르지 않은 지혜를 가지게 된다.

바르지 않은 생각과 바르지 않은 지혜를 가지게 되면 모든 아는 뿌리를 보살피지 않게 되고, 모든 아는 뿌리를 보살피지 않게 되면 세 가지 악한 행을 가지게 된다.

세 가지 악한 행을 가지게 되면 다섯 덮음을 가지게 되고, 다섯 덮음을 가지게 되면 무명을 가지게 되고, 무명을 가지게 되면 있음의 애착을 가지게 된다.

이와 같이 있음의 애착은 더욱 펼쳐 이어져 이루어지는 것이다."

무명이 일어나고 있음의 애착이 일어남을
큰 바다와 비의 비유로 보이심

"큰 바다 또한 먹음이 있고 먹음 없음이 아니다. 무엇을 큰 바다의 먹음이라 하는가. 큰 강이 먹음이 된다.

큰 강 또한 먹음이 있고 먹음 없음이 아니다. 무엇을 큰 강의 먹음이라 하는가. 작은 강이 먹음이 된다.

작은 강 또한 먹음이 있고 먹음 없음이 아니다. 무엇을 작은 강의 먹음이라 하는가. 큰 시내가 먹음이 된다.

큰 시내 또한 먹음이 있고 먹음 없음이 아니다. 무엇을 큰 시내의 먹음이라 하는가. 작은 시내가 먹음이 된다.

작은 시내 또한 먹음이 있고 먹음 없음이 아니다. 무엇을 작은 시내의 먹음이라 하는가. 산바위 골짜기 물과 평지의 늪이 먹음이 된다.

산바위 골짜기 물과 평지의 늪 또한 먹음이 있고 먹음 없음이 아니다. 무엇을 산바위 골짜기 물과 평지의 늪의 먹음이라 하는가. 비[雨]가 먹음이 된다.

어떤 때 크게 비 내려서 큰비가 내리면 곧 산바위 골짜기와 평지 위 늪의 물이 차고, 산바위 골짜기와 평지 위 늪의 물이 차면 작은 시내가 찬다. 작은 시내가 차면 큰 시내가 차고, 큰 시내가 차면 작은 강이 차고, 작은 강이 차면 큰 강이 차고, 큰 강이 차면 큰 바다가 찬다.

이와 같이 저 큰 바다는 더욱 펼쳐 이어져 차게 되는 것이다."

있음의 애착 그 뿌리를 추궁하고 다시 그 뿌리가 있음의 애착 키움을 반복해 보이심

"이와 같이 있음의 애착은 먹음이 있고 먹음 없음이 아니다. 무엇을 있음의 애착의 먹음이라 하는가. 무명이 먹음이 된다.

무명 또한 먹음이 있고 먹음 없음이 아니다. 무엇을 무명의 먹음이라 하는가. 다섯 덮음[五蓋]이 먹음이 된다.

다섯 덮음 또한 먹음이 있고 먹음 없음이 아니다. 무엇을 다섯 덮음의 먹음이라 하는가. 세 가지 악한 행[三惡行]이 먹음이 된다.

세 가지 악한 행 또한 먹음이 있고 먹음 없음이 아니다. 무엇을 세 가지 악한 행의 먹음이라 하는가. 모든 아는 뿌리를 보살피지 않음[不護諸根]이 먹음이 된다.

모든 아는 뿌리를 보살피지 않음 또한 먹음이 있고 먹음 없음이 아니다. 무엇을 모든 아는 뿌리를 보살피지 않음의 먹음이라 하는가. 바르지 않은 생각[不正念]과 바르지 않은 지혜[不正智]가 먹음이 된다.

바르지 않은 생각과 바르지 않은 지혜 또한 먹음이 있고 먹음 없음이 아니다. 무엇을 바르지 않은 생각과 바르지 않은 지혜의 먹음이라 하는가. 바르지 않은 사유[不正思惟]가 먹음이 된다.

바르지 않은 사유 또한 먹음이 있고 먹음 없음이 아니다. 무엇을 바르지 않은 사유의 먹음이라 하는가. 믿지 않음[不信]이 먹음이 된다.

믿지 않음 또한 먹음이 있고 먹음 없음이 아니다. 무엇을 믿지 않음의 먹음이라 하는가. 나쁜 법 들음[聞惡法]이 먹음이 된다.

나쁜 법 들음 또한 먹음이 있고 먹음 없음이 아니다. 무엇을 나쁜 법 들음의 먹음이라 하는가. 나쁜 스승을 가까이함이 먹음이 된다.

나쁜 스승을 가까이함 또한 먹음이 있고 먹음 없음이 아니다. 무엇을 나쁜 스승을 가까이함이라 하는가. 나쁜 사람[惡人]이 먹음이 된다.

이것이 나쁜 사람과 함께하면 곧 나쁜 스승을 가까이하게 되고, 나쁜 스승을 가까이하게 되면 나쁜 법을 듣게 되고, 나쁜 법을 듣게 되면 믿지 않음을 내게 됨이다.

믿지 않음을 내게 되면 곧 바르지 않은 사유를 가지게 되고, 바르지 않은 사유를 가지게 되면 바르지 않은 생각과 바르지 않은 지혜를 가지게 된다.

바르지 않은 생각과 바르지 않은 지혜를 가지게 되면 모든 아는 뿌리를 보살피지 않게 되고, 모든 아는 뿌리를 보살피지 않게 되면 세 가지 악한 행을 가지게 된다.

세 가지 악한 행을 가지게 되면 다섯 덮음을 가지게 되고, 다섯 덮음을 가지게 되면 무명을 가지게 되고, 무명을 가지게 되면 있음의 애착을 가지게 된다.

이와 같이 있음의 애착은 더욱 펼쳐 이어져 이루어지는 것이다."

밝음과 해탈은 좋은 사람 가까이함이 뿌리가 됨을 보이심

"밝음[明, vidyā]과 해탈(解脫, vimokṣa) 또한 먹음이 있고 먹음 없음이 아니다. 무엇을 밝음과 해탈의 먹음이라 하는가. 일곱 갈래 깨달음 법[七覺支]이 먹음이 된다.

일곱 갈래 깨달음 법 또한 먹음이 있고 먹음 없음이 아니다. 무엇을 일곱 갈래 깨달음 법이라 하는가. 네 곳 살핌[四念處]이 먹음이 된다.

네 곳 살핌 또한 먹음이 있고 먹음 없음이 아니다. 무엇을 네 곳 살핌이라 하는가. 세 가지 묘한 행[三妙行]이 먹음이 된다.

세 가지 묘한 행 또한 먹음이 있고 먹음 없음이 아니다. 무엇을 세 가지 묘한 행이라 하는가. 모든 아는 뿌리를 보살핌[護諸根]이 먹음이 된다.

모든 아는 뿌리를 보살핌 또한 먹음이 있고 먹음 없음이 아니다. 무엇을 모든 아는 뿌리를 보살핌의 먹음이라 하는가. 바른 생각[正念]과 바른 지혜[正智]가 먹음이 된다.

바른 생각과 바른 지혜 또한 먹음이 있고 먹음 없음이 아니다. 무엇을 바른 생각과 바른 지혜의 먹음이라 하는가. 바른 사유[正思惟]가 먹음이 된다.

바른 사유 또한 먹음이 있고 먹음 없음이 아니다. 무엇을 바른 사유의 먹음이라 하는가. 믿음[信]이 먹음이 된다.

믿음 또한 먹음이 있고 먹음 없음이 아니다. 무엇을 믿음의 먹음이라 하는가. 좋은 법 들음[聞善法]이 먹음이 된다.

좋은 법 들음 또한 먹음이 있고 먹음 없음이 아니다. 무엇을 좋은 법 들음의 먹음이라 하는가. 좋은 스승을 가까이함이 먹음이 된다.

좋은 스승을 가까이함 또한 먹음이 있고 먹음 없음이 아니다. 무엇을 좋은 스승을 가까이함의 먹음이라 하는가. 좋은 사람[善人]이 먹음이 된다.

이것이 곧 좋은 사람과 함께하면 좋은 스승을 가까이하게 되고, 좋은 스승을 가까이하게 되면 좋은 법을 듣게 되고, 좋은 법을 듣게 되면 믿음을 내게 됨이다.

믿음을 내게 되면 바른 사유가 있게 되고, 바른 사유가 있게 되면 바른 생각과 바른 지혜가 있게 되고, 바른 생각과 바른 지혜가 있게 되면 모든 아는 뿌리를 보살피게 되고, 모든 아는 뿌리를 보살피게 되면 세 가지 묘한 행이 있게 된다.

세 가지 묘한 행이 있게 되면 네 곳 살핌이 있게 되고, 네 곳 살핌이 있게 되면 일곱 갈래 깨달음 법이 있게 되고, 일곱 갈래 깨달음 법이 있게 되면 곧 밝음과 해탈이 있게 된다.

이와 같이 밝음과 해탈은 더욱 펼쳐 이어져 이루어지게 된다."

큰 바다가 원인이 되는 뿌리로 인해 펼쳐 이어지게 됨을 보이심

"큰 바다 또한 먹음이 있고 먹음 없음이 아니다. 무엇을 큰 바다의 먹음이라 하는가. 큰 강이 먹음이 된다.

큰 강 또한 먹음이 있고 먹음 없음이 아니다. 무엇을 큰 강의 먹음이라 하는가. 작은 강이 먹음이 된다.

작은 강 또한 먹음이 있고 먹음 없음이 아니다. 무엇을 작은 강의 먹음이라 하는가. 큰 시내가 먹음이 된다.

큰 시내 또한 먹음이 있고 먹음 없음이 아니다. 무엇을 큰 시내의 먹음이라 하는가. 작은 시내가 먹음이 된다.

작은 시내 또한 먹음이 있고 먹음 없음이 아니다. 무엇을 작은 시내의 먹음이라 하는가. 산바위 골짜기 물과 평지의 늪이 먹음이 된다.

산바위 골짜기 물과 평지의 늪 또한 먹음이 있고 먹음 없음이 아니다. 무엇을 산바위 골짜기 물과 평지의 늪의 먹음이라 하는가. 비[雨]가 먹음이 된다.

어떤 때 크게 비 내려서 큰비가 내리면 곧 산바위 골짜기와 평지 위 늪의 물이 찬다. 산바위 골짜기와 평지 위 늪의 물이 차면 작은 시내가 찬다. 작은 시내가 차면 큰 시내가 차고, 큰 시내가 차면 작은 강이 차고, 작은 강이 차면 큰 강이 차고, 큰 강이 차면 큰 바다가 찬다.

이와 같이 저 큰 바다는 더욱 펼쳐 이어져 차게 되는 것이다."

밝음과 해탈의 뿌리를 추궁하고 그 뿌리가 밝음과 해탈 더욱 늘려 이룸을 반복해 보이심

"이와 같이 밝음과 해탈은 먹음이 있고 먹음 없음이 아니다. 무엇을 밝음과 해탈의 먹음이라 하는가. 일곱 갈래 깨달음 법이 먹음이 된다.

일곱 갈래 깨달음 법 또한 먹음이 있고 먹음 없음이 아니다. 무엇을 일곱 갈래 깨달음 법이라 하는가. 네 곳 살핌이 먹음이 된다.

네 곳 살핌 또한 먹음이 있고 먹음 없음이 아니다. 무엇을 네 곳 살핌이라 하는가. 세 가지 묘한 행이 먹음이 된다.

세 가지 묘한 행 또한 먹음이 있고 먹음 없음이 아니다. 무엇을 세 가지 묘한 행이라 하는가. 모든 아는 뿌리를 보살핌이 먹음이 된다.

모든 아는 뿌리를 보살핌 또한 먹음이 있고 먹음 없음이 아니다.

무엇을 모든 아는 뿌리를 보살핌이라 하는가. 바른 생각과 바른 지혜가 먹음이 된다.

바른 생각과 바른 지혜 또한 먹음이 있고 먹음 없음이 아니다. 무엇을 바른 생각과 바른 지혜의 먹음이라 하는가. 바른 사유가 먹음이 된다.

바른 사유 또한 먹음이 있고 먹음 없음이 아니다. 무엇을 바른 사유의 먹음이라 하는가. 믿음이 먹음이 된다.

믿음 또한 먹음이 있고 먹음 없음이 아니다. 무엇을 믿음의 먹음이라 하는가. 좋은 법 들음이 먹음이 된다.

좋은 법 들음 또한 먹음이 있고 먹음 없음이 아니다. 무엇을 좋은 법 들음의 먹음이라 하는가. 좋은 스승을 가까이함이 먹음이 된다.

좋은 스승을 가까이함 또한 먹음이 있고 먹음 없음이 아니다. 무엇을 좋은 스승을 가까이함의 먹음이라 하는가. 좋은 사람이 먹음이 된다.

이것이 곧 좋은 사람과 함께하면 좋은 스승을 가까이하게 되고, 좋은 스승을 가까이하게 되면 좋은 법을 듣게 되고, 좋은 법을 듣게 되면 믿음을 내게 됨이다.

믿음을 내게 되면 바른 사유가 있게 되고, 바른 사유가 있게 되면 바른 생각과 바른 지혜가 있게 되고, 바른 생각과 바른 지혜가 있게 되면 모든 아는 뿌리를 보살피게 되고, 모든 아는 뿌리를 보살피게 되면 세 가지 묘한 행이 있게 된다.

세 가지 묘한 행이 있게 되면 네 곳 살핌이 있게 되고, 네 곳 살핌이 있게 되면 일곱 갈래 깨달음 법이 있게 되고, 일곱 갈래 깨달음 법이 있게 되면 곧 밝음과 해탈이 있게 된다.

이와 같이 밝음과 해탈은 더욱 펼쳐 이어져 이루어지게 된다."

붇다께서 이렇게 말씀하시니, 여러 비구들은 기뻐하며 받들어 행하였다.

• 중아함 52 식경(食經) ①

• 해설 •

연기법에서 본래 스스로 있는 것은 없다. 있음의 애착[有愛]도 본래 없다가 지금 애착을 내게 되는 것이니, 그 있되 공한 모습은 이루 말할 수 없고 사유할 수 없다.

그러나 다른 것을 통해 인연으로 나는 모습은 알 수 있으니, 먹을거리를 먹음으로써 애착이 생겨나는 것이다.

있음의 애착은 무명을 먹고 있음의 애착이 되었으며, 무명은 다섯 덮음을 먹어 무명이 되었다. 나아가 그 모든 나쁜 법들은 나쁜 사람과 가까이해 좋은 스승에게서 법을 들어 바른 믿음 바른 지혜를 내지 않고 나쁜 벗 나쁜 스승을 가까이함으로써 일어난 것이다.

이는 마치 바다가 큰 강을 먹어 받아들이고, 큰 강은 작은 강, 작은 강은 시냇물, 시내는 골짜기물과 늪의 물을 받아 이루어지고, 골짜기물과 늪의 물은 하늘의 비를 받아 이루어짐과 같다.

무명이 사라진 밝음과 해탈 또한 마찬가지다. 해탈도 그 뿌리가 되는 원인으로 인해 이루어지니, 해탈은 '일곱 갈래 깨달음 법'을 먹고 이루어지고, 일곱 갈래 깨달음 법은 '네 곳 살핌'을 먹고 이루어지고, 나아가 온갖 좋은 실천법은 좋은 스승 좋은 사람을 가까이해 좋은 법을 들음으로 난다.

이 또한 큰 바다가 큰 강을 받아들여 이루어지고 나아가 골짜기와 늪의 물이 하늘의 비를 받아 이루어지는 것과 같다.

밝음[明]과 해탈(解脫), 밝음 없음[無明]과 있음의 애착[有愛]이 모두 인연으로 일어났다는 경의 뜻은 무엇일가. 그것은 곧 해탈과 번뇌의 세계가 모두 연기한 것이라 공함을 보인 것이다.

번뇌와 중생의 고통이 공한 곳에 '본디 깨쳐 있음의 뜻'[本覺義]을 세웠으며, 본디 깨쳐 있음도 공하므로 번뇌가 연기하는 것이다.

그렇다면 '중생의 못 깨침'[不覺]과 붇다의 '새로 깨친 해탈'[始覺]과 번뇌가 공한 '본디 깨쳐 있음'[本覺]이 모두 자기실체가 없어[無自性] 공한 줄 알아야 이 경의 뜻을 이해할 수 있는 사람이라 할 것이다.

또한 이 아함경의 뜻을 알아야 대승에서 '본래 보디가 이루어져 있다'[本來成佛]고 함과 '온갖 중생에게 다 붇다의 성품이 있다'[一切衆生悉有佛性]는 뜻을 알 수 있을 것이다.

씨앗이 땅과 물이 없으면 자라나 뻗어가지 못하듯

이와 같이 내가 들었다.

한때 붇다께서는 슈라바스티 국 제타 숲 '외로운 이 돕는 장자의 동산'에 계시면서 여러 비구들에게 말씀하셨다.

"다섯 가지 씨앗이 있다. 어떤 것이 다섯인가. 곧 뿌리씨앗 · 줄기씨앗 · 마디씨앗 · 스스로 떨어진 씨앗 · 열매씨앗이다.

이 다섯 가지 씨앗이 비록 끊어지지도 않고, 무너지지도 않으며, 썩지도 않으며, 바람을 맞지도 않고, 새로 익은 단단한 열매라 하더라도, 땅만 있고 물이 없으면 그 씨앗은 나서 자라고 뻗어가지 못한다.

또 그 씨앗이 비록 새로 익은 단단한 열매로서 끊어지지도 않고, 무너지지도 않으며 바람을 맞지 않았더라도, 물만 있고 땅이 없으면 그 씨앗 또한 나서 자라고 뻗어가지 못한다.

만약 그 씨앗이 새로 익은 단단한 열매로서 끊어지지도 않고 무너지지도 않으며 썩지도 않고 바람을 맞지도 않고 땅과 물이 있으면 그 씨앗은 나서 자라고 뻗어갈 것이다."

앎이 스스로 서 있지 못하고 네 가지 집착된 쌓임에
머물러 서 있을 수 있음을 다섯 가지 씨앗과 땅과 물로 비유하심

"비구들이여, 그 다섯 가지 씨앗은 '물든 쌓임'[取陰]이 앎과 함께 함에 비유하고, 땅은 네 가지 앎이 머무는 곳에 비유하고, 물은 탐냄과 기뻐함에 비유해본다.

네 가지 집착된 쌓임이 서로 붙잡아 앎이 머무는 것이니, 어떤 것이 넷인가.

물질[色] 가운데 앎이 머물러 물질을 붙잡아 알고, 기뻐함과 탐냄이 윤택케 하여 자라나고 늘어나 뻗어간다.

느낌[受] · 모습 취함[想] · 지어감[行] 안에 앎[識]이 머물러, 느낌 · 모습 취함 · 지어감을 붙잡아 알고, 기뻐함과 탐냄이 윤택케 하여 자라나고 늘어나 뻗어간다.

비구들이여, 이렇게 앎은 그 가운데서 오기도 하고 가기도 하며, 머무르기도 하고 잠기기도 하며, 자라나고 늘어나 뻗어간다.

비구들이여, 만일 물질 · 느낌 · 모습 취함 · 지어감을 떠나서도 앎이 오기도 하고 가기도 하며, 머무르기도 하고 나기도 하는 일이 있다고 말한다면, 그것은 다만 말만이 있을 뿐이다.

그것을 물어보면 알지 못하여 더욱 어리석음만 더해 늘릴 것이니, 경계가 아니기 때문이다."

네 가지 쌓임에 집착 떠나, 앎에 머묾 없는 니르바나를 보이심

"물질의 경계에서 탐욕을 떠나고, 탐욕을 떠난 뒤에는 물질에 막히고 걸림에서 묶임을 끊으려고 하는 마음이 생긴다.

물질에 막히고 걸림에서 묶임을 끊으려는 마음이 생긴 뒤에는 끊음을 생각하고, 끊음을 생각한 뒤에는 그 앎은 머무는 곳이 없고, 또 나서 자라고 뻗어가지 않는다.

느낌 · 모습 취함 · 지어감의 경계에서 탐욕을 떠나고, 탐욕을 떠난 뒤에는 느낌 · 모습 취함 · 지어감에 막히고 걸림에서 묶임을 끊으려고 하는 마음이 생긴다.

느낌 · 모습 취함 · 지어감에 막히고 걸림에서 묶임을 끊으려는 마음이 생긴 뒤에는 끊음을 잡아 생각하고, 끊음을 잡아 생각한 뒤에는 그 앎은 머무는 곳이 없게 되고, 또 나서 자라고 뻗어가지 않는다.

나서 자라지 않으므로 지어 행하지 않고, 지어 행하지 않고서는 바르게 머문다.

바로 머무르면 만족함을 알고, 만족함을 알고서는 해탈하고, 해탈하고서는 모든 세간에 대해서 취할 것이 없고 집착할 것이 없으며, 취할 것이 없고 집착할 것이 없어진 뒤에는 스스로 니르바나를 깨닫는다.

그리하여 나의 태어남은 이미 다하고, 범행은 이미 서고, 지을 바를 이미 지어 뒤의 있음을 받지 않음을 스스로 안다.

나는 저 앎이 동서남북 · 네 모서리 · 위아래에 이르지 않고, 이르는 곳이 없이 오직 법만 보아 니르바나에 들어간다고 말하니, 고요하고 맑고 시원하고 청정하여 진실함이다."

붇다께서 이 경을 말씀하시자 여러 비구들은 붇다의 말씀을 듣고 기뻐하며 받들어 행하였다.

• 잡아함 39 종자경(種子經)

• 해설 •

물질 · 느낌 · 모습 취함 · 지어감 · 앎의 다섯 쌓임은 모두 앎 밖에 있는 쌓임이 아니라 앎에서 보면 모두 앎 자체 속에 드러나는 쌓임이니, 이를 붇다는 다섯 씨앗으로 비유한다.

앎[自體唯識]을 중심으로 보면 물질은 앎의 바탕이자 앎의 내적 대상[所變唯識]이며, 느낌 · 모습 취함은 앎 자체에 따라 나는 작용[相應唯識]이고,

지어감은 앎에 바로 따라 나는 것[相應唯識]과 앎과 물질의 중간영역으로 자립성을 갖고 앎과 함께 나는 것[分位唯識]으로 구분된다.

다섯 쌓임은 바탕 달리함[異體]에서 보면 다섯 쌓임이나, 앎과 바탕 같이함[同體]에서 보면 앎이 다섯 씨앗이다.

앎과 네 씨앗은 각기 씨앗이면서 서로 다른 것의 씨앗을 키워주는 땅이 된다.

앎은 물질 · 느낌 · 모습 취함 · 지어감에 매이고 네 가지 쌓임의 땅에 머물러 씨앗을 키우는 것이니, 네 쌓임은 앎의 땅이 되고 기뻐함과 탐냄의 물이 앎의 씨앗을 자라나게 하고 늘게 한다.

땅과 물 없는 씨앗이 성장할 수 없듯 앎의 씨앗은 다른 네 쌓임의 땅과 물이 없으면 자라지 못한다.

그러나 다섯 쌓임은 서로 땅이 되어 자기 씨앗을 키우는 것이라 모두 공한 것이다.

앎에서 보면 네 쌓임은 앎의 씨앗을 키우는 앎 자체의 경계와 작용으로 주어지는 네 쌓임이다. 그러므로 네 쌓임에 대한 탐욕을 떠나고 묶음을 끊으면 앎 자체에 머묾이 사라지고 걸림과 막힘이 사라진다.

곧 앎은 알려지는바 물질경계를 떠난 앎이 없고 느낌 · 모습 취함 · 지어감 등 아는 작용을 떠난 앎이 없으니, 알려지는 바에 실로 알 것이 없는 줄 알면 그 앎은 앎 없는 앎이 되고 그 앎은 해탈의 앎이 된다.

해탈의 앎이 되면 온갖 것을 알고 온갖 곳에 가되 그 마음은 알되 앎이 없고 가되 이르는 곳이 없고 머묾이 없게 된다.

그러나 앎 없음은 알되 앎 없음이라 앎 없음도 없는 것이니, 마음에 머묾 없으면[心無所住] 허무에 떨어짐이 없이 오직 모습에 모습 없는 진실한 모습을 내는 것[卽生實相]이다. 이 앎 없는 앎이 보고 듣고 느끼어 앎[見聞覺知]을 떠나지 않고, 오직 법을 보아 니르바나에 들어감이고, 늘 불꽃 일듯 온갖 법을 알고 보되 고요하고 밝아 진실함이다.

소뿔을 짜 젖을 얻을 수 없고 젖은 섶에서 불을 얻을 수 없듯

나는 들었다, 이와 같이.

한때 붇다께서는 라자그리하 성에 노니시면서 칼란다카 대나무 동산에 계셨다. 그때에 존자 부미자(巴 Bhūmija) 또한 라자그리하 성의 '일이 없는 선실(禪室)'에 있었다.

이때에 존자 부미자는 밤을 지내고 이른 아침에 가사를 입고 발우를 가지고 라자그리하 성으로 들어가 밥을 빌려고 하다가 이렇게 생각하였다.

"라자그리하 성으로 들어가 밥을 비는 것은 우선 그만두고, 나는 이제 왕자 니베사나 어린이의 집으로 가보아야겠다."

부미자 존자가 니베사나 왕자와 행위의 결과에 대해 문답하고 세존께 보고함

이에 존자 부미자는 곧 왕자 니베사나 어린이 집으로 갔다. 왕자 니베사나 어린이는 멀리서 존자 부미자가 오는 것을 보고, 곧 자리에서 일어나 한쪽 옷자락을 벗고, 두 손을 맞잡고 존자 부미자를 향해 이렇게 말하였다.

"잘 오셨습니다, 존자 부미자시여. 오랜만에 오셨습니다. 이 평상에 앉으십시오."

존자 부미자는 곧 자리에 앉았다. 왕자 니베사나 어린이는 존자 부미자 발에 머리를 대 절하고 물러나 한쪽에 앉아 말씀드렸다.

"존자 부미자시여, 여쭙고 싶은 일이 있습니다. 제 물음을 들어주시겠습니까."

존자 부미자는 대답하였다.

"왕자시여, 묻고 싶으면 물으시오. 나는 듣고서 생각해보겠소."

왕자는 곧 존자 부미자에게 물었다.

"어떤 사문이나 브라마나가 나 있는 곳에 와서 이렇게 말한다 합시다.

'왕자여, 어떤 사람이 원을 세우고 바른 범행을 행하면 그는 반드시 결과를 얻습니다. 다시 원이 없거나, 원이 있기도 하고 원이 없기도 하며, 원이 있는 것도 아니요 없는 것도 아니거나 바른 범행을 행하여도 그는 반드시 결과를 얻습니다.'

존자 부미자의 높은 스승께선 이것을 어떻게 생각하시며, 어떻게 말씀하시겠습니까."

존자 부미자는 말하였다.

"왕자여, 나는 세존께도 몸소 듣지 못하였고, 또 모든 범행자에게서도 듣지 못하였소. 왕자여, 세존이시라면 아마 이렇게 말씀하셨을 것이오.

'어떤 사람이 원을 세우고 바른 범행을 행하면 반드시 결과를 얻는다. 원이 없거나, 원이 있기도 하고 원이 없기도 하며, 원이 있는 것도 아니요 없는 것도 아니거나 바른 범행을 행하여도 그는 반드시 결과를 얻는다.' "

왕자는 말씀드렸다.

"만약 존자 부미자의 높은 스승께서 이와 같이 생각하시고 이와 같이 말씀하신다면, 이것은 세간 · 하늘과 마라, 브라흐만 · 사문 · 브라마나 등 사람에서 하늘에 이르기까지 그 가운데 가장 높으십니다.

존자 부미자시여, 여기서 공양을 받으소서."

존자 부미자는 잠자코 그 청을 받았다. 왕자는 존자 부미자가 잠자코 청을 받은 것을 알고, 곧 자리에서 일어나 씻을 물을 돌리고, 아주 깨끗하고 맛있고 풍성하며 입에 녹는 갖가지 음식을 손수 챙겨 배불리 잡수게 하였다.

공양이 끝나자 그릇을 거두고, 다시 씻을 물을 돌린 뒤에 조그만 평상을 가지고 와서 따로 앉아 설법을 들었다.

존자 부미자는 그를 위해 설법하여 목마르듯 우러르는 마음을 내게 하고, 기쁨을 성취케 하였다. 한량없는 방편으로 그를 위해 설법하여 목마르듯 우러르는 마음을 내게 하고, 기쁨을 성취케 한 뒤에 자리에서 일어나 붇다 계신 곳으로 나아갔다.

그는 붇다의 발에 머리를 대 절하고 물러나 한쪽에 앉아 왕자와 함께 서로 의논한 것을 모두 붇다께 말씀드렸다.

세존께서는 그것을 들으시고 말씀하셨다.

"부미자여, 왜 왕자를 위하여 네 가지 비유를 말하지 않았느냐."

존자 부미자는 여쭈었다.

"세존이시여, 어떤 것을 네 가지 비유라 합니까."

네 가지 비유를 보이시는데, 먼저 '소뿔을 짜 소젖을 얻으려는 것'으로 삿된 원인으로 바른 결과 얻지 못함을 말씀하심

세존께서는 말씀하셨다.

"부미자여, 어떤 사문이나 브라마나가 삿된 견해와 삿된 견해의 선정[定]이 있어서, 그가 원과 행을 짓되 삿된 범행을 행하면 반드시 결과를 얻지 못할 것이다.

원이 없거나, 원이 있기도 하고 원이 없기도 하거나, 원이 있는 것도 아니요 없는 것도 아니거나 삿된 범행을 행하면 반드시 결과를 얻지 못할 것이다.

왜 그런가. 삿됨으로써 결과를 구하므로 도가 없다고 하는 것이다.

부미자여, 마치 어떤 사람이 소젖을 얻으려고 소뿔을 짜면 반드시 젖을 얻지 못하는 것과 같다.

원이 없거나, 원이 있기도 하고 원이 없기도 하거나, 원이 있는 것도 아니요 원이 없는 것도 아니거나, 소젖을 얻으려는 사람이 소뿔을 짜면 결코 젖을 얻지 못할 것이다.

왜 그런가. 삿됨으로써 젖을 구하므로 곧 소뿔을 짠 것이다.

이와 같이 부미자여, 만약 어떤 사문이나 브라마나에게 삿된 견해와 삿된 견해의 선정이 있어서, 그가 원과 행을 짓되 삿된 범행을 행하면 반드시 그 결과를 얻지 못할 것이다.

또 원이 없거나, 원이 있기도 하고 원이 없기도 하거나, 원이 있는 것도 아니요 원이 없는 것도 아니거나 삿된 범행을 행하면 그는 반드시 그 결과를 얻지 못할 것이다.

왜 그런가. 삿됨으로써 결과를 구하므로 도가 없다고 하는 것이다.

부미자여, 만약 어떤 사문이나 브라마나에게 바른 견해와 바른 견해의 선정이 있어서, 그가 원과 행을 짓되 바른 범행을 행하면 그는 반드시 결과를 얻을 것이다.

또 원이 없거나, 원이 있기도 하고 원이 없기도 하거나, 원이 있는 것도 아니요 원이 없는 것도 아니거나 바른 범행을 행하면 그는 반드시 결과를 얻을 것이다.

왜 그런가. 바름으로써 결과를 구하므로 곧 도가 있다고 하는 것이다.

부미자여, 마치 어떤 사람이 소젖을 얻으려고 소를 배불리 잘 먹여 소젖을 짜면 그는 반드시 젖을 얻는 것과 같다.

원이 없거나, 원이 있기도 하고 없기도 하거나, 원이 있는 것도 아니요 원이 없는 것도 아니거나, 소젖을 얻으려는 사람이 소를 배불리 잘 먹여 길러 소젖을 짜면 그는 반드시 젖을 얻을 것이다.

왜 그런가. 바름으로써 젖을 구하므로 곧 소젖을 짠 것이다.

이와 같이 부미자여, 만약 어떤 사문이나 브라마나에게 바른 견해와 바른 견해의 선정이 있어서, 그가 원과 행을 짓되 바른 범행을 행하면 그는 반드시 결과를 얻을 것이다.

또 원이 없거나, 원이 있기도 하고 원이 없기도 하거나, 원이 있는 것도 아니요 원이 없는 것도 아니거나 바른 범행을 행하면, 그는 반드시 결과를 얻을 것이다. 왜 그런가. 바름으로써 결과를 구하므로 곧 도가 있다고 하는 것이다."

삿된 범행으로 도 얻지 못함을 '물을 짜서 젖 가운데 버터를 얻으려 함'으로 비유하심

"부미자여, 만약 어떤 사문이나 브라마나에게 삿된 견해와 삿된 견해의 선정이 있어서, 그가 원과 행을 짓되 삿된 범행을 행하면 결코 그 결과를 얻지 못할 것이다.

또 원이 없거나, 원이 있기도 하고 원이 없기도 하거나, 원이 있는 것도 아니요 원이 없는 것도 아니거나 삿된 범행을 행하면 결코 그 결과를 얻지 못할 것이다.

왜 그런가. 삿됨으로써 결과를 구하므로 도가 없다고 하는 것이다.

부미자여, 마치 어떤 사람이 젖 가운데 버터[酥]를 얻으려고 그릇에 물을 담아 이것을 짜면 반드시 젖의 버터를 얻지 못할 것이다.

왜 그런가. 삿됨으로써 버터를 구하기 때문이니, 곧 물을 짠 것이다.

이와 같이 부미자여, 만약 어떤 사문이나 브라마나가 삿된 견해와 삿된 견해의 선정이 있어서, 그 원과 행을 짓되 삿된 범행을 행하면 그는 반드시 결과를 얻지 못할 것이다.

또 원이 없거나, 원이 있기도 하고 원이 없기도 하거나, 원이 있는 것도 아니요 원이 없는 것도 아니거나 삿된 범행을 행하면 그는 반드시 결과를 얻지 못할 것이다.

왜 그런가. 삿됨으로써 결과를 구하므로 도가 없다고 하는 것이다.

부미자여, 만약 어떤 사문이나 브라마나가 바른 견해와 바른 견해의 선정이 있어서, 그가 원을 세워 행하되 바른 범행을 행하면 그는 반드시 결과를 얻을 것이다. 또 원이 없거나, 원이 있기도 하고 없기도 하거나, 원이 있는 것도 아니요 원이 없는 것도 아니거나 바른 범행을 행하면 그는 반드시 결과를 얻을 것이다.

왜 그런가. 바름으로써 결과를 구하므로 곧 도가 있다고 하는 것이다.

부미자여, 마치 어떤 사람이 젖 가운데 버터를 얻으려고 하는데 그릇에 '삭힌 젖'[酪]을 담아 그것을 짜면, 그는 반드시 젖 가운데 버터를 얻는 것과 같다.

원이 없거나, 원이 있기도 하고 원이 없기도 하거나, 원이 있는 것도 아니요 원이 없는 것도 아니거나 젖 가운데 버터를 얻으려고 그릇에 삭힌 젖을 담아 그것을 짜면, 그는 반드시 젖 가운데 버터를 얻을 것이다.

왜 그런가. 바름으로써 젖 가운데 버터를 구하므로 곧 삭힌 젖을 짠 것이다.

이와 같이 부미자여, 만약 어떤 사문이나 브라마나가 바른 견해와 바른 견해의 선정이 있어서, 그가 원을 세워 행하되 바른 범행을 행하면 그는 반드시 결과를 얻을 것이다.

또 원이 없거나, 원이 있기도 하고 없기도 하거나, 원이 있는 것도 아니요 원이 없는 것도 아니거나 바른 범행을 행하면 그는 반드시 결과를 얻을 것이다.

왜 그런가. 바름으로써 결과를 구하므로 곧 도가 있다고 하는 것이다."

삿된 견해와 삿된 선정의 길로 도 얻을 수 없음을 '모래를 눌러 기름 얻으려 함'으로 비유하심

"부미자여, 만약 어떤 사문이나 브라마나가 삿된 견해와 삿된 견해의 선정이 있어서, 그가 원을 세워 행하되 삿된 범행을 행하면 그는 반드시 결과를 얻지 못할 것이다.

또 원이 없거나, 원이 있기도 하고 원이 없기도 하거나, 원이 있는 것도 아니요 원이 없는 것도 아니거나 삿된 범행을 행하면 그는 반드시 결과를 얻지 못할 것이다.

왜 그런가. 삿됨으로써 결과를 구하므로 도가 없다고 하는 것이다.

부미자여, 마치 어떤 사람이 기름을 얻으려고 하는데 짜는 기구에 모래를 담아 찬물에 담그고 그것을 가져다 누르면 그는 반드시 기름을 얻지 못하는 것과 같다.

원이 없거나, 원이 있기도 하고 원이 없기도 하거나, 원이 있는 것도 아니요 원이 없는 것도 아니거나, 기름을 얻으려는 사람이 짜는 기구에 모래를 담아 찬물에 담그고 그것을 가져다 누르면 그는 반드시 기름을 얻지 못할 것이다.

왜 그런가. 삿됨으로써 기름을 구하므로 곧 모래를 누른 것이다.

이와 같이 부미자여, 만약 어떤 사문이나 브라마나가 삿된 견해와 삿된 견해의 선정이 있어서, 그가 원을 세워 행하되 삿된 범행을 행하면 그는 반드시 결과를 얻지 못할 것이다.

또 원이 없거나, 원이 있기도 하고 원이 없기도 하거나, 원이 있는 것도 아니요 원이 없는 것도 아니거나 삿된 범행을 행하면 그는 반드시 결과를 얻지 못할 것이다.

왜 그런가. 삿됨으로써 결과를 구하므로 도가 없다고 하는 것이다.

부미자여, 만약 어떤 사문이나 브라마나가 바른 견해와 바른 견해의 선정이 있어서, 그가 원을 세워 행하되 바른 범행을 행하면 그는 반드시 결과를 얻을 것이다.

왜 그런가. 바름으로써 결과를 구하므로 곧 도가 있다고 하는 것이다.

부미자여, 마치 어떤 사람이 기름을 얻으려고 하는데, 짜는 기구에 삼씨를 담아 더운 물에 담그고 그것을 가져다 누르면 그는 반드시 기름을 얻는 것과 같다.

원이 없거나, 원이 있기도 하고 원이 없기도 하거나, 원이 있는 것도 아니요 원이 없는 것도 아니거나, 기름을 얻으려는 사람이 짜는 기구에 삼씨를 담아 더운 물에 담그고 그것을 가져다 누르면 그는 반드시 기름을 얻을 것이다.

왜 그런가. 바름으로써 기름을 구하므로 곧 삼씨를 누른 것이다.

이와 같이 부미자여, 만약 어떤 사문이나 브라마나가 바른 견해와 바른 견해의 선정이 있어서, 그가 원을 세워 행하되 바른 범행을 행하면 그는 반드시 결과를 얻을 것이다.

또 원이 없거나, 원이 있기도 하고 원이 없기도 하거나, 원이 있는 것도 아니요 원이 없는 것도 아니거나 바른 범행을 행하면 그는 반드시 결과를 얻을 것이다.

왜 그런가. 바름으로써 결과를 구하므로 곧 도가 있다고 하는 것이다."

삿된 견해와 삿된 선정의 길로 바른 결과 얻지 못함을 '젖은 나무 비비어 불 구함'으로 비유하심

"부미자여, 만약 어떤 사문이나 브라마나가 삿된 견해와 삿된 견해의 선정이 있어서, 그가 원을 세워 행하되 삿된 범행을 행하면 그는 반드시 결과를 얻지 못할 것이다.

또 원이 없거나, 원이 있기도 하고 원이 없기도 하거나, 원이 있는 것도 아니요 원이 없는 것도 아니거나 삿된 범행을 행하면 그는 반드시 결과를 얻지 못할 것이다.

왜 그런가. 삿됨으로써 결과를 구하므로 도가 없다고 하는 것이다.

부미자여, 마치 어떤 사람이 불을 얻으려고 하는데 젖은 나무로 불섶을 삼고 젖은 송곳으로 뚫으면 그는 반드시 불을 얻지 못하는 것과 같다.

원이 없거나, 원이 있기도 하고 없기도 하거나, 원이 있는 것도 아니요 원이 없는 것도 아니거나, 불을 얻으려는 사람이 젖은 나무로 불섶을 삼고 젖은 송곳으로 뚫으면 그는 반드시 불을 얻지 못할 것이다.

왜 그런가. 삿됨으로써 불을 구하므로 젖은 나무를 비비어 뚫은 것이다.

이와 같이 부미자여, 만약 어떤 사문이나 브라마나가 삿된 견해와 삿된 견해의 선정이 있어서, 그가 원을 세워 행하되 삿된 범행을 행하면 그는 반드시 결과를 얻지 못할 것이다.

또 원이 없거나, 원이 있기도 하고 원이 없기도 하거나, 원이 있는 것도 아니요 원이 없는 것도 아니거나 삿된 범행을 행하면 그는 반드시 결과를 얻지 못할 것이다.

왜 그런가. 삿됨으로써 결과를 구하므로 도가 없다고 하는 것이다.

부미자여, 만약 어떤 사문이나 브라마나가 바른 견해와 바른 견해의 선정이 있어서, 그가 원을 세워 행하되 바른 범행을 행하면 그는 반드시 결과를 얻을 것이다.

또 원이 없거나, 원이 있기도 하고 원이 없기도 하거나, 원이 있는 것도 아니요 원이 없는 것도 아니거나 바른 범행을 행하면 그는 반드시 결과를 얻을 것이다.

왜 그런가. 바름으로써 결과를 구하므로 곧 도가 있다고 하는 것이다.

부미자여, 마치 어떤 사람이 불을 얻으려고 마른 나무로 불섶을 삼고 마른 송곳으로 뚫으면 그는 반드시 불을 얻는 것과 같다.

원이 없거나, 원이 있기도 하고 원이 없기도 하거나, 원이 있는 것도 아니요 원이 없는 것도 아니거나, 불을 얻으려는 사람이 마른 나무로 불섶을 삼고 마른 송곳으로 뚫으면, 그는 반드시 불을 얻을 것이다.

왜 그런가. 바름으로써 불을 구하므로 마른 나무를 비비어 뚫은 것이다."

네 가지 비유를 거두어 존재의 진실에 부합된 바른 실천의 원인에 의해서만 해탈의 과덕 이루어짐을 보이심

"이와 같이 부미자여, 만약 어떤 사문이나 브라마나가 바른 견해와 바른 견해의 선정이 있어서, 그가 원을 세워 행하되 바른 범행을 행하면 그는 반드시 결과를 얻을 것이다.

또 원이 없거나, 원이 있기도 하고 원이 없기도 하거나, 원이 있는 것도 아니요 원이 없는 것도 아니거나 바른 범행을 행하면 그는 반드시 결과를 얻을 것이다.

왜 그런가. 바름으로써 결과를 구하므로 곧 도가 있다고 하는 것이다.

부미자여, 만약 네가 왕자를 위해 이 네 가지 비유를 말하면 왕자는 이것을 듣고는 반드시 크게 기뻐하고, 몸과 목숨이 다하도록 너에게 입을 옷 · 먹을거리 · 잠자리 · 의약품과 다른 갖가지 생활도구를 공양할 것이다."

존자 부미자는 말씀드렸다.

"세존이시여, 저는 일찍이 이 네 가지 비유를 들은 일이 없는데 어떻게 말할 수 있겠습니까. 이제 처음으로 세존께 듣습니다."

붇다께서는 이렇게 말씀하셨다. 존자 부미자와 모든 비구들은 붇다의 말씀을 듣고 기뻐하며 받들어 행하였다.

• 중아함 173 부미자경(浮彌子經)

• 해설 •

부미자 존자가 니베사나 왕자와 만나 그의 물음에 답한 것은, 바른 범행에는 그가 원을 세우거나 세우지 않거나 그 범행에 서로 응하는 범행의 결과 얻음을 말한 것이다.

이에 대해 세존께서는 네 가지 비유를 들어 삿된 견해와 삿된 선정에는 원을 짓든 짓지 않든 바른 결과 얻을 수 없음을 보이시고, 바른 원인에서만 바른 실천의 결과가 있게 됨을 말씀하시니, 연기법의 실천관에서는 첫 믿음과 이해[信解]가 올발라야 그 끝이 올바르기 때문이다.

이는 곧 이르러야 할 니르바나가 원래 중생과 세계의 실상임을 믿고 출발하지 않고서는 결코 남음 없는 니르바나에 이를 수 없음을 뜻하니, 붇다는 그것을 삿된 견해와 삿된 선정으로 삿된 범행을 짓는 곳에서는 결코 니르바나의 과덕이 있을 수 없다고 가르치신다.

고행을 통해서만 번뇌를 끊을 수 있다는 잘못된 관점으로 아무리 피나는 고행을 행한다 해도 그는 '번뇌의 연기적 발생'[緣起生]을 모르므로 '번뇌의 연기적 소멸'[緣起滅]에 이를 수 없다.

하늘신이나 높은 권능자의 힘에 의지해 구원받을 수 있다고 생각하고 아무리 기도하고 하늘에 제사를 지내도 연기의 진실에 부합되지 못한 그릇된 세계관 속에서는 고통과 윤회로부터의 진정한 해탈은 없고, 기도를 통한 일시적 정신의 위안만이 있을 것이다.

연기법에서는 고통과 번뇌가 연기한 번뇌라 공하므로 사라질 수 있는 것이니, 연기론적 실천관을 통해서만 번뇌 사라진 니르바나의 성취가 담보될 수 있는 것이다.

삿된 세계관에 바탕한 삿된 실천, 부질없는 고행과 범행으로는 실상에 부합된 해탈의 성과가 보장될 수 없다. 그것은 마치 소뿔을 짜서 젖을 얻으려는 것과 같고, 젖의 버터[酥]를 얻으려는 사람이 그릇에 삭힌 젖을 담지 않고 물을 담아 짜는 것과 같다. 또한 기름을 짜는 사람이 모래를 담아 짜는 것과 같고, 불을 얻으려는 사람이 젖은 나무를 젖은 송곳으로 뚫는 것과 같다.

결과를 낼 바른 원인이 아닌 곳에 서서 아무리 결과를 내려 해도 그럴 수 없는 것처럼, 니르바나의 과덕은 중생이 원래 니르바나인 진리의 땅에 서서만 그 니르바나를 다시 현실의 니르바나로 굴려 쓸 수 있게 될 것이다.

서울에서 부산으로 가려는 자가, 잘 정비되고 문제가 없는 교통수단을 타지 않고 어떻게 부산에 이를 수 있겠는가.

출발선에서 이미 목적지에 이를 목적의식과 목적지에 이름을 담보할 안전한 실천의 방편이 함께할 때, 그는 첫걸음에서 이미 마지막 이를 곳을 언약받은 자이다.

그러므로 이런 뜻을 『열반경』은 이렇게 말한다.

"첫 바른 마음과 맨끝 마쳐 다함이 다르지 않으나, 이와 같은 두 마음 가운데 첫 마음이 어렵다. 처음 바르게 마음 낸 보디사트바는 이미 여래의 니르바나의 땅에 발을 대고 보디의 여정을 행하는 자이다. 그가 바로 여래의 일꾼이고 사람과 하늘의 스승이다."

붇다의 법은 중생과 세계의 공한 진실을 깨달아 다시 중생에게 그 법을 열어준 것이라 여래의 과덕을 통해 증험된 해탈의 원인밖에 다른 실천의 인행이 없으니, 『화엄경』(「도솔궁중게찬품」)은 이렇게 말한다.

붇다의 몸과 이 세간의
온갖 것은 다 내가 없도다.
붇다 또한 이 법을 깨달아
바른 보디를 이루시고서
다시 중생 위해 설하시도다.

佛身及世間　一切皆無我
悟此成正覺　復爲衆生說

학담 鶴潭

1970년 도문화상(道文和尙)을 은사로 출가하여
동헌선사(東軒禪師)의 문하에서 선(禪) 수업을 거친 뒤
상원사 · 해인사 · 봉암사 · 백련사 등 제방선원에서 정진했다.
스님은 선이 언어적 실천, 사회적 실천으로 발현되는
창조적 선풍을 각운동(覺運動)의 이름으로 제창하며,
용성진종선사 유업 계승의 일환으로 서울 종로에
대승사 도량을 개설하고 역경불사를 진행하여
『사십이장경강의』『돈오입도요문론』『원각경관심석』
『육조법보단경』『법화삼매의 길』 등 많은 불전 해석서를 발간했다.
이밖에도 한길사에서 출간한 『물러섬과 나아감』을 비롯하여,
『소외와 해탈의 연기법』『선으로 본 붇다의 생애』 등
많은 저서가 있다.
시대의 흐름에 맞는 새로운 선원과 수행처 개설을 위해
도량을 양평 유명산(有明山)으로 이전하고
화순 혜심원 진각선원(眞覺禪院), 오성산 낭오선원(朗晤禪院)
도량불사를 진행 중이다.

아함경 5

아함경의 비유

지은이 · 학담
펴낸이 · 김언호
펴낸곳 · (주)도서출판 한길사

등록 · 1976년 12월 24일 제74호
주소 · 413-120 경기도 파주시 광인사길 37
www.hangilsa.co.kr
http://hangilsa.tistory.com
E-mail: hangilsa@hangilsa.co.kr
전화 · 031-955-2000~3 팩스 · 031-955-2005

부사장 · 박관순 | 총괄이사 · 김서영 | 관리이사 · 곽명호
영업이사 · 이경호 | 경영담당이사 · 김관영 | 기획위원 · 류재화
책임편집 · 서상미 이지은 박희진 박호진
기획편집 · 백은숙 안민재 김지희 김지연 김광연 이주영
전산 · 노승우 | 마케팅 · 윤민영
관리 · 이중환 문주상 김선희 원선아

CTP출력 및 인쇄 · 예림인쇄 | 제본 · 경일제책

제1판 제1쇄 2014년 7월 30일

값 30,000원
ISBN 978-89-356-6285-2 94220
ISBN 978-89-356-6294-4 (세트)

• 잘못 만들어진 책은 구입하신 서점에서 바꿔드립니다.
• 도서의 국립중앙도서관 출판시도서목록(CIP)은 e-CIP홈페이지(http://www.nl.go.kr/ecip)와
국가자료공동목록시스템(http://www.nl.go.kr/kolisnet)에서 이용하실 수 있습니다.
(CIP제어번호: 2014013673)